U0525914

英汉翻译与双语类辞书编纂论集

徐式谷 著

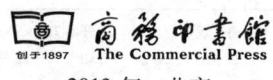

2013 年·北京

图书在版编目(CIP)数据

英汉翻译与双语类辞书编纂论集/徐式谷著.—北京:商务印书馆,2013
ISBN 978-7-100-09606-5

Ⅰ.①英… Ⅱ.①徐… Ⅲ.①英语—翻译—文集 ②辞书—编辑—文集 Ⅳ.①H315.9-53②H06-53

中国版本图书馆 CIP 数据核字(2012)第 255316 号

所有权利保留。
未经许可,不得以任何方式使用。

英汉翻译与双语类辞书编纂论集
徐式谷 著

商 务 印 书 馆 出 版
(北京王府井大街36号 邮政编码 100710)
商 务 印 书 馆 发 行
北京瑞古冠中印刷厂印刷
ISBN 978-7-100-09606-5

2013年1月第1版　　开本 787×960　1/16
2013年1月北京第1次印刷　印张 31　插页 4
定价:58.00元

2008年秋,温家宝总理视察商务印书馆并与馆内外专家学者座谈,散会时和与会者一一握手道别,左一为作者,左二为《红楼梦》研究专家冯其庸,右一为商务印书馆前副总经理江远。

1981年秋,我国第一次参加法兰克福国际书展,中为中国参展团团长张朝同,右为书展秘书长茨旺卡,左为作者正在担任口译。

1988年初冬，作者与同事访美，图为作者与美国大不列颠百科全书出版公司负责人商谈合作出版事宜。

1994年秋，作者参加法兰克福书展，与英国出版界人士合影。

1997年秋，商务印书馆与牛津大学出版社在北京展览馆联合举办《牛津高阶英汉双解词典》（第4版）首发式，左二为牛津大学出版社亚洲地区总监 Mr. Alastair Scott，右三为商务印书馆已故前总经理杨德炎，右一为作者。

1998年夏，商务印书馆与牛津大学出版社为《牛津高阶英汉双解词典》（第6版）的翻译与编辑事宜举行研讨会，左二为作者。

1999年夏，国际译联于比利时蒙思举行第15届世界大会，持中国国旗者为中国科学院外事处前处长韩建国，左侧为作者。

1998年夏，由韩国翻译家协会主办第二届"亚洲翻译家论坛"（第一届由中国译协于1996年夏在北京举办），中国译协组团参会，右一为作者。

中国译协社科翻译委员会于1996年初夏在广西桂林举办翻译研讨会，作者在会上发言。

2000年12月，商务印书馆正式成立《英语世界》杂志社作为其下属子公司并为此召开新闻发布会，右二为作者。

1998年初夏,第三届国家辞书奖双语词典评奖小组在广州外语外贸学院开会评审各地送来的双语类辞书,左三为作者。

2000年,第九届全国政协第三次会议期间,作者(右)与全国政协委员、人民文学出版社前社长兼总编辑陈早春(左)在人民大会堂前合影。

2008年北京奥运会期间,作者与老伴在鸟巢国家体育馆观看残奥会比赛。

滑会群贤近玉楼风流来座问嘉谋
烟锁碧湖曾乱性雾散金街已
白头盛世终来三起萍欣匊名馆
廿八秋小斋归数寥通日杨柳春
芳化九州

辛卯仲夏访渭卿前雨洗桐花风吹文采
同人凌岑弥松颐顾命书

右录 武谷先生惜别政协感怀原起作诗于十届政协
五次会议结束一週後时值壬子春分

2007年3月第十届全国政协第5次会议结束后，作者写诗一首"惜别政协感怀"，请同为政协委员的人民文学出版社编审、中国古典文学研究专家弥松颐先生将该诗书成条幅。右起第4列第5字应为"斋"而非"霁"字，系笔误。

目　录

熊德輗先生序
司树森先生序
自序

翻译探讨篇

17　现代学术论著翻译的易和难
25　英诗汉译之力作——江译雪莱诗《西风颂》详析
44　A Case Study of the Western Cultural-Linguistic Hegemony: the Disadvantages of Chinese/English Translators
　　附汉语译文："西方文化-语言霸权的个案分析——论汉英翻译工作者的劣势"（许冬平译）
58　也谈英文成语的翻译
61　再谈英文成语的翻译——对一篇旧作的再思考
66　Yan Fu: A Great Thinker in the Capacity of a Translator
　　附汉语译文："严复：一位以翻译家身份出现的伟大思想家"（作者自译）。
　　又附：国际译联翻译史研究委员会主席让·德利尔教授给作者的英文信（附汉语译文，作者自译）
81　商务印书馆对中国科技翻译出版事业的贡献（徐式谷、陈应年合写）
91　哲学社会科学翻译的回顾与现状（陈应年、徐式谷合写）
109　国际译联第十三次世界大会侧记
112　促进友谊和学术交流双丰收的一次盛会——第二届亚洲翻译家论坛侧记
116　香港中文大学翻译系访问记
119　Languages and Publishing in China
　　附汉语译文："中国的语言与图书出版"（作者自译）
133　Publishing in China: A Veteren's Story

    附汉语译文："中国的出版业：一家老字号的故事"（作者自译）
138 What Our Aspirations Are — A New Year Message for 2001
    附汉语译文："什么是我们的愿景"（作者自译）

辞书研修篇

145 《英华大词典（修订第二版）》：突出 L2/L1 双语词典"综合性"特色的一次尝试
157 综合性外汉词典编纂中的几个问题
171 《英华大词典》：有着许多故事的一部辞书
175 英语教学词典的创新与竞争
178 美国英语显特色兼查百科用途多——谈商务版《蓝登书屋韦氏英汉大学词典》
180 一本新颖的辞典
185 译家已仙逝　遗典惠士林
187 从一张照片说起——商务印书馆百年纪念专文
190 努力打造双语词典的精品——第四届国家辞书奖双语类辞书评奖总结
194 《拉鲁斯英汉双解词典》掠影
199 《牛津英语同义词学习词典（英汉双解本）》是英语辞书出版史上的又一部创新之作
203 目光如炬，心细如发，博学鸿辞，编辑楷模——序黄鸿森先生所著《回顾和前瞻——百科全书编辑思考》
206 学术创新　实践指南——序孙迎春教授的《科学词典译编》
210 斯里兰卡政府举办国际辞书编纂学研讨会
214 商务印书馆百年前印行的英语读物、词典和翻译出版物（陈应年、徐式谷合写）
218 历史上的汉英词典
240 二十世纪汉英词典编纂的压卷之作——商务版《新时代汉英大词典》评介（徐式谷、刘彤合写）
254 H. A. Giles' Tradition Carried on and Developed—Emphasis on the Translation of Culture-bound Words in C/E Dictionaries
    附汉语译文：《翟理斯的传统之继承与发扬——论汉英词典对收录和翻译文化局限词的重视》（邢三洲译）
294 中国近代、现代英汉双语类辞书出版回眸（1870—1990）

326 双语类辞书的编辑工作
340 Chinese Lexicography in Ancient Times (800B.C—1840A.D)
附汉语译文:"中国古代的辞书编纂(公元前800—公元1840年)"(邢三洲译)
380 《徐式谷:要为学英语用英语的中国人提供更好的词典》(全国政协委员访谈录,此文是由《中国政协》月刊记者霍勇撰写的)

翻译实践篇

387 翻译作品应该符合最低限度的质量要求——关于"翻译实践篇"的说明
392 关于翻译质量要求的两个国标文件(封面及部分条款辑录)
401 《新牛津英语词典》的电子计算机编纂工程(译文节选)
409 《建立一个和谐的世界:中国传统思想的最高追求》译文节选(英汉对照)
417 《十九世纪文学主流》(第四分册)第十、十六、二十二章译文节选
437 《罗马帝国衰亡史》第十六章译文节选
453 《理解宇宙:宇宙哲学与科学》第七章译文节选
473 《天使引路》(英汉对照)

附录

491 作者翻译、校订的译著和参与修订、审订或译校的英汉、汉英双语类辞书主要书目

后记

熊德輗先生序

我与徐式谷先生并无私交，只是在外研社举行的《汉英词典》修订工作征求意见会上和他见过几次面，听过他的发言，仅仅知道他是商务印书馆的副总编辑，从他的发言中感到他对汉英词典编纂颇有研究，是一位内行的出版社领导，与他并未做过深入的交谈。后来，徐先生担任了《英语世界》杂志社的社长，后又任杂志主编。在此期间，承徐先生抬举，聘请我为《英语世界》月刊顾问，情面难却，我也就应允了。那时我已年逾八旬，由于精力有限，空挂着一个"顾问"的衔头，其实是顾而不问，对该刊的工作贡献甚少，倒是每月寄给我的刊物因其内容精彩，也还经常翻翻看看，偶尔也会托朋友向他转告几句我就该刊的选材所提的点滴建议。再后来，也就是这两三年，从《英语世界》的版权页上看到徐先生不再担任该刊主编，而是同我一样进入了该刊顾问的行列，这又令我产生了"吾辈俱老矣"的感慨。想不到今年深秋的一天下午，徐先生突然在我一位老朋友的陪同下登门造访，快告别时拿出厚厚一叠打印稿，告知我说，这是他三十年来在商务印书馆从事编辑工作之余撰写的几十篇文章，现在打算合起来出一个集子，名曰《英汉翻译与双语类辞书编纂论集》，并请我为这个集子写一篇序文。我当场看了一下这个集子的"目录"，第一印象是觉得徐先生真是一位勤奋敬业的老编辑。由于教学与科研工作的关系，我个人和隶属于本校的"外研社"的工作人员——上至社长总编辑与副总编辑，下至一线看稿审稿的室主任及一般编辑同志——常有往来，深知他们做编辑工作的那份辛苦与繁忙。我担任《英语世界》顾问后，逐渐对徐先生多了一些了解，我逐渐知道徐先生在从事繁忙紧张的日常编辑工作之外，还亲自参加了好几本大部头英汉词典的翻译、修订或译文定稿工作，也参与过几本汉英词典的审订工作。但没想到的是，这些年来他还写了这么多谈英汉翻译与双语类辞书编纂的文章。（其实，他发表在《辞书研究》上的那些文章我也是拜读过的，只是由于年纪大了，记忆力差，没有把那些文章和徐先生这个人挂上钩，说起来真有些不好意思。）

    在这次会面以后，我开始一篇篇翻阅徐先生的文章。由于我参加过外研社《汉英词典（修订版）》的审稿工作，我首先看了徐先生谈论汉英词典的两篇洋洋近万言的长文。以所下功夫之深和搜集材料之广而论，他那篇分两期连载于《辞书研究》上的《历史上的汉英词典》堪称辞书史研究领域的一篇力作，囊括了自清代晚期到1949年新中国建立以前这一段时期在我国出版的绝大部分汉英词典，对于其中重要的几部——其实也是北外以吴景荣为首的多位教授编写第一版《汉英词典》时的主要参考书——都一一做了详尽的介绍与中肯的评价。他的另一篇用英语撰写的论述多部汉英词典都重视收录汉语成语的文章，居然能指出 Giles、Mathews、林语堂等人对某些汉语成语的翻译有误或不够准确，可见徐先生对汉语成语英译研究确实下了一番功夫，还有一篇也是用英语撰写的文章谈论语言霸权问题，同样引起了我的特别关注，这就是那篇 A Case Study of the Western Cultural-linguistic Hegemony: the Disadvantages of Chinese-English Translators，该文中肯地指出，汉译英的难点不仅在于汉英两种语言背后存在着巨大的文化差异，更在于英语在语际交流层面存在着语言霸权，这与文化交流的极端不对称有关。我长期从事汉译英教学，对徐先生此论深有同感，更为他所举的例子——汉语中的"难得糊涂"一语如何英译？——叫绝。至于徐先生《论集》里的其他许多文章，它们也大都是他曾经做过七八年专职英译汉工作和30年双语类辞书编辑工作的经验总结，理论联系实际，而非那种满纸引经据典其实却内容空洞的泛泛之谈。

斯为序。

公元 2011 年 12 月

---

　　* 熊德輗（D. N. Hsiung），北京外国语大学英语教授。早年在英国生活，小学和中学都是在英国上的，后来就读于英国牛津大学，获文学硕士学位。他于 1951 年即回国，献身于新中国的教育事业，一直在北京外国语学院（现称北京外国语大学）担任英语教授，是著名的英语工具书《汉英词典（修订版）》唯一的英语顾问，是《新世纪汉英大词典》的 7 位英语顾问之一，汉译英资深专家。

司树森先生序

　　不久前，英语学界前辈、商务印书馆前副总编辑、资深编审徐式谷先生邀我为他的文章合集作序。论我的辈分和学识实在是诚惶诚恐、愧不敢当，但我固辞不获，几经考虑，后来我还是同意写了。一是因为多年以来，我一直敬佩徐老的敬业精神和他为广大英语学习者所付出的艰苦卓绝的劳动。如由他参加翻译、修订和定稿的《朗文当代高级英语辞典》、《英华大词典》等权威词典都是神州大地众多学子和英语工作者的案头必备工具书。此外，感谢他任《英语世界》杂志主编期间对"释疑解惑"栏目的大力支持与帮助。每期徐老都是亲自审稿，纠偏补漏、及时校正。二是徐老待人以诚、态度谦和，特别使我高兴的是，他与我在一些学术问题上具有共识。例如，他也认为掌握英语基础语法对学好英语是极其重要的。在这一点上是没有任何"捷径"可走的。对一个初、中级英语学习者来说，还是秉承传统语法体系，老老实实地打好语法基础，不要被那些五花八门、标新立异的所谓"速成"学习法所迷惑；而正如英语国家的大、中学校的英语教学大多也沿用传统语法体系一样，不重在理论性的探究，而重在实际的应用——在这个问题上，我记得他还津津乐道地对我讲过他1953年初进北大西语系英语专业学习时，曾利用一个寒假"恶补"了林语堂先生的《开明英语语法》和原文版的《纳氏英语语法》第四册，结果在英语阅读能力上便有了一种突飞猛进之感。徐老切身体验的这个实例我至今记忆犹新、难以忘却。

近来，我拜读了徐老这部新作《英汉翻译与双语类辞书编纂论集》的原稿复印件。凡是接触过翻译或从事翻译工作的人都知道，翻译工作是一项艰苦的工作、是一种创造性的工作、是艺术，都知道翻译之难，难于上青天。但是徐老《论集》里的第一篇文章《现代学术论著翻译的易和难》就写得深有见地，深深地吸引了我，读完之后不由得产生了一种"于我心有戚戚焉"的同感，因为这篇文章其实大部分是在讲语法分析在英译汉工作中的重要性。如文章第一段讲学术论著的文体特点，谈到学术文献经常在论述某个问题时先肯定之然后再否定之，最后还是作出肯定性的结论，或是先否定之然后再肯定之最后还是作出否定性的结论，这也就是在讲文本于段落语篇转换之际，译者必须注意连词（conjunction）的重要性；"不可'雾失楼台'，必欲溪清见底"一节，其中的一例则是讲代词（pronoun）的问题；"一叶在掌，脉络分明"一节，其中的一例讲的是以 as 开头的状语从句（adverbial clause）表示原因而非表让步。至于"细心对号入座，切忌乱点鸳鸯"一节，就完全是在讲代词的指代对象问题了。

常言道，由一斑而窥全豹。我认真拜读了徐老《论集》的第一篇文章，便大致可以认定，他这个集子里的文章大多是言之有物的，也就是说，对于从事英汉翻译和双语类辞书编纂工作的同行和广大读者来说是有一定参考价值的。这也是我"敢"于为徐老新作《论集》作序的第三个原因，而"佛头著粪"之讥，则恐也在所难免了。

司树森

2011 年 12 月于北京大兴观音寺新区

---

* 司树森，英语教授，自 1994 年至今与薄冰教授先后主持《大学英语》杂志"疑难解答"栏目至 2005 年、《英语世界》"释疑解惑"栏目至今、《英语周报》大学综合版"名家在线"栏目至今，并主编或与同仁合作

编写了：《简明实用英汉词典》、《英语阶梯词典》、《英语惯用法大词典》、《中学英语规范用法词典》、《英语词汇札记》、《英语词汇疑难用法解答》（1—4册）、《英语疑难详解》、《新高级英语语法》、《大学英语实用写作》和《原版精读英汉对照读物小书虫》（1—40册）等。

自　　序

这本《论集》共收录了30余篇文稿，它们都是笔者在商务印书馆工作30年期间撰写的。

如果说一个脑力劳动者一生的工作时间大约为40年的话，那么笔者一生从事专业工作的岁月有四分之三都是在商务印书馆度过的。由于大时代的政治风暴，加上本人也少年轻狂，笔者于1957年从北京大学西方语言文学系英语专业毕业后，境遇颇不理想，先是在系资料室打杂，后去京郊农场劳动。但幸运的是，自1959年初夏开始，笔者得以有机会为北京市一家名曰"北京编译社"*的单位翻译英文书刊，后来更有幸成为该社正式在编的英语译员，在此期间评级定薪，结婚成家，特别是整整7年的专职笔译工作，让笔者能专心致志地翻译或校订了数量多达五六百万字的英语书刊——其中主要是英美的社会科学著作，也有少量文学作品乃至科技文献，使笔者在英语业务能力和扩大接触西方文史哲各个领域的知识面上获益匪浅。打个不恰当的比喻，如果说北大4年读的是本科，那么长达7年的专职从事英汉笔译工作可以说就是"读研"了，为后来30年从事的英语编辑工作打下了比较坚实的基础。无奈好景不长，七年之后又来了"文革"风暴，笔者的境遇再次改变，往事不想多谈，只用一句话来概括，自1966年6月"文革"进入高潮致使全社业务工作停顿，此后，笔者便再也无机会"吃英语饭"了。

党的十一届三中全会以后，随着改革开放历史新时期的到来，笔者的个人境遇亦再次好转，于1979年初竟然有幸进入在文化界久负盛名的商务印书馆，只是不再当翻译而是改行做了英语编辑，从此开始了在该馆长达30年的编辑生涯。在这里，在几届馆主要领导同志和馆党委的关怀与培养下，笔者的人生揭开了一页新的篇章，专业职称于短短8年内便由编辑升至副编审直至正编审，更出乎意外的是，笔者于1987年初担任了外语工具书编辑室副主任后，仅仅过了一年半便被越级提升为副总编辑，并在此岗位上一直工作到2001年春，长达十二年有半，进入新世纪后，又先后担任《英语世界》杂志社的社长和主编，直到2008年3月才退休（由于担任了两届全国政协委员，故退休年龄延长）。商务印书馆馆风纯正，这里的同志大都爱岗敬业，政治上追求进步，业务上刻苦钻研，工作上不断进取，精益求精。在这样一家全体工作人员都埋头苦干，致力于打造中外语文辞书和社科译著精品的"百年老店"里，在以"昌明教育平生愿，故向书林努力来"作为企业文化核心的儒雅氛围中，笔者个人受到熏陶，受到激励，得到帮助，也于无形中受到鞭策，故而自入馆以来工作上便不敢有所懈怠，始终严格要求自己，30年来总算为本单位做了一些有益的事，作出了一点微小的贡献。但对照历届馆主要领导同志、馆党委对本人的关怀、帮助和信任，笔者深感受之有愧。与此同时，笔者由于工作的关系得以接触外语界的多位名师前辈，深为他们的丰厚学养与高尚情操所打动。也正是出于这两个方面的原因，笔者除了在自己的本职工作上尽心尽力、尽职尽责之外，这些年来在工作之余也始终牢记儿时读过的《三字经》里的最后几句话："勤有功，嬉无益，尔小生，宜勉之"。这本《论集》里的30余篇文章便是在此种心情的推动下挤出节假日休息时间写出来的。这些文章有的是出于工作需要，有的是个人兴趣所在，但大都与笔者所从事的实际工作有关系，或是论述翻译史和辞书出版史的某个侧面，或是个人做翻译当编辑的经验之谈，有的甚至就是工作总结。** 笔者不敢说自己的这些文章有多高的学术水平，但它们所谈的大都是英汉翻译与双语类辞书编纂这两个互相关联的领域内的有关史料或实际操作层面上的问题，对于在这两个领域内工作的同志或者对这些问题感兴趣的读者来说，多多少少总会有一点参考价值，因而笔者不揣浅陋，敝帚自珍，把这些文章汇总起来结集出版，还望业界同行和广大读者批评指正。

徐式谷　谨识
2011年12月于北京北护城河畔民旺园
时年七十有六

＊ 北京编辑社成立于1956年夏，是当时的北京市人民委员会（即北京市政府）为贯彻落实周恩来总理关于知识分子问题的报告精神建立的。建社以后，该社面向社会招聘或从其他单位调入了一大批有外语专长的人员，专门为中央级出版社（人民出版社、商务印书馆、人民文学出版社、世界知识出版社等）以及对外文委、新华社等单位提供有偿的翻译服务。该社社长由北京市政府副秘书长李续纲同志兼任，稍后，时任商务印书馆总编辑的陈翰伯同志也兼任了该社的总编辑。我馆高级编辑、著名翻译家黄子祥先生还曾在一段时期内担任过该社总编室主任。编译社社址设于北京市西城区南魏胡同三号（今西四北六条九号），其前身据说是一家女修道院，院内花木扶疏，曲径通幽，环境优美。该社编制紧凑，设有总编室（兼管对外财务，加上主任仅4人）、人事科（兼管总务，加上科长仅3人）、资料室（仅2人），一位副社长负责全面的日常领导工作，副社长办公室倒是有内外套间，但无秘书，无助理，仅有他一人。翻译人员却有百人之多，分为三个组：英语组（兼管法、德语），俄语组（兼管波兰语、捷克语）和日语组。此外还有机关食堂（炊事员仅2人，）和集体宿舍（仅有六七位同志居住）。笔者当年在该社定为翻译十二级（月工资69元，在那个年代，工厂学徒工月工资仅19元，二级工工资也仅有38元，69元当时算"高工资"了）。这里顺便说一件事：每年五一、十一，社里都能分到10个参加天安门游行的名额，笔者于1965年国庆节时轮到一次参加游行的机会，

感到十分欣喜,因为笔者在北大求学期间,每年五一节和国庆节都参加天安门游行,1957年五一劳动节时,笔者还曾以西语系学生会社会服务委员的身份,担任了北大西语系全体同学游行队伍的"总领队",可自那以后就无此种荣幸了。故1965年国庆节能再度参加游行,其兴奋激动的心情可想而知。但此后又再次与此种机会无缘,直到1999年的建国五十周年大典,笔者以全国政协委员的身份在观礼台上观看了游行。抚今思昔,不胜感慨,深感今日之太平盛世真是来之不易,弥足珍惜。

北京编译社从1956年夏成立,到1966年夏"文革"进入高潮致使业务工作完全停顿、两年后更进而被撤销单位建制,在这十年中为新中国早期的翻译出版事业作出了不小的贡献。譬如说,人民出版社出版的苏联科学院编写的13卷本《世界通史》、商务印书馆出版的若干种汉译世界学术名著以及那部大16开本、厚达2700余页的皇皇巨著《近代现代外国哲学、社会科学人名资料汇编》都是由北京编译社翻译的。

笔者之所以在此为"北京编译社"一词详加注释,一是为了给新中国建国初期的出版史和翻译史提供一些史料,二是为了澄清一度存在于一些出版界人士中间的不实传闻(例如前几年某位资深出版家在其撰写的"口述自传"中谈及北京编译社的情况就不甚准确),三是笔者也想通过写这条注释向曾经在1979年初对笔者个人的工作安排给予过亲切关注的陈翰伯同志和曾经给笔者留下深刻而美好的印象,后来在"文革"中却不幸过早离世的李续纲同志这两位前辈表示深切的怀念。

——作者

** 本《论集》所收的文章大部分都已在境内外报刊上发表过或者在有关学术会议上宣读过,此次收入本书时绝大部分都未予修改,一仍其旧,只有极少数地方作了一些技术性的更正,谨在此说明。有几篇用英语写的文章发表时并未附汉语译文,此次收入本书后,几篇短文由作者自己译成汉语,另有两篇用英语写的长文特请商务印书馆英语编辑室的刑三洲同志翻译,在此谨向他致谢。另外,"翻译探讨篇"所收的最后几篇文章，两篇是为外刊撰写的英语"外宣"稿，旨在对外宣传我国的出版业，另一篇是为英汉对照刊物《英语世界》撰写的新年贺辞，其内容似乎都和翻译工作有点关系，因此也就放在了这个地方，可能显得有些不伦不类，特在此作一说明。

——作者

翻译探讨篇

现代学术论著翻译的易和难[*]
——从校改一篇史学译文见到的问题谈起

笔者1981年校改过一篇译文，那是担任过剑桥大学近代史钦定讲座教授的乔治·克拉克爵士为十二卷本《新编剑桥近代史》撰写的《总导言》。从语体特点来看，该文是一篇典型的现代西方学术论著；校改时见到的一些问题也颇具典型性，反映了翻译外国学术文献时易于出现的失误。本文拟结合这种语体的特点，对《总导言》原译文中的若干问题作一些分析，归纳出翻译现代学术论著时应该特别予以注意的几个方面，以供从事这种翻译工作的同志参考。

一枚易摘而涩口的苦果 《总导言》全篇二万余字，从《新编剑桥近代史》的编纂缘起谈到编纂宗旨的递嬗演变，进而论及编者所运用的历史研究方法并对之作详尽的发挥，是我们经常见到的现代西方学者板起面孔作抽象议论的大块文章，亦即所谓"学术论著"。这类论著（本文主要指政、经、史、哲等社会科学领域的论文、专著，实际上，一部分科技论著也可以包括在内）和文学作品相比，从原文来看，语言质朴规范而不使用方言俚语或古词废义，笔法平铺直叙而很少运用各

---

[*] 本文原载于中国译协机关刊《翻译通讯》（后更名为《中国翻译》）1983年第6期，作为标题上封面的头号重点文章发表，后被收入由张柏然、许钧主编的《译学论集》（译林出版社，1997年5月，南京，第485—492页）；后又被收入由姜治文、文军主编的《翻译批评论》（重庆大学出版社，1999年10月，重庆，第214—220页）。此次收入本《论集》时，恢复了两处被《翻译通讯》删去的文中夹加的注释，因为被删去的有关西利和克赖顿的注文与本文所述论点有紧密的关系。

种修辞手段，客观阐述事理而罕有感情色彩强烈的各种语气和意在言外的更深层次的涵义，语法现象也比较容易分析；从翻译目的来看，学术论著的译文以忠实地传达出原作的思想内容为主，大都不存在要求再现原作的感情色彩、气氛、神韵、意境、形象、写作风格和语言美的问题。由此可见，学术论著翻译确有其易于掌握的一面。

可是，学术论著翻译也并不像乍看起来那样简单，它实际上很难，是一枚易摘而涩口的苦果。概括地讲，学术论著翻译主要难在其内容的专业性、概念的抽象性、逻辑的谨严性、语言的精确性、文字的简练性，还有一个不容否认的枯燥性等方面。以下就结合《总导言》的译文来作一番抽样分析。

平时即使烧了香，临时还要抱佛脚　毋庸赘言，翻译科技文献必须具备有关学科的专业素养，外行是译不了讨论宇称不守恒定律之类问题的论文的。同理，翻译一般社会科学著作也需要具有较为广博的学识，亦即翻译工作者平日的知识积累。这是平时的烧香修行。那么，平时烧了香，临时是否还要抱佛脚？在着手进行某项翻译工作之前，即使译者是内行，也还需要作一些专业知识方面的准备。原因之一是，时至今日，任何一门科学都有类别繁多的分支、汗牛充栋的资料以及若干与之有关的边缘和交叉学科，任何人都不可能做到无所不知、无所不晓（即便是他的本行专业，也还有一个掌握新资料的问题），如果能在动手翻译某论著以前，先泛览若干有关的文献资料，将会有助于加深或正确地理解原文；原因之二是，多掌握或查阅一些有关的背景知识以及已译成汉语的同类著述，也有助于提高译文的质量，例如有助于统一约定俗成的译名和借鉴其他译者的专业语言表达方式，并可为酌加必要的注释、撰写前言后记、编制各种附录作好准备。

《总导言》的原译文中，便有几个由于专业背景材料掌握不足而使译文有所失误的例子。

例一：The imperialist mood of the time had but recently lost its historian, Sir John Seeley.

〔原译〕那个时代的帝国主义情绪，只是在不久以前才断送了它的历史学家约翰·西利爵士。

〔校者改译〕只是在不久以前，代表了那段时期帝国主义情绪的历史学家约翰·西利爵士，才离开人世（并在页末加注：约翰·西利爵士，1833—1895，英国历史学家，其代表作为1883年出版的《英国的扩张》一书，鼓吹大英帝国的扩张与统一）。

原译语气含混，何谓"断送"？改译后语意似较清晰，所加注释从该历史学家的著述上说明了他所代表的思潮，其卒年（1895）也说明了何以称"不久以前"（"总导言"写于1896年）。

例二：Yet there was a shortage of recent English books on continental history. There were few, if any, on a large scale worth mentioning except Creighton's *History of the Papacy* and Seeley's *Life of Stein*.

〔原译〕……除了克赖顿的《教皇政治史》和西利的《斯泰因传》以外，值得大加提及者寥寥无几。

〔校者改译〕……值得提及的大部头著述寥寥无几（并加注释：曼德尔·克赖顿，1843—1901，英国历史学家，于1882—1894年间陆续出版了《宗教改革时期的教皇政治史》5卷本的巨著；西利的《斯泰因传》出版于1878年，亦为3卷本的鸿篇巨制）。

此处原译失真，"on a large scale …"原意为"就其规模之大而言值得提及者"，改译时变换词性，径直译为"大部头著述"并加有关注释，印证了强调"大部头"的原意。

不可"雾失楼台"，必欲溪清见底　"雾失楼台，月迷津渡"的词境是美的，但这种"朦胧美"却是学术论著译文的大忌。学术论著以白描式地阐述客观事理为己任，这里需要的不是雾中看花，而是清晰、透彻、明确，要求译文像一泓清溪，一眼可以望到底。但是有一些学术论著的译者往往对此不够注意。现举两例如下：

例三：First, there are the recording activities. These make provision beforehand for those who may need knowledge of what will then have become the past.

〔原译〕首先有记载活动。这些活动为那些需要当时已经成为过去的知识的人们预先作了准备。

〔校者改译〕首先，存在着作日常记载的活动，记录下各种事实，事先就为日后需要了解这些往事的人们作了准备。

原译不仅累赘，而且把一句本来十分简单的话说得扑朔迷离；改译用"日后"和"往事"二词比较清楚地表达了原意。

例四：The relation of historians to the State is so many-sided that this claim to access is sometimes made by the State on their behalf, but in other cases it is a claim of theirs against the State.

〔原译〕历史学家与国家的关系涉及的方面极多，以至于国家有时为了自己的利益而利用接触档案的要求，但在另外的场合下，历史学家又利用这种要求来反对国家。

〔校者改译〕……以至于国家有时候代表历史学家提出他们有这种接触档案的权利，但在另外一些场合下，则是历史学家向国家要求这种权利。

原译有错，但主要毛病是语意模糊，令人费解。实际上，原文上段已提及历史档案有的属于私人（个人或团体），有的属于国家，原译者不结合上下文意作必要的推衍，而是逐字死译，就难免使读者要像猜谜语似地去捉摸译文究竟是什么意思了。

一叶在掌，脉络分明 学术论著的思路周密，逻辑谨严，《总导言》充分反映了这类著述的特点，其通篇行文中，有归纳与综合，有假设与求证，有先立论而后诘难之而后又驳倒反对论点以证明原先的观点，有先立论而后证明之而后又驳倒其论点以否定最初的提法，体现出逻辑思维因果正反、起承转合的丰富表现形式。这样一篇学术论著的译者在翻译过程中必须紧紧把握作者的思路和作者本人的立场，如一叶在掌，见其脉络，才能在译文中把原文的逻辑关系明显地表达出来，否则，就会模糊、搅乱甚至颠倒原文的逻辑关系。请看下列例子。

例五：It has, however, been held that…

These appearances are deceptive…（以下略去五百字左右）。

〔原译〕然而，实际表明……（另段）这些态度是靠不住的。

〔校者改译〕然而，人们一直认为……（另段）但这些表面现象是靠不住的。

原译把一句套语 It has been held that 信手译为"实际表明"，化虚（某些人的一种看法）为实（实际情况），殊不知以下一整段五百字的文章并不是"实际"情况，而恰恰是作者要加以反驳的一种"表面现象"。原文下一段第一句 These appearances are deceptive. 没有用连词，恰恰是作者的强调语气。原译者没有把握住作者的原意，没有通观全文意旨，因而打乱了原文的逻辑关系，颠倒了作者的论点。

例六：…As historians thus came to know more about these collections they applied to their owners for permission to work in them, not always successful…

〔原译〕……这样虽使历史学家得以更多地知道这些库藏文档，但他们向那些文档的所有者请求允许进行研究时，却并非总能如愿以偿。

〔校者改译〕由于历史学家这样一来得以更多地知道这些库藏文档，他们就能向那些文档的所有者请求允许利用它们，虽然并非总是能如愿以偿。

学术论著的翻译还存在一个逻辑侧重点的问题，一句话中被强调的对象有主次之分，译文决不能加以颠倒。例六中的 not always successful 只是一个附加成分，但原译却本末倒置，把一个补充性的说明当成了全句的主体，改译把这个被颠倒了的次序重新颠倒了过来，才符合原文本意。

细心对号入座，切忌乱点鸳鸯　学术论著，特别像《总导言》这类阐述方法论问题的著述，由于其内容的高度概括性和抽象性，使译者在理解词义和代词的指代对象时稍不留心就出现失误。例如：

例七：…but so great is their common inheritance that they hope, by means of all their diversity to create an articulate history.

〔原译〕不过,他们的共同禀赋极为突出,以至于他们都希望借助于所有这一切差别,编写出一部综述分明的历史。

〔校者改译〕不过,他们共同继承的这份历史遗产是如此巨大,所以他们希望能够借助于这样一支多样化的力量,编写出一部眉目清楚的历史来。

英语向来以一词多义著称,特别是在被描述对象多为抽象事理的学术论著中,为一个词选定正确释义是一项需要谨慎从事的工作,必求对号入座,否则就会闹出乱点鸳鸯谱的笑话。例七原译误释 inheritance 的含义,结果把"总导言"的结论(全文最后一句)竟然译错,不能不令人十分遗憾。

例八:… He expected his contributors to suppress or conceal their individual convictions, and we know on the high authority of his pupil Dr. Gooch that "he never wrote or uttered a word as Regius Professor which revealed him as a member of one church rather than another." …

〔原译〕……他希望他的撰稿者们抑制或藏起他们个人的论断,而且我们从他的学生古治博士那里十分可靠地知道,"他从来没有以钦定教授身份写过或讲过一句话,因为那一身份显露出他比其他人更像一个教会的成员"。

〔校者改译〕……阿克顿曾希望他的撰稿者们抑制或掩藏住他们个人的信仰,……"……因为那一身份显露了他属于某一个教派而不属于另一个教派。"

原译下半句译错 rather than another 自不待言,而关键是没有正确领会 conviction 的词义。试问,以论述历史为己任的历史学家怎么能没有个人论断呢?按《简明牛津词典》(COD) 的解释,conviction 一词的释义之一即为 settled belief (应译为"坚定的信仰",不少英汉词典——包括著名的《新英汉词典》——把该词缩译为"坚信",容易使人上当,忽略该词与宗教信仰有联系的一面),结合下半句的教派(church)来综观全句，意义自明。

学术论著内容的抽象性带来的另一个麻烦是代词的指代对象（以及状语和定语的修饰对象）容易弄错，译者稍一不慎，便会张冠李戴，从而造成全句乃至全段的误译。例如：

例九：In moving through the past from the known to unknown, we apply our customary tests for distinguishing true knowledge from opinions. One of them is coherence.

〔原译〕……这两者的任何一方都是同对方关联着的。

〔校者改译〕……这类检验标准之一就是一致性。

这句误译显然是出于原译者的一时疏忽，稍许细心即可避免，但这也表明对学术论著中代词的处理确应慎之又慎，因为，如果译文不点明指代对象，满纸"它"、"它们"、"它们的"，那真是在折磨读者的神经；如果点明指代对象，把它们具体地复译出来，又有指驴为马的"风险"。翻译学术论著之并不轻松，这又是一个方面。

文字简练，惜墨如金 "简洁是智慧的灵魂"，这是英国诗哲莎翁尽人皆知的名言。学术论著多半组织紧凑，言简意赅，译文自然也不能拖泥带水，必须力求简约。《总导言》的原译文从总体上讲是要言不烦的，但仍有若干锤炼不足的赘译，例如第一句的译文就不理想：

例十：The original Cambridge Modern History, to which the present volumes is the successor, was planned by the first Lord Acton in the year 1896, and its publication was completed when the atlas volume appeared in 1912.

〔原译〕现在这部多卷本著作是原来的《剑桥近代史》的后续版，原来的《剑桥近代史》最初是由埃克顿勋爵于1896年筹编的；它的出版完成于1912年地图卷问世之时。

〔校者改译〕现在这部多卷本著作的前身，原版《剑桥近代史》，是由第一代阿克顿勋爵于1896年筹编的；（下同原译）

改译虽然在纠正原译的一处误译（第一代勋爵）时不得不多加一

字，仍然比原译语意紧凑，少用了十个字。可见，惜墨如金是译者可以做到的。

例十一：… so that the public had to discuss many issues which could scarcely be explained except in their historical setting.

〔原译〕因此，公众势必要讨论许多问题；若不根据其历史背景，那些问题就几乎不能得到解释。

〔校者改译〕因此公众势必要讨论许多若不结合其历史背景就几乎无法解释的问题。

改译合并两句为一句，比原译省下八个字，读起来并不佶屈聱牙。长句多本是英语的特点，英语学术论著中的长句尤其多，能够把一些定理、定义、概念表述得严密精确，语意连贯，气势畅达。因此，翻译时不能见长就拆，而要视具体情况而定。

综上所述，学术论著翻译实属一项基本功训练，它能训练出译者"皓首穷经"的耐性和乐食酸果的勇气，能训练出为从事一切严肃的科学工作所必需的谨严的学风。不以规矩不能成方圆，从事文字翻译工作最好不要耻做译匠，犹如齐白石早年之做木匠，先练就基本功，等到精通了中外文，扩大了知识面，自会进入泼墨数点顿现蝌蚪，聊一挥毫立见活虾的高超境界。

英诗汉译之力作*
——江译雪莱诗《西风颂》详析

我国新诗的产生得力于外国诗歌的影响是无法否认的，我国新诗的发展在今天也难免有借鉴外国诗歌之处，特别是在形式方面。考虑到这一点，选取某些优秀的译诗，从翻译艺术的角度对之作一番"咬文嚼字"的评介，似乎也自有其一定意义。本文便是笔者读了江枫同志所译雪莱名诗《西风颂》以后在这方面试作的一点粗浅分析。

英国革命浪漫主义诗人雪莱（1792—1822）的《西风颂》一诗写成于1819年，在他的抒情诗当中是登峰造极之作，也是世界诗歌宝库中一颗永放光芒的明珠。1819年夏末（8月），由金融寡头和土地贵族把持的英国政府挥起屠刀，对要求政治改革的工人实行武力镇压，发生了震撼全国的曼彻斯特大屠杀，维也纳会议以后欧洲各国反动势力建立起的黑暗统治一时间似乎达到了嚣张的顶点。当时，被迫侨居国外的诗人雪莱满怀悲愤，在某一个狂风暴雨之日，在大自然雄伟景色的触发之下，他那蓄积已久的激情突然倾泻而出，使他写出了《西风颂》这一反抗黑暗、渴求光明的著名诗篇。全诗风格奔放，气势磅礴，寓意深远。从文字艺术上讲，这首诗采用五节十四行诗体，其韵律为 aba,

---

* 本文刊载于由人民文学出版社的副牌外国文学出版社出版的《外国诗》（2），1984年7月，北京，第264—273页，此文曾获台湾诗人莫渝称赞和引用，见台湾《世界论坛报》第十版，1992年1月11日，台北；后江枫在商务印书馆出版了英汉对照本《雪莱抒情诗选》，他将此文作为附录收入该书。江枫先生系我国著名翻译家，诗人，系河北教育出版社出版的《雪莱全集》主编，2011年冬被中国翻译协会授予"翻译文化交流终身成就奖"。

bcb，cdc，ded，ee 五音步，抑扬格和扬抑格兼用①，前后呼应，层层推进，格律于谨严之中而有变化，音调于高昂激越之外又有悱恻低吟，遣词用字也准确传神、细腻入微并注意字面的典雅和风格的协调。前三节准确有力地描绘了西风之横扫大地上的落叶，西风之驱卷长空中的浮云，以及西风之震撼地中海、劈开大西洋的水面而使其威力直达浩淼波澜之最深处，运用丰富的想像力描绘了一系列宏伟瑰丽的大自然景象，实际上也是歌颂了已经爆发或行将到来的革命风暴。第四、五两节则是诗人向西风大声疾呼，诉说诗人希望自身能够像"波浪、浮云、落叶"那样被西风飚起，与西风同飞；希望自己能够和西风化为一体，祈求西风把诗人的话语传遍天地之间，发出"如果冬天到了，春天还会远吗"这一令人回肠荡气的革命预言。

　　对于雪莱这样一位被恩格斯称为"天才的预言者"的革命诗人，对于《西风颂》这样一首无比憎恶旧世界和无比坚信光明未来的革命抒情诗，我国读者早就非常熟悉。郭沫若早在二十年代就把《西风颂》译成了中文。郭老以其和雪莱相近似的革命诗人豪放不羁的性格、激昂慷慨的热情和才华横溢的文笔，译出了雪莱原诗的气势和神韵。不言而喻，郭老作为先行者筚路蓝缕的历史贡献理应为我们所钦敬。解放以后，《西风颂》陆续出现好几种译文，或收录于译诗集，或散见于报刊，各位译家有的注意移植原诗的形式，有的偏重于意译以求神似，各有所长，各具特色，都付出了自己的辛勤劳动。江枫同志所译《西风颂》是晚近的译文之一，收于他所译的《雪莱诗选》（湖南人民出版社，

――――――

　　① 五节十四行诗是英诗的一种形式，分五大节，每节十四行，按3 3 3 3 2顺序分组排列。音步是度量韵律的单位，《西风颂》每一行有五个音步，每一音步包含一轻一重两个音节。抑扬格和扬抑格是英诗的两种音律：一个音步的第一个音节念得轻短、第二个音节念得长重即为抑扬格；反之则为扬抑格。所谓 aba，bcb，cdc，ded，ee 即每三行一组中的第一、三行押韵，第二行与下一组的第一、三行押韵，依此类推，但最后两行叠韵，同于第四组的第二行。

1980版)。如果笼统一点说,可以认为这个译本已经做到了信、达、雅兼具;如果夸张一点说,可以认为译者在正确理解和紧扣原文的前提下,已经从内容到形式、从气势到格律都把雪莱原诗的特点用汉语再现了出来。对这部译诗集,我们只要稍加翻阅,便会觉得有一股清风扑面,给人的第一个印象是没有过多的翻译腔而有足够浓郁的诗味;进一步细读,我们更觉得他的译文就像我国当代诗人用中文写的诗,文字凝练优美,句法跌宕有致,于韵律则整齐自然,试吟诵则朗朗上口;最后,我们如果把译文和英语原诗加以对照,就会发现他的译文之流畅清新并不是依靠任意删减或引申原义的"意译"取得的,而是在译文非常忠实于原诗、遣词造句尽可能贴近原文的前提下,力求发挥现代汉语丰富的表达力,发挥汉语词汇丰富、句法多变和音调优美的语言优势,达到使译文能表达原诗的风格与意境之目的。《雪莱诗选》整个一部译本是如此,《西风颂》的译文也是如此。在格律上,江译《西风颂》建行分节都保持了原诗的形态,韵脚也大体按照原诗的格局加以安排,有时候在韵律的精巧上甚至超过了原诗,但决不为了凑韵而使文字佶屈聱牙、过于古奥或俚俗;同时,像原诗一样,译文也尽可能使每一行诗句的字数基本相当,大致保持在十五个字上下,并注意由概念形成词组的抑扬顿挫,兼顾诗的音乐美和文字的视觉美;这一点在诗歌中是重要的,也是译诗很难做到的,因为英汉两种语言差别很大,译者稍不留意就会使诗行忽长忽短,杂乱突兀,并很难表现词组联系的音调效果。不言而喻,这种形式美在诗中,不论是创作或翻译,都居于次要地位,但是,如果作诗或译诗者行有余力,兼顾文字的形式美也是一个应该努力照顾的方面。另一方面,江译《西风颂》也并没有因为追求形式上的整齐和音调的谐和而使句法呆滞,他的译文在句法的变化上摇曳多姿,有起有落,在每行字数大致相等的同时,分句却或长或短,舒展自如,跨行而不显得生硬勉强,重复而不显得矫揉造作。最后但并非最不重要的一点是:在选词上,江译也极注意所用词汇的色彩,它们的本义、转义和容易引起的联想;某些词汇脱胎于或受启发于中国古典诗词,但很少使用缺乏新意的四字成语或似是而非的诗词俗套，不使人觉得是陈词滥调或词藻的堆砌，也不致于使人把《西风颂》的感情及意境和宋玉的《九辨》或欧阳修的《秋声赋》等等我国古代文人悲秋之作中的感情及意境相混淆（考虑到我国读者大多熟悉并易于接受中国古典诗词的内容，译者格外要注意"中外有别"，因为桂冠诗人华兹华斯的恬淡不同于躬耕田亩的陶渊明的超脱，拜伦的放浪形骸迥异于柳永的"奉旨填词"，雪莱的热情豪放则更非任何一位中国古代诗人所可比拟）。因此，江枫译雪莱虽然以直译为主，但他寓精雕细刻于自然流畅之中，示奔放不羁于严谨形式之内，是使读者真正能够欣赏的"美文学"，把使用现代诗体翻译外国诗歌的内容和移植外国诗歌的形式有机地结合了起来，提供了译诗的一个可供借鉴的范例和可资研究的标本。

  以下再就江译作进一步的分节述评：

  首先，江枫译出了为其余诸家所未译的雪莱专为《西风颂》撰写的诗首注文[①]。这个短注说明了雪莱构思《西风颂》时的背景：阿诺斯河畔的狂风暴雨和阿尔卑斯山南地区的电闪雷鸣，触发了雪莱蓄积已久的满腔激情，使他唱出了《西风颂》这样一首革命力量的不朽赞歌。因此，注文和诗的本文是浑然一体而不可分割的，应该予以译出。

  《西风颂》第一节写西风之扫落叶，金风萧瑟，万木凋零，原诗先着意渲染落叶的枯萎死亡，然后想象春回大地带来的蓬勃生机，对比鲜明，形象生动，用字典雅。江枫的译文不仅在音韵的谐调和译笔的严谨上显出深厚的功力，而且某些地方译来特别精彩。其一是形容词和动词的运用贴合原文，色彩鲜明。如描写落叶的"蔫黄、魆黑、苍白、潮红，疫疠摧残的落叶无数，四散飘舞"句，几个形容词简洁传神，把"大群"

[①] 雪莱的注文见于托马斯·赫钦逊（Thomas Hutchinson）编纂的《雪莱诗歌全集》(The Complete Poetical Works of Percy Bysshe Shelley)，牛津大学出版社（Oxford University Press）1929年版。该版本的编者赫钦逊对1839年雪莱夫人所编雪莱作品集作了考订。

译为"无数",烘托出了"无边落木萧萧下"的肃杀景象;把形容词"无数"置于名词"落叶"之后,不仅是为了押韵,也显得句法灵活。又如江译种子"越冬"时用"僵卧"、"蛰伏"等语,选词得当。再如江译本节的最后一句"你破坏,你也保存",把原文"保存者"和"破坏者"转换词性译出,也刚劲有力。由一斑而窥全豹,从这几个例子中不难看出,江译在选词炼字上是十分下功夫的。其二是,江译能够把某些难以表达的形象性比喻译得准确、细腻而又传神。例如"(阳春)吹响她嘹亮的号角(如同牧放群羊,/驱送香甜的花蕾到空气中觅食就饮)"一句,毋须多加阐释,一幅蓓蕾初吐的阳春景象便如在眼前,他巧妙地用"牧放"和"驱送"两个动词使羊群和花蕾的比喻完全贴合,"就饮"二字更妙,准确地道出了花蕾不仅从空气中吸收养分同时也吸收水分的过程。顺便说一句,这节的最后有"号角"一词,有的旧译本随手译为"一片笙歌",文字看上去很美,实际上很不妥,因为英国乐器中没有笙,而且"号角"带有战斗的气息,"笙歌"则与轻歌曼舞、歌舞升平不可分离,有违雪莱诗的原义;而江译则绝少有这类因词害义的失误。

《西风颂》第二节写西风之席卷万里长空中的乱云,犹如横扫大地上的落叶,其摧枯拉朽之气势比第一节更加磅礴,这节诗对暴风雨行将充斥于天地之间的描绘,堪与高尔基的《海燕之歌》相媲美,译者设若没有深厚的功力是很难表达出那雷霆万钧之力度的。在这里,江枫的译文似乎是五节中译得最好的一节:词汇特别丰富而又使用得恰到好处,有些表现力极强的词汇虽然看得出系脱胎于古典诗文,但绝无陈腐的俗套,而是充分发挥了纯正的现代汉语之优美、传神和细腻的特点。例如"天空和海洋交错缠结的柯枝"多么形象;"飘流奔泻"中的"奔"字多么有力(和"洞庭波兮木叶下"诗句中"下"字一样地富有动作性);"清虚的波涛表面"句中的"清虚"二字[①]何其传神;"从那茫茫地平线阴暗的边缘直到苍穹的绝顶"何等吻合原诗的比喻(《斛

---

① 原文为 airy,一般英汉词典都未译出如此精确传神的释义。

律歌》中的"天似穹庐，覆盖四野，天苍苍，野茫茫……"的诗句和雪莱原诗"四合的夜幕……的拱形顶部"的比喻真是千载之下不谋而合，而江枫的译文却注意到了，这是译者在脑海里真正浮现出原诗的具体形象才会油然而生出的联想）；"四合的夜幕/在你聚集的全部水汽威力的支撑下，将构成他那庞大墓穴的拱形顶部"一句，对原诗的理解又是何等精确，表现出了夜幕须靠水汽的威力作支柱而后支撑起庞大墓穴之拱形圆顶①的原诗形象。

　　《西风颂》第三节描写西风把地中海从夏日的沉睡中唤醒，并且劈开大西洋水面，使洋底深处的花藻林木都被西风的威力吓得胆怵心惊，自行凋零。江译也准确地表达了原诗瑰丽的想象。应该指出，有的译者此处套用"琼枝玉树"等中国古典诗词常用语便难免失真，因为"琼枝玉树"使人想起龙宫仙阙中"玉树流光照后庭"的珊瑚之类，而它实际上所指的是"沾满泥污、叶片干涩无汁"并会"自行凋零"的海底花草林木，结果便会与雪莱原诗的形象相左（雪莱为《西风颂》写的注文中特别提到了海底植物受秋风影响的现象，他是很注意博物学之精确性的）。

　　到第四节，雪莱的笔锋一转，由描绘西风的威力转向由诗人本身向西风苦苦祈求，希望能像西风一样奔放不羁，与西风化为一体，反映了诗人要求从旧世界黑暗的现实中获得解放的迫切心情。江译首先按照原文，连用三个"我若是…"，恰如阳关三叠，刚劲有力，特别是"分享你雄强的脉搏，自由不羁，/仅次于，哦，仅次于不可控制的你"一句，首先突出"自由不羁"四字，这是因为译者透彻领会了原诗的精神——强调的是"自由不羁"（在不羁的程度上超过一切其他事物而仅次于西风），而不是强调"次于"（此处原文很难表达，江译把"仅次于"三字重复一遍，便突出了原意，译法极其高明）。

　　《西风颂》第五节即最后一节是全诗的精华，呼吁西风以诗人为

---

① 此处原文句中动词 vault 原义为"使成拱形"，即夜幕依靠水汽威力的支撑才形成为拱形顶部。

琴,把诗人的思想和言语吹遍人间,借诗人之口向沉睡的人境奏鸣起预言的号角;最后一句"冬天如果来了,春天还会远吗?"更是整个诗篇的画龙点睛之笔,与高尔基《海燕之歌》的最末一句"让暴风雨来得更厉害一些吧"同为不朽的名句。因此,译文必须一气呵成,选词造句必须刚劲有力,才能传达出原诗的神韵。江译似乎比较理想地做到了这一点。为此,他在选词上特别注意,例如形容"秋乐"时用"悲怆"("念天地之悠悠,独怆然而涕下"的"怆"),比"凄切"或"忧伤"更接近原诗苍凉悲壮的意境。再例如有一处很细微精妙的地方,稍一疏忽便会被误解,但江译却真正洞察了雪莱的内心和诗句的原义,这就是"请把我枯萎的思绪播送宇宙/就像你驱遣落叶催促新的生命"一句,"枯萎的思绪"和"播送"二语译得精确。这里反映的是诗人穷思竭虑地追求真理,但他的革命思想非但不能见容于社会,甚至得不到亲人(包括他那保守的父亲)的理解和支持,以致因失去滋润而枯萎,但这是春蚕因将死而丝尽、蜡炬因成灰而泪干,虽然枯萎了仍可以如腐烂的落叶作新生命的养分,虽然熄灭了仍可以如炉中的余烬死灰复燃。这句诗和下一行诗句是互有关联、互为表里的。因此,如果把"枯萎的思绪"照字面而又略有偏离地译为带有贬义的"腐朽思想"就会失之毫厘,差之千里,因为它决不属于与象征革命风暴的西风对立的腐朽阵营。全诗的最后两句,江译为"如果冬天来了,春天还会远吗?"非常洗练和适合于吟诵,因为这一行道出了一个朴素真理的诗句也和真理本身一样朴素,译文理应像原诗一样简朴明快。

  自然,江译并非十全十美,其中也有误译("狰狞女妖"的译法不确[①])和漏译("海底的花藻和枝叶无汁的丛林"句漏译"沾满泥

---

  ① 新译本已按此文意见改为"酒神的女祭司",参见英文本威廉·史密斯所编《大众缩本古典词典》和 J. 兰普里埃所编《古典词典》中有关 Maenad 词条的解释,前一部词典书末并附有雅典博物馆珍藏的关于 Maenad 怒发披散的古画。

污"），但是从总体上讲，江译无论在诗的音律和文字的形式美上，还是在词句的凝练、色彩丰富、准确有力和变化起伏上，或是在表达原诗通篇的气势、神韵、意境和形象上，都取得了相当的成功，这是因为江枫同志在翻译过程中"宁肯把一座座艰难的关隘竖立在自己的前面，而不肯贪图近便而削足适履"，① 经过多年的反复修改和锤炼，才做到使原作在完全符合译入语言诗歌规律的条件下生动地再现。翻译——至少是译诗——应该有这样一种严肃的态度。

像雪莱歌颂秋风一样，我国唐代诗人刘禹锡也写过一首赞颂秋天的七绝："自古悲秋伤寂寥，我言秋日胜春朝，晴空一鹤排云上，便引诗情到碧霄。"江枫优秀的《西风颂》译文以及他那本堪称佳译的《雪莱诗选》，不妨可以说是近年来外国诗歌译坛上的"一鹤"。但愿在党的文艺政策灿烂光辉的照耀下，外国诗歌翻译界瑞鹤群集、翠鸟和鸣，把我国社会主义文艺的百花园装点得更加美丽！（原载于《外国诗》时，此文原题作"读江枫译雪莱诗《西风颂》"）

---

① 见谢冕：《云雀还在歌唱》，载江译《雪莱诗选》卷首。

附件一：台湾诗人莫渝评江枫译品文摘录[*]
（台湾《世界论坛报》1992年1月11日第10版）

雪莱的诗，一直深受中国读者喜爱。早年，郭沫若的译本，虽薄薄一小册七八首译诗，一九二三年发表，一九二六年单行本初版，至一九三五年已出十八版；近年，查良铮（穆旦）的译本《雪莱抒情诗选》（人民文学版），已售三十万册（至一九八九年）；杨熙龄的译本《雪莱抒情诗选》（上海译文版），超过四十万册（至一九八五年）；江枫的这个译本，至一九八九年三月，也拥有近四十万以上的读者。除译本受欢迎外，江枫本身就是因为"爱雪莱"才译雪莱的作品，他译雪莱的因素，就是为了让同胞"分享我从他的歌声中所得到的启迪、鼓舞和欢乐"，以及他本人深深钦佩雪莱"卓越的语言艺术才能"。因此，他在力求甚解之下，积累二三十年的用心钻研，才推出这个译本，出版后，获得不少赞誉，包括端木蕻良、徐式谷等人。徐式谷在"读江枫译雪莱诗'西风颂'"（刊载《外国诗》第二期，一九八四年一月）一文中，除分节评述此首译诗，也赞誉这本译著"已经做到了信、达、雅兼具"，认为译者"在正确理解和紧扣原文的前提下，已经从内容到形式，从气势到格律都把雪莱原诗的特点用汉语再现了出来。"徐式谷现任商务印书馆副总编辑，是《英华大辞典》（修订第二版）的责任编辑，此论自是内行话语。

---

[*] 原文为繁体汉字，竖排，今改用简体汉字重排。

附件二：江枫译《西风颂》全文
（徐为之加注了音韵标识）及英语原文

ODE TO THE WEST WIND[①]

I

O WILD West Wind, thou breath of Autumn's being,
Thou, from whose unseen presence the leaves dead
Are driven, like ghosts from an enchanter fleeing,

Yellow, and black, and pale, and hectic red,
Pestilence-stricken multitudes: O thou,
Who chariotest to their dark wintry bed

The wingèd seeds, where they lie cold and low,
Each like a corpse within its grave, until
Thine azure sister of the Spring shall blow³

Her clarion o'er the dreaming earth, and fill¹
(Driving sweet buds like flocks to feed in air)
With living hues and odors plain and hill:

Wild Spirit, which art moving everywhere;
Destroyer and preserver; hear, oh, hear!

[①] *Ode to the West Wind*, Published with *Prometheus Unbound*, 1820. Composed in the wood near Florence, in the fall.

〔附〕

西风颂* 江枫译

一

哦，犷野的西风，秋之实体的气息！
由于你无形无影的出现，万木萧疏，
似鬼魅逃避驱魔巫师，蔫黄，魆黑，

苍白，潮红，疫疠摧残的落叶无数，
四散飘舞，哦，你又把有翅的种籽
凌空运送到他们黑暗的越冬床圃；

仿佛是一具具僵卧在坟墓里的尸体，
他们将分别蛰伏，冷落而又凄凉，
直到阳春你蔚蓝的姐妹向梦中的大地

吹响她嘹亮的号角（如同牧放群羊,)
驱送香甜的花蕾到空气中觅食就饮
给高山平原注满生命的色彩和芬芳。

不羁的精灵，你啊，你到处运行；
你破坏，你也保存，听，哦，听！①

---

* 这首诗构思在弗罗伦斯附近阿诺河畔的一片树林里，主要部分也在那里写成，那一天，孕育着一场暴风雨的暖和而又令人振奋的大风集合着常常倾泻下滂沱秋雨的云霭。不出我的预料，雨从日落下起，狂风暴雨里夹带着冰雹，并且伴有阿尔卑斯山南地区所特有的气势宏伟的电闪雷鸣。

第三节结尾处所提到的那种现象，博物学家是十分熟悉的。海洋、河流和湖泊底部的水生植物，和陆地的植物一样，对季节的变换有相同的反应。因而也受宣告这种变换的风的影响。——雪莱原注

① 所引译诗中，我用·，○，▲，△，★代表英诗韵律的 a、b、c、d、e 等符号，标注相同符号的字表示相互押韵。江译基本上是用的 ·○·，○▲○，▲△▲，△★△，★★，韵律，即 aba, bcb, cdc, ded, ee, 最后两行仍接上一组第二行一韵到底。不言而喻，其中也有采用近韵或个别破格的地方，雪莱原诗及其他译本也未能免此。这是可以容许的。——笔者

II

Thou on whose stream, mid the steep sky's commotion,

Loose clouds like earth's decaying leaves are shed,

Shook from the tangled boughs of Heaven and Ocean,

Angels of rain and lightning: there are spread

On the blue surface of thine airy surge,

Like the bright hair uplifted from the head

Of some fierce Maenad, even from the dim verge

Of the horizon to the zenith's height,

The locks of the approaching storm. Thou dirge

Of the dying year, to which this closing night

Will be the dome of a vast sepulchre,

Vaulted with all thy congregated might

Of vapors, from whose solid atmosphere[1]

Black rain, and fire, and hail will burst: oh, hear!

二

在你的川流上，在骚动的高空，
纷乱的乌云，那雨和电的天使，
正像大地凋零枯败的落叶无穷，

挣脱天空和海洋交错缠接的柯枝，
飘流奔泻；在你清虚的波涛表面，
似狰狞女妖头上扬起的明亮发丝，

从那茫茫地平线阴暗的边缘
直到苍穹的绝顶，到处散布着
迫近的暴风雨飘摇翻腾的发卷。

你啊，垂死残年的挽歌，四合的夜幕
在你聚集的全部水汽威力的支撑下，
将构成他那庞大墓穴的拱形顶部。

从你那雄浑磅礴的氛围，将迸发
黑色的雨、火、冰雹，哦，听啊！

III

Thou who didst waken from his summer dreams
The blue Mediterranean, where he lay,
Lulled by the coil of his crystalline streams,

Beside a pumice isle in Baiae's bay,[2]
And saw in sleep old palaces and towers
Quivering within the wave's intenser day,

All overgrown with azure moss and flowers
So sweet the sense faints picturing them! thou
For whose path the Atlantic's level powers

Cleave themselves into chasms, while far below
The sea-blooms and the oozy woods which wear
The sapless foliage of the ocean know

Thy voice, and suddenly grow gray with fear,
And tremble and despoil themselves: oh, hear!

三

你，哦，是你把蓝色的地中海
从梦中唤醒，他在一整个夏天
都酣睡在巴雅湾一座浮石岛外，

被澄澈的流水喧哗声催送入眠，
梦见了古代的楼台、塔堡和宫闱，
在波涛汹涌的日夜，不住地抖颤，

全都长满了蔚蓝色苔藓和花卉，
馨香馥郁，如醉的知觉难以描摹。
哦，为了给你让路，大西洋水

豁然开裂，而在浩淼波澜深处，
海底的花草和枝叶无汁的丛林，
哦，由于把你的呼啸声辨认出，

一时都惨然变色，胆怵心惊，
战栗着自行凋落；听，哦，听！

IV

If I were a dead leaf thou mightest bear;
If I were a swift cloud to fly with thee;
A wave to pant beneth thy power, and share

The impulse of thy strength, only less free
Than thou, O uncontrollable! If even
I were as in my boyhood, and could be

The comrade of thy wanderings over heaven,
As then, when to outstrip thy skyey speed
Scarce seemed a vision; I would ne'er have striven

As thus with thee in prayer in my sore need.
Oh, lift me as a wave, a leaf, a cloud!
I fall upon the thorns of life! I bleed!

A heavy weight of hours has chained and bowed
One too like thee: tameless, and swift, and proud.

四

我若是一朵轻捷的浮云能和你同飞,
我若是一片落叶,你所能提携
我若是一头波浪能喘息于你的神威,

分享你雄强的脉搏,自由不羁,
仅次于,哦,仅次于不可控制的你;
我若能在少年时,作为伴侣,

随你同游天际,因为在那时节,
似乎超越你天界的神速也不为奇迹;
我也就不至于像现在这样急切,

向你苦苦祈求。哦,快把我飑起,
就像你飑起波浪、浮云、落叶!
我倾覆于人生的荆棘!我在流血!

岁月的重负压制着的这一个太像你,
像你一样,骄傲,不驯,而且敏捷。

V

Make me thy lyre, even as the forest is:
What if my leaves are falling like its own!
The tumult of thy mighty harmonies

Will take from both a deep, autumnal tone,
Sweet though in sadness. Be thou, Spirit fierce,
My spirit! Be thou me, impetuous one!

Drive my dead thoughts over the universe
Like withered leaves to quicken a new birth!
And, by the incantation of this verse,

Scatter, as from an unextinguished hearth
Ashes and sparks, my words among mankind!
Be through my lips to unawakened earth

The trumpet of a prophecy! O Wind,
If Winter comes, can Spring be far behind?

五

像你以森林演奏，请也以我为琴，
哪怕我的叶片也像森林的一样凋谢！
你那非凡和谐的慷慨激越之情，

定能从森林和我同奏出深沉的秋乐，
悲怆却又甘洌。但愿你勇猛的精灵
竟是我的魂魄，我能成为慓悍的你！

请把我枯萎的思绪播送宇宙，
就像你驱遣落叶催促新的生命，
请凭借我这韵文写就的符咒，

就像从未灭的余烬飑出炉灰和火星，
把我的话语传遍天地间万户千家，
通过我的嘴唇，向沉睡未醒的人境，

让预言的号角奏鸣！哦，风啊，
如果冬天来了，春天还会远吗？①

A Case Study of the Western Cutural-Linguistic Hegemony: the Disadvantages of Chinese/English Translators*

How well says Pierre-François Caille the founding President of FIT**: "Turning translations into instruments of humanism, peace and progress—such is our noble task!" and how well says Jean-François Jolly the former President of FIT: "The tens of thousands translators…spare no effort to fulfill this mission. The work they perform on a day-to-day basis attests to the fact that translation permeates all facets of human activity and is an inexhaustible source of progress!"[1]

To fulfill this mission and promote the progress of their own country, Chinese translators started introducing in large numbers the cultural products of the Western world (expecially UK and USA) early in 1840s, more than 150 years ago. Since then tens of thousands English books—works of literature,

---

* 此文原题为 The Disadvantages of Chinese-English Translators: A Case Study of Evan-Zohar's Thesis, 曾在 1998 年 8 月 3 日—6 日举行于汉城的 "第二届亚洲翻译家论坛" 上宣读, 并被收入由韩国翻译家协会编辑出版的《论文集》, 后全文收入由重庆大学外国语学院编纂的《外国语言文学研究》一书 (重庆大学出版社, 1999 年 9 月, 重庆, 第 51—58 页); 此后经南大研究生许冬平同志译成汉语, 以《文化—语言霸权的个案分析——论汉英翻译工作者的劣势》为题, 收入由张柏然、许钧主编的《面向二十一世纪的译学研究》(商务印书馆, 2002 年 5 月, 精装本及平装本, 第 360—364 页)。

** FIT 是 "国际翻译工作者联合会" 的英语字母缩写词。

social science, natural science and technology—have been translated into Chinese. Probably such a phenomenon is widespread in Asian countries which belong to the developing camp. It proves Evan-Zohar's thesis that " a marginal, new, insecure or weakened culture tends to translate more texts than a culture in a state of relative centrality and strength,"[2] though the "weakened culture" mentioned here could never be judged as "marginal" and the "culture in a stage of relative centrality and strength" can not be esteemed as superior than the "weakened" one. To speak more straightforwardly, this is nothing else than a situation of Western cultural-linguistic hegemony.

Today as China adopts a reform and opening up policy and is building herself into a modernized country of socialist market economy with Chinese characteristics, translation work especially from English to Chinese is flourishing on a scale unseen before.[3] And it is not limited to books only. Films, TV serials, videos, LDs, VCDs and CD-ROMs are now rushing into China, most of them being translated into Chinese. Besides, in present China, not only in universities but also in middle schools (both senior and junior), students are studying English language diligently since it is a major. Even pupils at some primary schools are reading " A, B, C, D..." now. Adults are engaged in self-studying this world language in various part-time training centers, distant-teaching colleges, etc. , because mastering English has become more and more a necessary condition for keeping or hunting a job. As a result, most educated Chinese know English more or less and are familiar in a certain degree with things coming from the English-speaking world. Even the Chinese language itself has been influenced by English in its morphology (forming words with mono-character prefix and suffix), using transliteration borrowings, assimilating English words, terminologies and idioms (such as "All roads lead to Rome", "crocodile's tears", "be armed to teeth", etc.), in its syntax (using long sentences with clauses, etc.), in its discourse construction (using various writing methods in literary works) and in styles (adopting blank verse, etc.). In China today, such names as Adam, Eve, Venus, Robinson Crusoe, George Washington, Shakespeare, Broadway and even Princess Diana are names known almost by every one at least in big cities; it's the same with literary works as *Gone with the Wind*, etc., Even the American popular novel *Addison's Bridge* is well known by millions of Chinese since the film of the same name was shown in many cities. Under such a cultural and educational background, blessed are translators working with English as SL and Chinese as TL, for their readers are well prepared beforehand and the five cultural barriers in translation—ecology; material culture; social culture; organizations, customs, activities, procedures, concepts; gestures and habits—enlisted by Peter Newmark in his famous Textbook[4] are easily overcome in most cases. The work remaining to be done is merely involved with general translation skills. Sometimes, even literal translation without changing the surface structure of SL is enough. They needn't provide historical or cultural notes at the bottom of almost every page as Dr. Eugene A. Nida and his colleagues did for the *Good News Bible*.[5]

On the other hand, translators working with Chinese as SL and English as TL are not so fortunate. In fact, they are in a rather unfavorable position. Generally speaking, readers in the English-speaking world are not well prepared for Chinese culture as their counterpart in China and it's very disadvantageous to CE translations indeed. The reasons causing such a situation lie in the imbalance of the culture exchange. During the past one hundred years before 1949, the cultural exchange between China and the English-speaking world was basically mono-directional. Take Chinese classics as an example (since it's a genre of Chinese texts which occupies a predominant position among CE translations). Thanks to the efforts made by a small group of scholars such as James Legge, Herbert Allen Giles, Arthur Waley, David Hawkes et al., some Confucian classics, ancient Chinese poems and other literary works were translated into English. However, readers of these English translations were limited to a small circle of Sinologists and rarely approached by the general public in English-speaking countries. After 1949 the year of the birth of the People's Republic, Chinese publishers—such as China Foreign Languages Publishing Administration—began to publish various books translated from Chinese among which literary translations by Yang Hsien-Yi and Gladys Yang are most famous.[6] Meanwhile, British and American publishers—mainly university presses—grew gradually interested in publishing books (mainly literary works) translated from Chinese.[7] Anyway, their reading circle is narrow and their printing numbers are always small. What is to be blamed is the unbalanced or unequal exchange of cultural products between a developing country and a developed world although the former has a civilization of five thousand years and is now building herself into a prosperous and advanced country. * We all know that the cognitional process consists in contacting, understanding, perceiving and finally appreciating, and this process is gradual and shall take a long time. Thus, besides the necessary translation skills to overcome the linguistic barriers as well as the aesthetic insights and sensitivities (so far as the literary translation is concerned),[8] CE translators have to overcome painstakingly all the cultural barriers enlisted by Newmark. English-speaking readers tend to feel strange to Chinese works owing to the lack of constant contacting and understanding. For example, Wu Song a hero known almost by all Chinese

---

* This situation is much improved with the increase of China's economic power during the last 12 years (1998—2011). However, this kind of imbalance is not changed up to now. —the author children[9] may be seen as a queer creature from outside stars by an American boy, while millions of Chinese children know well the all-conquering 007 spy James Bond! EC trasnlators have to make the culture-loaded words, idioms, metaphors, allusions, special writing styles and the phonetic characteristics as well as its special beauties of the Chinese language understandable and acceptable to the English-speaking readership. Here the complex relations between Chinese individuals, the special characters, thinking habits and psychologies originated from Chinese culture and institutions are not considered yet. Now we would like to present a practical example. There is a well-known Chinese motto "难得糊涂"(nan de hu tu). It consists of only four Chinese characters with "nan de"(rarely) as an adverb and "hu tu"(foolish, muddle-headed) as an adjective, and it doesn't have a subject grammatically. It is created by Zheng Xie (1693—1765), a famous poet, painter and calligrapher of the Qing Dynasty who was once a small bureaucrat and dismissed from his post for his independent character. He wrote this motto on a paper scroll and hung it on the wall. Nowadays, many retired Chinese officials like to hang a replica of this calligraphy work of art on the wall as if to warn themselves or more likely to make a show of their own integrity. How to translate it into English? In fact, this motto is an ironic expression showing the poet's resentment and helplessness as a disciple of Confucianism whose self-imposed mission is to be a good government official and care for the welfare of the common people. Thus, this short phrase may have manifold meanings. The literal translation won't do. The phrase "Rarely to be foolish" doesn't make any sense. Really, it can be translated into English as "whatever the world goes, I'll escape from the worldly strifes and lead a free, calm and retired life", or "Not to be critical is a kind of happiness", or "To be muddle-headed and not too clever is safe", or—to be more cynical—"Since the world is too bad, I'll just close my eyes and pretend to be a fool", etc. And it is mainly current in the official. It shows a conceding, reconciled and understanding attitude to the worldly things, or—on the contrary—a critical, deeply resentful and cynical mood of a disillusioned intellectual-burucrat. At the same time, we should keep it in mind that this is a motto generally used by those who were once officials themselves and it shall seem ridiculous if a man at grassroots writes such a scroll for his shabby room, because he possesses not a bit of power to interfere with other people's business. How treacherous the Chinese language is! What a dangerous pit for translators! And how enriched is the content of this short phrase which consists of only four Chinese characters so commonly used and so simple just as the case of the English line "to be or not to be"! However, the latter is frequently recited by Chinese university students while the former is not known even by Sinologists of the English speaking world. Similarly examples are numerous.[10] In a word, the job of CE translation is much harder than EC translation, and it is apparently caused by the imbalance of cultural exchanges. Up to now, the situation hasn't improved at all. For example, according to the statistics, last year publishers located in Beijing bought 984 English titles for translation licenses from Americans while the latter only bought less than 100 titles from the former (see *China Commercial Publications Weekly*, July 3, 1998). The ratio is ten to one! It's the same with films and other cultural products.

What President Jiang Zemin says is to the point: "Mutual understanding is the basis for state-to-state relations. Without it, it would be impossible for countries to build trust and promote cooperation with each other."[11] And translation plays an important role here in. However, the disadvantages of the CE translation work is distremental to such efforts, especially when it is perhaps not the only case among Asian countries.

Indeed, such cases of the Western cultural-linguistic hegemony have been noticed recently by an Indian scholar Indra Nath Choudhuri who points out sharply the following fact: "In colonial context translations of colonizer's work attempted to 'enrich' our languages and by translating the classical Indian works certain exotic interest was displayed. These kinds of translation activities display the imbalance of power. Even in the post colonial history, inequality is the main feature of the relationship between Western and Third World languages and cultures. In the colonial moment even a great writer like Tagore while translating his poetry into English appeared to have accepted the hegemonic language culture of the Edwardian English and corrected his own translation!"[12] Therefore, it seems logical that the responsibilities fall upon such developed countries as USA, UK, etc., and such international organizations as UNESCO, etc.. If they really wish to promote cultural exchanges between civilizations on an equal footing instead of provoking deliberately "the conflicts of civilizations", they are obliged to give a helping hand to the translation work from the native languages of the developing countries to English which is now becoming the most important communication medium of the world. Does this appeal represent more or less the voice from the L1→L2 translators of most Asian countries?

Notes

1. *Translators through History*, ed. by Jean Delisle and Judith Woodsworth, John Benjamins Publishing Company, 1995, Amsterdam. "Preface", p. xiii.

2. *Translation Strudies* (revised ed.), by Susan Bassnett, reprinted, Routledge, 1993. "Preface to the revised edition", P. xii. Our Pakistan colleague Dr. Tarig Rahman touching upon the same topic even says "Translation is the key to modernization". See his article "Translation, Modernization and Power: A Case Study of Pakistan", presented at the 1st Asian Translators Forum, July 30—August 3, 1995,

Beijing, China.

3. See the report "Basic Facts" presented by TAC to the 1st Asian Translators Forun, July 30—August 3, 1995, Beijing, China.

4. See Peter Newmark. *A Textbook of Translation*, 1988, Prentice Hall International (UK) Lted, p. 95. Eugene A. Nida discussed in a similar way how to overcome those barriers in his well-known work *The Theory and Practice of Translation*, charper 4.

5. See *Good News Bible* (Today's English Version), United Bible societies, 1976.

6. See TAC's report mentioned above.

7. For example, Yale University Press published in 1973 *Selected Writings of Lu Xun* translated by Gladys Yang, Hawaii University Press published in 1979 *Rickshaw Boy* by Lao She, etc.

8. Concerning the difficulties in this field, a Chinese professor has done an analysis in detail. See Dan Shen, "Syntax and Literary Singificance in the Translation of Realistic Fictions", *babel*, vol. 38, no. 3, 1992, pp 149~167.

9. A hero in *Outlaws of the Marsh* (a famous Chinese classic novel) who kills a tiger bare-handed.

10. For example, Prof. Liu Miqing's remarks are much more illustrative. Discussing Su Shi's poem "To the Tune of Nianujiao" (苏轼, 念奴娇·赤壁怀古) he says that "The beauty of the poem cannot be felt unless the receptor is affectively moved to make use of his/her ability to think of and form pictures or ideas of things in connection with Chinese history and geographical charm as well as the poet's unlucky life story." "Aesthetics and Translation", *An Encyclopaedia of Translation*, The Chinese University of Hong Kong Press, 1995, p. 7.

11. President Jiang Zemin's Speech at Harvard University, Nov. 1, 1997,

China Daily, Nov. 3, 1997.
12. I. N. Choudhuri, "Translation and Multilingulism in Post colonial Context: Indian Situation", Asian/Pacific Book Development, Vol. 29 No. 4, 1999, Tokyo, Japan, p. 5.

〔附〕汉语译文（许冬平译）

西方文化-语言霸权的个案分析
——论汉英翻译工作者的劣势

国际译联的首任主席皮埃尔-弗朗索瓦·加伊（Pierre-François Caille）说得好，"将翻译变成促进人类相互理解、和平与进步的工具——这就是我们的崇高任务！"该组织的前任主席让·弗朗索瓦·若莱（Jean-François Jolly）也说："千千万万译者为实现这个任务不遗余力。他们日常的工作证明了这一点：翻译涉及人类活动的方方面面，是促进人类进步的一个源泉！"

中国的翻译工作者为了实现这一任务，加快本国的发展，在150年前（19世纪40年代）就开始大量译介西方（特别是英、美）的文化。从那时起，已有数以万计的英文书籍——文学、社会科学、自然科学和技术类——译介到中国。这在同属于发展中国家阵营的许多其他亚洲国家中，可以说是一个普遍现象。这证明了伊万·佐哈（Evan Zohar）的话——"非主流、新崛起的、不稳固或已衰弱的文化，与相对处于强势及中心地位的文化相比，前者的翻译要比后者多，"尽管此处提到的"已衰弱文化"并非一定是"非主流的"，"处于相对强势和中心地位的文化"也不能被看成比"已衰弱文化"高出一等。

目前，中国实行了改革开放政策，正致力于有中国特色的社会主义市场经济和现代化建设。翻译工作，尤其是英译汉，正以前所未有的规模蓬勃发展，且译介的范围已不限于书籍。电影、电视连续剧、录像、LD、VCD和光盘正大量涌入中国，其中大部分被译成中文。另外，现在中国学生，无论是大学生还是初、高中生，都在孜孜不倦地学英语，因为英语是必修课。甚至一些小学生也在读"A、B、C、D……"。成人在各种业余培训中心、函授学院等学习这种世界性语言,因为要求职或工作后不被解雇,掌握英语已成为一项必要条件。因此,大多数受过教育的中国人都不同程度地懂英语;在某种程度上也熟悉英语世界的事物。汉语本身也受到英语影响。在词汇方面表现为用单个汉字做前缀或后缀构成新词,音译外来词,吸收英文单词、术语和成语,如"条条大路通罗马","鳄鱼的眼泪"等;在句法方面表现为使用带从句的长句等;在话语组织方面表现为使用文学作品中的各种写作手法,以及在风格方面表现为采用无韵体等。在当今中国,诸如亚当、夏娃、维纳斯、鲁宾孙、乔治·华盛顿、莎士比亚、百老汇,甚至黛安娜王妃等名字,至少在大城市中几乎是尽人皆知。文学作品的情况也一样,如《飘》等。美国流行小说《廊桥遗梦》,由于其同名电影曾在许多城市上映,也为中国人所熟悉。这样的一种文化教育背景对英译汉译者来说无疑是个福音,因为读者已有相当多的背景知识。彼得·纽马克(Peter Newmark)在其著名的《翻译教程》一书中列出了翻译的五大文化障碍:生存环境不同,物质文化不同,社会文化不同,组织方式、风俗、行为、程序和概念不同,手势语和习惯不同,而这些障碍在大多数情况下很容易被英译汉工作者克服。译者要做的工作只是与翻译技巧有关。有时甚至不改变源语表层结构,逐字翻译就行了,而不必像奈达和他的同事译普及性英文新版《圣经》时那样,几乎在每一页下面都要加上有关历史、文化的注解。

但是,汉译英译者就没有这么幸运了。处境对他们极为不利。一般来说,英语世界的读者接受汉文化不及汉文化读者接受英语文化准备充分。这对汉英翻译是一个不利因素。造成这种局面的原因在于文化交流的不平衡。1949年前的100年中,中国与英语世界的文化交流几乎是单向的。以中国古典作品为例(因为古典作品在汉英翻译中占大多数),在一些学者如詹姆士·莱格(James Legge),赫伯特·艾伦·盖尔斯(Hebert Allen Giles),阿瑟·威利(Authur Waley),戴维·豪克斯（David Hawkes）等人的努力下，一些儒家经典、古诗和其他一些文学作品被译成英语。但阅读这些英译本的人仅限于少数汉学家，英语国家中的普通大众则少有人问津。1949年中华人民共和国成立后，中国的一些出版社如中国外文出版社，开始出版各种译自汉语的作品，其中较著名的是杨宪益和戴乃迭译的几部文学作品。同时，英美出版商，主要是大学出版社，也开始对出版汉译英的书籍（主要是文学作品）感兴趣。但这些译作的印数和读者群都是有限的。原因是尽管作为发展中国家的中国有5000年的文明史，正努力使自己繁荣进步，她与发达国家之间文化产品的交流是不平衡或不平等的。* 我们都知道，认知过程包括接触、理解和最终欣赏是长期渐进的过程。因此，译者除了要具备克服语言障碍所需的技能，对美的洞察力和感受力（就文学翻译而言）之外，还要努力克服纽马克上面提到的所有文化障碍。英语读者由于没有机会经常接触并理解汉语文化，常对中国文学作品感到陌生。如武松这个几乎所有中国儿童熟知的人物，可能会被美国儿童视为外星怪物，而许多中国儿童对战无不胜的007——詹姆士·邦得则非常熟悉。汉译英工作者要使英语读者理解接受汉语中那些文化内涵丰富的词、成语、比喻或典故，特殊的写作风格、语言特征，以及汉语独具的美感。这里还未把中国人源于中国文化和机构的思维习惯与心理之间的复杂关系考虑进去。比如，中国有句格言"难得糊涂"，只有4个汉字，其中"难得"为副词，"糊涂"为形容词，并无主语。该句是清朝著名诗人、画家、书法家郑板桥（1693—1765）所言。郑曾为小吏，后因性格不拘遭贬。他将该格言书后挂在墙上。现在许多退休的中国官员也喜欢拿这幅书法作品的复制品挂在自家的墙上。这样如何将它译成英文？实际上这句格言有多种理解，逐字翻译是不行的。译成"Rarely to be foolish"不知所云。实际上这句话表达了诗人内心的不满与无助。该句可以译为

---

* 随着中国的经济实力在这些年中（1998—2011）的不断增长，局面有所改善。但这种不平衡至今尚未改变。——作者

"Whatever the world goes, I'll escape from the worldly strifes and lead a free, calm and retired life," 或 "Not to be critical is a kind of happiness", 或 "To be muddle-headed and not too clever is safe." 或更加偏激一点, "The world is too bad and I'll just close my eyes and pretend to be a fool." 等等。这种情绪主要出现在士大夫阶层，是对世间事的一种容忍、迁就、看破红尘的态度；也可能恰恰相反，表达一种不满、深恶痛绝、愤世嫉俗的心态。同时我们应该注意到，这句格言常为那些曾经为官的人所用，如果平头百姓也将之悬于蓬屋陋室，就显得可笑了，因为平民是没有任何力量干涉他人的。类似的例子有很多，如刘宓庆教授关于苏轼的《念奴娇·赤壁怀古》的论述就很精彩。他说："只有当读者被深深打动，头脑中对中国历史、地理风貌有明确概念，对词作者的不幸遭遇表示同情，才能体会原作的美。"汉语是何等的难以掌握！因此汉英翻译比英汉翻译要困难，这种困难是由于文化交流的不平衡引起。时至今日，这种局面仍未有改观。统计数字表明，北京出版商去年从美国人手中购买了984部作品的翻译版权，而美国人只购买了不到100本（见1998年6月3日的《中国商务出版周报》），比率竟是10∶1！相同情况也见于电影及其他文化产品领域。

江泽民主席讲过一句话，一语中的："两国关系的基础是相互理解，做不到这一点，国与国之间的信任与合作就无从谈起。"这说明翻译起着非常重要的作用。但是汉英翻译工作的困难妨碍了国与国之间的相互了解。尤其严重的是，在亚洲这种情况并非仅见于中国。最近印度学者 Indra Nath Choudhuri 也注意到了西方文化-语言霸权这种状况。他尖锐地指出："在殖民时代那个特定的环境下，翻译殖民者的作品是为了'丰富'我们的语言，而翻译印度古典作品则要带有一点异国情调以引起殖民者的兴趣。这种翻译活动表明权势（权力）的不平衡。甚至在后殖民时期，这种不平等似乎构成了东西方语言和文化关系的主要特征。在殖民时期，甚至像泰戈尔这样的伟大作家，在将自己的诗作译为英文时，也显示出对爱德华时期英语的强势语言-文化的臣服，导致他自己的译诗也失去了原有的特色。"因此，相关的责任自然就落到了美英等发达国家及联合国教科文组织的肩上，如果它们是真心希望促进不同文明之间平等的文化交流，而非故意挑起不同文明之间的冲突，就必须提供帮助，以促进由发展中国家语言译成已成为世界上最重要交流媒介的英语的翻译工作，不知这个呼吁能否代表第三世界翻译工作者的声音。

（说明：英语原作的所有注释均未予译出，参见本书第 50—52 页）

也谈英文成语的翻译*

拜读《联合早报》10月9日吴大洋先生写的《关于翻译》一文，对该文力主以中文成语来套译英文成语的观点颇感兴趣。因为笔者本人今年5月在香港的一次中英词典编纂研讨会上曾发表过不同见解，故而愿意进一步剖陈刍见并就教于吴先生。

不用说，成语自然是一个民族语言中的瑰宝，因此我也是主张尽可能以成语形式（请注意"形式"二字）来翻译英文成语的，但反对不分场合随意硬套。理由有三：

一、一组对应的中文和英文成语即使意思相近或形式相似，二者的确切涵义和感情色彩也多有细微的甚至很大的差别，故而不可随便借用。望文生义地逐字硬译，就像把 apple of one's eye 译作"眼中的苹果"之类，固然并不多见，但是，忽视中文和英文成语在细微涵义和褒贬色彩上的差别而随意套译的例子，在报刊、书籍乃至英汉词典中却屡见不鲜。举例来说，even a worm will turn 常被译为"狗急跳墙"就很不妥当，因为"狗急跳墙"含有贬义，而英文原义却是"如被欺逼过甚，即使最温顺的弱者也会反抗"（或可译作"逼人入绝境，绵羊也拼命"）；又如 give a dog a bad name and hang him 往往被译作"欲加之罪，何患无辞"，而该英文成语的本义却是指"一旦遭人中伤，背上了坏名声，此后便很难洗刷干净"（或可译作"谗言可畏"，意思勉强接近）；他如 all his geese are swans 并非"敝帚自珍"（实际指"言过其实，一味夸大"），secret as the grave 也非"守口如瓶"（客观地指事情极其秘

---

* 此文发表于新加坡《联合早报》1985年11月23日第16页"星云广告"版，该文后被转载于《中国翻译》1986年第5期。

密,并不涉及主观上"守口"与否)。此类例证不胜枚举,但是在意义、比喻、形象和修辞色彩上完全相等的中文和英文成语,如"趁热打铁"、"火上加油"、"空中楼阁"、"赴汤蹈火"等,其数量却是极其有限的,深究起来,连 strike while the iron is hot 和"趁热打铁"也不完全吻合,前者只强调"抓住时机",后者还着重"抓紧行动"。可见套译成语必须慎之又慎。

二、许多外国成语不妨直译,以便保持原文形象生动的比喻、耐人寻味的历史与神话典故、巧妙的修辞手法和独特的民族风格,从而丰富汉语的语汇和表达方式。例如,由 time is money 直译过来的"时间就是金钱"一语时下业已在中国流行,事实证明比套用陈旧的"一寸光阴一寸金"更加简洁明快,因而也更受人欢迎;to shed crocodile tears 直译为"掉鳄鱼眼泪",a stick-and-carrot policy 直译为"大棒加胡萝卜政策",都要比套用中文成语"猫哭老鼠假慈悲"和"软硬兼施,恩威并用"显得更加具有新鲜感或者形象更加突出,因此,它们也都已经化为中国现代语言的一个有机组成部分了。事实上,有相当一批这类外国成语已经被汉语吸收,成了人们经常挂在口头或写在笔端的习用语汇,像"一石两鸟"、"火中取栗"、"以眼还眼,以牙还牙"、"武装到牙齿"、"条条大路通罗马"、"捞一根救命稻草"、"特洛伊木马"、"多米诺骨牌"等等(顺便说一句,有一些中文成语如"三生有幸"、"半路出家"、"当头棒喝"等,本身就是由佛教引入的外来语)。可惜的是,汉语中这类引进的外国成语流行开的数量还不算多,这或许正是由于我们翻译时总是喜欢套用中文成语的缘故吧。

三、由于文化背景和民族心理素质的不同,两种语言的一组对应成语即使词义相近,因潜在的背景因素引起的心理联想也不会相同,故而要特别注意避免使用包含本民族具体人地名和历史神话典故的成语来套译英文成语。如前所述,生搬硬套往往会歪曲原义,例如把并无贬义的 at higher game(追求更高的目标)信笔译作贬斥色彩鲜明的"得陇望蜀"之类;更重要的是,在外国人写的文章里,特别像那种时代感极其强烈、内容多涉及当今各国政治、经济、军事、外交、科学技术新发明和国际风云变幻的新闻翻译里，硬要套用"从古代的历史典故演变而成的成语"（吴文就是如此主张的），其结果只能是把原本明白晓畅、简洁有力的行文和整篇文章前后统一的格调弄得不伦不类，给读者在心理上造成格格不入的或者至少是不舒服的感觉。譬如说，假若我们读到了以下这类外电译文，如"本届州政府在核电站问题上将萧规曹随……"、"参加本价格协议的各石油公司保证在统一油价上决不朝秦暮楚……"、"据合众社记者从有关方面获悉，米德尔顿先生此次得以升任该公司总经理，纯系蜀中无大将，廖化作先锋之故……"、"在加州众议员选举中，贝克莱先生显然已黔驴技穷……"、"经影界资深人士透露，影星爱莉丝小姐未与米高梅公司签约是塞翁失马……"、"丹麦哥本哈根学派在物理学研究上取得丰硕成果，皆因三个臭皮匠凑成一个诸葛亮之故……"、"据美联社讯，该联合公司意欲并吞同行中小企业，已是司马昭之心路人皆知……"云云，不知会作何感想？诚然，读者不一定会去追问外国记者是否知道这些典故，但产生不舒服的感觉必定是无疑的。林琴南当年译穿着紧身西服的洋绅士"拂袖而去"之传为译界笑谈，商务印书馆出版的《英华大辞典》（修订第二版）之所以不把 Speak of angels and you will hear their wings 译作"说到曹操，曹操就到"，原因即在于此。

再谈英文成语的翻译*
——对一篇旧作的再思考

上个世纪80年代初，笔者曾写过一篇译学短论，发表于当时由中国对外翻译出版公司主办的《翻译通讯》双月刊1982年第3期（在中国翻译工作者协会成立后，该刊改由中国外文出版发行事业局主办，成为中国译协的机关刊）。我那篇短论题为《衣柜里藏着什么?》，讨论的是一条英文成语 a skeleton in the closet/cuppoard（或 family skeleton）的中文译法，针对一部《英语成语词典》中涉及此条成语的译文处理方式提出改进意见。

现将该词典的有关条目摘录如下：

7. a skeleton in the closet（或 in the cupboard；亦作 family skeleton）家庭中的可耻或隐秘的事，家丑〔系 W. Thackeray 小说用语〕。

［例］And it is from these that we shall arrive at some particulars regarding the Newcome family, which will show us that they have a skeleton or two in their closets, as well as their neighbours. （W. Thacheray, "The Newcomes", ch. LV)

……这个家庭和他们的邻居一样，也有一两件不可告人的家丑。

［例］... Mr. Settlewhite smiled again. "That entirely depends on how

……萨特儿华特先生又微微一笑。"那完全要看你掌握多

---

* 此文系笔者新作，写于2011年9月。

many skeletons you have in your cupboard." (J. Galsworthy, "The Silver Spoon", part I, ch. XIII)

[例] "Oh! tell us about her, Auntie," cried Imogen; She's the skeleton in the family cupboard, isn't she?

… "She wasn't much of a skeleton as I remember her," murmured Euphemia, "extremely well covered." (J. Galsworthy, "In Chancery", part II, ch. XI)

少家庭丑闻了。"

……"我几乎不记得她了,她是家庭里的家丑,是吗？这种事情多么有趣。"

……"据我所记得,她并不像是一付'枯骨'（skeleton 的直译),"尤菲米雅低声说,"肌肉顶丰满呢。"……

笔者那篇短论主要针对上文第 4 段的译文处理方式提出不同意见,认为这几个例证全是引自著名作家高尔斯华绥的小说,第 3、4 两段更是出自同一部作品的一场对话,第 3 段将 skeleton in the family cupboard 译作"家庭里的家丑",第 4 段又把 skeleton 译作"枯骨",并在对话的行文中用括号加注"……她并不像是一付'枯骨'（sketon 的直译),……",如此处理显得生硬突兀。笔者建议将第一段译文改译为："俗话说,**衣柜里面藏骷髅,见不得人的事儿家家有**。这个家庭和他们的邻居一样,也有一两件不可告人的家丑。"那么第 4 段就不会出现文中加注释的尴尬,按字面直译为"她并不像是一副骷髅"即可。后来,译界前辈、《中国社会科学》（英文版）前主编冯世则先生在他发表于《中国翻译》1992 年第 2 期的一篇文章里,引用了笔者的那篇短论,认可此种直译加意译的处理方法。近年来,笔者在网上也看到一些赞同此种译法的文字（见"百度·百科"等搜索网站出现在"徐式谷"条下的一些相关文字,如"二级笔译难度——笔译高级指导：名篇名译之单句篇 百度文库"等）。然而,笔者于 20 年后的今天,并未将那篇短论收入本《论集》,这是因为笔者现在觉得当年就不应该写那篇短论

（次要原因），更是因为笔者对那篇旧作提出的具体译法作了再思考，认为那种所谓"直译加意译，兼顾了那条成语的形象比喻和转义"并不可取（主要原因）。

现在先谈第一点：为何当年不应该写那篇短论？

这是因为笔者当年那篇短文涉及的《英语成语词典》是一部非常优秀的英语工具书。该书是由厦门大学外文系以《英俄成语词典》为主要参考资料编译而成的。全书共收英语成语、常用熟语、谚语、俚语25000余条，又收录动词短语1000余条，比此前（1982年以前）出版的同类词典收词更广、释义更详尽、篇幅也更大（全书260万字，厚达1900页），而且多数条目都附有从英美文学作品摘录的例句（从上文引述的该词典 family skeleton 条引用高尔斯华绥两部小说——《纽可姆一家》和《法庭》——的4段英语原文即可见一斑），对英语教学与翻译很有参考价值。就该词典释义与例证汉语译文而言，其总体质量还是相当不错的。而笔者当年写的那篇短论对词典的这些优点并无一字提及，只谈词典对例证中的一句话翻译处理不当，这很容易导致读者对整部词典的译文质量产生质疑。这种做法对词典的编译者来说显然是不公平的。

与此有关的是：笔者当年还忽略了该词典的前后出版过程。我们从该词典的《出版说明》中得知，词典是以厦门大学外文系的14位老师为主力，加上该校英语专业60届A班的全体同学，从1960年到1963年经过4年奋战才完成编译任务的，而那段时间正是我国经济遭遇困难、大家的物质生活都相当艰苦的时期。他们的这种苦干精神是令人钦佩的。另外，该词典的出版过程也是一波三折。词典于1963年交稿后，商务印书馆很快便排好版，打好纸型，但由于词典的内容（"大洋古"）和主要资料出处（编译自苏联的《俄英成语词典》）与当时的大环境不适合，迟迟未能出版，直到1972年商务印书馆根据周恩来总理的指示恢复业务，下放人员从干校分批返京后，这个"难产儿"才得以问世（虽然只是"少量印行"）。随着改革开放新历史时期的到来，该词典于

1980年第二次印刷，一下子就印了一万册，很快便销售一空。

　　基于以上情况，笔者在那篇短论发表后很快便感到后悔，并在以后见到领导该词典编译工作的厦门大学刘贤彬教授时对他表示歉意，刘教授则宽容地一笑置之。所以，此事只是笔者不把那篇短论收入本《论集》的次要原因。

　　更重要的原因是：笔者对当年提出的那种直译加意译的处理方式作了再思考，有了新的看法。笔者现在仍然坚持英语成语宜按字面直译的主张（参见本《论集》的另一篇译论《也谈英文成语的翻译》），但需要设一个"例外"，即：如果成语的字面表达的形象会使读者在心理上产生不愉快或不舒服的感觉，就像 skeleton 这样一个形象，或者是涉及 sex 的事物，还是以委婉的方式处理为宜。按照这一美学要求，a skeleton in the cupboard 译作"（见不得人的）／（不宜外扬的）家丑"即可，事实上，所有的英汉词典全都是按此种方式翻译的。那么，上文所引高尔斯华绥作品中的两段文字又该怎样处理呢？笔者现在认为，前引第三段仍可保留"她是家庭里的家丑"原译文，第四段的有关文字则可改译为"她并不像是她家的丑八怪（或丑货）……"，用一个"丑"字与前一句的"家丑"相衔接也就说得过去了。诚然，就 a skeleton in the cupboard 这条成语的来源而论，确实是实有其事，并且是一度普遍存在的历史事实。该成语最早出现于 William Hendry Stowell 在 1816 年发表于 *Eclectic Review* 月刊上的一篇短文中，该文用这个譬喻指一个有遗传性疾病史的家族要千方百计地掩饰这种病史，另外，在英国议会于 1832 年通过《人体解剖法案》（Anatomy Act）允许在更广泛的范围内使用人体骨架（也就是 skeletoni）用于医科教学之前，医师们往往通过非法途径获得一副骷髅骨架（多从盗尸者手中购得），把骨架藏在家中的橱柜里，直到 1845 年萨克雷在其小说中首次使用（在其后来发表的小说 In Chancery 中也使用了）a skeleton in the cupboard，以后，这种说法便逐渐演变成了一句习语（成语），其词义也变为泛指"家丑"。可是，skeleton 这个形象直译过来毕竟会给读者带来不愉快的感觉，而且，泛指意义上的"家丑"大多也不会像真地在衣柜里藏着一副骷髅骨那样严重，所以这个比喻义译作"家丑"更为适当，这就如同美国电视连续剧 Sex and City 委婉地译为《欲望都市》而不直译为《性与都市》是一个道理。

Yan Fu (1853—1921): A Great Thinker in the Capacity of a Translator

〔作者说明：1993年秋，国际翻译工作者联合会（简称"国际译联"，该组织总部设于法国巴黎，系联合国教科文组织联系单位），于英国布莱顿市举行第十三届世界大会，中国译协组团与会，本文即笔者作为中国译协代表团成员向大会提交的英语论文。全文共分6节：Prologue（前言）、Translator with a Navy Background（海军出身的一位翻译家）、Doing Translation Work for Enlightening and Awaking the People（为启蒙与唤醒民众而从事翻译）、Slogans of "Struggle for Existence" and "Natural Selection" and Their Shocking Repercussions（"生存竞争（争存）"与"物竞天择"的口号及其振聋发聩的影响）、Excellent Writing Style：A Weapon to Conquer Readers' mind（优美的译文：一项征服读者心灵的武器。）Yan Fu and His Publisher the Commercial Press（严复和他译作的出版者商务印书馆）。

　　说实在的，严复这位翻译家及其译论一向是我国译界的研究热点。一个世纪以来，评论或研究严复译作的文章几乎可以说是汗牛充栋。1982年商务印书馆重印《严译名著丛刊8种》更是掀起了一股评论严氏译著和评述严复其人的热潮，这股热潮在我国翻译界至今未减。由此可见笔者的文章不会有什么新意，也很难写出新意，笔者所以选择这个题目，只是想借参加世界翻译家国际盛会的机会，向国际翻译界介绍与宣传一下严复这位影响巨大的翻译家和商务印书馆这一中国出版重镇。不料，次年8月，国际译联翻译史研究委员会主席、加拿大渥太华大学让·德利尔教授致函笔者，告知此文已被收入由他与另一位先生朱迪斯·沃兹华斯（加拿大蒙特利尔协和大学教授）主编的《历史上的翻译家》(*Translators Through History*) 一书，笔者将被列为该书"共同撰稿人"(Contributors) 之一。德利尔教授并请笔者为该书提供一幅严复的照片（还特别说明印在书上的亦可），笔者当即为他寄去了一幅印刷物上的严复肖像以及按他的要求另写的一篇严复生平简介，又过一年，即 1995 年，德利尔教授给笔者寄来了一本 *Translators Through History* 的赠书。该书由荷兰的 John Benjemin Publishing House 出版，内封上特别标明该书为"联合国教科文组织出版物"(UNESCO Publishing)。笔者的文章被摘要收入该书第 7 章 "翻译家与文化价值的传播"(Translators and Transmission of Cultural Values, 见该书第 215—217 页)，该书还刊载了严复的肖像（见该书第 207 页）及笔者用英文写的严复生平简介（见该书第 285 页）。由古至今全世界著名翻译家在该书中有肖像的总共 23 人，而我国就列有两人（另一人为玄奘），这真令人自豪。该书编者摘录笔者的文章时有些小的失误（此次收入本书时笔者已予以刊正），但他们是从世界翻译史的角度来看待严复的，故而删削了笔者文章中的大量细节，笔者认可此种作法，只是补充了被删去的笔者原论文的最后一节置于文末，以表明笔者向世界译坛推介严复及其作品出版者商务印书馆的初衷。此外，德利尔教授致笔者的英文信也一并附上，供读者参考。]

The Impact of Translated Thought:
a Chinese Example

At various times in its history, China has been open to Western ideas. This openness has had different causes at different periods, but it has affected most disciplines and spheres of activity to one extent or another. In the world of ideas, translation has undeniably functioned as a means of discovering and apprehending knowledge developed in the West. For over three hundred years, many Christian missionaries introduced works of natural science, mathematics and astronomy to China. In the later part of the nineteenth century, the Yangwu group, comprised of highly placed officials, initiated the translation of technical documents dealing with subjects like shipbuilding and the manufacture of weapons, and even established a number of translator-training institutions. This section will focus on one figure, from a slightly later period: Yan Fu (or Yen Fu, 1853—1921). His is the case of a cultural intermediary who, at a critical moment in history, sought to make European works of political and social science accessible to his people.

From a poor family in Fuzhou (Foochow), a port in the province of Fujian (Fukien), Yan Fu (fig. 15) attended a naval college and served on warships which took him to places such as Singapore and Japan. From 1876 to 1879, he was in Portsmouth and Greenwich, England, where he had been sent with a group of naval officers who would later serve in the Sino-Japanese war of 1894 – 95. In England, he read philosophical and scientific texts voraciously. Upon his return to China he was appointed director of the Northern Chinese Naval Academy, becoming vice-president of the institution in 1889 and president in 1890. After 1896, he supervised several translation institutes operating under central or local government authority. After the fall of the Qing (Ch'ing) or Manzhou (Manchu) dynasty in 1911, he became president of the capital's municipal university, later known as the University of Peking and then University of Beijing.

Yan Fu was profoundly shocked by the humiliating Treaty of Shimonoseki of April 1895, which sealed China's defeat by Japan. Yan Fu was a patriotic and liberal intellectual, well aware of the risks that threatened the entire nation. In 1896, he founded a newspaper in which he published a great many articles and editorials defending his political views. Yet it was through his translations, in particular his 1898 translation of Thomas Henry Huxley's *Evolution and Ethics* (1893) that he established a reputation throughout the country. His list of translations would go on to include Adam Smith's *Inquiry into the Nature and Cause of the Wealth of Nations* (1776), published in Chinese in 1901 – 2; Herbert Spencer's *The Study of Sociology* (1872) and John Stuart Mill's *On Liberty* (1859), both published in Chinese in 1903; *History of Politics* by Edward Jenks published in Chinese in 1904; Montesquieu's *The Spirit of the Laws* (1748), which appeared in 1903; J. S. Mill's *A System of Logic* (1843), translated in 1907; and William Stanley Jevons's *Logic* (1878), translated in 1908. Five of these translations were distributed by a publishing house that had been founded with the specific aim of promoting new education system and scientific knowledge. The publishing company reprinted the titles listed above in 1931, at a time when Japan was once again a threat for China, and later in 1981 – 82, as China began to adopt a new policy of openness.

In the space of just ten years, several of the major landmarks of European political thought had been translated into Chinese. The impact of Yan Fu's work is well illustrated by the reception of Huxley. A biologist and supporter of Darwin, Huxley had applied the theory of evolution to society as a whole. Whatever the relevance of this method, there can be no doubt that for Yan Fu "struggle for life" and "natural selection" were concepts that met the needs of his country at that time. In his translator's notes, he declared that the powers that had invaded and exploited China were morally and intellectually "superior", and that China had become "inferior" as a result of relentless international competition. If China did not fight for its own existence, it would succumb to ineluctable domination or genocide. As can be imagined, the translation of *Evolution and Ethics* set off a heated debate throughout the country, involving scholars, conservative bureaucrats, the Manzhou aristocracy and the schools, where the text was frequently used for instructional purposes and the "survival of the fittest" became a favourite essay topic.

Yan Fu was soon highly regarded by university intellectuals, becoming known as the person most competent to possess and communicate the essence of Western knowledge. Two other factors may help explain Yan Fu's success as a translator: his choice of source texts and his excellent style. As he said himself, good translators must have a thorough understanding of the source texts, but they must also be aware of the desires and expectations of their compatriots so they can select works appropriate to their time. Yan Fu's choice of language and style also won him many readers. He wrote in classical Mandarin, which had developed in the Zhou (Chou) (1000 – 200 BC) and Han (mainly 200 – 100 BC) dynasties to become the language of the elite, and which was still in use in all publications, official or otherwise. He also rearranged chapters and paragraphs so they would be consistent with the presentation and organization of ideas in the Chinese classics. The translator was thus able to appeal to government officials, who at the time played an important role in national politics, and win their support. Credited with having achieved both fidelity and stylistic beauty, Yan Fu remains a master for Chinese translators today, who are fond of quoting and discussing the opening of his Huxley translation. (*Translators Through History*, ed. by Jean Delisle and Judith Woods-worth, John Benjamins Publishing House, Amerstdam, The Netherland, 1995, pp215 – 217)

Yan Fu and His Publisher the Commercial Press Finally, a few words about the relation between Yan Fu and the Commercial Press the oldest publishing house in China. As can be seen from the above list, five titles out of the eight translation works of Yan Fu were first published by the Commercial Press from 1903 to 1909. From the very beginning, the Commercial Press engaged itself in the task to propagate among the Chinese people new knowledges both of natural and social sciences. That's the reason why most of Yan's translations were printed by this publisher. In the year of 1931 when Japanese warlords quickened their steps of invasion, China faced again a similiar situation as she did in 1895, the Commercial Press reprinted in the name "A series of Eight Famous Academic Works Translated by Yan Fu" all of his main translations. Half a century passed and the Commercial Press reprinted again in 1981 – 82 "A series of Yan Fu's Translations of Famous Academic Works" and it was not long after the adoption of a reform and opening policy by China.

This year (1983) is the one hundred and thirty anniversary of Yan's birth. The author of this article, as an editor and translator working in the Commercial Press, is naturally inclined to give a short introduction to this great thinker and translator for his colleagues of the same profession when he is fortunate enough to have a chance of participating in the Brighton forum.

(the last section of the author's article
presented to the XIII World Congress of FIT)

〔附〕加拿大德利尔教授给作者的信*

Comité pour l'histoire de la Traduction
Committee for the History of Translation
(FIT)

August 16, 1994

Xu Shi Gu
Commercial Press &
China Translators Association
36, Wang Fu Jing St.
BEIJING, China

Dear Colleague,

  You certainly remember me: we met in Brighton in 1993 on the occasion of the FIT Congress. You gave me then copy of your paper on Yan Fu. It was a very interesting paper.

  As you know, as the President of the FIT Committee for the History of Translation, I am preparing a book (with my colleague Judith Woodsworth), *Translators Through History*. This book will be launched at the next FIT Congress to be held in Melbourne (Australia) in February 1996.

----

 * 因原信若影印则字体过小，辨认费力，故重排。——作者

My colleague Yves Gambier (Finland), who was the main author of Chapter 7, integrated a summary of your paper in his chapter and added your name at the end as coauthor. You will receive a free copy of the book.

Now I need your help again. We plan to include about 20 illustrations in the forthcoming book and I would like very much to publish one photo of Yan Fu. Can you provide me with one photo of this famous Chinese translator? A photo already published in a book will be acceptable. Send me the page and the reference and I will make the photo myself. It is also important that you reply quickly to my request since we will go into production soon. My address is below:

Finally, on you paper you write your name like this (Xu Shigu), whereas on your business card you write it this way (Xu Shi Gu). Which one do you prefer?

Yours sincerely,

Jean Delisle

President,
Committee for the History of Translation (FIT)

c. c. Yves Gambier
    Judith Woodsworth

74　翻译探讨篇

23, rue Ville Franche　　　　　　　　　Tél.: 1-819-561-4214
GATINEAU (Québec)　　　　　　　　　Fax: 1-819-243-4032
Canada J8T 6E1　　　　　E-Mail: JDELISLE@ACADVM1.UOTTAWA.CA

〔附〕汉语译文（作者自译）

严复：一位以翻译家身份出现的伟大思想家

……

通过翻译传播的思想之巨大影响：一个中国的实例

在其历史的不同时期，中国曾经对西方思想打开过国门。这种开放在不同的时期具有不同的原因，但它对大多数学术科目与社会活动领域都已产生了或大或小的影响。在思想领域，翻译无可置疑地已成为一种发现和理解在西方发展形成的各种新知识的手段。最近三百多年以来，许多基督教传教士一直在把数学、天文学等自然科学著作引入中国。19世纪下半叶，由高级官僚组成的"洋务派"发起一项翻译兵器制造和造船业等等各种西方技术书刊的工作，他们甚至建立了一系列翻译培训机构。本节（指《历史上的翻译家》一书第七章的这一节文字——译者）将着重介绍稍晚时期的一位翻译界人物，即严复（1853—1921）。严复是一个"文化中介人"的典型例证；他在本国历史上的一个危急时刻，力求把欧洲的政治学和社会科学著作介绍给他的本国同胞。

严复（见本书图15）出身于福建省的港口城市福州的一个贫寒家庭，入一所海军学校（马江船政学堂）学习，毕业后在战舰上服役，到过日本和新加坡（"已而，移居马江之后学堂卒业，旋登建威帆船扬武轮船为实习，北逾辽渤，东环日本，南暨马来息叼吕宋……"，见严复：《海军大事记弁言》——作者注）。从1876年到1879年，他赴英留学，在朴茨茅斯和格林尼治和一群海军军官一道学习，这些海军军官后来都参加了1894—1895年的中日甲午战争，在英国，他如饥似渴地阅读了大量的哲学和科学著作。返回中国后，他被任命为北洋水师学堂教习，后来又成为该校"总教习"（相当于教务长——作者），时在 1889 年，次年（1890 年）即升为该校"总办"（即校长——作者）。1896 年以后，他相继担任过几所由中央或地方政府主办的翻译培训机构的主持人。1911 年满清王朝覆灭以后，他成为京师大学堂（北京大学的前身）校长。

1895 年，大清国被日本战败后签订了屈辱的《马关条约》。这令严复深感震惊。作为一位爱国主义者和自由主义知识分子，他此时十分清楚整个民族面临着何等严重的危险，1896 年，他创办了一家报纸，在那家报纸上发表了许多文章和社论，捍卫自己的政治观点，然而，让他一举知名于全国的却是他的翻译作品，特别是他 1898 年发表的译作《天演论》（托马斯·亨利·赫胥黎作，1893）。他的其他译作可列表如下（除《天演论》外——作者）：

亚丹·斯密的《原富》（原作出版于 1776 年），中译本出版于 1901—1902 年

赫伯特·斯宾塞耳的《群学肄言》（原作出版于 1872 年）

约翰·斯图亚特·穆勒的《群己界权论》（原作出版于 1859 年）

（以上二书的严译中文本均出版于 1903 年）

爱德华·欧克斯的《社会通诠》，中译本出版于 1904 年

孟德斯鸠的《法意》（原作出版于 1748 年），中译本出版于 1903 年

《穆勒名学》（原作出版于 1843 年），中译本出版于 1902 年（实际上仅译出原书不足一半的内容——作者）

威廉·斯坦利·耶芳斯的《名学浅说》（原作出版于 1878 年），中译本出版于 1908 年

以上严译作品中有 5 种都是由一家以专门推广新式教育和传播新科学知识为宗旨而创立的出版社（即上海商务印书馆——作者）出版发行的。该家出版社于 1931 年当日本再次成为中国最大威胁时将上述这

种严译作品全部重印（即《严译名著丛刊》——作者），而在 1981—1982 年以后，当中国开始实行一项新的开放政策时，该家出版社又再次重印了上述严复翻译的全部作品（即《严译名著丛刊 8 种》——译者）。

在仅仅十年时间内，严复就把一系列阐述西方政治思想的带有里程碑性质的重要著作译成了中文。严复的译作产生了巨大影响，这从他翻译的赫胥黎著作受到了广泛欢迎上反映了出来。作为一位生物学家和达尔文学说的支持者，赫胥黎把进化论应用到研究作为一个整体的社会上。姑且不论这种研究方法是否恰当，毫无疑问的是，在严复看来，"生存竞争"（争存）和"物竞天择"这些观念正符合中国彼时的需要。在他的译者按语中，严复宣称已经侵入并正在剥削着中国的列强在精神上和智力上都处于"优势"地位，而中国在残酷无情的国际竞争中已落到了"劣势"的地步。如果中国不奋起为自己的生存而斗争，势必会亡国灭种。可以想象，这部《天演论》译作在全国范围内掀起了一场热烈的争论，广大的士子们、保守的官僚们，乃至满清的贵族都卷入了这场大讨论。在学校里，《天演论》经常被用作课本，"适者生存"成了时髦的作文题目。

严复很快就在高等学府的士子们中间获得极高的声誉，举国上下一致公认他最精通西学，并且是最有能力把西方知识的精华传播给国人的一代宗师。严复作为翻译家所以能获得如此巨大的成功，或许还有另外两个因素起了作用。他对原文作品的选择和他的译品文体。正如他自己所说的那样，一个优秀的翻译家必须具有透彻理解源语作品的能力，但他同时也必须能够体察本国读者的愿望与需求，这样他才能够正确地选中哪些是最适合时宜的原文作品。严复的译文所使用的语言和文体也征服了许多读者。他的译文使用的是形成于周朝（公元前 1000 年—公元前 200 年）和汉朝（主要是在公元前 200 年—公元 100 年期间），随后为历代精英阶层一直沿用而且在严复的时代仍被所有公私书面文件和出版物使用着的文言文（一种通用的古代汉语）。他还重新安排了原作的章节，使自己的译作在结构上和表达思想的方式上看上去很像中国古代经史子集那样的作品。通过这种处理方式，严复就可以让自己的译作很适合那些对当时的国家政治起重要作用的政府官员们的阅读口味，从而赢得他们的支持。由于他的译作做到了信达雅兼具，严复至今仍被中国的翻译工作者奉为大师，他所译的赫胥黎《天演论》开头那一段美文仍经常被中国的翻译家们挂在嘴边，一而再再而三地被研究讨论。（英文原作见《历史上的翻译家》，让·德利尔和朱迪斯·沃兹华斯合编，约翰·本杰明出版社，荷兰，阿姆斯特丹，1997年版，第215—217页）

严复和他的出版者商务印书馆

最后，讲几句严复和中国历史最悠久的出版社商务印书馆的关系。从上文所列书目表中可以看到，严译作品8种中的5种都是由商务印书馆从1903年到1909年期间首先出版的。商务印书馆从成立伊始，就以在中国民众中传播自然科学和社会科学知识为己任，严复的翻译作品大都由这家出版社出版的原因就在于此。在1931年，当日本军阀加快了他们的侵略步伐，而中国又像在1895年那样面临着严重局势时，商务印书馆又以《严译名著丛刊》的名义重印了严复的全部重要译作。半个世纪过去以后，在1981—1982年，在中国采取了改革开放的政策不久，商务印书馆再次重印了《严译名著（8种）丛刊》。

今年（1993年），恰逢严复诞生130周年。本文作者作为在商务印书馆工作的一名编辑和一个翻译工作者，当他幸运地得以有机会参加这个布莱顿论坛时，他倾向于把严复这位伟大的翻译家和思想家介绍给国际翻译界就是再自然不过的事了。（译自作者英语论文被删去的最后一节）

〔又附〕让·德利尔教授给作者的信汉语译文
（作者自译）

1994 年 8 月 16 日
商务印书馆
暨
中国翻译工作者协会
王府井大街 36 号
北京，中国

亲爱的同事：

  您肯定记得我。我们于 1993 年国际译联第十三次世界代表大会期间在布莱顿见过面。您给了我一份您写的有关严复的论文。这是一篇让人很感兴趣的文章。

  正如您所知道的，作为国际译联翻译史研究委员会主席，我目前正在（和我的同事朱迪斯·沃兹华斯）编一本书，即《历史上的翻译家》。这本书将在 1996 年 2 月国际译联预定于墨尔本（澳大利亚）召开下届世界代表大会时推出。

  我的同事伊维斯·甘比尔（芬兰人）是该书第 7 章的主要撰稿人，他想把您的论文摘要收入他负责编写的那一章，并在该章末尾加上您的署名作为合写人。您将免费获得一本赠书。

  现在我再次需要您的帮助。我们计划在即将出版的这部书中加上大约 20 幅插图，而我很希望刊登一张严复的肖像。您能够给我提供一幅这位著名的中国翻译家的照片吗？已经印在一本书上的照片也可以用。请您把那页印有严复照片的印刷物及相关介绍资料寄给我。由于我们编的这部书很快即将投入印制过程,所以希望您对我的请求能尽快给一个答复。我的地址见信纸末端。

最后一点,您的论文署名 Xu Shigu,可您的名片上却写作 Xu Shi Gu。您自己更喜欢哪种书写方式?

您的真诚的
让·德利尔(签名)
国际译联翻译史研究委员会主席
抄送:伊维斯·甘比尔
朱迪斯·沃兹华斯

商务印书馆对中国科技翻译
出版事业的贡献

（徐式谷　陈应年　合写）*

摘　要　本文从翻译史的角度全面阐述了有一百年历史的商务印书馆对中国近现代——特别是20世纪上半叶——科技翻译事业的巨大贡献，全文分五部分：一、编印科技翻译著作的情况；二、拥有一支充满活力的、高水平的编译队伍；三、加强与科学界的合作，出版、发行科学杂志；四、精益求精和扶持译者的编辑作风；五、新中国时期（1949—1996）出版的科技翻译图书。本文资料翔实丰富，其中有若干史实鲜为人知，十分珍贵。

关键词　商务印书馆　科技　翻译作品　出版　贡献　史实

Abstract　From the viewpoints of translation history, this article gives an overall statement of the role played by the Commercial Press, a publishing house with a history of one hundred years, to the publication of science and technology books translated from foreign authors in modern China. It consists of five parts introducing books, translators, editors etc., and contains a lot of historical facts valuable and rarely known.

Key words　The Commercial Press　science & technology translations publication contribution historical facts

商务印书馆创办于1897年。1997年春，江泽民总书记为该馆的百

---

*　此文与陈应年同志合写并由徐在1997年8月举行于西安的"中国科技翻译研讨会"上宣读，后刊载于《中国科技翻译》1998年第1期，第46—50页。

年大庆题写贺词,希望该馆"承先启后,继往开来"。新闻出版署和出版界把商务印书馆的创立界定为中国现代出版业的开端,给以很高评价。一百年来,商务印书馆编印出版了30000多种图书(和部分期刊),不仅促进了我国近现代文化教育事业的发展,也对中国翻译事业做出了不可磨灭的历史贡献。

张元济(1867—1949)是近现代中国出版界的先驱人物,长期担任商务编译所所长、经理和董事长。他是维新派人物,自1898年担任南洋公学译书院院长以后,一向重视翻译出版活动,曾组织翻译了多种外文科技著作,1903年他任职商务印书馆编译所长,又把翻译放在出版活动的重要位置。20世纪初期,在他的推动下,商务印书馆在出版《天演论》等西方学术名著、《茶花女》等外国文学名著之外,又编印了众多的科技翻译图书,推动了我国科技事业和科技教育活动的蓬勃发展。

据不完全统计,该馆在最初的52年间(1897—1949)编印出版了15100种图书,其中科技书占17.5%(包括大量的科技翻译图书),仅次于社会科学图书(占30%),居第二位。商务印书馆大量出版科技图书,当然与该馆几任负责人的重视分不开。第一任编译所长张元济进馆时,便与创始人夏瑞芳约定"吾辈当以扶助教育为己任",他们从一开始就怀有开启民智,传播科学文化知识以提高国民素质,从而达到振兴中华的爱国主义思想。第二任所长高梦旦也很重视科技书刊的翻译出版。他主持编译所时期,曾招聘了许多有名的科技编辑,如留日学生郑贞文、周昌寿、李石岑,扩大了科技翻译图书的出版。1922年,王云五主持编译所以后,对机构进行了改组,聘请了许多从美国学成归来的专攻自然科学的学者,如任鸿隽、竺可桢等为编辑,或担任各部主任,又聘请杨杏佛等担任馆外特约编辑,从而为系统编印科技翻译书刊准备了条件。

1 编印科技翻译著作的概况

首先介绍英国汤姆生教授的《科学大纲》(又名《汉译科学大

纲》)。此书1922年在英国出版后,曾被称为"科学界一部空前未有的伟著"。第二年就经任鸿隽、竺可桢、陈桢等21位专家合译成中文由商务印书馆出版。这是一部大部头的学术著作,共1400页。内容包括天文学、生物学、动物学、植物学、矿物学、心理学、生理学、物理学、化学、地质学、气象学、人种学等等,"凡科学范围内应有的知识,无不包罗在内"。1949年9月,商务印书馆董事长张元济陪同毛主席游览天坛时,毛主席对张先生说,在延安时读过商务印书馆出版的汤姆生的《科学大纲》,从中得到许多知识(龚育之:《毛泽东与自然科学》,载《毛泽东的读书生活》,三联书店,1996)。这也从一个侧面反映出商务印书馆出版的科学译著影响的广泛、深远。

商务印书馆在编印科技翻译作品方面,可谓历史久远。早在1898年商务开始翻印英文图书时,就曾编印过一套名为《科学入门》的用汉文注释的英文教材。其中包括"总论"、天文学、地质学、格致(物理学)、化学、植物学、生理学、地文学、名学(逻辑学)、计学(经济学)等十个分册,在普及科学知识方面起过一定的作用。20世纪以来,该馆编印过多种科技译著。1898—1949年间该馆出版的部分科技译著:

1.1 中学理科教科书 影响较大的有杜亚泉编译的《格致》、《物理学》、《化学》、《中学生理学》、《中学植物学》教科书;翻译家伍光建译的《热学》、《力学》、《水学》、《气学》、《磁学》、《光学》、《声学》、《静电学》、《动电学》教科书(9种)及谢洪赉翻译的《几何学》、《代数学》等教材,在学堂教授科学基础知识上发挥过较大作用。

1.2 科学译作或普及作品 20年代出版的《共学社丛书》(1920—1935)中的《科学丛书》部分刊出了[法]赫尔勃特著《几何原理》(数学家傅种孙等译)和[德]司密士著《相对论与宇宙观》;《罗素丛书》部分收有《罗素算理哲学》(傅种孙等译)和《哲学中的科学方法》(科学家王星拱译);《通俗丛书》部分出版了爱因斯坦著《相对论浅释》(物理学家夏元瑮译)等,反映出我国科学界和教育界对科学新思潮的重视。30年代，由王云五、周昌寿主编的《自然科学小丛书》（1935—1949）以青年读者为对象，系统地汇集了200种自然科学翻译作品，如达尔文著《人及动物之表情》（周建侯译）；陈遵妫译［英］鲍尔著《天文家名人传》、朱洗译《细胞之生命》（Hennegny著）、周昌寿译［日］石原纯著《物理学概念》、黄素封译《化学元素发见史》（Weaks著）等。同时期出版的《百科小丛书》（王云五主编，1931—1949）中收有罗素著《科学之将来》（吴献书译）、伍况甫译《原子与电子》（萨力凡著）、约翰生著《中国炼丹术考》（黄素封译）等；《科学丛书》中有尤佳章译《西洋科学史》（［美］李贝著）、生物学家周太玄译《细胞与生命之起源》（［法］沙尔多利著）、贾祖璋译《世界禽鸟物语》（A. F. Brown著）等译作。

1.3 《大学丛书》（1929—1949） 这是在蔡元培先生的提倡和支持下编印的。20多年里共出版了369种，自然科学占203种，译作为93种。代表性译作有严济慈等译《理论力学纲要》、高觉敷译［德］考夫卡著《儿童心理学新论》、刘仙洲译［美］基南著《蒸气表与莫里耳图》、顾毓绣译［美］兰司独夫著《直流电机原理》、汤尔和译［日］志贺洁著《近世病原微生物及免疫学》、任鸿隽等译［英］丹丕尔著《科学与科学思想发展史》、杜亚泉等译《动物学精义》（惠利惠著）等。

1.4 《汉译世界学术名著丛书》（王云五、何柄松主编，1932—1949） 共收51种科技翻译图书，重要的如：马君武译达尔文著《人类原始及类择》、郑太朴译牛顿著《自然哲学的数学原理》、伟烈亚力、李善兰译《谈天》（［英］侯失勒·约翰著）、周昌寿译《法拉第电学实验研究》等。

1.5 《丛书集成》初集（1926） 收有明末中外科学家合译的科学著作，如利马窦、徐光启译《几何原本》（1607），傅泛际、李之藻译《名理探》十卷（1631）等。

1.6 科学名词和科技辞典 商务印书馆历来重视科技翻译中的名

词审定工作，1908 年出版的《物理学语汇》、《化学语汇》是我国最早编印的审定科技术语汇编。30 年代出版了国立编译馆编订的几种科学名词，其中有《天文学名词》、《物理学名词》、《化学仪器设备名词》、《矿物学名词》、《气象学名词》、《普通心理学名词》等，以及王云五主编的《百科名汇》、刘仙洲编订的《机械工程名词》（英汉对照），对于规范我国的科学技术名词发挥了很大的作用。该馆出版的科技辞典，实际上为编译，有杜亚泉主编《植物学大辞典》（1917）、《动物学大辞典》（1923）、杜其堡编《地质矿物学大辞典》（1930）等。

1.7 科学家传记　该馆翻译的科学家、技术专家的传记占有不小的比例。著名的有：黄素封译《达尔文日记》（汉译世界名著）、周建人译《赫胥黎传》（Davis 著）、蔡宾牟译《伽利略传》（Bryant 著）、周昌寿译《牛顿传》（Crowther 著）、蒋丙然译《拉马克传》（Perrier 著）、林奄方译《法布尔传》（Legros 著）、闵任译《诺贝尔传》（H. Schuck 等著）、于树生译《卡尼基自传》（汉译世界名著）、魏以新译《西门子自传》、谭镇瑶译《门德尔传》（Iltis 著）以及《科学家的伟人》（张建华译）、《天文家名人传》（陈遵妫译）、《化学名人传》（沈昭文译）、《生物学名人印象记》（黄镜渊译）、《心理学名人传》（高觉敷译）等等。值得指出的是，外语教师左明彻女士（50 年代任北京外语学院教员）翻译的《居里夫人传》（居里的女儿艾芙·居里著）1938 年出版后，立即成为畅销书。由于作者熟悉传主生活，善于取材，文笔优美，深深打动了读者。1984 年经校订者全面修订后，译文更臻完善。此书迄今重印过数十次，印数多达数十万册，在社会上影响极大。

2　拥有一支充满活力的高水平编译队伍

多年来，商务印书馆出版了大量的科技翻译图书，当然与该馆拥有一批有才华、精通外文的编辑是分不开的。下面我们重点介绍几位亲自从事译著的科技编辑。他们从事的科技图书编译活动，也反映出商务印书馆出版科技译著的门类是多么广泛，选题是多么具有前沿性，规模是多么宏大，治学又是多么谨严。

2.1 杜亚泉（1875—1933） 一位自学成才的科学家。1903年进商务编译所后，即在该所工作约30年，长期担任理化博物部主任，主持科技图书的编译工作。他精通日文，除了编译过几十种经当时教育部审定认可的中小学理科教科书外，撰写过《高等植物学分类学》著作，还主编了《植物学大辞典》和《动物学大辞典》，实际为编译。1912—1921年间，他曾主编《东方杂志》，翻译科技文章，在刊物上大力宣传西方科学成果和自然科学思想。

2.2 郑贞文（1891—1969） 化学家和著名编辑。青年时期留学日本，1918年学成回国，进商务编译所做编辑，后任理化部部长，在商务印书馆工作15年，他精通英文日文，在编印科技翻译书刊方面成绩卓著。他大力译介自然科学的新思潮和新成就；编译中小学教科书和参考读物；致力于统一科技名词。其专著《无机化学命名草案》，1930年由商务印书馆出版后，引起科学界的关注，故而当1932年8月中国化学会成立时，特请他担任中国化学会译名委员会和化学名词审查委员会的委员，主持编写了《化学命名原则》一书。此书的公布使化学界有了一个共同遵守的标准，在我国化学专名的统一上起到了奠基性的作用。

2.3 郑太朴（1901—1949） 著名学者。1919年进商务编译所工作。1922年由该馆资助赴德国留学四年，他从德文翻译了《最近原子论大要》（［德］Leo Gratz 著）、德国 Von H. Weber 的名著《数学全书》三册（第一册算术，第二册代数，第三册解析几何），从英文翻译了《同温层的探险》（［英］菲力普著）、牛顿的《自然哲学的数学原理》等书。

2.4 段育华（1887—?） 数学家和著名的编辑。早年赴美国留学。1922年任商务印书馆编译所算学编辑、组长，曾参加编辑过中学数学教科书。编译有：《西洋近世算学小史》（斯密斯著）、《卜氏（Bruhns）七位对数表》等。

2.5 周建人（1888—1984） 著名的生物学家。1921年进商务编译所做编辑工作。周先生精通英语，曾翻译过《遗传论》（Doncaster 著）、《优生学》（L. Darwin 著）、《原形质》（坂村微著）、《吸血节足动物》（编译）等书。1926—1932 年间主编《自然界》月刊。该刊强调"科学的中国化"，主张"让从西方传入的科学能在中国生根、普及、开花，并有创造"。该刊除发表中国学者的文章外，也刊登有关国外科学的新理论新思潮的译介文章。60 年代，他和叶笃庄、方宗熙合译的达尔文名著《物种起源》，被列入商务印书馆《汉译世界学术名著丛书》出版，受到学术界的重视。

2.6 高觉敷（1896—1986） 著名的心理学家。1926 年任商务印书馆编译所哲学教育部编辑，长期从事心理学问题的写作和翻译工作，翻译过大量心理学著作，重要的有：波林《实验心理学史》、［奥］弗洛伊德《精神分析引论》、考夫卡《儿童心理学新论》、苛勒《格氏塔心理学之片面观》、华生《情绪的实验研究》等等。

3 加强与科学界的合作

商务印书馆与科学界的联系十分密切。赴美国的留学生杨杏佛与胡明复、赵元任、任鸿隽等于 1914—15 年间在美国共同发起组织中国科学社（中国第一个综合性科学团体），并编印《科学》杂志。任鸿隽曾任中国科学社社长，他于 1922 年在上海商务印书馆编译所任编辑。科学社的胡明复也曾担任该馆馆外特约编辑。《科学》杂志从 1915 年起到 1950 年期间曾部分地由商务印书馆出版发行，在国内自然科学界颇有影响。中国在日留学生组织的中华学艺社曾创办《学艺》杂志（1917 年创刊—1956 年停刊），1920 年由于郑贞文担任该社总干事、该社的骨干社员周昌寿、杨端六、何公敢、江铁、林直夫等均在商务印书馆编译所任职，1920—1932 年间《学艺》杂志曾由商务印书馆出版发行。这两个刊物团结了许多科学家，发表过大量科技译文，对自然科学在中国的传播起了很大促进作用。

商务印书馆在前 50 多年曾出版了数十种期刊。例如，杜亚泉曾在《东方杂志》上首次报道了居里夫人发现镭的事迹。又如作家茅盾青年时期曾在《学生杂志》上翻译了科学小说《两月中的建筑谭》等。

此外,商务印书馆自己创办的《自然界》杂志(周建人主编,1926—1932)和《农学杂志》(1917—1931)上经常刊登科技译文。

4 精益求精的作风和重视人才的态度

商务印书馆的编辑不仅具有较高的学术水平,而且在工作上精益求精。为保证译文质量,他们不仅亲自动手校订译文,而且严格要求对旧译本进行修订,有时不惜放弃旧译而出版新译本。对作译者则始终竭力扶持。1935年,著名学者郭沫若流亡日本时,曾翻译了英国科学家威尔斯的名著《生命之科学》一书。此书篇幅很大,图版又多,注重经济效益的出版者一般是不愿接收的,但该馆出版部长高梦旦仍然热情地同意以"石沱"的化名予以出版。商务印书馆通过出版科技译作,团结了一大批科学家和学者,如严济慈,不仅在商务印书馆出版了《算术》教科书,还编译了《几何证题法》,又翻译了《理论力学纲要》(大学丛书,M. P. Montal 著);费孝通从在《少年杂志》发表习作,到后来翻译社会学著作《人文类型》(雷·弗思著)、《社会变迁》(奥格布恩著)、《文化论》(马林诺斯基著);金克木为商务译《通俗天文学》(S. Newcomb 著);吕叔湘为商务译《人类学》(R. R. Marett 著)。他们都与商务印书馆结成了文字之交。

5 1950—1997年间出版的科技翻译图书

新中国成立后,商务印书馆于1954年经过公私合营,改组为中央直属出版社。1958年商务印书馆恢复独立建制,其出版方针,确定为"以翻译资本主义国家的哲学社会科学、自然科学方面的著作为主,并出版中外文的语文辞书"(《商务印书馆百年大事记》)。

1952年国家出版总署决定商务印书馆出版部分高校教材。袁翰青(1905—1994,著名化学家)于1952—1955年调任该馆总编辑。这个时期主要是出版了一批《高等学校理工科试用教材》,大多是从俄文翻译的,一下子就出版了好几百种。其中"译得比较理想的,例如苏联格琳卡著《普通化学》,是由哈尔滨工大化学系翻译的;以及涅克拉索夫著《普通化学教程》一书，是由北京工业学院和北京大学化学系共同翻译的。另外还有梁宝洪翻译的福里斯季莫列娃著《普通物理学》一书，是东北大学物理系主译的。"（袁翰青：《我与商务印书馆》）这些科技翻译教材的出版解决了各大学用书的"当务之急"。在此前后，商务印书馆又出版了部分《大学丛书》。其中有：《力学》（葛利姆塞著，葛庭燧译，1953）、《几何光学》（Paul Drude 著，清华大学物理系译，1952）、《无机定性分析化学》（Noyes and Swift 著，蓝春池、余大猷译，1953）、《电工原理及实用》（［美］格雷、华莱士著，俞国颂等译，1952）、《曲面几何》（［英］维舍本著，周绍濂译，1951）等。

自 1958 年起陈翰伯主持商务印书馆的编辑业务。这个时期，商务印书馆把翻译外国学术名著作为编辑工作的重点。1963 年该馆制定的十年出书规划中也列了数十种外国自然科学著作书目。经过多年的努力，这方面的翻译著作，主要是出版了一部分科学史、理论著作和科学家传记。重要的有：［英］丹皮尔著《科学史》（李珩译）、［英］沃尔夫著《16—17 世纪科学技术和哲学史》、《18 世纪科学技术和哲学史》（周昌忠等译）、［英］斯科特著《数学史》（侯德润译）、［德］劳厄著《物理学史》（范岱年等译）、《现代宇宙学》（［英］席艾玛著，侯德彭译）、《化学简史》（［英］柏廷顿著，胡作玄译）、《实验心理学史》（［美］波林著，高觉敷译）、《世界医学史》（第一卷，［意］卡斯蒂格略尼著，北医大医史教研室译）等。科学家的文集有：《爱因斯坦文集》（3 卷）、《尼尔斯·玻尔集》（1—2 卷，戈革译）。理论著作有：《量子理论》（［美］玻姆著，侯德彭译）、《科学的社会功能》（［英］贝尔纳著，陈体芳译）、《精神分析引论》（弗洛伊德著，高觉敷译）、《实验医学研究导论》（［法］克洛德·贝尔纳著，夏康农等译）。传记有：《达尔文回忆录》（毕黎译）、《爱因斯坦——生、死、不朽》（库兹涅佐夫著，刘盛际译）、《伽罗瓦传》（［法］达尔玛著，邵循岱译）、《数学精英》（［美］贝尔著，徐源译）、《科学界的精英——美国的诺贝尔奖获得者》（［美］哈·朱克曼著，周叶谦等译）等等。

以上，我们概括地介绍了商务印书馆近百年出版科学技术译著的基本情况。科学家茅以升说过："商务不只是一家出版商，而且也是传播我国文化的一位先驱者。"商务印书馆百年来出版科技译著的业绩就是验证此语的一个侧面。

哲学社会科学翻译的回顾与现状
（陈应年　徐式谷　合写）*

　　哲学社会科学翻译是我国翻译事业的一个重要组成部分。马克思主义经典著作在中国革命历史上的巨大作用是尽人皆知的，毛泽东曾经称赞《反杜林论》的译者"功不在禹下"。中共中央早在延安时期就作出了"关于翻译工作的决定"，建国以后又成立了马恩列斯著作编译局。关于这一重要翻译领域的工作成就已有许多文章作过专题介绍，所以本文下面要谈的内容只涉及一般的外国哲学社会科学学术著作的翻译，这是需要首先加以说明的。

　　近代以来，以严复为代表的一批社会科学翻译家第一次把西方的科学方法论和社会科学理论介绍到中国来，推动了我国资产阶级民主革命的发展，在中国翻译史上开创了新纪元。毛主席曾经把严复与洪秀全、康有为和孙中山并列，称作"代表了中国共产党出世以前向西方寻找真理的一派人物"。（引自《论人民民主专政》）在一定意义上说，这可以看作是对那段时期社会科学翻译的高度评价。建国以来，在中宣部和文化部的指导下，出版界和学术界、翻译界通力合作，多次制定翻译出版外国重要学术著作的规划，目的就是为了有组织、有计划地做好社会科学翻译工作。四十年来，我国社会科学翻译取得了巨大的成绩，不论在品种、数量上，在版本选择、译文质量和译本序言方面都有了很大的提高。这是旧中国的翻译工作所不能比拟的。同时，毋庸讳言，这方面

---

　　* 此文与陈应年同志合写，由《中国翻译》1992年第2、3期连载，该文已被收入《中国当代翻译百论》，文军、杜承等主编，重庆大学出版社，1994。

还存在一些需要改进的问题,本文准备把建国以来的社会科学翻译工作分成四个时期概括地加以评述。在开始叙述之前先对十九世纪末二十世纪初到解放前的社会科学翻译情况做一个简单的历史回顾。

一、历史回顾（1898—1949）

我国的社会科学翻译,一般说始于近代,即鸦片战争以后。1839年林则徐组织翻译的《四洲志》和1842年魏源汇编的《海国图志》,可说是第一次放眼看世界的外国史地译作,其意义应予充分肯定。不过系统地传播西方的世界观、方法论和学术、思想、文化的哲学社会科学翻译还是肇始于1898年严复首次翻译的《天演论》。当时翻译界的代表人物是严复、梁启超、马君武、伍光建和蔡元培等一批翻译家。

1917年十月革命在俄国取得胜利,马克思主义随即传到了中国。自从陈望道翻译的《共产党宣言》于1920年在上海出版后,吴亮平译《反杜林论》、郭大力和王亚南译《资本论》三卷全译本相继出版。三四十年代,上海生活书店先后以《世界名著译丛》（1938—1947,14种）、《世界学术名著译丛》（1947—48,11种）的名义集中出版了经典作家的主要著作的中译本,马克思主义进一步在中国得到了传播。正如前面已经说明过的,有关情况由于已有专文（如中央编译局马恩室编《马克思恩格斯著作在中国的传播》）详细介绍,这里不再重述。

五四运动以后,随着一大批留学生从国外学成回国,在大学从事教学与研究,社会科学翻译在中国有了较大的发展。1920年初,梁启超自欧洲回国后,与商务印书馆负责人张元济磋商,由商务印书馆拨款资助讲学社,每年邀请西方学者（如柏格森、罗素等）来华讲演,讲稿由商务出版。不久西方哲学家杜威、罗素和杜里舒先后访华,在各地讲演,现代西方哲学著作因而有了较多的翻译出版。如罗素著作的译本当时多达16种、杜威的译著有9种、柏格森译作有6种,一时出现了翻译现代外国哲学的热潮。科学理论方面,翻译过爱因斯坦的《相对论浅释》,英国汤姆生的《科学大纲》也由胡明复翻译出版。政治学方面除译了罗素的《政治理想》（1921）外,伍光建又翻译马基雅维里著

《霸术》（1925）；经济方面译介较多的是法国经济学家季德（1847—1932）的著作，共出版过4种，他与利斯特合著的《经济学史》也已翻译出版；社会主义流派方面，克鲁泡特金的《互助论》和《面包略取》都有中译本出版。历史学方面，当时在北师大、北大执教的何炳松翻译了美国史学家鲁滨孙的代表作《新史学》（1923），并与人合译了绍特威尔的《西洋史学史》（1928），还根据鲁滨孙和俾尔德的著作编译了《中古欧洲史》（1924）和《近世欧洲史》（1925）讲义，较早把美国这一史学流派的观点介绍到我国。值得指出的是，同一时期鲁迅翻译了普列汉诺夫的《论艺术》和卢那察尔斯基的《艺术论》（1929），耿济之翻译了托尔斯泰的《艺术论》（1921），它们都是在国内发生过影响的艺术理论译著。二十年代社会科学翻译在中国出现的热潮，反映了我国知识界对科学与民主的追求，尽管当时有些译者对原著的选择并不精当，译文质量也有待提高。

  三十年代，国内大学对哲学社会科学的教学、研究有了发展，出版界的编辑力量也略具规模，哲学社会科学翻译因而出现了一个新的高潮。据商务印书馆资料室的统计资料，从二十年代到四十年代，该馆陆续编印了大量的丛书，重要的有《汉译世界名著》(1932—49，出版231种)、《社会科学丛书》(1930—39，26种)、《社会科学小丛书》(1933—47，83种)、《政法丛书》(1925—38，26种)、《经济学丛书》(1926—40，31种)、《历史丛书》、《史地小丛书》(1933—48，48种)、《大学丛书》(1929—49，译著126种)、《师范丛书》(1924—47，34种)等等，加上社科译著单行本，截止于1949年9月共出版了740种学术译著，而其中在三十年代翻译的竟达465种，约占总数的一半以上。这个时期比较重要的翻译家和译著有：伍光建译斯宾诺莎《伦理学》(1933)、休谟《人之悟性论》和梅尔兹《十九世纪欧洲思想史》(四册，1931—35)，马君武译达尔文《人类原始及类择》(1932)，张鼎铭译康德《实践理性批判》(1936)、黑格尔《论理学》(即《小逻辑》，1935)，唐钺译《道德形而上学探本》(1939)、约翰·穆勒《功用主义》，王造时译莫瓦特《现代欧洲外交史》(1935)、《近代欧洲外交史》(1936)、莱丹《美国外交政策史》(1937)和拉斯基《国家的理论与实际》(1937)，任鸿隽译斯宾塞《教育论》(1933)，傅任敢译夸美纽斯《大教授学》(1939)，郑太朴译牛顿《自然哲学的数学原理》(1935)、普恩加莱《科学与方法》及麦克斯·韦伯《社会经济史》(1936)，巫宝三翻译斐蔡尔特等合著的《经济学概论》(1937)、欧伯利昂《农业经济学》(1935)，夏炎德译凯塞尔《经济学之数理研究论》(1937)，吴大琨译列昂节夫《政治经济学》(1936)等。史学家杨人梗继翻译茨韦格著《罗曼罗兰》之后，又翻译了克鲁泡特金的《法国大革命史》(1930)。此外，中外交通史专家张星烺翻译《中西交通史料汇编》(1930)和《马可波罗游记》(1937)，杨东莼等译摩尔根《古代社会》(1935)，傅雷译罗曼罗兰著《托尔斯泰传》、《弥盖朗琪罗传》(1935)，向达译亚里士多德《尼各玛可伦理学》(1933)，梁实秋译《西塞罗文录》(1934)等都是翻译质量在学术界有定评的社会科学译著。

值得强调的是，三十年代有几位在翻译界比较活跃的翻译家，他们是经济学界的郭大力、王亚南，哲学界的关琪桐，史学界的冯承钧和文艺理论方面的傅东华。郭大力和王亚南是经济学翻译方面态度严肃而又成果卓著的翻译家。他们除合译了《资本论》之外，还译过亚当·斯密的《国富论》(1932)、李嘉图的《经济学及赋税之原理》(1935)，郭大力还译过约翰·穆勒的《经济学原理》(1936)、伊利的《经济学大纲》(1933)和杰文斯的《经济学理论》(1936)，他和李石岑合译过《朗格唯物论史》。关琪桐专门从事哲学著作的翻译，他先后翻译过培根《新工具》、《崇学论》、笛卡尔《沉思集》和《哲学原理》、洛克《人类理解论》、贝克莱《人类知识原理》、《贝克莱哲学谈话三篇》和《视觉新论》、休谟《人类理解研究》以及康德著《优美感觉与崇高感觉》等十部著作，是哲学界多产的翻译家之一。冯承钧是从事中外关系史研究的学者和翻译家，多年来他相继翻译了法国格鲁塞《蒙古史略》(1934)、布哇《帖木儿帝国》(1935)、《多桑蒙古史》(1936)，沙海昂注释本《马可波罗游记》(1936)、伯希和《郑和下西洋考》(1935)等40多种译作,成果比较显著。傅东华是著名的文学翻译家,他除了迻译荷马的两部史诗等文学作品外,还翻译了四部文艺理论著作,如亚里士多德《诗学》(1926)、路易臧《近世文学批评》(1928)、洛里哀《比较文学史》(1931)和亨特《文学概论》(1935)等,这些译著在文艺理论界都有一定影响。

四十年代,由于日本侵华战争对我国的严重破坏,翻译工作受到影响,成果也相对地少一些,其中比较重要的译著有:陈康译柏拉图《巴曼尼得斯篇》(1944),贺麟译斯宾洛莎《致知篇》(1934),谢幼伟译鲁一士《忠之哲学》(1944),杨人楩译马迪厄《法国革命史》(1947)、哥德沙尔克《法国革命时代史》,巴金翻译《克鲁泡特金自传》、《面包与自由》,还组译过《克鲁泡特金全集》(平明出版社)。王造时和向达合译班兹《社会科学史纲》(1940),潘光旦翻译《自由教育论》(1946),费孝通译马林诺斯基《文化论》(1944)等等。

总起说来,解放前的社会科学翻译,由于一批翻译家的辛勤劳作,出现了不少有价值的翻译作品。对思想界、学术界和大学里的教育与研究工作产生过积极的影响,但是由于历史条件的限制,当时的出版社和翻译家都是各自为政,翻译出版工作缺乏全面的计划。虽然出版了部分有影响的学术译著,但是许多第一流的学术名著尚无人翻译。有些名著即使翻译出版了,但译文质量并不理想。另外,解放前的译家基本上是从自己的个人爱好来选择原书的,因此有些古典著作的版本选择不当;翻译介绍工作做的不完善。特别是某些译者从事翻译的动机和目的不同,在翻译介绍外国学术著作方面也存在思想斗争,由于篇幅的限制,本文不能详述翻译界的矛盾和斗争。希望今后有人能对此从事专门的研究和探讨。

二、哲学社会科学翻译四十年(1950—1990)

1949年10月新中国成立后,我国的社会科学翻译发生了巨大的变化。建国初期,翻译工作中最突出的现象是苏联译著的兴盛。1955年私营出版业经过社会主义改造纳入国家出版系统以后，以人民出版社、三联书店、商务印书馆为代表的一些专业出版社相继制定了翻译出版规划，我国的社会科学翻译出版事业走上了有组织、有计划组译出版的健康发展道路。

建国后四十年的哲学社会科学翻译出版情况，随着各个历史阶段政治形势的发展，大致可以分为四个时期：（一）面貌发生巨变的五年（1950—55）；（二）有组织、有计划翻译的十年（1956—66）；（三）文革后期的六年（1971—77）；（四）1978 年以来社会科学翻译大发展的十二年（1978—90）。下面就按这四个阶段进行叙述。

（一）面貌发生巨变的五年（1950—1955）

与解放前的翻译著作相比，建国初期的社会科学翻译在总体上发生了巨大的变化。概括地说，这个时期的社科翻译表现出如下两个特点：1. 马克思主义政治理论译著和介绍苏联社会科学各学科及经营管理的译作占绝对多数。一般的学术著作比重不大；2. 由于"向苏联学习"的需要，译自俄文的翻译作品在社会科学翻译中占压倒的优势。据版本图书馆《全国总书目》的资料，自 1949 年 10 月至 1954 年底的五年间，全国共出版社会科学图书 5047 种，其中译著 1811 种，而译自俄文的就有 1588 种，占社科翻译的 80% 以上。从分类看，居第一位的是经济方面的理论读物，累计起来和经济类图书品种相差不多。到了 1955 年社科图书品种增加很多，但译著仍占三分之一。现根据《全国总书目》的统计资料，列表介绍如下：

1949—1954、1955 年社科译著对照表

年份	类别	马列	哲学	政法	经济	文教	史地	合计
1949 — 1954	俄文翻译	226	91	302	534	270	162	1585
	翻译合计	265	102	379	578	274	213	1811
	著、译合计	322	133	1179	1529	1046	802	5047

续表

年份	类别	马列	哲学	政法	经济	文教	史地	合计
1955	俄文翻译	36	35	180	357	212	108	928
	翻译合计	40	39	210	463	212	120	985
	著、译合计	52	148	702	1238	640	484	3246

这个时期的社会科学翻译，比较重要的学术理论著作（马克思主义经典著作未列入）有：博西和张仲实等译的五种普列汉诺夫的著作，贺麟译黑格尔的《小逻辑》，费尔巴哈的两种著作（一种是王太庆译的《宗教的本质》，一种是洪谦译的《未来哲学原理》），柯柏年译狄慈根的《辩证法的逻辑》，葛力译美国威尔斯的《实用主义》，中国人民外交学会译的《奥本海国际法》，沈端先从日文转译的倍倍尔著《妇女与社会主义》，沈颖译苏联凯洛夫的《教育学》，周进楷译柴尔德的《远古文化史》，缪灵珠译苏联谢尔格叶夫的《古代希腊史》等等，此外中央编译局翻译的《政治经济学教科书》（苏联科学院经济研究所编）当时作为全国干部学习教材由人民出版社出版，影响较大。

当时的社会科学翻译除一部分态度认真、有翻译经验的译者外，总的来说水平参差不齐，质量不太理想。这从当时《翻译通报》上发表的翻译批评即可看出。由于当时全国都在向苏联学习，知识分子中出现了学习俄语的热潮。有些译者学习俄语不久即从事翻译，加上某些私营出版社缺乏编辑力量，而又出于赢利的目的抢译苏联著作，有些译者态度不够认真，因此出现了一些译文平庸和夹有错误的翻译作品。这种情况到了私营出版社经过公私合营，社会科学翻译纳入有组织、有计划的翻译规划之后，才有了根本的改变。

（二）有组织、有计划翻译外国学术著作的十年（1956—1966）

1956年在中央宣传部和文化部的领导下，人民出版社在学术界和翻译界的配合下，主持编制了一份《外国名著选译十二年规划总目录（1956—68）》，选列了1614种书目。最初主要由三联书店和有关的几家出版社承担此项出书任务。1958年商务印书馆恢复挂牌以后，此项翻译出版工作主要交由商务印书馆负责。于是该馆又对原来制定的规划做了整理和调整，编印了一份《哲学社会科学重要著作选译目录》，选目中的种数仍在1600种上下。当时承担这项翻译出版任务的主要是商务、三联、人民、世界知识、法律、上海人民等几家出版社。到1963年商务印书馆在广泛征求教育界、学术界和翻译界的意见和建议之后，又对原规划作了修订，编制了一份《翻译和出版外国哲学社会科学重要著作十年规划（1963—72）》。商务印书馆根据当时的出版方针，决定把十六世纪到十九世纪上半叶西方资本主义国家的重要学术著作，特别是属于马克思主义三个来源即德国古典哲学、英国政治经济学和法国空想社会主义三个方面的著作作为重点，提前译好、出齐。鉴于当时的条件和可能，规划选列了各学科书目共计1378种，其中哲学类439种，经济类218种，社会主义各流派98种，政法类174种，社会学23种，文学史（文科教材）25种，语言学27种，历史类288种，地理学87种。从这时起，编辑部开始审定版本，物色译者，进行组稿和审稿工作，并根据工作需要充实了编辑部的编辑力量。当时北京市有一家专业的翻译机构——北京编译社，承担了一部分翻译任务。

　　1956至1966年是社会科学翻译工作在出版界制定的长期规划的指引下，有组织、有计划、踏踏实实地进行的十年。其间虽然经历了种种政治运动，规划的执行受到过冲击，遇到过曲折（1963年以后，许多外国学术、理论译著相应地采取了内部发行的方式），但是总的来说，几家出版社一直是认真地执行规划，因此社会科学翻译的成果十分突出。十年间商务印书馆大约翻译了437种外国学术著作，其中哲学类129种，经济类132种，社会主义流派49种，政法类39种，历史类88种。这个数字和上述两次规划所列的品种作比较，仅占规划书目总数的四分之一。但是回想一下，在当时那个特定的历史条件下，加上某些客观因素（如古典语言和稀有文种人才的缺乏）的限制，在不长的时间内能坚持出版这么多的外国学术著作确实是一件很不容易的事。

这个时期，商务印书馆按照长期规划组译出版了许多有价值的外国学术著作。德国古典哲学方面，康德的三大批判(《纯粹理性批判》，蓝公武译，1960；《实践理性批判》，关文运译，1960；《判断力批判》，宗白华、韦卓民译，1964) 已先后出版（某些中译本译文不理想还准备重译）；黑格尔的主要著作《精神现象学》（上册，贺麟、王玖兴译，1960)、《逻辑学》（上册，杨一之译，1966)、《小逻辑》（贺麟译)、《法哲学原理》（范扬、张企泰译，1961)、《历史哲学》（王造时译，1963)、《哲学史讲演录》（1—3 卷，1959—60 初版，1964 重印）已陆续出版；《美学》第一卷已由朱光潜译出（人民文学，1958）；费尔巴哈的著作已出版两种(《费尔巴哈选集》上卷，1955 年由三联出版）。英国政治经济学方面，威廉·配第《赋税论》(1963)、《亚当·斯密关于法律、警察、岁入及军备的演讲》(1962) 和李嘉图《政治经济学及赋税原理》（修订本，1962）也相继出版。空想社会主义方面，除组译出版了《圣西门选集》(1962)、《傅立叶选集》（四卷，已出 1、2 卷，1959）外，又出版了梅叶《遗书》（三卷，1959—61)、《马布利选集》(1960)、摩莱里《自然法典》(1959) 及《巴贝夫文选》(1962) 等，是马克思主义三个来源著作中翻译出版较多的一个方面。古希腊、古罗马的古典著作方面有严群译柏拉图《泰阿泰德、智术之师》，吴献书译《理想国》，吴寿彭翻译了亚里士多德的作品 3 种，即《形而上学》、《政治学》和《动物志》；在经济学方面，翻译出版了色诺芬的《经济论、雅典的收入》；在历史学方面，翻译出版了希罗多德《历史》、修昔底德《伯罗奔尼撒战争史》、塔西佗《阿古利可拉传、日耳曼尼亚志》及古罗马阿庇安《罗马史》；在近现代西方著作方面，组译了罗素著作 7 种和杜威的著作 3 种；经济学方面有徐毓枬翻译的凯恩斯的主要著作《就业、利息和货币通论》；1959 年前后，为了批判马尔萨斯，曾集中组译出版了马尔萨斯的 7 种著作，即《人口论》、《人口原理》、《政治经济学原理》、《政治经济学定义》、《论谷物法的影响、地租的性质与发展》、《价值的尺度》及《政治经济学论文五篇》。史学方面，齐世荣等翻译了施宾格勒的《西方的没落》。同一时期，上海人民出版社出版了高达观等译的伏尔泰《哲学通信》和曹未风译的汤因比《历史研究》（三册，1959—），世界知识出版社出版了董乐山等翻译的《第三帝国的兴亡——纳粹德国史》（1965）。东方国家的翻译著作，组译出版的有伊本·西那著《论灵魂》、日本福译谕吉的《文明论概略》和《劝学篇》、艾敏著《阿拉伯文化的黎明时期》和《甘地自传》等。

六十年代，商务印书馆还出版过几套有分量的各学科学术资料选辑。一种是北京大学哲学系外国哲学史教研室编译的《西方古典哲学原著选辑》（共6辑），当时已出版两辑，即《古希腊罗马哲学》（1961）和《十八世纪法国哲学》（1963）；一种是《现代外国资产阶级哲学资料选辑》（中国科学院哲学所西方哲学史组编），其中包括《存在主义哲学》（1963）和《现代美国哲学》（1963）两种。北大哲学系东方哲学史教研组编《东方哲学史资料选辑》共10辑，已出版《日本哲学　一、古代之部》、《日本哲学　二、德川时代之部》两种，得到了学术界的好评。经济学方面，有王亚南主编的《资产阶级古典政治经济学选辑》（1965）和季陶达主编的《资产阶级庸俗政治经济学选辑》（1963）等共两种；历史学方面，周一良、吴于廑主编的《世界通史资料选辑》（三辑，上古部分，林志纯主编，1962；中古部分，郭守田主编，1964，近代部分，蒋相泽主编，1964），吴于廑主编的《外国史学名著选》（9种，1962—1965），都是带有基本建设性质的外国史学译著。在这前后，上海人民出版社也出版了一套由《哲学研究》编辑部编的《资产阶级哲学资料选辑》（共20辑）。

同一时期，三联书店组译了两种苏联版多卷本译著，一种是敦尼克等主编的《哲学史》（6卷本，1958—63出了三卷，1982年出齐）；一种是苏联科学院主编的《世界通史》（13卷本，1959—63出了五卷，1990年出齐），这两种多卷本译著于六十年代都曾在我国产生过影响。与此同时，法律出版社组译了凯切江和费季金主编的《政治学说史》（三册，1960—61），中国人民大学出版社翻译了卡拉达耶夫的《经济学说史讲义》（上册，1957），三联书店组译了［苏］摩尔都霍维奇著《经济学说史纲》（1958），这些各学科学术史的翻译对我国大学的教学与研究都起了较大的推动作用。

（三）文革后期的六年（1971—1977）

1966—1975年文化大革命时期，社会科学翻译和出版基本上是一片空白，本来可以略而不谈，但是七十年代，由于某些原因，社会科学翻译方面曾做过一些工作，这里顺便介绍一下：1. 七十年代初，国内曾翻译过四本书，即伽利略《关于托勒密和哥白尼两大世界体系的对话》、康德《宇宙发展史概论》（1972）、海克尔《宇宙之谜》（1974）和赫胥黎《天演论》的重译本《进化与伦理》。2. 1971年前后，出版系统根据上级指示，曾组织国内部分大学的外文力量，翻译出版了两套书，一套是国别史，一套是国别地理；这两套书的出版计划经上报后，由周总理亲自批准执行。国别史的翻译出版，当时曾组织了12城市的大学外语系、历史系的教师和其他外语人才及有关的出版社参加，由商务印馆承担组织联系工作，到1978年结束，共翻译出版了171种国别史，其中包括非洲国家55种，亚洲国家44种，欧洲国家32种，美洲及澳洲国家合计40种。国别地理的翻译同样是动员了国内部分大学的外文力量，也有部分地方出版社参加，到1978年前后，共翻译了72种，其中包括非洲21种，亚洲5种，欧洲15种，美洲7种，澳洲2种。这两次大规模的翻译工作，动员了大学里的大部分翻译人才，采取分工合作的办法，即有许多人参加翻译，再请一位有翻译经验的同志负责定稿。这对多年脱离翻译实践的外语人才来说无疑是一次极好的锻炼（参加翻译的大都是中年以上的教师）。由于当时时间紧、任务急，某些版本的选择不够严格，部分译文的质量也不太理想。不过，从翻译史上来看，动员国内的大部分翻译力量，比较全面地翻译世界各国的历史地理，这还是第一次。因此，这对开展外事工作，外国史地的教学与研究，还是有积极意义的。3. 1972年中美建交以后，为了适应了解世界的需要，出版界组译了一批国际政治和国际关系的著作，重要的有尼克松的《六次危机》(商务,1972)、富布赖特的《跛足巨人》(上海人民,1976)、霍罗威茨的《美国冷战时期的外交政策》(上海人民,1974)等。在此前后,署名"齐沛合"(笔名)用新闻记者笔调翻译的《出类拔萃之辈》(三册,哈尔伯斯坦著,三联,1973)和《基辛格》(上下,乌文·卡尔布等著,三联,1975)都曾受到翻译界的重视。

4. 1977年,由于我国恢复了在联合国的席位,从七十年代起,中国对外翻译出版公司每年组织翻译了联合国的各类文件,报告1200万字,书籍700万字,刊物300万字,积累了翻译联合国资料的丰富经验。

(四) 1978年以来社会科学翻译大发展时期 (1978—1990)

1978年以来,在改革开放的新形势下,哲学社会科学翻译开始了一个空前的大发展时期。出版界改变了只有少数中央出版社组译出版外国学术译著的局面,全国各大学、专业和地方出版社都开始出版外国学术译著。据版本图书馆资料室的不完全统计,在1978—90年的十二年中,全国出版的翻译著作有28500多种,其中社会科学翻译高达7400多种。按国别来看,最多的是美国,达2500多种,其次是日本,达1700多种,苏联为1500多种,再次为英国,有900多种,法国与德国分别为300种,这样高的数字,不是亲眼看到图书卡片和各出版社的样书,我们几乎有点不敢相信。现将译自六国的社科著作统计数字列表如下:

1978—1990年按国别统计的社科译著对照表

国别分类(种)年代	美国		苏联		日本		英国		德国		法国		总计	
	社科	合计	社科	合计	社科	合计	社科	合计	社科	合计	社科	合计	社科	合计
1978	8	94	6	60	8	54	5	39	9	32	6	50	42	408
1979	30	177	13	113	11	97	16	72	15	42	10	37	95	562
1980	87	380	120	375	69	205	41	186	28	80	20	75	365	1824
1981	75	473	113	421	98	321	47	366	16	97	20	126	369	2272
1982	127	630	163	526	85	345	65	283	26	99	31	137	497	2619
1983	102	548	138	479	77	371	42	279	21	103	26	117	406	2441

续表

国别分类(种)年代	美国 社科	美国 合计	苏联 社科	苏联 合计	日本 社科	日本 合计	英国 社科	英国 合计	德国 社科	德国 合计	法国 社科	法国 合计	总计 社科	总计 合计
1984	147	597	165	491	87	349	48	236	29	117	22	91	498	1437
1985	168	662	166	521	142	519	80	284	15	68	47	164	618	2732
1986	216	748	150	540	170	449	76	312	41	139	24	133	677	3052
1987	308	988	212	608	238	594	136	443	45	143	45	156	984	3571
1988	453	1107	161	472	295	670	117	376	46	144	47	158	1119	3541
1989	543	1080	132	353	341	629	141	317	40	120	47	143	1244	3102
1990	317			79		148		110		20		22		696
合计	2581	7484	1528	4959	1769	4603	924	3093	351	1184	367	1387	7480	28581

这个时期的社会科学翻译，概括地说具有以下几个特点：1.中国大百科全书出版社组译的十卷本《简明不列颠百科全书》在1985—1986年出版，积累了组译大型工具书的实践经验。此外，各社还翻译出版了部分工具书，如《苏联哲学百科全书》（康斯坦丁诺夫主编）、《社会科学百科全书》（亚当·库珀主编）、《新社会学词典》（邓肯·米切尔著，以上为上海译文版）、《现代经济词典》（格林沃尔德主编）、《世界历史词典》（杰·豪厄特主编）、《美学简明词典》（奥甫相尼科夫等主编，以上为商务版）、《外交辞典》（两卷本，东方出版社，1986）等。2.十九世纪以前的古典著作的翻译，主要是由商务印书馆、中国社科出版社、上海人民、三联几家出版社出版，组译出版最多的是商务印书馆。近年来，中国社科出版社组译了马可·奥勒留的《沉思录》（收在《外国伦理学名著译丛》中），三联上海分店出版了《苏格拉底的最后日子——柏拉图对话集》、《皮浪主义文集》、《塞涅卡道德书集》及《西塞罗文集》四种译著，广东人民出版社出版了李匡武译亚里士多德的《工具论》，这是古典译著中新的收获。3.现代外国学术著作的翻译可说是社会科学翻译中的一大热门，也是不少出版社角逐的对象，在这方面，上海译文、三联和华夏出版社出书较多。最近十多年来，现代西方哲学的介绍受到翻译界的重视。存在主义的代表人物萨

特、精神分析学派的弗洛伊德、德国的尼采的著作先后出版了新译本。最早是萨特的剧本《呕吐》在上海上演，出版界又组译了他的《厌恶及其他》（上海译文，1986）、《存在与虚无》（三联，1987）；著名心理学家高觉敷校订、重译了弗洛伊德的代表作《精神分析引论》和《新论》（商务：1986—1987），上海译文组译了《弗洛伊德后期著作选》（1986）；尼采的著作已翻译出版的有《查拉图斯特拉如是说》（湖南人民）、《悲剧的诞生》（三联）等；罗素著作的新译有温锡增译《我的哲学的发展》（1982）、《人类的知识》（1983，以上为商务版）；上海译文组译了艾耶尔的《语言、真理与逻辑》（1981）、波普尔的《猜想与反驳：科学知识的增长》（1986）等等。不过有些被认为是有销路的译著，常常出现重复出版的现象，如弗洛姆的《爱的艺术》一书在1986—1987两年中先后有工人出版社、安徽文艺、华夏和商务四家分别出版了四种译本，又如日本企业家盛田昭夫和作家石原慎太郎合著的《敢说不的日本》一书也出现了新华出版社、军事科学出版社等的三种译本。4. 有些地方出版社热衷出版猎奇性、趣味性或是与生活关系密切的译著，格调不太高，如有家出版社出版了一种《红手帕译丛》，其中有名为《婚姻协调》、《两性间的交流》、《爱、性与整体的人》等译作。5. 社会科学翻译中出现了以下一些热点：如哲学类中的现代西方哲学、心理学、伦理学和职业道德、美学，经济方面的经营管理和企业成功之路，历史方面的传记，国际政治中的间谍活动，常常是一些出版社争夺的目标。6. 国际关系方面，二次大战后的译著引人注目。上海译文出版社组译的牛津大学出版社版多卷本《国际事务概览》，分战前、战时和战后三编，战时编10卷已于1978—1984年译完出齐，战后编已出版5卷。世界知识出版社组译了第一部系统介绍西方国际关系学的译著《争论中的国际关系理论》，又出版了日本吉田茂著《激荡的百年史》、基辛格的两部回忆录《白宫岁月》、《动乱年代》和尼克松的《领导者》。商务也组译了《尼格松回忆录》（三册）。7. 为了了解国外的学术动向，有关新学科和边缘学科的译介有了明显的增加。科学学方面，商务组译了英国科学家贝尔纳的《科学社会功能》（陈体芳译，1982）。未来学方面，著名学者托夫勒的著作译了三部，即《第三次浪潮》（三联）、《前景与前提》（上海人民）和《未来的冲击》（贵州人民）；中国社科出版社组译的《大趋势（改变我们生活的十个新方向）》受到学术界的重视。

　　进入八十年代以后，我国社会科学翻译出现空前繁荣的局面，并不是偶然的：1. 1982年中央同意分期分批翻译世界各国名著的指示坚定了出版界翻译出版外国学术名著的信心和决心。2. 随着大学教育的发展，十几年来大学文科各专业和外语系培养了一大批基础较好的翻译人才，加上近年来赴外国进修和从事研究的访问学者的陆续回国，翻译力量得到了显著加强。3. 北京、上海以及各地的一些学术出版社都参加了社会科学翻译的出版工作，也推动了翻译事业的发展。正是因为具备了这样的客观条件，近年来在国内出现"丛书热"的背景下，不少出版社相继推出了一批有分量的翻译丛书。其中有代表性的有：商务印书馆的《汉译世界学术名著丛书》，上海译文出版社的《二十世纪西方哲学译丛》、《当代学术思潮译丛》，上海人民出版社的《西方学术译丛》，三联书店的《现代西方学术文库》，华夏出版社的《二十世纪文库》，中国社科出版社的《外国著名思想家译丛》、《外国伦理学名著译丛》、《外国史学理论名著丛书》、《国外经济管理名著丛书》，辽宁人民出版社的《当代西方美学名著译文丛书》，三联上海分店的《世界贤哲名著选译》，福建人民出版社的《国外社会科学译丛》，中国社科出版社的《美国译丛》和商务印书馆的《美国丛书》等等。

　　因为篇幅的限制，这里仅介绍一下商务印书馆出版的《汉译世界学术名著丛书》。这套书从1982年汇编出版，至今年已出版6辑，共260种。它是在该馆三十多年大量出版外国学术名著单行本的基础上，经过严格挑选、反复斟酌后，才先后汇编成辑出版的。选入这套丛书的原著全都是经受了时间的考验，并得到世界各国公认的学术名著，这些著作既有古希腊、古罗马的经典著作，也有西方各国十六世纪至十九世纪各个时期的代表作；既有西方哲学、政治、经济、历史典籍，也有东方各国的名著。总起来说，这些著作的作者都是一个时代、一个民族、一个阶级、一种思潮或一个流派的代表人物或先驱者。他们或是代表了一个时代，开创了一个学科，形成了一个学派，或是踏前人的足迹，承前启后，开拓了新的道路；他们汇集了时代文明的精华，留给后代来涉猎、来检验、来审查、来汲取营养。这是人类共同的精神财富。收进这套丛书的中译本，不少出于名翻译家之手，是这些译者的呕心沥血之作。如陈康、严群译柏拉图，宗白华、庞景仁译康德，贺麟、朱光潜译黑格尔和维柯，郭大力、王亚南译亚当·斯密，周建人等译达尔文，杨东莼等译摩尔根，马采译幸德秋水，巴金译克鲁泡特金，高觉敷译弗洛伊德，王铁崖、陈体强译奥本海国际法，傅任敢译克罗齐史学理论，齐思和译鲁滨孙，孙修斋译莱布尼兹，何兆武译帕斯卡尔和卢梭，戚国淦译艾因哈德，王以铸译希罗多德和塔西佗，潘汉典译马基雅维里，张今译鲍桑葵，马雍等译罗斯托夫采夫等等，都是目前所能达到的较高水平。这些翻译家不仅中外文造诣较高，对所译名著亦素有研究，而且不少人都是倾注几年几十年以至一生的精力。把翻译当作终生事业全力以赴从事的。他们的译文准确，是可以信赖的；他们的翻译态度严肃认真、风格严谨，是值得学习的。

回顾七十、八十年代国内翻译界的现状，我们觉得首先应当肯定社会科学翻译的主流是好的，成绩巨大。第一，十六世纪至十九世纪上半叶西方资产阶级上升时期的学术著作，特别是马克思主义三个来源的译著已经基本形成系列；第二，古希腊、古罗马时代典籍的翻译已略具规模；第三，现代、当代外国学术著作的译介品种多、数量大，涌现了一批有发展前途的青年译者；第四，随着社会科学译著的大量出版，我国对外国著作的研究大大深入，译序和评论的写作有了改进；第五，一大批翻译丛书的组译出版，说明社会科学翻译的组织性、计划性有了加强。

最近，我们有机会浏览了版本图书馆收藏的各地出版的部分社会科学译著，感到这方面的翻译工作也还存在一些有待改进的问题：1. 有些译者和出版社选择原著时首先考虑到的是经济效益，对译作的社会效益注意不够；有些原著并非代表作，或是层次不高，出现了在翻译浪潮中鱼目混珠、泥沙俱下的情况。2. 中译本出版后，缺少有分析、有评论的序言或评介，甚至对原著缺乏研究，出现一些无原则的吹捧，这是需要认真改进的。3. 有的译稿为了抢时间、图快，出版社又放弃审稿，出现了一些译文低劣的译本。4. 翻译缺乏计划性，为了争抢畅销书，一些价值不大的原著竟然在我国多次重译出版，造成人力、物力上的浪费。5. 个别出版社在原作内容的审读，选题的确定和发行方式等项工作中有缺点，致使个别内容有害的、伪科学的、不利于我国社会主义精神文明建设的乃至政治上反动的译作也公开出版，造成不良影响。

社会科学翻译是一项严肃的文化事业，我国的翻译人员不是太多，而是相当不足。如何调动译者的积极性，让他们把主要精力放到有助于发展社会主义文化、建设社会主义精神文明的翻译工作上去，这应当是翻译机构和出版社需要认真研究并努力解决的大问题。当前，我们认为似应注意以下5个方面的问题：

1. 加强社科翻译的组织、规划：实践证明，出版社制定翻译出版规划是十分重要的，选题要经过选择，要物色可靠的译者，译文的质量才会有保证。出版社应当有自己的明确方针，对承担的翻译工作应有所侧重，既不能统得太死，又不能放任自流。即使是畅销书也没有必要过多重复翻译。

2. 加强译序、出版说明和书评的写作：六十年代以来，北京几家出版社一直重视译序的写作工作，引导读者正确对待翻译著作。1978年以来，在翻译方面出现过"萨特热"、"弗洛伊德热"、"尼采热"，有的出版社为了增加经济收入，多次翻印港台出版的译著或解放前的旧译本，而影印版上又不加任何引导性的序言或出版说明，这种态度是不够严肃的。出版社和学术界应加强联系，共同做好书评工作。

3. 配备编辑力量，加强译稿的审查，不符合出版水平的低劣译文应当淘汰或是经过校订加工提高译文质量。有的出版社缺乏外文编辑力量，有时为了加快出书时间，甚至放弃审稿和编辑加工，这是违背编辑的职业道德的。

4. 加强社科翻译理论的研究，近年来许多出版社相继编印了《翻译论集》一类文献集，这对加强翻译工作者的理论修养、提高翻译水平是很有帮助的。不过，国内作者探讨社会科学翻译的论文还不太多，对与社科翻译有关的译名、翻译史、翻译学的讨论也还不够。希望中国翻译工作者协会能把这项工作抓起来。

5. 重视译本的修订和重译：外国学术名著的翻译由于原著的艰深，翻译的难度大，常常需要经过几代人的辛勤劳作，才能逐步完成。因此，出版社应经常听取学术界和翻译界的批评，对外国名著不理想的译本要根据条件和可能不断组织修订或重译。外国翻译世界名著的经验告诉我们，只有定期地对译本进行审核，随着研究工作的进展不断修订、不断重译，完善的译本才能最后出现。

令人高兴的是，近期以来，有关领导部门已经注意到上述种种现象，正在强调有组织、有领导地制定翻译出版规划的做法，不久将制订和采取各项有效措施来消除上述弊端，使我国哲学社会科学翻译工作能够沿着健康发展的道路继续前进。

国际译联第十三次世界大会侧记[*]

国际译联（FIT）于今年 8 月 6—13 日在英国布莱顿召开第 13 次世界翻译大会。国际译联成立于 1953 年，是联合国教科文组织 A 类咨商机构，也是颇有影响的一个世界性专业组织。中国译协在 1987 年 8 月国际译联第 11 次代表大会上正式加入该组织；1990 年 8 月，在第 12 次代表大会上，中国译协代表叶水夫同志当选为国际译联理事。本次大会，中国译协代表团由 3 位同志组成。团长段连城（中国译协副会长，外文局前局长），团员徐式谷（中国译协副秘书长，译协社科翻译委员会常务副主任，商务印书馆副总编辑）、哈图卓日克（中国译协副秘书长，译协民族语文翻译委员会常务副主任，国家民委中国民族语文翻译中心副主任）。此外，译协科技翻译委员会副主任刘慈勤同志，以及赵文利同志另行参加了中科院科技译协代表团同时赴会。

代表团于 8 月 5 日下午飞抵英国希思罗机场，随即于当晚到达滨海城市布莱顿，6 日上午即去布莱顿会议中心报到并出席国际译联"章程会议"（实际为代表大会）。参加"章程会议"的代表团有近 50 个，来自世界各个国家和地区。6—8 日会议讨论修改了国际译联章程，新吸收了丹麦、南非等 24 个新会员（一国可以有几个会员组织，此次吸收的新会员一般都是某个行业的小组织），并进行理事换届选举。我代表团在会议上散发了关于中国翻译事业和中国译协工作情况报告，展览并散发了中国译协会刊《中国翻译》；团长段连城同志就会议讨论的各项问题多次以英语作了即席发言，获得与会代表的赞许。代表团还拜会了

---

[*] 此文用笔名"桑梧"发表于《中国翻译》1993 年第 6 期。2008 年 7 月，国际译联在我国上海市举行了第十八次世界代表大会。

国际译联主席与秘书长等有关人士，并与韩国、日本等国的译协代表在会下进行友好接触。8月7日开始竞选理事。8月8日上午，经40多个代表团秘密投票选出国际译联第13届全体理事，段连城同志当选为国际译联新一届理事会的理事。新理事会随即举行会议，推选出国际译联新主席和新秘书长。现任主席让-弗郎索瓦·乔利先生（加拿大人）获选连任，新任秘书长则为奥地利人利·卡琴卡。按章程规定，理事会还为照顾地区和语种平衡增补了三名理事。

8月9日上午，国际译联第13次"公开大会"（各国翻译工作者交费即可参加，共有近60个国家500多人）于金碧辉煌的布莱顿圆顶剧场内举行开幕典礼。开幕式气氛热烈，宽大的圆形剧场几乎座无虚席。在主席致开幕词和英国东埃塞克斯郡专员致欢迎辞以后，由上届国际译联主席作三年工作报告以及国际译联和联合国教科文组织合作的情况报告，并有关于版权保护、翻译与公关活动等一系列大会专题发言。从8月10日开始即进行为期3天的翻译学术交流。大会共设有文学翻译、科技翻译、口译、翻译与公关活动、"小语种"语文翻译、翻译理论与翻译史研究等6个学术委员会，每个委员会各自设有主席、副主席、委员会发言人和英国地区协调员，按照事先规定的日程表和论文专题在不同的分会场宣读论文和开展学术讨论。向大会提交的论文有100余篇。8月10日和12日，哈图卓日克、徐式谷二位代表分别宣读了题为《蓬勃发展的中国少数民族语文翻译事业》和《严复：一位以翻译家身份出现的伟大思想家》的论文（二文将被收入《国际译联第13次代表大会论文集》第二辑）。徐式谷同志宣读论文后，就严复提出的"信、达、雅"翻译标准等问题回答了与会者的提问。哈图同志宣读论文后，对个别与会代表因不了解我国国情而提出的不甚礼貌的问题作了既坚持原则而又令人信服的解释，使提问者无话可说。中国译协代表团成员还参加了其他委员会的一些讨论会。

8月13日上午，代表们再次聚集于布莱顿圆顶剧场，参加本次代表大会闭幕式。在英国中世纪传统的风琴声中，举行了"联合国教科文组织文学翻译奖"、"联合国教科文组织科技翻译奖"、"林德格伦儿童文学翻译奖"、"卡内尔·扎皮克（小语种语文）翻译奖"、"国际译联最佳翻译期刊奖"、"国际译联青年翻译工作者奖"等多项颁奖仪式。最后，大会在"友谊地久天长"的歌声中结束，代表们互道"1996年墨尔本再见"。

我代表团于大会结束后转赴伦敦，并与英国笔译口译协会主席费列查等先生作了进一步的友好接触。在布莱顿期间，我国驻英使馆文化参赞王桂林等同志，从伦敦冒雨驱车至布莱顿，专程探望了中国译协代表团全体成员。在伦敦期间，我驻英使馆文化处、武官处等部门都给予代表团以各方面的关怀与协助。马毓真大使两次会见了团长段连城同志。代表团临行前还专程赴墨盖特公墓区瞻仰了马克思墓。

中国译协代表团一行已于8月20日返京。

促进友谊和学术交流双丰收的一次盛会[*]
——第二届亚洲翻译家论坛侧记

1998年8月3日至6日，第二届亚洲翻译家论坛在汉城（现已改称首尔——作者）举行。这次活动是由韩国翻译家协会在国际译联的协助下主办的，是继3年前中国译协在北京举行的第一届亚洲翻译家论坛之后的又一次译坛盛会。它不仅是亚洲——还有大洋洲——译界同仁的一次友好聚会，也是一次高水平的学术交流会，获得了友谊和学术两个层面上的双丰收。

中国译协代表团阵容强大

参加此次亚洲译坛盛会的国家和地区有韩国、中国、中国香港特别行政区、中国台北、越南、日本、伊朗、马来西亚，还有澳大利亚和新西兰。中国译协派出了以宋书声（全国政协委员、中国译协常务副会长、中央编译局特邀顾问）为团长，徐式谷（全国政协委员、中国译协理事兼副秘书长、商务印书馆副总编辑）为副团长的10人代表团。此外，中国译协常务副会长、国际译联理事林戊荪同志作为论坛特邀嘉宾另行与会。同时，中国科学院科技译协也派出了李亚舒教授等3人代表团出席了汉城会议。作为东道主，韩国译协代表团的队伍庞大自是意料中事。国际译联副主席琳达·斯维辛女士应邀出席此次盛会，使论坛更增光彩。

---

[*] 此文用笔名"桑梧"发表于《中国翻译》1998年第6期。

一次促进和平与友谊的两大洲译界盛会

顾名思义，第二届亚洲翻译家论坛的参加者本来只限于亚洲国家和地区的代表，但是此次汉城论坛却吸引了五六位澳大利亚和新西兰的翻译界人士不远千里而来。韩国东道主对与会代表热烈欢迎，照顾周到。开幕式上，韩国文化与旅游部长、琳达·斯维辛女士、韩国译协会长许万逸致欢迎辞。宋书声同志代表与会的中国翻译家致贺词，并介绍了中国翻译界的近况，博得了全场的热烈掌声。前韩国译协名誉会长、国际译联资深理事方坤先生发表了以"加强世界和平、促进地区发展和亚洲大洋洲译界团结合作"为主题的论坛主旨发言，他的发言结合本世纪的人类历史，从翻译工作有助于世界和平与发展的角度阐述了翻译活动在下一个世纪的重要意义，饱含着这位韩国老翻译家忧世济民的真挚感情，深深地打动了每一位与会者。这种促进和平与友谊的感情也反映在闭幕式上各国代表——包括宋书声和林戊荪二同志——争先恐后地发言和祝酒的友好气氛中。大会期间，正值汉城暴雨，天气陡然转凉，但主客双方的感情却都是炽热的。韩国文化与旅游部、韩国译协、韩国出版家协会相继为与会代表举行欢迎酒会。论坛活动快结束时，与会者一致同意成立"亚洲翻译家网络"，并就下一届亚洲翻译家论坛的举办地点进行了热烈的讨论。

一次高水平的学术交流

应该承认，三年前于北京举行的首届亚洲翻译家论坛，由于是亚洲译界同仁的第一次聚会，重点放在各方的自我介绍上，因而大会论文偏重于介绍亚洲有关国家和地区翻译界的一般状况和工作成就，资料性陈述较多，学术性研究较少。而这一届论坛的论文面貌则大有改观。论坛组织者很早就发出征求论文通知，限定在1998年5月底以前提交英语论文摘要，组织专门委员会对论文摘要进行审核筛选，提前印出了选中的论文提要汇编，并按三类主题事先拟出了在各个分会场宣读论文的日程安排。会议期间共宣读论文近40篇。

中国译协代表团成员向论坛提交的用英语撰写的论文几乎全部入选，计有：徐式谷的《论汉译英的难点所在：伊文·佐哈尔命题之个案研究》、郝克琦的《二十一世纪的翻译》、刘慈勤的《笑迎二十一世纪——中国科技翻译展望》、林戊荪的《未来管窥：即将步入二十一世纪的中国翻译界》、陈敏华的《亚里士多德〈诗学〉一书中 logos 一词的汉译研究》。这些论文后来都分别在会上宣读，并且引起了与会者的兴趣和高度重视。丹真主扎关于如何培训藏汉互译人员的论文也获得了宣读的机会。徐式谷和郝克琦二同志还担任了两个分会场的主持人。

论坛大致按"翻译理论研究"、"翻译与教学"和"科技翻译与机器翻译"3个专题各设分会场，进行了两天学术交流。会上宣读论文的除中国译协代表而外，还有中国科学院科技译协代表、我国吉林延边译协个人与会者以及旅韩中国籍译界人士。中国香港特别行政区和中国台北的与会者也提交了数篇论文。韩国译协代表提交的论文数量最多，内容也颇见功力，有的从语言学和语义哲学的角度探讨翻译理论的深层问题，有的对英韩、日韩和法韩互译中的翻译技巧作了具体而有创见的阐释，翻译中术语的标准化、翻译教科书的编写与译员培训也都有专文论及。一位澳大利亚译界人士在宣读其研究口译心理活动与思路分析论文的同时，打出了数十张幻灯片。翻译工作在二十一世纪将对整个人类具有的重要性和难以预测的远大发展前景是普遍关心的一个论题。亚洲国家由于近百年来在全球处于弱势地位，和西方发达国家文化产品的交流极端失衡，因而造成母语译成英语过程中之种种不利局面，也是一个带有普遍意义的问题。中国译协代表的论文对上述两个问题多有论及，备受听者关注。机器翻译研究是会上的另一个热点，中国科学院科技译协一篇不长的、有关这方面的论文竟引起了长时间的热烈讨论。在各个分会场的学术交流过程中，难免有意见不一致的时候，但气氛却是友好而热烈，是名副其实的"论坛"。由于会议论文大都有较高的学术水平，论坛的讨论吸引了不少临时赶来的听讲者，尽管那两天汉城市黑云压城，大雨如注。

满载友谊而归

中国译协代表团在与会期间展开了全方位的对外友好交流活动。宋书声团长、林戊荪同志以及代表团成员利用会上会下的每一个机会加强和亚洲译界同仁的广泛接触。宋、林二位与国际译联副主席琳达·斯维辛女士、与韩国译协及日本译协等各界领导人士多次会晤，广交朋友，互通信息，扩大了中国译协的影响，加强了与亚洲译界各方的友好联系，表现了中国翻译界改革开放的崭新形象。中国译协代表团成员认真参加学术交流，既为大会作出了自己的学术贡献，展示了中国翻译界雄厚的学术实力，也从交流中学到了许多东西，从韩国、澳大利亚、日本等国译界同仁丰富多彩的论文中受到不少启发。代表团一行十人于8月9日的回国途中都有一个共同的感受：参加汉城论坛获得友谊与学术双丰收，确实不虚此行。

香港中文大学翻译系访问记[*]

1986年5月，笔者去香港参加中英词典编纂研讨会，得便访问了香港中文大学翻译系。

5月22日上午9时，笔者伴随中国译协理事、商务印书馆顾问朱谱萱同志抵达香港中大。在与翻译系主任孙述宇教授会面后，便和负责接待我们的周兆祥博士畅谈。周先生刚刚37岁，正当春秋鼎盛之年，他毕业于香港大学，再赴美国深造获博士学位，返港后即在中大翻译系担任讲师至今。他译著丰富，有《翻译面面观》等多种，其中，《汉译"哈姆雷特"研究》（香港中文大学出版社1981年出版）一书全文约40万字，尤为力作。

周先生在向我们热情地赠送了多种香港出版的译学论著（包括孙述宇教授和他本人的著述）以后，邀我们到校园内的茶座小憩，边饮咖啡边交谈。

香港中大有学生5,000人左右，文理商医各科共有30多个系，翻译系即是其中之一，但有趣的是，翻译系在大学部并没有主修生，其他各系（主要是中文系、外文系以及政治、历史等系）学生在主修本系课程的同时副修翻译，经过4年学习，修满和通过8个考卷后便在本科学位之外另行获得翻译学士学位。学生毕业后一般以主修系科的资格谋职，但他们的工作往往和翻译有密切联系，例如去中学教英语工作等。也有主要靠翻译（多半为英汉与汉英笔译）谋出路的，例如去报馆从事新闻翻译工作（翻译通讯稿和社论），或者到各种公私机构从事公文、法律文书及一般文件的翻译工作。有鉴于此，中大翻译系设置的课

---

[*] 此文刊载于《中国翻译》1987年第3期。

程便自然地以培养书面翻译能力（英汉互译）为主。至于口译，由于外文系本身及理科各系都已重视和抓紧了这方面的训练，加上翻译系教师力量有限，所以目前还没有培养口语译员的专业。

中大翻译系一共只有6位教师，其中5位教文学和语言课（包括1名专教汉译英的外籍教员），周先生本人则专事讲授翻译理论（他最近正拟开设 Text linguistics Theory of Translation 即"语段语言翻译理论"课）。然而，就是这6位教师，还另外办了一个两年制的翻译夜校。夜校每年招生15名，学制两年，一共学4门课，学生本身必须是已经取得学位的人，修完4门课程结业后可另得翻译学位。

由于翻译系立足于培养学生深厚的笔译功力，故而在课程设置上也显示了相应的特色，即既注重实用翻译技艺的学习（如各类文书的翻译），更注重汉英两种语言及文学根底的培训。具体课程是：一年级学"翻译概论"；二年级设"研讨班"，由教授负责因人而定教学内容，重点放在中英语文基础的培训上，如讲授"中国现代文学"、"汉语史与中国文学史"、"中英语法比较"、"英国文学史（附有作品选读）"、"古典文学"（讲习古希腊罗马神话、荷马史诗，柏拉图和亚里士多德的名著如《共和国》、《诗论》等，当然也还有莎士比亚——选讲莎翁的两个剧本）、"翻译名著选读"、"语言史"（先讲一个月拉丁语，使学生对古代语言和英语词源略窥门径，再教一个月古英语，然后讲述英语史，详述英语语音和词形的变化衍源）等等；三年级学习实用翻译，主要是新闻（包括电讯稿和社论）和公文以及一般文书与信件的英汉互译；到四年级则要求学生结合自身主修的专业翻译一本书（通常是英译汉，间或也有汉译英），譬如说，要求外文系学生翻译一部英美文学作品，要求中文系学生翻译一本研究鲁迅或李商隐的英语专著（政治、历史等系的学生依此类推），以便把学生的专业知识和翻译结合起来，从而使他们在毕业后具有从事专科翻译的能力。

在考核制度上，翻译系和其他系一样，实行考试制与学分制相结合。翻译系夜校的学员要交费，副修翻译的在校外系学生也须另外交费。

周兆祥先生谈到，在翻译系所开设的中外文学史课上，要求学生必须背诵若干中外古典诗词。据他讲，有些学生不乐意背诵，说他们已经不是小孩子了，不能再背书，但是周先生说："我对他们讲：你们过去当小孩子的时候没有背书，现在就得背。这是搞翻译的人必须具备的文学背景知识。作品里的许多习语和诗词，有的是说明出处全文引录的，有的就不那么明显，甚至是含而不露地化入了行文之中，你没有那个背景知识如何能读懂，读不懂又如何能翻译？你要是只准备翻译一些街道名称，来上大学干什么？"

听到一位香港学者的这番话，再联系到我们的一些（或许还不在少数）青年翻译人员一般文史背景知识的欠缺，以及那种并未绝迹的过于急功近利的突击式翻译人员培养法，不禁引起了我们的深思。

〔附记〕自此次访问以后，香港中文大学翻译系即与商务印书馆及笔者个人建立了较密切的联系。后来继任香港中文大学翻译系主任的金圣华教授应邀担任了商务印书馆与牛津大学出版社（中国）有限公司合作出版的《牛津高阶英汉双解词典》（第6版）的审订人（reviser）之一，笔者也是该版《牛津高阶》的审订人之一（另两位"审订人"是北京外国语大学的庄绎传教授和台湾师范大学的傅一勤教授）；后来，金教授还为商务印书馆主办的《英语世界》月刊担任顾问，并为该刊开辟了"齐向译道行"专栏，每月写一篇谈翻译之道的文章，一直持续了四五年之久。后来，这些文章汇集成书，也由商务印书馆出版问世。笔者在看本书校样过程中，想起了这些年来与香港中大翻译系的愉快交往，故而在此作一"补记"。

Languages and Publishing in China[*]

The Language Perspective

As is well known, China is a unified country composed of 56 ethnic groups. Among them, the Han is the largest one, with a population of more than 936,700,000 (1982 census), constituting 93.3 percent of the whole nation. (Statistics of China's Census of 1982 includes Taiwan Province, Hong Kong and Macao areas. Same with all the statistics below.) Therefore Chinese is, of course, this country's main communicating medium and publications printed in this language form the majority of all publications in China, the number of which is astounding. For example, the printing number of "Xin Hua Dictionary", a Chinese dictionary published by the Commercial Press where the author is working, hit a world record of 120 million copies. Today, Chinese has become a language used by nearly one quarter of the inhabitants of the whole world and is one of the United Nation's official languages. China's other 55 national minorities share a population totalling about 60 million, approximately 6 percent of China's population. Most of them have their own independent languages and more than 20 of these languages have writing systems. There are also cases of several ethnic groups using one common language (like the Hans, the Huis and the Mans or Manchus, who all speak Chinese today) and one ethnic group using several languages (like

---

[*] 此文刊载于 Asian Book Development (《亚洲图书发展》) 杂志1987年第2期, 第3—5页, Tokyo, Japan。 该刊是由联合国教科文组织设在日本的"亚洲文化中心"(ACCU)主办的英语刊物, 刊址设在日本东京。

the Yaos, some of them speak Chinese and some of them speak several other languages). The number of books published in these languages is also very great. The Constitution of the People's Republic of China (adopted in 1982) stipulates that all ethnic groups in China have the freedom to use their own languages and writing systems. The government of PRC insistently respects this right of China's various ethnic groups and has spared no effort to help them develop their education and culture. The government has also succeeded in helping some national minorities to improve the writing systems of their languages or adopt new systems using the Roman alphabet. Since 1949, the publishing undertakings of China's national minorities have grown and developed step by step. In China today, no disputes exist between various ethnic groups caused by the problem of using different languages.

Two Thousand Years of Publishing in China

China is an Asian country of ancient civilization with a recorded history of more than four thousand years. As early as 1000 B. C. , books had begun to appear. The earliest "books" were written on bamboo slips bound together by threads. (Silk was sometimes used for writing on, but this kind of "silk book" was too expensive to become popular), By 100 A. D. (Eastern Han Dynasty), there were already private "bookstores" in the imperial capital of Luo Yang. Along with the invention and widespread application of paper (also during Eastern Han Dynasty), real books came into being, though they were still hand-written copies, and publishing undertakings sponsored by government and private citizens began to appear on a larger scale. Around 900 A. D. (late Tang Dynasty), wood-block printing art was invented thus making publishing in China the most advanced in the world at that time. The invention of the wooden printing type by the ingenious worker Bi Shen in the 11th century also reflected the high level of China's printing art then, although the invention itself wasn't put into practical use for various reasons. The continuing development of publishing in China throughout the succeeding dynasties of Yuan, Ming and Qing (Ching) exerted a great influence upon its neighbouring countries.

However, by the mid-19th century, China had become a semi-colonial and semi-feudal society with her economy sinking into depression and her cultural undertaking declining more and more. Compared with the advanced Western countries, China was lagging far behind. Only with the founding of the People's Republic of China, was it possible for this painful situation to be thoroughly changed. After nearly 40 years' effort, publishing in China has achieved a new prosperity.

Publications in Chinese Language: Dialects & Common Speech; Orthodox & Simplified Writing Systems; Modern & Classical Writing Styles

Chinese belongs to the Sino-Tibetan linguistic family. It's a language lacking inflexion and using the famous "square characters" which are mainly ideographic but in some degree also of an alphabetic nature. Contemporary Chinese is a national common spoken language based on "North China's Vernacular" (formerly known to Westerners as "Mandarin" or "Pekinese," now called "putonghua"). Linguistically, Chinese itself can be divided into seven dialect systems: North China's Vernacular; "Wu" (Southern Jiangsu Province and Zhejiang) Dialect; "Xiang" (Hunan Province) Dialect; "Gan" (Jiangxi Province) Dialect; Hakka Dialect; "Yue" (Guangdong Province) Dialect with Cantonese as its representative, and Fukienese which can in turn be sub-divided into Southern and Northern versions. There are great phonetic differences between those dialects. People who speak only their own dialects sometimes find it difficult to talk with their fellow country-men if none of the participants in the dialogue is able to speak "putonghua" ("Mandarin"). However, since there are not many differences as regards the vocabulary and especially the grammatical construction of those dialects, and all the Chinese-speaking people use the same writing system, different dialects haven't caused any problems for Chinese publishers.

Just as there exist different dialects, it is naturally important and necessary to promote "putonghua"—the common spoken language of the Han majority. For this reason, the government issued in 1958 a "Scheme for the Chinese Phonetic Alphabet", intending mainly to help people learn to read, unify the pronunciation of Chinese characters, promote the use of "putonghua" and provide a more convenient medium for modern communication. On the question of reforming the Chinese writing system, the government adopts a scientific and prudent policy. Based upon the fruits of scholars' research and taking into consideration the opinions of the common people, a "Scheme of Simplified Chinese Characters" was issued in 1956. This scheme, which underwent some revisions later on, simplified the strokes of more than 2,000 Chinese Characters. This greatly facilitates the learning and writing of the "square characters" and is warmly welcomed by the people. At present, Chinese publications in China's mainland have all adopted the simplified characters, while China's Taiwan Province, Hong Kong and Makao areas still use the original complex form. These two writing forms are not so different from each other as some people imagine. Most of the simplified characters have been long established, accepted and commonly used by the public, and quite a few of them are directly derived from the running or cursive script in Chinese calligraphy. So it is not too difficult for educated people to know them both.

Next is the problem of the difference between modern and classical writing styles which Chinese publishing circles once faced. Classical Chinese is China's unified written language which developed throughout the Zhou Dynasty (1,000—200 B.C.) and was finally adopted in the Qin and Han Dynasties (about 200—100 B. C.) At first, it corresponded with the spoken language, but by and by it broke away from the latter and degenerated into a stale and archaic language only understood and used by a handful of cultural "elite". This is the reason why it is called "wenyan", which in Chinese means "scholars' language". Nevertheless, throughout China's ancient history for two thousand years thereafter, all publications as well as official and private documents were written in this archaic language. Only after 1919, did "wenyan" begin to be replaced by "Baihua", a lively written language which represents what is actually spoken in everyday life and is based upon "Mandarin" as stated above. This was an epoch-making advance which should be credited to the "Use Vernacular Movement" formed by a group of enlightened scholars. However, as books written in "wenyan" contain all the cultural heritage of ancient China, the people's government has been giving great attention to the selecting and publishing of these books (popularly called "ancient books"). There are today a number of Chinese publishing houses which specialize in "ancient book" publishing and few publishing houses in China do not make this kind of publishing activity an inseparable part of their everyday work.

China's government has been showing great concern for the country's linguistic questions. In the Central Government (the State Council), besides the Ministries of Culture and of Education, there has always been an independent Committee established specially for handling linguistic affairs in China.

Publications in Languages of National Minorities

As mentioned above, besides the Hans, there are in China 55 national minorities speaking more than 88 languages, among which more than twenty have writing systems. These languages belong to Sino-Tibetan, Altaic, South Asian, Malay-Polynesian and Indo-European linguistic families respectively.

Some of these writing systems have long histories of their own and some were created through the help of the state after 1949. The number of books, magazines and newspapers published in minority languages in China has greatly increased since the early fifties. At present there are 23 publishing houses specializing in national minority language publication.

Space limitations make it impossible to describe here the development of all the languages of the 55 national minorities. The author is able to give only a few examples showing how attentively the government respects their rights to use their own languages and gives them help in this publishing field.

The Zhuang (Chuang) Language: This is a language spoken by 13,700,000 people, belonging to the Sino-Dai (Tai) family of Sino-Tibetan, and originally having no written form. Soon after the founding of New China, the central government began to help the Zhuang minority to create a writing system for the Zhuang language using the Roman alphabet, and officially introduced this system in 1957, thus fulfilling a necessary condition for the development of the Zhuangs' publishing.

The Uighur language: This is a language spoken by 6 million Uighur people. Modern Uighur is both the main communicating medium of the Uighur people and one of the languages commonly used by many other national minorities in Xingjiang Uighur Autonomous Region. Belonging to the Turkic family of Altaic, this language has a long history using the Arabic alphabet as the base of its writing system. Since 1949, Uighur publishing has greatly developed.

Tibetan: It's the main communicating medium of 3,870,000 Tibetan people. It belongs to the Tibetan-Burmese family of Sino-Tibetan, and has a writing system created 1400 years ago. Since 1949, the central people's government and local governments of many areas concerned have established large numbers of Tibetan publishing houses and Tibetan newspapers. Teaching in most, if not all, universities, colleges, secondary and primary schools in Tibet is carried out in Tibetan language. Tibetan uses an alphabetic writing system adopted in the 7th century A. D. and based upon an ancient language similar to Sanskrit. This writing system is to some degree different from the contemporary spoken language. However, as there are always corresponding rules existing between this system and the various dialects in Tibet, Tibetan people have no difficulty in spelling out this language in writing.

Mongolian: The Mongol national minority in China has a population of 3,410,000 and most of them speak Mongolian. This language belongs to the Mongolian family of Altaic and began, from the 13th century A. D., to use an alphabetic system based on Huihe (Ouigour) letters and written vertically. The central government has consistently paid great attention to the use and development of the Mongolian language, and Mongolian publishing has attained such a prosperous level today as it has never seen before. The state is also helping to establish the basic dialect of Mongolian and standardized pronunciation and is making experiments in using a phonetic transcription system for this language. There are already 5 Mongolian publishing houses and a number of Mongolian newspapers in the Inner Mongolia Autonomous Region.

Finally let us give an example of a national minority with a very small population to illustrate the development of publishing in minority languages in China.

The Kirgiz Language: The Kirgiz ethnic group living in Xingjing has only a very small population of 114,000, but they have their own language and Kirgiz writing system. After 1949, the central government gave them great help in creating a scheme to standardize their language. The development of Kirgiz publishing is vividly shown by the fact that there is even a publishing house wholly specializing in publishing Kirgiz books in Xingjing Uighur Autonomous Region.

Foreign Language Publication

Before 1949, there was no foreign language publishing in China. Only after the founding of New China, did this kind of publishing begin to grow step by step. At present, China is already able to distribute books, magazines and newspapers published in more than 40 foreign languages such as English, French, German, Russian, Spanish, Italian, Japanese etc., to 183 countries and areas all over the world. Between 1951 and 1984, China distributed approximately 150 million copies of publications published in 43 foreign languages, thus making a great contribution to promoting cultural exchange, friendship and mutual understanding between China and other countries. Among these publications, some were written by internationally known writers (such as news reports about Tibet written by Anna Louise Strong) and became best-sellers worldwide. Some of these foreign language publications are also distributed inside China. By the way, these publications also include Esperanto books and magazines.

Last but not least, Chinese publishers haven't forgotten their humane obligations to help their unfortunately disabled fellow countrymen. For example, there is in Beijing a Braille Publishing House providing books especially made for the blind.

To sum up, seen from the language perspective, publishing in China really has its own distinguishing features which can be perhaps expressed in one short sentence: it is old, yet young and promising.

〔附〕汉语译文（作者自译）

中国的语言与图书出版

语言景况

众所周知，中国是一个由 56 个民族组成的统一的国家，这其中，汉族人口最多，在九亿三千六百七十万人以上，占总人口的 93.3%（1982 年人口调查统计数字，包括台湾省、香港和澳门地区，以下所有的统计数字均同此）。因此，不言而喻，汉语自然是这个国家主要的交流媒介，而以这种语言印制的图书出版物自然也就构成了中国所有出版物的主体。中国图书出版物的数量庞大惊人，例如，本文作者在其中工作的商务印书馆出版的《新华字典》便创下了总印数已过一亿二千万册的世界记录，今天，汉语已成为全世界 1/4 的居民使用的语言，并且是联合国的几种工作语言之一。中国另外 55 个少数民族的总人口约为六千万，大约占中国全部人口的 6%，这些民族大都有他们的本族语言，这些语言中有二十多种具有相应的文字。有几个民族共同使用一种语言的情况（例如，汉族、回族和满族今天都讲汉语），也有一个民族同时使用好几种语言的情况（例如瑶族，有讲汉语的，也有讲其他几种语言的）。以这些民族的语言出版的图书数量也很大。中华人民共和国宪法（1982 年通过）规定，中国的各族民众都有使用其本族语言文字的自由。中华人民共和国政府一贯尊重中国各族民众的这种自由，并且不遗余力地帮助他们发展教育和文化。政府还成功地帮助某些少数民族改进了他们本族语的文字书写系统，或者采用了使用拉丁字母拼写的新文字。自 1949 年以来，中国少数民族的图书出版业一步一步地发展繁荣。在今日中国，不存在任何由于不同民族使用不同语言而引起的争端。

有两千年历史的中国出版业

中国是一个拥有四千多年有文字记录历史的古代文明的亚洲国家。早在公元前一千年，书籍已经开始出现。最早的"书"是写在竹片（竹简）上用线绳捆扎起来的。（有时候也用丝绸来书写文字，但这种"帛书"价格太昂贵了，因此不能普及。）到公元100年（东汉），在帝国首都洛阳已经有私人开的"书肆"，随着纸的发明和广泛应用（也是在东汉时期），真正的书产生了，虽然仍旧是手写本。由政府和民众私人经营的图书出版业开始以更大的规模出现，大约在公元900年左右（晚唐时期），人们发明了木刻印刷术，从而使中国的图书出版——在当时的世界上处于最领先的地位。天才的工匠毕昇在公元11世纪发明了木制活字印刷术，由于种种原因，这项发明本身虽未被投入实用，却反映了当时中国印刷术的极高水平，在以后的元、明、清几个朝代中，继续发展成长的中国图书出版业对毗邻各国产生了巨大的影响。

汉语出版物：方言和普通话、繁体字和简体字、白话和文言

汉语属于汉藏语系。这是一种缺乏词尾曲折变化的语言，使用著名的"方块字"，它主要是一种表意文字，但在某种程度上也具有字母拼读的性质，现代汉语是一种全国通用的口语，它是以"华北方言"（外国人早先称之为"中国官话"或"北京话"，现在叫做"普通话"）为基础的。从语言学上来说，汉语本身又可分为7种方言体系、北方话（华北方言）、"吴"语（苏南和浙江方言）、"湘"语（湖南省方言）、"赣"语（江西省方言）、客家语、"粤"语（广东方言，以广州话为代表）、"闽"语（福建方言，它自身又可再分为闽南语和闽北语）。这些方言之间语音差别很大。只会讲自己家乡话的人有时候会发现，如果对话的双方都不会讲普通话，他们很难和外地同胞作语言交流。不过，各地方言在词汇，尤其是语法结构方面并没有太多的差别，而且所有讲汉语的人都使用同一种文字，不同的方言并没有给中国的出版业造成任何问题。

正由于中国有各种方言，推广"普通话"——大多数汉族人的通用语——自然也就十分重要、十分有必要了。因此，政府在1958年颁布了一份《汉语拼音方案》，主要目的在于帮助民众识字和统一汉字的读音，推广"普通话"的使用，并为现代人际交流提供一种更方便的工具。在改革汉语文字的问题上，政府采取了一项科学而谨慎的政策，根据学者们的研究成果和广大民众的意见，一份《汉字简化方案》于1956年颁布，这个后来经过几次修改的方案简化了两千多个汉字的笔画，从而大大方便了对"方块字"的认字和书写，受到了民众的热烈欢迎。现在，中国大陆的所有汉语出版物都采用简体汉字，而中国的台湾省、香港和澳门则仍在使用原来的繁体字。这两种汉字的书写方式，彼此之间的差别并不像某些人想象的那样巨大。大多数简化字都已经在很长时间内被民众认同，接受和普遍使用，而不少简化字就是由中国书法的草书演变而成的，所以，对于有一定文化程度的人们来说，既认识简化字也认识繁体字并不十分困难。

中国出版界一度面临过的另一个问题就是文言文和白话文之区别了，历经周王朝（公元前1000—公元前200年）期间的发展演变，于秦王朝和汉王朝（公元前200—公元前100年）期间最终定型的文言文是中国统一使用的书面语。最初，文言文和口语是一致的，但它后来逐渐与口语脱节，蜕变成了一种只有少数文化"精英"才懂得并使用的陈腐而古老的书面语，这也就是它何以被称为"文言"——在汉语中，"文言"意为"学者的语言"——的原因。然而，在此后两千年的整个中国古代史阶段，一切出版物以及所有官方和私人之间的正式文件都是用这种古老的文言文写就的。只是到1919年，文言文才开始被"白话文"所取代。"白话文"和人们日常生活中实际讲的话相一致，它是以上文所述的"北京官话"为基础的。这是一次具有划时代意义的巨大进步，这要归功于一群开明知识分子掀起的"推广白话文运动"。不过，由于以文言文写的书包含了古代中国的全部文化遗产，中国政府十分注意精选和出版这些古书（俗称"古籍"）。今天，中国有好多家出版社专门从事这种"古籍"的出版，而中国的出版社也大都把这项出版活动视为其业务不可或缺的一部分。

中国政府对国家的语言文学问题给予了足够大的重视，在中央政府（国务院）中，除去文化部和教育部以外，还经常设有一个专门处理语言文字问题的委员会。

少数民族语言的出版物

如上所述，除汉族之外，中国还有55个少数民族，他们讲的语言超过88种，其中有二十多种有书面文字。这些语言分别属于汉藏语系、阿尔泰语系、南亚语系、马来—波利尼西亚语系和印欧语系。有些少数民族的文字具有它们自己的悠久历史，有些文字则是在1949年以后通过国家的帮助新创造的。从50年代初以来，用少数民族出版的书刊和报纸的数量已经有了飞跃的增长。目前，已有23家出版社专门从事少数民族语言图书报刊的出版业务。

限于篇幅，本文不可能在此把中国55个少数民族语言的所有发展状况一一列举，本文作者只能够略举数例来说明政府是如何注意尊重他们使用本族语言文字的权利，并且是如何大力帮助他们发展本族语出版业的。例如：

壮语：说这种语言的有1370万人，此种语言属于汉藏语系的汉傣语族，没有文字。新中国成立后不久，中央政府就着手帮助他们为壮语创造一种使用拉丁字母的文字，从而为壮族同胞出版业的发展提供了一项必要的条件。

维吾尔语：说这种语言的有600万维吾尔族同胞。现代维吾尔语既是维吾尔人的主要的交流媒介，也是新疆维吾尔自治区内其他许多少数民族通用的语言之一。这种语言属于阿尔泰语系土耳其语族，历史悠久，使用阿拉伯字母作为其书面文字的基础。1949年以后，维吾尔文出版业得到了巨大的发展。

藏语：它是387万藏族同胞的主要交际工具，属于汉藏语系藏缅语族，藏文已经有1400年历史，1949年以后，中央人民政府和许多有关地区的地方政府成立了许多家藏文出版社，创办了若干种藏文报纸。在西藏，绝大多数大专院校和中小学都用藏语教学。在公元7世纪，西藏人采用了一种用字母拼写的文字，其基础是一种与梵文相似的古老文字。这种文字在某种程度上不同于现代的藏语口语。然而，由于这种文字和西藏的各种方言之间一向存在着彼此对应的语法，藏族同胞拼读出这种文字并不困难。

蒙古语：中国的蒙古族人口有341万人，他们大都讲蒙古语，蒙古语属于阿尔泰语系，从公元13世纪开始使用一种以回鹘文为基础、直行书写的文字。中央政府始终不渝地大力关注蒙文的使用与发展，今天，蒙文出版业已达到了空前繁荣的水平，国家还帮助确定蒙古语中的一种基本方言，使其发音标准化，并正在试验为这种语言使用一种拼音文字，在内蒙古自治区，现在已经有5家蒙文出版社和许多家蒙文报纸。

最后，让我们再举一个人口非常少的少数民族的例子来说明中国少数民族语言文字出版业的发展：

柯尔克孜语：生活在新疆的柯尔克孜族人口很少，只有11万4千人，但他们有自己的语言和柯尔克孜文，1949年以后，中央政府大力帮助他们把柯尔克孜文标准化。柯尔克孜文出版业的发展从以下事实中得到了生动的体现：在今天的新疆维吾尔自治区，甚至有了一家专门出版柯尔克孜文图书的出版社。

外文出版业

1949年以前，中国根本没有什么外文出版业，只是在新中国成立以后，这项出版业务才开始逐步发展起来。目前，中国已经向全世界183个国家和地区发行英、法、德、俄、西、意、日等40种以上的外文图书、期刊和报纸。从1951年到1984年，中国已经发行了数量约为1亿5千万册的外文出版物，包含43个语种，从而对推动中国和其他国家之间的文化交流、相互了解与友谊作出了巨大的贡献。在这些出版物中，有一些是由国际知名的作家撰写的作品（如安娜·路易·斯特朗写的有关西藏的新闻报道），这些作品已经成为流行于全世界的畅销书。这些外文出版物有一部分也在中国境内发行，顺便说一句，这些出版物中也包括世界语书刊。

最后但并非最不重要的一点是，中国的出版工作者并没有忘记他们必须帮助那些不幸致残的同胞们的人道主义义务，譬如说，在北京就有一家盲文出版社专门印制供盲人阅读的图书。

最后，总括起来说，从它的语言背景来看，中国的出版业的确有它自己独具的特点，这些特点或许可以用短短一句话来表示，这就是：它是古老的，但它又是年轻的和前途大有希望的。

（出于技术原因和时间因素的考虑，英语原文所附的几个统计图表和一幅中国方言地域分布图删去未译，也未列入英语原文。——作者）

Publishing in China: A Veteran's Story*

The 100-year-old Commercial Press is beginning
to expand elsewhere in Asia in a move that may become
a model for the nation's burgeoning publishers

The Commercial Press, with a century of publishing history under its belt, has just announced the newest international joint venture in the industry: a re-assembling of the former overseas offices, which have been operating independently since 1949. General manager Lin Er-wei met with the respective partners in July and declared that the new copublishing entity, the Commercial Press International Co., will be based in Beijing. Thirty shares will be owned by the Commercial Press in Beijing, 30 by Commercial Press in Hong Kong, 30 by Taiwan, five each by Singapore and Malaysia.

By 1949, the Commercial Press had produced more than 20,000 titles, more than any other press in China. It was moved to Beijing in 1954, made a national-level publishing house and assigned the task of introducing to China important international works of philosophy, politics, economics, history and geography. Besides, the company continues to compile a wide range of dictionaries, reference books and general academic work.

Its *Ci Yuan*, *Dictionary of Current Chinese* and *Xinhua Chinese Dictionary* are bestsellers, the last one with a circulation of 120 million copies. The

---

* 本文发表于美国《出版家周刊》（Publishers Weekly），1993 年 10 月 27 日 E2 页，此次刊出时删去由该刊记者添加的部分，随文配发的作者与商务印书馆前总经理江远的合影照片亦予以删除。——作者

indefatigable Lin, having been with the press since 1949, is as knowledgeable as anyone in China about international publishing. The house has been particularly successful with bilingual dictionaries, and by 1984, even without a copyright law, Lin had negotiated his first contract with Random House for three of their dictionaries. Two have come out, but the translation of the biggest has taken longer than expected and the *College Dictionary* is just now being typeset.

Lin also signed a contract with Encyclopedia Britannica in 1986 on a Chinese edition of *Gateway to the Great Books* in 10 volumes, again paying royalties, but only three volumes have been completed up to now. With Yale University Press, they are planning a dictionary of classical Chinese, compiled by both American and Chinese scholars, as well as a *Concise Dictionary of Modern Chinese*. With Oxford in Hong Kong, they have compiled a Chinese-English and English-Chinese dictionary that is a bestseller in China.

The fourth edition of the *Oxford Advanced Learner's Dictionary* has sold half a million copies in China's mainland according to OUP in Hong Kong. The *Concise Chinese/English English/Chinese Dictionary* has sold a similar number.

"We have opportunities with other publishers in China," says Mr. A. Scott who is responsible for OUP in Hong Kong. "But Commercial Press was the first. They understand better how dictionary publishing works outside of China. I don't want to be overexcited about China, but things there are changing so fast..."

"There are more and more publishing houses in China," Lin concedes. "The competition has become fiercer. Fifteen years ago there were only 150 publishing houses, and there was a strict division of subjects. Now, there are nearly 600 and there is no strict division. Before, we were the only publishing house producing dictionaries. Now, they can all do this work. Yet we can't publish novels and short stories which they can. We are racking our brains for ways to make money."

Closer ties with the Commercial Press in Hong Kong should help. This Commercial Press is part of the large and rich Sino-United media group of book, magazine and newspaper publishers and printers with indirect ties to Beijing. It operates quite independently, though, both from Beijing and from sister book companies.

[附] 汉语译文（作者自译）

中国的出版业：一家老字号的故事

已有一百年历史的商务印书馆正开始向亚洲其他地区扩展业务，这一举动或许可成为中国正在崛起的各家出版商的领头羊

拥有一百年出版历史的商务印书馆刚刚宣布一项最新的计划，即打算成立一家中外合资的出版企业，把它原先设在境外的、1949年以后一直独立经营的分支机构重新组合起来。该馆总经理林尔蔚先生于今年7月会见了合作伙伴们的代表，并且宣布新成立的这家出版实体——商务印书馆国际有限公司——的总部将设在北京。北京的商务印书馆持股30%，香港商务印书馆和台湾商务印书馆也分别持股30%，马来西亚和新加坡两地的商务印书馆各持股5%。

到1949年，商务印书馆已总共出书两万多种，远超过中国当时的其他任何一家出版社。该馆于1954年迁往北京，成为国家级出版社，其任务是专门译介世界各国重要的哲学、政治学、经济学、史学和地理学著作，此外，该公司还继续编纂门类众多的词典，参考书和一般学术著作。

该馆出版的《辞源》、《现代汉语词典》和《新华字典》一直都是畅销书，《新华字典》的发行量累计达1亿二千万册。不知疲劳为何物的林尔蔚先生从1949年起就在该馆工作，他对国际出版状况的了解在中国可谓非一般人所能及。商务印书馆在双语词典的出版方面特别成功，到1984年，即使中国当时还没有颁布有关版权的法律，林先生已经和美国兰登公司签订了译介其3种词典的第一份合同。现在，其中的

两种已经出版，但是，那部篇幅最大的词典翻译工作量之巨大超出了预期，故而《蓝登书屋韦氏英汉大学词典》目前刚开始发排。

林先生还和不列颠百科全书出版社就引进《西方名著入门》十卷本签订了合约，同样也付给版税，不过，迄今才完成3卷的翻译工作。目前，商务印书馆和耶鲁大学出版社也正在商讨合作出版一部由中美两方学者合编的古代汉语词典，以及另一部《现代汉语小词典》。该馆与香港的牛津大学出版社（香港）有限责任公司已经合编了一部《精选英汉、汉英词典》，在中国非常畅销。

根据香港牛津大学出版社统计，《牛津高级英语词典》第4版的销量在中国内地迄今已达50万册，《精选英汉、汉英词典》的销量与此相似。

香港牛津的负责人斯恪先生说："我们与中国的其他出版社也在合作，但是商务印书馆是第一家，他们更加了解词典出版业务在中国境外如何运作，我不想为中国的情况过于激动，但那里的发展之快出人意料。……"

"中国出版社的数量越来越多，"林先生说，"因而竞争日益尖锐，15年前，全国只有150家出版社，各家出版社之间的分工有严格的规定，现在已经有将近600家出版社，彼此之间也无严格分工，过去，只有我们这家出版社是做词典的。现在，所有的出版社都能做。可是，他们还可以出版长篇小说和短篇小说，我们却不能做。我们还在绞尽脑汁，想办法赚钱。"

和香港商务印书馆之间的亲密关系应该是有帮助的，香港商务是香港联合出版集团的一部分，该中资集团规模更大，资本更雄厚，旗下有图书出版社、杂志社、报纸、还有印刷厂，与北京有间接联系，不过，香港商务完全独立经营，并不由北京商务指挥，也与其他兄弟出版公司没有直接的工作关系。

What Our Aspirations Are
A New Year Message for 2001 *

Auspiciously[1], entering a new century and a new millennium, our magazine *WE*[2] was given independent legal status[3]. This is good news for all of us. Having a company of our own, we, the staff members of *The World of English* Inc.[4], are in a better position to serve our readers now.

And what do we intend to do in this epoch-making year and the years to come?

First, we shall adhere faithfully to the tradition of *WE* and persist in its editorial guideline which focuses on the twofold aim of helping readers improve their English and become more informative to the outside world at the same time. This means that we shall continue to provide our readers with up-to-date, diversified and interesting English articles of different genres[5] and styles as well as accurate Chinese translations of them. Apart from* Independent Newspapers PLC[6], which supplies some of the original English articles to us every month, other world-renowned US or British publishers will be invited to play the same role.

Secondly, with a reshuffled and enlarged cast of advisors and editorial staff,

---

＊《英语世界》系由商务印书馆主办，创刊于 1981 年，由该馆资深编审陈羽纶先生（已故）任主编，2000 年 10 月成立"英语世界杂志社"，由作者担任社长（后改任主编），本文即为作者为该刊撰写的新年献辞。《英语世界》为 1949 年以后第一家英汉对照的期刊，以选材精当和译文准确、优美著称，为国内名刊之一，曾多次获奖，2008 年 12 月被中国期刊协会授予"新中国六十年有影响力期刊"荣誉称号。

which includes not a few younger and more energetic experts and scholars of high repute, we shall fully utilize these valuable resources to make *WE* a more attractive and helpful companion to our readers, most of whom are now advanced learners and have become more critical. The number of columns will be increased, subjects and topics enriched, and dialogue channels between readers and editors widened —in a word, we'll make sure that the reader is the King.

Thirdly, in this new age, when audio-visual aids are used everywhere and aural comprehension is emphasized in EFL[7] teaching, we shall keep on reproducing the contents of *WE* in a condensed form on cassette tapes, computer disks and CD-ROMs. Since personal communication is particularly effective in creating a good atmosphere for language learning, we shall resume organizing such activities as the weekly English lecture series, special training courses, English speech competitions, English salons, etc.

The above shows what we shall do. However, we owe our dear readers too much to be satisfied with that.

We intend to do more.

It is hoped that our readers—especially long-time subscribers to this magazine—can receive cassette tapes, PC disks or even CD-ROMs free of charge every six months, or at least at the end of each year, as a form of bonus.

It is hoped that our readers will join *WE* clubs or frequent *WE* bars located in the country's large cities and even in small towns.

It is hoped that *WE* will make its debut in cyberspace, perhaps by establishing a *WE* website which our readers can visit and through which they can contact our editors, advisors and translators in a co-active way.

It is hoped that a *WE* lottery fund can be set up, and some of our fortunate readers might get a bit richer by drawing lots in some amusing activities organized now and then by *The World of English* Inc.

It is hoped that ...

It sounds like a dream, but it will not be merely a dream if our readers and we, the staff of *WE*, combine our efforts.

Don't you agree?

Notes 注释：

  1. ［ˈɔːspiʃəsli］吉祥地，表示吉兆地

  2. *WE* 为本刊英文刊名 *The World of English* 的缩写，读作［ˈdʌbljuːiː］

  3. 2000年10月18日，《英语世界》杂志社正式挂牌成立。（参见本刊2000年第12期 p. 4 "《英语世界》杂志社成立新闻发布会纪实"一文）

  4. = incorporated 公司、法人，读作［ink］。杂志社一般都用此种英文名称，如美国的《读者文摘》杂志社，其英文名即为 *Reader's Digest* Inc.

  5. ［ʒɑːŋr］ n 〔法文〕（指诗、小说、散文等的）作品体裁

  6. 一家总部设在悉尼的跨国报业集团，属下有多家分布于澳大利亚、新西兰、英国和欧洲的报纸、杂志和出版机构。该集团每月定期为我刊提供部分英文稿。

  7. = English as a foreign language 作为外国语的英语

〔附〕汉语译文（作者自译）

什么是我们的愿景
——2001 年新年寄语

在进入一个新的世纪、进入一个新的一千年之际，我们的杂志 WE 被赋予了独立的法人地位，这是一个令人欣喜的吉兆。这对我们大家来说都是一个好消息。我们有了自己的公司，这样一来，《英语世界》杂志社的全体员工就可以更好地为我们的读者服务了。

在这个具有划时代意义的新的一年，我们打算做些什么呢？

首先，我们将忠实地遵循 WE 的传统，坚持其既注意帮助读者提高英语水平同时又对外部世界获得更多信息的双重目标这一编辑方针，这意味着我们将继续为读者提供最新的、多样化的和有趣的各种不同体裁、不同类别的英语文章以及这些英语作品准确的汉语译文。新西兰的 PLC 独立报业集团将每月为我刊提供一部分英语原文稿，除此之外，其他若干家世界知名的英美出版商也将应邀为我刊供稿。

其次，随着我刊顾问与编委阵容的更新与扩大，不少更年轻、精力更充沛的知名专家学者已被吸纳进来，我们将充分利用这些宝贵的资源把 WE 办成一个对我刊读者更有吸引力和更有帮助的伙伴，因为我刊的读者现在大都是高级英语学习者，已经变得更加挑剔了。刊物栏目的数量将有所增加，文稿的内容与话题将更加丰富多彩，读者和本刊编辑之间的对话渠道将有所扩大——一句话，我们会把读者视为至高至上。

第三，在这个各种视听媒介无所不在、作为外语的英语教学强调听力和会话训练的新时代，我们将继续以盒式录音带、电脑软盘和光碟这些更加浓缩的形式来传播本刊的内容。由于人际交流对于为语言学习创造一个良好的气氛特别有效，我们将继续组织每周英语讲座系列，特别训练课程、英语演讲比赛，英语沙龙等活动。

以上讲述了我们打算做的一些事，然而，读者朋友们对我们所怀的深情厚谊太大了，我们不能仅仅以此为满足。

我们希望做得更多。

我们希望我们的读者——特别是我刊的长期订户——每6个月，或者至少每年年底能免费获得一些盒式录音带、电脑软盘甚至光碟，作为一种奖励。

我们希望我刊读者能够在我国的若干大城市甚至小城镇参加WE俱乐部或者光顾WE酒吧。

我们期望WE将能够走上网络，或许先建立一个WE网站，供我刊读者访问。通过网站和我刊的编辑、顾问及译者以一种互动的方式相互接触。

我们希望建立一个WE彩票基金，让我刊读者中的某些幸运儿在英语世界杂志社不时举办的一些娱乐活动中通过抽奖发笔小财。

我们希望……

这些听起来像是在说梦话，但是，如果我们的读者和我们这些刊物员工能够共同努力，这些就不会仅仅是一个梦。

你同意我说的吗？

辞书研修篇

《英华大词典（修订第二版）》：
突出 L2/L1 双语词典
"综合性"特色的一次尝试[*]

"一部词典单纯使批评家们感到满意是不够的，除非它同时也能对词典使用者有所裨益。"

——塞缪尔·约翰逊

引　言

本文着重介绍《英华大词典》（修订第二版）在突出 L2/L1 双语词典的"综合性"特色上所作的一些尝试，旨在引起国际词典学界对此类"综合性"词典在母语并非印欧语系语言的国家中的重要地位给予更多的注意，从而为中外词典学界今后的交流经验与相互合作提供一点线索。

《英华大词典》（修订第二版）是由中国资格最老的出版社商务印书馆最近出版的，其旧版编就于 1949 年，1950 年出版后迄未作彻底修订（1957 年曾挖版小改），目前的修订新版是集二十余位学者之力前后耗时十年（主要是在八十年代头三年）辛勤劳作的产品，[①] 于 1984 年 10 月发行。与旧版相比，新版篇幅从三百余万字扩大到约五百五十万字，几乎翻了一番，收词量从不足八万条增加到十二万条以上（加上词目内部的亚词条等，参考词条总数已达十三万条左右，接近了美国大

---

　　[*] 此文在 1985 年 5 月举行于香港的"中英词典编纂研讨会"上宣读，后刊载于香港《书海》杂志，1985 年第 6 期，第 28—38 页。

　　① 关于详细修订经过，见该词典"前言"部分。

学版词典的规模),并且对词典内容的各个方面都作了彻底的修订、增补或全部重写,实际上已经成为一部新编的作品。新版《英华大词典》(以下简称《英华》)问世后立即受到热烈欢迎,多家报刊载文称誉,[1]并曾荣幸地被作为礼品由中国领导人赠送给玛加丽特·撒切尔夫人。就目前而论,《英华》无疑是中国当前收词最多、篇幅最大、内容最新、使用的汉语也最为纯正的一部英汉双语辞书。[2]

有鉴于此,从词典编纂学的角度对该词典作一粗浅的理论探讨似乎是有益的,外国同行们对此也可能不会没有兴趣。

"综合性"双语词典的性质及其在理论研究中之被忽视

《英华》是一部这样的词典:主要供 L1 使用者阅读以及学习 L2 书刊文献或者从事 L2/L1 翻译(即英译汉)时翻检查阅词义之用,以解决他们在理解 L2 时遇到的语义性(以及在一定程度上还有知识性)的困难,因此,其特点是收词多、词义多、成语多,以收录语文词条为主但也广收百科性内容,相对说来例证较少;与此同时,它也供 L1 使用者活用 L2(主要是以 L2 写作或从事 L1/L2 翻译)时校核词的拼写、读音、词法、句法和惯用法方面的正误或恰当与否,因此提供了充足的词形变化材料、多种多样的用法标签、必要的句法注释和惯用法说明,尤其是重点词(核心词、常用词)都附有丰富的例证和必要的语法解说;此外,词目划分音节,详列拼写异体,用通行的国际音标注音。[3] 按照

---

[1] 它们当中有香港《明报》、香港《大公报》、《光明日报》、China Daily、《读书》月刊、《翻译通讯》等。撰稿人有香港著名词典编纂家罗斯先生等。

[2] 《新英汉词典》(上海译文出版社,1975)仅收词八万条;《远东英汉大辞典》(台北远东图书公司,1977)收词量似略高于《英华》,但后者内容之新、汉语释文质量之高以及常用词处理之细致,显然是超过前者的。

[3] 采用吉姆逊(Gimson)氏修订的《英语正音词典》(EPD)第 13 版注音系统。

托马塞克的词典形态学分类①,《英华》主要是一部以"理解"为主的"接受型"（receptive）词典,但同时又兼顾"活用"或"生成"（productive）功能,这类词典最为实用,在中国多被称为"综合性"双语词书。

L2/L1"综合性"双语词典脱胎于英美的"通用性"（general）词典,特别是借鉴了美国大学版词典的编法,在各个非英语国家的一切 L2/L1 词典中占有最重要的地位。日本研究社的《新英和》（KNEJD）和小学馆的《蓝登英和》（RHEJD）、苏联大百科全书出版社的《大英俄》（БАРС）以及前文业已提及的《新英汉》和《远东英汉》等,都是拥有最广大读者群的同类"综合性"辞书,其他类型的双语词典与它们相比,在实用价值和商业市场价值上都未免有所逊色。

然而,令人遗憾的是,国际词典学界近年来的讨论兴趣似乎多集中于"活用"型或"教学"型词典上了。在一部由英、美、法、荷、比、澳等多国词典学家为之撰稿的词书讨论专集中,②对"综合性"双语词典从整体上作深入研究的文章竟几乎没有一篇,而此类词典并非没有值得探讨的问题。

词典编纂宗旨的"单一性"原则

这类值得探讨的问题之一,便是"综合性"双语词典编纂宗旨中的"主线"问题。在我们看来,像《英华》这类词典虽然属于"综合"性质,其编纂宗旨却同样要遵循阿尔-卡希米所说的那种"单一性"原则,③即首先必须明确它的主要读者对象和主要服务功能。因

---

① 见 J. Tomaszyk: "On Bilingual Dictionaries", *Lexicography: Principle and Practice*, ed. by R. Hartmann, Academic Press, 1981, 1982, 1983。

② 见前引 R. Hartmannn 所编书。

③ 见 Ali M. Al-Kasimi: *Linguistics & Bilingual Dictionaries*, Leiden, B. J. Press, 1977, 结论部分。

此，从修订工作伊始，《英华》便确定了它的主要读者对象是具有"中级水平"[1]的成年人，它的主要服务功能是帮助他们解决阅读 L2 和从事 L2/L1 翻译过程中的理解问题。采取这条"主线"是由现实状况决定的。一个明显的事实是：在中国当前的英语学习者和使用者（这是一支极庞大的队伍）当中，阅读需求（出于专业学习和研究以及其他工作需要而阅读英语书刊文献资料以及通过阅读来学习和提高英语）与英译汉需求（出于上述需要而从事翻译，主要是文字翻译）超过了或者至少相等于"活用"（以英语写作和从事汉译英）需求，因为当前中国各个领域在翻译方面所做的工作主要还是从外界引进信息，此种工作并将随着四个现代化的进展而日益重要，同时，就大多数英语学习者（其中还有不少人是业余自学者）来说，他们提高自己英语水平的主要途径还只能是通过阅读，这是由于实际条件的限制，也有语言心理学上的因素，正如韦斯特（M. West）等人所说，在缺乏外语环境的条件下，人们学习阅读 L2 书刊的要求远高于学习讲 L2 的要求，在"四会"（听、说、读、写）之中，此种学习比较易于奏效，比较易于使学习者因取得进步而受到鼓舞。[2] 因此，像《英华》这样的中型词典自然要优先考虑读者的这两种需求。但是，据我们估计，为满足这两种需求而须提供的词汇量至少在十二万左右，可是词典的规模又必须有一定限制（《英华》要缩印成 32 开普及版大量发行，如篇幅过大，将不便装订，也不便于使用，书价也会过于昂贵），所以词典中不能再大量增加例证和语法（如句型）材料（而这些正是"活用"型词典所必需的）。于是，《英华》便只能在较小的程度上兼顾读者通过词典来"发展说和写的本领[3]"的需求，事实上，要发展这些"本领"，也不是靠一种类型

---

[1] 相当于学完中国初高中全部英语课程并在大学接受了两年公共英语训练的水平。

[2] 参见 M. West 写的 *Learning to Read a Foreign Language* 等著述。

[3] 见 OALD 第三版"导言"部分

的词典（哪怕是 OALD 或者 LDOCE 那样的"活用"型词典）所能奏效的。苏联词典学家拉·谢尔巴曾经指出，在以 L2 写作或者把 L1 译成 L2 时，最好是三种词典并用，即必须同时参考查找一本通用性 L2/L1 词典、一本 L2/L1 "搭配" 词典和一本 L1/L2 词典[1]，他这番话是切合实际的，因为"活用"功能涉及先产生 L1 概念再去寻求 L2 的对应词及表达方法的问题，始发语（SL）和归宿语（TL）的关系颠倒了过来。

出于上述各种考虑，《英华》牢牢地抓住了"词典自身应该强调的主要目的"[2]，即以提供最大的词汇（以及知识）信息量为首要任务。结果，它以不足五百五十万字的篇幅容纳了正式条目十二万条，而另一部编写质量同属上乘并且给了《英华》以很多借鉴的《新英汉词典》，则似乎由于在编纂宗旨上没有突出"单一性"原则，不必要的例证等收录过多，因而以接近五百万字的与《英华》大致相等的篇幅，才收录了《英华》词条总数的三分之二（八万条）。两相比较，《英华》的做法似乎更加合算。

L2/L1 "综合性" 双语词典的收词面及其取舍标准

如上所述，《英华》在内容安排上充分体现了"单一性"原则，因此，虽然在提供正字法、正音法、词法以及必要的句法和惯用法材料方面，《英华》并不亚于任何一本已出版的同类型英汉词典，它却独具自己的特色，即收词多而面广，词义多而释义精详，并且调动一切手段对词作了较充分的处理。现列举三表如下：

---

[1] 拉·谢尔巴："词典编纂学一般理论初探"，转引自《词典学论文选译》，商务印书馆，北京，1981，第 471 页。

[2] 捷克斯洛伐克词典学家兹古斯塔语，见 L. Zgusta：*Manual of Lexicography*，中译本，商务印书馆，北京，1983，第 437 页。

《英华》收词量及词条内容与同类词典比较举例

(表一)

例词	内容	《英华》	上海《新英汉》	《远东英汉大词典》	《蓝登大学词典》(RHCD)
and	释义	17	6	9	9
	成语	22	10	10	2
eye	释义 n.	9	8	12	15
	vt.	2	2	1	1
	成语	80	72	30	7
	复合词	55	34	60	37
put	释义 vt.	20	15	13	18
	vi.	3	4	2	1
	成语	81	35	56	17
	复合词	5	6	9	5
be	释义 vi.	8	7	8	7
	v. aux.	5	4	2	4
	成语	16	7	2	4
	复合词	1	1	1	0

注1:《新英汉》系据该词典1977年版本统计。

注2:RHCD是美国大学版单语词典,列入作参考性对比。

注3:《英华》所收成语界限较宽,详见本节有关解释。

(表二)

例词	内容	《英华》	上海《新英汉》	《远东英汉大词典》	《蓝登大学词典》(RHCD)
but[1]	释义 conj.	12	5	6	9
	rel. pron.	1	1	1	0
	prep.	3	1	1	1
	adv.	2	1	3	1
	vt.	1	0	1	0
	vi.	1	0	0	0
	n.	2	0	1	1
	成语	9	4	5	1
but[2]	释义 adv.	1	作 a. 1(adv. 0)	作 a. 1(adv. 0)	0
	n.	1	1	0	2
	成语	1	0	0	0
	复合词	1	0	0	0

注:but[1] 和 but[2] 是同形异源词,but[2] 是苏格兰方言词。

（表三）

收词数 \ 词典	《英华》	上海《新英汉》	《远东英汉大词典》	《蓝登大学词典》（RHCD）
X 部首总收词数	138	100	162	112

注1：《远东英汉大词典》是收词十六万条的半节本词典（见该词典"序言"部分编者自己的统计），比《英华》规模高出一格，总字数约800万字（本文作者的粗略估计）。据我国词典学家重新统计，《远东》收词实际不足此数，因该词典中双词动词及一些名词性词组都算成了正式条目。

以上三表似乎已能显示出：《英华》不仅收词多，而且词条内部的义项（特别是不同词性的义项）丰富。如果按义项作为计算基数，《英华》的规模实际上已达到半节略本美国大学版词典的水平。

不言而喻，像《英华》这样一部非英语国家出版的 L2/L1 双语词典在收词上有很大自由，它不用介入"规范"派与"描述"派之争，它的收词标准只有一个，即完全以本国读者的实际需要来决定取舍，因而它的收词面也极宽。从纵向上说，《英华》收词上溯早期现代英语的十七世纪，下迄当今八十年代；从横向上说，《英华》不仅收录规范化的英国英语和美国英语，而且广收方言土语。在这方面,《英华》和《钱伯斯词典》(*Chambers Dictionary*) 相似，这是因为这类词汇虽是古语雅词或地区方言，但却是经常阅读莎士比亚、彭斯和司各特作品的不少中国读者所需要了解的，正如罗·伯奇菲尔德所说，"在一个国家视为边缘的词语，到另一个国家却会被当做重要的词处理"[①], L2/L1 "综合性"双语词典中词的常用频率不是完全按照 L2 单语词典的取舍标准来决定的。自然,《英华》对新词更加注意收录，像"E. T."（美国科幻电影《外星人》）一词都已收录在册便是明证。《英华》还大量收录

---

① 见 Robert Burchfield：*Lexicography*，P. 13，商务印书馆，北京，1981。

了英语世界其他地区的用语，如澳大利亚、南非等地区使用的英语，这也体现出《英华》正视了劳·欧登所说的"英语在今天已成为 lingua franca"[①]的事实。此外，《英华》还收录了许多外来语，其中尤多常见于书刊文献中的法语与拉丁语成语。至于已经流行开的"四字母词"，《英华》也不避讳，虽然对它们抱审慎的态度。

对复合词和成语，《英华》尽量多收，因为前者往往包含很多英语新词（新造复合词是英语中产生新词的主要途径之一），后者则是母语非英语的读者较难掌握的，而英语国家的读者则通过长期的语言实践，习惯成自然地理解和掌握了它们，故而一般的 L2 单语词典收录的成语与固定词组都少得出奇（参见表一）。至于源自汉语或由中国人创造的英语语词，除非它们在英语中已经形成常用的"借词"（如 RMB、jin 等），一般都不予收录。

"综合性" L2/L1 双语词典与百科性词条

作为一部语文性词典，《英华》所收录的各类学科的专门术语在数量上是巨大的。据有人估计，《钱伯斯词典》所收学科性专门术语占全书总收词量的 40%，而且大部分是科技词条；《英华》尚未作详细计算，但据我们粗略估计，这类词条所占比例也在 25% 左右，词义中的科技义和专科术语义尤为丰富。作为证明之一，《英华》所使用的学科缩略语标签多达 98 个。对于一个正在实现现代化的国家所出版的双语词书来说，这样做是不足为奇的，看来也不会引起异议，只要这类词条不是过于冷僻和过于专业化的日常罕用词。但是，除此以外，《英华》还收录了大量人名、地名、文学作品名及作品中人物名、历史事件名、各类组织机构和团体名等属于百科性知识范畴的专名条目，体现了"综合性"双语词典的"综合"特色。这种做法显然借鉴了美国大

---

① 见 Laurence Urdang: "Editorial Preface", *Collins Dictionary of English Langnage*, 1979。

学版词典，但《英华》兼收百科更有它自己的紧迫理由，因为对英语来说，汉语是一种截然不同的非亲属语言，中国的文化背景和英美乃至整个西方都大不相同，地理上彼此相距遥远，在不久以前的一长段历史时期内，双方之间人员与文化交流的渠道又极不畅通，因此，中国读者对双语词典不仅仅有解决语义和语言难点的需求，也有了解知识与文化背景的需求。而且，归根结底，语义和背景知识是难以完全分割的。叶斯柏森说得好，"从语言学的角度来讲，在专有名词和普通名词之间截然划开一条线是完全不可能的"①，看来，从约尔基（Yorkey）、弗伯特（Furbert）直到伦道夫·夸克（Randolph Quirk）②，已经有越来越多的词典学家趋向于同意语文词典兼收百科，英国近年来相继出版的《牛津插图词典》（OID）、《朗曼拉鲁斯》（LDOME）和《柯林斯》（CDOEL）等词典，也表明了这一发展趋势。《英华》所收百科性专名词条还未尽如人意，但总算是迈出了新的一步。

附带说一说，《英华》把姓氏和教名都列为正式词条，既便于按字母顺序查检，也便于收录以姓名为中心词衍生出的成语，例如以 Seward 立条，既有"西沃德（姓氏）"的常用义，又有 W. H. Seward 专名（他曾任美国国务卿），并且连带收录了 Seward's Folly 这一既是地名（阿拉斯加州的别称）又为成语（"暂时看来愚蠢、日后显示出极为合算的行为"）的条目；又例如以 Hamlet 立条，便连带收录了 Hamlet Without the Prince of Denmark 等成语，而如果不为 Hamlet 立条（像苏联那部由加尔毕林教授主编的、在其他方面具有很多优点的《英俄大词典》③那样），与 Hamlet 有关的两条成语便会随之阙缺而未免可惜。

---

① 见 Otto Jesperson：*Philosophy of Grammar*，转录自前引 Al-Kasimi 所著书，P. 69。

② 见 Furbert 所著 *Dictionaries, British and American* 和 R. Quirk 为 LDOME 所写的"序言"等。

③ 参见 И. Р. ГАЛЬПЕРИН：БОЛЬШОЙ АНГЛО-РУССКИЙ СЛОВАРЬ, 1977。

最后要指出的是，除去英美人已经熟悉的个别条目（例如 Confucius），凡属英语中无定译的中国文化背景词（包括一切中国人、地名），《英华》都不予收录，这是由 L2/L1 双语词典的性质所决定的，也是伯奇菲尔德、兹古斯塔和阿尔-卡希米等词典学家们一再阐明的原则。[①]

L2/L1 双语词典的词义传译问题

词是词典的主体，词义更是主体中的主体，《英华》对此是给予充分注意的。它调动一切手段，力求做到把 L2 每个词的"所指意义"和"内在意义"都以合格的 L1 完全传译出来。作为 L2/L1 词典，《英华》的一个最大特点是，它使所有的 L2 原词都有了一个 L1 对应词，这是不易做到的，但《英华》充分利用了汉语固有的构词力与表达力（音、形、意与感情色彩的结合是这种极大表达力的表现之一）[②]，完成了"语际翻译"的任务，而在此过程中，自然也借助了"语内翻译"的各种手段，如利用同义词以及在释义部分加各种夹注和脚注等等，以阐明词的不同语境（context），此外，自然也像其他词典那样运用了各种用法和修辞标签（如〔口〕、〔俚〕、〔诗〕、〔讽〕、〔婉〕等等，这类标签多达23个），并且充分利用了例证。事实上，除少数应归入亚词条的例证外，《英华》中例证的设置都是为进一步阐明词义服务的，它们其实就是"释义部分的延续"，使词由"单薄的侧影"变成了"有血有肉的丰满立体"[③]。打开《英华》，几乎到处都可以见到体现了上述特点的内容。

《英华》在词义传译上另一个引人注目的特点，就是它不仅做到了

---

① 参见前引诸人所著书。
② 此题目极大，不能详述。
③ 见 H. W. Fowler 和 F. G. Fowler 为 COD1929 年再版本所写的"序言"。

释义精确,而且传译词义和翻译例证所使用的 L1 都是地道的、简练流畅的规范化现代汉语,这一特点已经被不少评论家指出,看来也用不着一一举例了,虽然为了确切表明一些英语动词(或介词)的语法功能,有时也不可避免地要使用"辞书体"行文(如"把…的基础放在(…)上"等等,其他 L2/L1 双语词典也未能免此),或者出于某些特殊考虑而不能如实译出 L2 原词的语体或修辞色彩(如处理某些极粗俗的咒骂语、禁忌语——尤其是"四字母词"——以及歧视性用语等等),其理自明,毋庸赘述。然而,《英华》在追求 L1 的语言高质量时,又注意使汉语对应词尽量避免带上中国文化背景的色彩,因为两种语言的一组对应词即使词义相近,由于文化背景和民族心理素质的不同,在潜在的感情色彩和联想作用上也不会相同,更何况许多词所代表的事物根本不是一回事(如 geomancy 宜直译为"泥(土占)卜",而不能信笔译作"风水")。在成语的翻译上,《英华》尤其注意这一点(例如绝不把 Speak of angels, and you will hear their wings 译为"说到曹操,曹操就到")。

一言以蔽之,《英华》在词义传译方面取得的一些成功,体现了汉语无限丰富的构词力和表达力,也是雅各布逊和奈达等人所持的 L2/L1 完全可传译性理论的又一次证明[①]。

结 束 语

《英华》的出版是商务印书馆推出的一个新成果,但它并不足以代表该馆(更不用说整个中国)双语词典的最高水平和最大规模。这家历史悠久的出版社正在或行将组织多部规模近似于《英华》或比它更大的若干语种的 L2/L1 双语词典(英语是其中最主要的),至于整个中国辞书出版界,随着国家现代化步伐的加速,这方面的事业自然也会以

---

① 见 R. Jacobson 所著 *On Linguistic Aspects of Translation* 和 Eugene A. Nida 所著 *The Theory and Practice of Translation* 等著述。

更大的规模展开。但是，正如《英华》的某些不足之处系由现代技术手段的缺乏、资料库的尚不充实、获取信息的不够及时以及学术理论修养和 L2 语言造诣的尚待提高等因素造成的这一事实所显示的那样，像商务印书馆这样的出版社和世界范围内的词典研究、编纂及出版界同行们之间在许多方面是存在着合作的可能性和巨大机会的。目前人们需要做的则似乎是努力去发现并把握住这样的机会，而本文如果能够在这一点上起到些许作用，作者便会感到十分愉快。

〔附记〕1985 年 5 月，商务印书馆派出代表团参加由牛津大学出版社和香港商务印书馆联合举办的"中英词典编纂研讨会"，团长为时任商务印书馆副总编辑的朱谱萱同志，团员为李思敬学兄（后来也担任了副总编辑）、古代汉语研究专家和《辞源》主要修订者之一的刘弈秋先生以及笔者。该次学术研讨会系在我国改革开放初期举行，当时香港尚处于港英当局治下，故在香港颇为引人注目，多家香港媒体予以报道，三位论文宣读者均在现场接受记者提问。会议期间，商务印书馆还展出了极为宝贵的建馆初期出版的英汉词典、英语读物等珍藏本，影响巨大。

今日回顾当年的这一会议，已时隔 27 年，香港早已在 1997 年回归祖国，北京、香港、台北、新加坡和吉隆坡五地的商务印书馆已在北京建立了合资企业"商务印书馆（国际）有限公司"，而我国出版界业已昂首挺立于国际出版界之林。

可惜的是，刘弈秋先生在上个世纪 80 年代末即已作古，思敬学兄也在 2000 年不幸因病去世，但令人高兴的是，当年带队的朱谱萱朱老今年已 104 岁，身体仍然健康，故而笔者借此次《论集》出版的机会，特写此"附记"以说明此文问世的背景并对刘、李二先生表示怀念。

综合性外汉词典编纂中的几个问题*
——从修订《英华大词典》的工作实践谈半足本

《英华大词典》（修订第二版）于1984年10月出版后，受到读书界热烈欢迎。同年12月20日胡耀邦同志会见来华签署中英关于香港问题的联合声明的英国首相撒切尔夫人时，把新版《英华大词典》作为纪念品赠送给她一事，[①]使《英华》的原编者、全体修订者和出版者都有一种光荣感。鉴于新版《英华》是当前国内收词量最多（12万条）、篇幅最大（约550万字）、内容也比较新的一部接近于半足本（在美国称大学版）的综合性外汉词典，又鉴于在修订过程中，对旧版的绝大部分内容都作了彻底的修改、增补、更新和调整，新版的篇幅已超过旧版几近一倍，名曰"修订"，实际上等于新编，笔者作为该词典1979年以后修订全过程的参加者，认为从词典编纂学的角度回顾一番过去的工作是有益的。[②] 这既可通过检讨得失为该词典今后的第三次再修订作好准备，也可借此机会与辞书界同行交流经验，听取宝贵意见，而修订《英华》的经验或许对他们的工作也不无参考价值。

---

* 此文刊载于《辞书研究》1985年第3期，第22—32页。原文在作者署名后加注"本文作者为《英华大词典》（修订第二版）责任编辑兼主要修订者之一。"

① 见1984年12月20日《人民日报》第一版。

② 关于《英华大词典》的具体修订经过，见该词典"前言"第二部分，本文不再赘述。

综合性中型外汉词典功能的单一性问题

历来的词典学理论和国外辞书界的实践都强调词典功能的单一性,[①] 往往对辞书作形态学的多种分类时,在综合性双语词典这一个门类的内部,尤其是中型规模的,多半还要再分为"接受型"(或者叫"理解型")词典和"用法型"(或者叫"教学型")词典两种。笔者拟把前者称为"认识型"(取"识字"的"识",因为该种词典不仅供使用者翻检查阅词义,也帮助他们识别词的音、形以及若干最基本的、多半与词义有关的语法特征);把后者称为"生成型"(这是英美词典学家的术语),并拟结合修订《英华》的实践对是否有必要强调此种分工界限作一探讨。

我的看法是明确的:考虑到读者使用和携带的方便和大多数读者的购买力水平,加上妨碍辞书袖珍化的印装技术和纸张质量的现状,一部面向广大公众的双语词典不能没有一个篇幅的限制,而对一部篇幅有一定限制的综合性中型外汉词典来说,在着手编纂之初便必须明确它的主要功能,规定它是认识型词典还是生成型词典,并在以后的编写全过程中从内容的各个方面予以贯彻,不可企求二者兼顾。理由很简单:与其面面俱到而在各个方面都不能充分满足读者的实际需要,倒不如集中力量于一点,在已定的容量内尽可能多地为读者提供他们最迫切需要的语言信息。[②] 请试以英语词典为例而言其详。

从理论上讲,要求一部综合性双语词典既要提供词的形态学特征

[①] 词典学家阿·阿尔-卡希米(A. M. Al-Kasimi)在其所著《语言学与双语词典》一书的结论部分,提出衡量一部双语词典编写质量的 29 条标准,其中第一条便是编纂宗旨的"单一性"。

[②] 此处仅指读者面较广的"大语种"而言,至于涉及"小语种"(学、用者不多的语种)的中型外汉词典,情况则另当别论。后者总是力求全面兼顾,因为出于经济效益考虑,很难指望出版多种"小语种"方面的外汉词典(有时候连仅仅出版一种都不很容易)。

（词形变化系统）和音位学系统，又要提供词的句法特征，介绍词组成较大结构的连接方式；既要提供足够的语言信息，又要列举并解说词的各种活用法；既要提供词的一般语法特征和一般搭配用法，如动介、动副、名介等搭配，又要进一步提供动宾、主补、副形、形名等搭配以及各类句型、惯用法及特殊表现法，以致跨进了修辞学的领域——这样的要求未免失之过高，对一部中型的综合性外汉词典来说尤不适当。这是由词典有限的篇幅和较大的收词量这一对矛盾决定的。按照英美语言教育学家（杜威、桑戴克、罗济、韦斯特等）的研究，英语词汇中需要作如此处理才能使非英语国家的读者初步掌握其用法的词，可分为700—2,000（核心词或基本词）和7,000—10,000（常用词）两个档次；即使再加上次常用词，总数至多也不过三万上下。所以，生成型词典收词甚少，大部分篇幅都用在作语法详解和列举例证上了。[1] 但是，由于语言和文化背景的差异，一部中型外汉词典即使想满足各界读者在阅读和翻译（英译汉）中翻检查阅词义的最低需求，至少也得收75,000—80,000词条。[2] 然而这个数字是远远不够的，所以若干词典的

———————

[1] 英国辞书界以编纂此类词典见长，其代表作《牛津高级学生词典》（OALD）和《朗曼当代英语词典》（LDOCE）号称收词50,000和55,000，其实在统计时前者把习语都算成了词条，后者把双语动词都单独列条，因此它们的实际收词量要少得多；而它们所提供的一般词汇（非常用词）既然很难满足读者查阅生词的需要，事实上又成了徒占篇幅的多余物。晚出的《钱伯斯大众学习词典》（CULD）意识到了这一点，所以收词量比前两部词典少得多，倒是明智的。

[2] 我国的《新英汉词典》收词8万。一部分外语词典与此类似：日本三省堂的《简明新英和词典》收词量与《新英汉》相同；著名的《简明牛津英语词典》（COD，1982年第7版）收词7.5万，《柯林斯简明英语词典》（CCDOEA，1983年版）收词8.5万，桑戴克-巴恩哈特编写的《斯各特-弗里曼高级词典》（SFAD，1979年版，为斯-弗系列初、中、高三级的最高一级）收词8万。除此以外，收词在8万上下的英美认识型词典还有好多种，例如新近才问世的《朗曼英语词典》（LDOEL，1984年版）等。

编纂者在把篇幅控制于一定限度之内的前提下，往往把收词量扩大到十二三万条，① 这也就接近了美国的"大学版"水平，这才能适应各界读者实际工作中的需要，使他们在涉及文化项目和各门专业学科的通用词以及各类语体和各种地区性变体的词汇查阅方面得到满足。篇幅有限而收词量增加的结果，只能是删削或者尽量简化例证和语法说明。鱼与熊掌二者不可得兼。

新版《英华》单一性修订宗旨的得失权衡

《英华》从修订工作伊始便规定了这样的编纂方针：保持旧版《英华》作为认识型词典的性质，② 只着重修改原版的疏漏讹误，从技术上对旧版的内容作更加科学的调整与改造，③ 只致力于扩大词典的语言信息量（包括大量增收一般词目词、缩写词、构词成分、习语、复合词以及词条内部以例证形式出现的亚词条，并尽量增收词的义项，强调收词的古今兼顾、书面语与口俚俗语兼顾、文理工兼顾）。修订者们无意于把《英华》改造成为一部用法与理解并重的辞书，只是为了进一步阐明词义，而以极精简的方式尽可能多地增收必要的词的语法资料及一些句法内容，如增加了惯用法资料以及"〔仅作表语〕、〔仅用作定语〕、〔主语不可以是人〕"等注释。正如捷克斯洛伐克词典学家拉·兹古斯塔（L. Zgusta）所说，"编纂一部词典，总是希望使词典在多方面对读者有所帮助"，只要不妨碍词典的主要目的。修订者们更无意于使新版《英华》具有部分写作词典或汉英词典的作用，因为前一种功能是由专门性的搭配词典或英语词库（如《罗各特英语词库》）来完成的，至于

---

① 例如《钱伯斯二十世纪词典》（CTCD，1983 年版）、《韦氏大学词典》（WNCD，1983 年第 9 版）等等，不胜枚举。苏联大百科全书出版社 1972 年出版的《新英俄词典》（БАРС，二卷本）的收词量也在此范围之内。

② 旧版《英华》收词约 8 万条，总字数为 300 万字左右。

③ 旧版成书于解放前，存在若干缺陷是可以理解的，故本文不拟具体比较新旧版的差别。

后一种功能（帮助汉译英）要由英汉词典来兼具，则似乎是不够科学的提法（两种职能需要处理的概念起自不同的源语，归于不同的目的语，即 L1⇆L2 的关系根本不同，语词资料的编排方式也迥然有异）。在尽可能扩大收词量以满足读者急需的思想指导下，新版《英华》以大约 550 万字的篇幅收词 12 万条，成了与脍炙人口的《新英汉词典》各有特点的姐妹辞书；以收词量相比，新版《英华》也不亚于《远东英汉大辞典》（梁实秋主编，台北远东图书公司 1977 年版）。以下是三部英汉词典的比较表：

	总字数	总页数	收词数	收录习语	例证数量及质量
《英华大词典》（修订第二版）	550 万字左右	1,613	约 120,000	丰富	除重点词而外，一般词条的例证较少，但绝大多数例证均引自原文著述。
《新英汉词典》	500 万字左右	1,618	约 80,000	丰富	例证多，但有脱离词典职能而生硬拉长的缺陷，少数自撰例证语言质量不高。***
《远东英汉大辞典》	900 万字左右*	2,500*	约** 120,000	丰富	例证较多，大都引自原文著述。

　　*　每栏 74 行，每行至少 25 个字符，每页双栏排，共 2,500 页。

　　**　《远东》编者自称"收字逾十六万"，但他把双语动词、以介词连接的专名词组等都单独列条，而《英华》和《新英汉》都不把它们作为词条。据柳荫：《远东英汉大辞典和新英汉词典》一文（载《辞书研究》1982 年第 4 期）的考察，《远东》收词实际上只有十一万多。

　　***　指现有版本而言，详见上引柳荫文。

　　可以看出，新版《英华》达到接近于大学版词典的收词量（如果算上双语动词，收词量不止 12 万），是以少设例证的代价换得的。词典中的例证确实重要，正如《简明牛津英语词典》的编者福勒（Fowler）所说，"例证是释义的延续"，新版《英华》对于不设例证便不足以阐明其确切语义的词多半是设例的（例如大多数重点词——介词、连词、冠词、常用动词、代词等——都经过改写，做到一义必有一例，甚至数例），不过，在具体显示词的多种活用法即实际运用方面，《英华》的例证确乎少了一些，与美国大学版词典的做法相似。现在就以一个宏观片断的例证来表明《英华》新版用这种不大的牺牲换得的积极成果：

	《英华大词典》 （修订第二版）	《新英汉》 词典	《韦氏新大学词典》 （1983年第9版）	《蓝登大学词典》（1973年修订版，该词典总收词量为16万余条）
X部首 收词总数	138*	100	89	113

* 《英华》新版 X 部首收词量居于第一位，比《新英汉》多收 38 个词条，所增收词条的质量详见下节。

新版《英华》对充分列举词义也不遗余力，对词的本义、转义、喻义、引申义、科技义、口语俚语方言俗语义和学科专业义乃至古义、旧义、废义都兼容并蓄，尽量搜罗，并按照它们的常用频率归类排列（《新英汉》在这方面也做得很出色，给予《英华》的修订者以相当的启发），现再举数例列表如下：

	and		eye				put				be		
	释义	习语	释义	vt	习语	复合词	vt	vi	习语	复合词	vi	v、aux	习语	复合词
《英华》 新版	17	22	9	2	80	55	20	3	81	5	8	5	16	1
《新英汉》	6	10	8	2	72	34	15	4	35	6	7	4	7	1
《远东》	9	10	12	1	30	60	13	2	56	9	8	2	2	1
《蓝登大 词典》	9	2	15	1	7	37	18	1	17	5	7	4	4	1

* 前三部外汉词典都注意为常用词的各项释义配置丰富的例证，而《蓝登》这类美国的大学版词典则例证甚少。这当然是由单语词典和双语词典的不同性质决定的，但也反映了我国（以及日本）编写双语词典的一个特点（对常用词的处理都下了功夫）。

从上表可见，新版《英华》在义项的数量上不亚于同类型词典。《英华》所收习语较多，也是出于尽可能多地为读者提供语言信息的考虑；习语的界限放宽，把许多以介词连接的专名词组都纳入习语范围虽不太妥当，却达到了实用目的（同时也解决了编排上的一个技术困难)。

另外,新版《英华》为帮助读者从对照中加深理解词义,还于若干词义之后酌附反义词,而对同义词则未设辨异栏(与《新英汉》做法相同),这是因为我们相信,通过给出准确的汉语对应词,或者通过前后加注以说明词的不同语境,基本上已能完成"辨异"的任务(美国的某些大学版词典也不作同义词辨异,往往把一组同义词排列在某一主词条下便算完事)。新版《英华》在某些不为人熟知的动植物名词之后酌附拉丁语学名,也是出于使读者能无误地弄清某词所指究竟为何物的考虑。至于词典释义和例证的译文力求准确、生动,使用规范化的现代汉语,是我国当前辞书界的一致努力方向,《英华》新版和《新英汉》在这方面付出的努力,是《远东英汉大词典》、《大陆简明英汉》(吴编)、《新简明英汉》(董编)、《牛津高级学生词典》(第三版)这些词典所不能比拟的。

综上所述,我以为新版《英华》保持词典功能单一性的修订原则尽管有得有失,"得"却似乎远大于"失"。

综合性中型外汉词典的"现代性"、"内容稳定性"和"百科性"问题

国外词典学家(如前引阿尔-卡希米)提出两条评价一部词典"现代性"的标准,其一是"词典是否收入了最新文化发展的词汇",其二是"词典中是否体现了当代语言学家在音位学、语法学和语义学等方面的新进展"。[①] 这是颇有见地的。按第一条标准来衡量,新版《英华》似乎跟上了时代(指词典出版前的那十几年)。在词汇学研究上,一些评介《英华》的文章已作详尽论述,这里只想补充一点,即《英华》修订者始终强调增收能反映近十几年来国外政治、经济、军事、文化、社会生活和科学技术(包括自然科学、社会科学以及工程技术)的新

---

① 译文引自《词典学论文选译》(商务,1981年版),第162页。

词。为具体印证这一点，仍以 X 部首的词条为例：新版《英华》收录而未见于《新英汉》的词条中，有 xanthomycin（链霉黄素）、xenia（种子直感、胚胎异粉性）、xenobiology（外层空间生物学）、xerogram（静电复印副本）、X-ray 条下的 ~ astronomy（X 射线天文学）、~ nova（X 射线新星）、~ pulsar（X 射线脉冲星）、~ *star* [*source*]（X 射线星 [X 射线源]）、~ telescope（X 射线望远镜）等，大都已进入日常生活领域的通用科技词。又如 Xrds，X roads（= cross roads 交叉道）、x. q.（盘问）、XW（命令状 [委任状、批准令等]）等虽非新词，却是常见的缩写词，《英华》新版都予以补录。新版《英华》在增补新词新义方面仍有不足之处，例如收了美国科幻电影片名《外星人》（E. T.），却未收 IBM 作为"国际商业机器公司"缩写的另一解（《英华》只收了 IBM 作"中程弹道导弹"缩写一解。当前，电子计算机技术已开始普及，作为生产电子计算机重要厂家的 IBM 时常挂在我国广大科技人员的嘴上，我们当时未能料及，现在不免遗憾），收了 shuttle 的"穿梭外交"义却未收"航天飞机"义，虽说是新词永无止境收不胜收，一部词典漏收了常见的新词总不免令人遗憾。

谈到第二条标准即吸收当代语言学研究成果的问题，新版《英华》迈的步伐不大，这是由修订时间的仓促（指修订第一稿抄成 20 万张卡片后开始大规模修订以及在四次校样上大动手术的那段时间）造成的，对我国学校外语教育的现实和广大读者传统习惯的考虑也是一个限制性因素。譬如说，在词性的划分上和语法特征的解说上，新版《英华》仍未跳出传统概念的圈子。在这方面，英国词典比较先进，像《柯林斯英语词典》便全盘采用了罗伯茨（Roberts）的词性划分法和经过吉姆逊（Gimson）改造的《英语正音词典》（EPD）第 14 版音标体系。和它们相比，新版《英华》未免有所不足，不过也不是完全抱残守阙。《英华》修订版采用了琼斯《英语正音词典》第 13 版的音标系统，并注意了某些词的重要异读；和国内同类型词典相比，它还算是前进了一步。另外，全书 12 万词条除复合词外全部按国外中型以上词典的惯例划分音节，虽谈不上是什么词的形态学方面的改进，却很有实用价值，是国内中型以上双语词典的创举，它有助于读者掌握发音，更有助于广大排版工人、打字员、英语编辑以及有英语写作需要的读者掌握移行规则。同时，由于分节点和移行点并不总是一回事，① 新版《英华》在这方面还有可改进之处。

在保持"内容稳定性"的问题上，随着国内辞书界的不断展开讨论，大家在思想上都已日趋明确，因此新版《英华》没有再重蹈以前许多外汉词典的覆辙，没有在内容中生硬结合时政；绝大部分例证都采自英美原作，例证多用词组，很少用完整句，只着眼于深化词义或提供信息，不搞"穿靴戴帽"，从而既节约了篇幅，又保证了语言质量。《英华》收词的标准是宽的，除去涉及具体性行为的淫词秽语外，我们在收词上百无禁忌，像 cunt 这类词都照收直录（不过在汉语译法上仍较为委婉）。② 但是，任何词典都不会没有编纂者立场的反映，《英华》新版在涉及四项基本原则和我国领土主权等大问题上，当然是鲜明地显示了修订者的态度。《英华》在 Party 词条下特列 the Communist Party of China（中国共产党）词组，在 republic 和 China 两个词条下特别重复了 the People's Republic of China（中华人民共和国）作为例证，在居于全书之首的不定冠词 a 词条下开宗明义地特列 Ours is a socialist country（我国是个社会主义国家）的例句。词典按体例不收中国人名，然而在 Marxism 条下特别收了 Marxism-Leninism-Mao Zedong Thought（马列主义毛泽东思想）；按体例不收中国地名，然而在 Formosa 条下作了这样的释义"〔废〕'福摩萨'〔16 世纪葡萄牙殖民主义者对我国台湾省的称

---

① 《柯林斯英语词典》（CDOEL，1979 年版）分音节用两种符号，一为中圆点，一为"十字号"（＋），后者是可移行符号，以黑圆点划分音节处则不宜移行。

② 英国最新出版的《朗曼英语词典》（LDEL，1984 年 12 月版）也收录了此词，这反映了英国辞书界的日趋"开明"。

呼]"。我们希望以此种画龙点睛的方式表明词典编纂者的严正立场，同时，以上所举的词组按其常用频率来说也是应该进入词典的。除此以外，例证尽量避免以中国的事物为内容，这是因为外汉词典主要应该反映外国的文化背景和各种信息，内容自然不宜中国化，但如果所编的是一部专供我国从事对外宣传、文化交流和外事工作的读者使用的汉外词典，情况便另当别论了。归根结底，这里所涉及的还是一个词典功能的单一性问题。

旧版《英华》和《新英汉》都收有百科词条（此处指狭义的百科性词条，即人名、地名、文学作品名等专名词条），但数量有限，而且人名等多不正式立条，只是在派生词条中以夹注的形式出现，如 Dante（但丁）、Shaw（萧伯纳）、Fabius（费边）等等都是在 Dantean、Shavian 和 Fabian 等派生性词条中出现的。《新英汉》把姓氏一律列为附录，不入正文，这是运用英国词典的编法。《英华》新版则不然，它采取美国词典和日本编写英和双语词典的做法，广收百科词条，并把它们一律立为正式词目。关于语文词典可否收录百科性内容的争执在国外辞书界由来已久，某些词典学家如戈夫（Gove）坚决反对语文词典兼收百科，他们的主张看来长期为英国词典学家所信守，[①] 某些词典学家和语言学家则持相反的观点，例如雅各布逊（Jacobson）认为，"从语言学的角度来看，普通词和百科词之间并没有一条明确的界限"，[②] 美国词典学家赫伯特（J. Hulbert）在他所著《英美词典》中更是竭力主张语文词典兼收百科；美国大学版"案头"词典的最大特色之一，就是无一例外地广收百科词条。日本最新出版的研究社《新英和词典》

[①] 近一二十年来，英国辞书界已逐步改变这一保守立场。继《牛津插图词典》(OID) 之后，最近几年中他们更推出了《朗曼现代英语词典》(LDOME) 和《柯林斯英语词典》这类广收百科词条且赋予这些词条以详尽内容的辞书(《柯林斯》的编者曾专门去法国拉鲁斯出版社工作，学习该社经验)。

[②] 转引自阿尔-卡希米《语言学与双语词典》第 59 页。

(1984年版）收词260,000条，其百科性词条所占比例之大令人瞠目。看来，革命导师列宁关于编写一部语文与百科内容兼具的"人民词典"的设想，已经日益显示出其光辉预见性。生活节奏日趋迅速与紧张的现代社会，已经向词典编纂者提出了编写可供读者快速查得各方面语言信息的综合性词典的要求，这一要求只能通过加大词典中百科词比例的途径来解决。新版《英华》在这方面作了一些初步尝试。例如前文所举 X 部首的词条中，就有一条是 Xenophon（色诺芬），该条并附简要注释"〔434？—355？ B. C.，希腊将军，历史家，著有《长征记》(Anabasis)一书〕"，再如前文所举 Dante、Fabins 和 Shaw 等都单独立条。然而，我们这些修订者的思想仍未解放，存在着种种顾虑：不敢收当代活人（以致连霍梅尼 Khomeini 都未收），总担心词典会被人讥为"大杂烩"（以致对一些已经去世的美国影星也不敢收录）；怕地名收多了和其他专门性地名手册的内容重复（以致只收了寥寥几条日本和东南亚地名，虽然它们都是不能直接音译的"难词"）；等等。事实上，由于文化背景的差异，百科性词条常常是双语词典使用者最急需的信息（谁会为阅读英美小说中提及的一个历史人物而特意去翻阅大百科全书？又有多少单位——更不用说个人——拥有《不列颠大百科全书》或《美国名人录》之类的资料?）。在这方面，有两件事使笔者深受启发：一件事情是笔者翻阅1984年底出版的《朗曼英语词典》的附录"人物资料"部分，竟然查到了 Chernenko（契尔年科）条，其注解已有"1984年任苏共中央总书记"一句。另一件事是笔者从董乐山同志处读到他与人合编的《美国社会生活知识小词典》的样书，其词条之包罗广泛出乎意料，例如收有"No one drowed in Watergate"条（系美国共和党某些人为尼克松东山再起而大造舆论的一句话，指民主党总统肯尼迪之弟驱车失事坠水，其女友淹死而他竟弃置不顾一事，意为"水门事件"未发生人命案，当初民主党未免"小题大做"了）。该词典另一位编者刘炳章同志说，该书"本可以叫'杂家词典'"，连罗斯福之爱犬"法拉"（曾为该犬引起政治风波）、尼克松之爱犬"雪花"（他曾以此犬为题还击政敌），也收入书中。"杂"则杂矣，但这些词倒真会是阅读当代美国报刊时的拦路虎呢。由此我不禁也想到目前我国已出版的几部汉外词典都是老牛津型的纯语文词典，一概不收百科词条，如果它们同时也具有供外国人使用的目的，我难以想象他们依靠这类词典，如何能读懂满是"武大郎开店"、"（蒋子龙笔下的）乔厂长"、"女伯乐"这类词语。文化背景的差异使一国妇孺皆知的东西，到了另一国说不定便会难倒大学教授。总之，新版《英华》增收一定数量的百科词条，是中型以上外汉词典一个有益的尝试，可惜做得还远远不够。

两种编排体例的词典工艺学比较

《英华》（修订版）在编排体例上一依其旧版，仅对旧版的个别体例作了一些更新。旧版《英华》采取英国牛津系列和《钱伯斯二十世纪词典》的编排方式，以紧缩版面为主要目的。日本研究社出版的《新英和》和《简明新英和》也采用同样的编排。它的最大特点是复合词不另列词条，全部附属于主词条之下，构成复合词前半部分的主词目以代字符（或用波纹号，或用双线连字符）来代替。新版《英华》仍然沿用这一编排体例（台湾出版的《大陆简明英汉词典》和《新简明英汉》做法相同）。这种编排方式的缺点是明显的：复合词时常密密麻麻连成一片，使初学者查检不便；需要给复合词配置例证时，例证须套括号并改变字体，特别当复合词为连写词（或有连字符）而往往具有数种词性时，加上例证更显得叠床架屋；给复合词注音也较困难。正因为如此，美国词典大都采取另一种编排方式：所有复合词都另列词条，近年来，某些词典甚至把双语动词也作为独立词条看待。后一种编排方式的优点是明显的，所以近年来一些英国词典都在步美国词典这一编排格局的后尘。那么，新版《英华》何以守旧不前、仍然拘泥于旧版的模式呢？原因有二。一是由编纂方针决定的：我们是修订一部旧词典而不是新编一部，大的框架结构自然理应保持原貌。二是修订者也有辞书编纂工艺学上的考虑。我们认为，既然《英华》的功能是单一性的，主要是供使用者翻检查阅词义的认识型词典,那么,词典内容的编排格局便应该以有利于扩大收词量为首要目的。同时,词典既是为中高级读者设计的,这类读者大抵都有了一定的外语基础,把复合词统一安排在主词目下并不必然会给他们造成翻检查阅上的过多不便,相反,许多复合词集中连排于一栏或一页上,读者扫上一眼倒可能会收到一览无遗的效果。美国编排法把复合词另立条目,当中间插入大量并非由主词目构成的复合词而是拼法与主词目不同的其他词条时,读者查起来或许反倒会感到疙疙瘩瘩,并不方便,特别是当双语动词(以及一些由介词连接的专名词组)在独立列条后也插入复合词当中时,更会给查阅检索造成新的障碍。读者不妨以《英华》、《新英汉》为一类,以《远东大词典》为另一类作一试验,在两类词典中查检同一个复合词,在作过几次这样的试验后,或可对两类词典编排方式的利弊有所体会。当然,最重要的考虑还是为了节省篇幅。

《英华》旧版编排方式上的另一个特点往往为人所诟病,即例证(不论是短语或完整句)都集中排列在释义之后,各项词义紧密连排。这一编排方式的缺点显而易见:例证离开释义过远(特别是在多义词中),没有直接起到作为"释义之延续"的作用。所以英美各家词典大都不采取此种格局。新版《英华》沿袭旧版,应该说不是什么优点。不过,在这个问题上,《英华》的修订者也有一辩:沿袭旧局不仅是由于工作的性质(是修订而非新编),主要是,此种义例脱钩的编法也有一点可取之处,即,对于那些已有一定英语基础的读者来说,他们查阅词典时并不总是需要先看例证才能理解释义,而更经常需要的是找到汉语对应词,在这一情况下,各个义项连排(不同义项以序号隔开)或许倒更加方便,不致因例证的插入而增加查找词义的时间。此外,一义一例的编排也有一个缺点:由于例证一般附有汉语译文,结果,译文便时常会起干扰作用,会使读者把译文内容和释义文字相混淆。当然,怎么做到最佳编排,这还有待进一步的探索。

《英华》修订版把所有的姓氏与教名都列为独立词条,按字母顺序统一排入词典正文。这样安排比设置"姓氏附录"看来更为可取,理由就是这方便读者检索。从阅读心理学来讲,人们总是希望在一册书中找到自己所要找的东西;从实际效果来讲,一次性检索总是比分两头查找更加快速;同时,姓氏编入词典正文也有利于节省篇幅和阐发词义(能在一定程度上起说明词源的作用)。

但新版《英华》也有一个无法否认的缺陷:卷首未列附有例词的音标表。当初我们认为国际音标已为广大读者所熟悉,音标表似可省略,现在看起来未免不妥,拟在印制 32 开本时予以补入。

总之,《英华》新版确有一些新的特色,也还有不足之处:它的修订过程是漫长而艰巨的,这既反映了辞书编纂工作之难,也反映了我们目前工作手段(纯粹的手工业操作)仍比较落后;它的修订原则有可取之处,也会有顾此失彼的偏颇。本文涉及的只是若干词典编纂学论题,对新版《英华》的内容未作具体分析,因为笔者深感辞书编纂学理论探讨的重要性绝不下于对辞书具体内容的分项研析,故而才不揣冒昧撰写此文,以期引起外汉词典编纂界同行的讨论。

《英华大词典》:有着许多故事的一部辞书*

在新世纪到来前夕,商务印书馆于2000年8月推出了《英华大词典》(修订第三版)。《英华》三版不仅对"修订第二版"若干文字内容和技术上的疏漏作了匡正,增加了K.K.音标的美国英语注音,对编排体例作了改进使之更加方便查阅,而且增收了将近3000条英语新词以及许多新的词义和短语,使全书篇幅由540万字增加到610万字以上,大大扩充了信息量;为照顾境外读者的需要,一部分科技名词和术语还增加了香港特区和我国台湾地区的流行译法。新版《英华》在出版后的短短八个月内已连续重印两次,其电子文本的使用权也被一家国际知名的电脑公司购去。因此,这部有着半个世纪历史、前后三次修订的老牌词典,可以说是老树又发新枝,仍然精神抖擞地挺立在今日百花争艳的英汉双语辞书园地里。

今天,关心英汉词典的读者们可能对《英华大词典》并不陌生,但他们——特别是年轻读者——多半不知道在这部词典的背后还有不少或是令人心酸、或是使人钦敬、或是让人高兴的故事。故而笔者愿意在此篇短文中对这些故事稍加介绍。

令人高兴的故事:1980年代初,商务印书馆组织数十位专家学者,对出版于新中国建国之初仅在1957年作过一次简单修订的《英华大词典》作第二次修订。《英华》修订二版于1984年秋出版时,正值英国首相撒切尔夫人为谈判解决香港问题来华访问。在中英双方圆满签署关于香港回归的协议后撒切尔夫人回国时,中国政府把当时刚刚出版的

---

* 此文刊载于《文汇读书周报》2000年6月2日第12页"专稿"版。

16开精装本一巨册《英华大词典》(修订第二版)作为国家礼品赠送给她(另一件礼品是当时也刚刚出版的《简明不列颠百科全书》第一卷)。据当时报纸报道,撒切尔夫人拿到这部很像样的英汉词典后欣喜地说:"看到中国有这么多人学英语,我非常高兴。"此后不久,二版《英华》在香港和台湾地区都出版了繁体汉字本,十几年中在海内外销行了七十万册。

令人钦敬的故事:在 1949 年以前的中国,说来可怜,大型英汉词典只有商务印书馆那本出版于 1920 年代、后来在 1930 年代修订过一次、释义和例证都使用文言文、注音使用韦氏音标的《综合英汉大词典》。(还有一部由葛传槼等编、上海世界书局出版的《英汉四用辞典》也很著名。编注。)有鉴于此,文化界进步人士郑易里先生于 1946 年和中共地下党员曹成修同志商量,由郑老个人出钱邀请曹到自己家里编写一部新型的英汉词典,命名为《英华大词典》。按照郑老拟订的《英华》编写方案,这部词典要博采众家之长,不仅参考了十几种英美的大中型原文词典,还参考了好几部由日本和美国学者共同编写的英和词典;词典强调使用现代白话文,释义语言清新明晰,例证译文准确贴切而又生动活泼;词典强调多收新词新义,广收俚俗语和习语,并且使用了久已流行全世界的国际音标。当时处于战乱年代,曹成修的生活十分拮据,而词典的出版前景渺茫。郑老为支持曹的地下革命活动和保障他的生活,曹每编完交出一部分词典初稿,郑老就付曹一笔稿酬,而郑老自己则分文不取地分担了另一半编写任务。经过这两位整整三年呕心沥血的劳作,到 1948 年词典编完。在这三年中,郑老以"买稿子"的名义总共付给了曹成修相当于十两黄金的银圆,帮助曹度过了那段艰难的岁月,也间接地支持了党的地下工作,而郑老个人却几乎为此倾家荡产。1950 年 12 月,《英华大词典》以郑、曹二人合编的名义由三联书店出版。1957 年,改由"时代出版社"(后并入商务印书馆)稍加修订后出了新版。从此,在整个五、六、七十年代,这部具有崭新特点的《英华大词典》便成了新中国最受读者欢迎的和唯一的一部英汉双语辞书，培育了不止一代的英语学子。

令人心酸的故事：50年代中期，作为《英华大词典》两位编者之一，曾经在解放前的上海一面从事党的地下工作、一面又焚膏继晷地编写词典的曹成修同志不幸身遭冤案，就像潘汉年同志那样一下子由革命者被打成了"叛徒"，开始了长达20余年的冤狱生活。从那时起，曹成修的署名便从《英华大词典》上消失了，郑老当时真是欲哭无泪，爱莫能助，直到1980年，曹成修同志才获得平反，从流放地返回北京，但多年的牢狱生活已摧毁了他的健康，返京不久即不幸逝世。商务印书馆为表示对这位老专家的敬意，给其家属送去一笔慰问金，并在《英华大词典》（修订第二版）出版时恢复了曹的署名。郑易里先生尚属幸运，在历次运动中未遭受冲击，比较平安地在中国农科院工作，并在"文革"中因奉命修订《英华大词典》而未下放。然而，令人哭笑不得的是，当时郑老奉命从事的是一种什么样的"修订"任务呢？原来是要郑老从词典中"彻底肃清封资修的流毒"，也就是说，要把词典中"带有封资修色彩"的词汇、人名、机构名（像"妓女"、"妓院"、"修道院"、"修女"等）统统删去，另外加入"文革"时期流行的许多政治语词。不言而喻，郑老的这部分"修订"工作是白做了，徒然浪费了郑老好几年的工作时光。

令人欣慰的故事：《英华大词典》的主要编者郑易里先生出生于1906年，至今仍然健康。这位1926年毕业于北京农业大学并曾在日本东京工业大学学习过两年的学者，1930年代投身于进步文化事业，和李公朴等共同创办了读书出版社（三联书店前身之一），和艾思奇合译过马克思主义经典著作，1938年在国统区组织出版了马克思的《资本论》中译本。1952年以后，郑老一直在中国农科院工作，1980年代以来，这位世纪老人焕发了青春，以老骥伏枥的精神从事汉字简易检索法研究，发明了"字根通用编码系统"（简称"郑码"），为能够处理所有十万汉字的"计算机全汉字信息编码系统集成"奠定了基础。郑老曾担任过第七届全国政协委员，目前仍关心着进一步完善"郑码"的科研工作。看到这位现今已届九十四岁高龄的《英华大词典》原编者晚年如此幸福而有为,也可算是一个令人欣慰的故事了。①

---

① 此文写于 2000 年 6 月,刊出两年后,郑易里老先生不幸于 2002 年 4 月辞世,享年 96 岁。郑老生于 1906 年,云南玉溪人,关于他的一生事绩,详见《学者郑易里》一书(郑璀、蓝德键、孟晓研编著,农业出版社,北京,2012 年 3 月)。

英语教学词典的创新与竞争*

二战期间，特别是二战以后，随着全世界学习英语热潮的高涨，英语词典中的一个新品种应运而生，这就是所谓的英语"学生词典"或称"专供（英语）学习者使用的词典"（learner's dictionary）。这类词典除去具有一般语文词典正字、注音、列明词形变化和解释词义等功能之外，还具有帮助读者正确而得体地讲英语和用英语写作的活用功能，它们是专供英语为非母语的读者群使用的，是为配合对这个群体进行英语教学而精心设计的，故又称"教学词典"，其代表就是由英国牛津大学出版社出版的 Oxford Advanced Learner's Dictionary（简称 OALD，其英汉双解本名为《牛津高级英汉双解词典》）。

OALD 的编者霍恩比根据他 1930 年代在日本教英语的经验，借鉴韦斯特、帕默等人在英语词汇学和语法方面的研究成果，领衔编了一本《英语习语与句法词典》，于 1942 年在日本出版，1948 年改在英国出版时更名为《现代英语高级学生词典》，斯为 OALD 的第一版，1964 年出第二版沿用此名，直到 1974 年出第三版时才获准冠以 Oxford 这一辉煌的"牛津"品牌，成为名副其实的 OALD。

OALD 所代表的英语教学词典的独特之处在于：一、充满现代气息，只收现当代英语常用词，例句和解释词义的文字也都是当代英语的鲜活语言，并为照顾非母语读者而尽量多收习语和动词短语；二、不仅为词目词（包括复合词）注音，而且为习语乃至例句标注出轻重音的读法；三、关于介词、副词、小品词等如何与动词正确搭配，形容词用作表语和定语的不同情况等都详加解析；四、以 U 和 C 作代码标注出

---
* 本文刊载于《文汇读书周报》2000 年 7 月 27 日的"辞书天地"版。

名词在不同义项下的可数与不可数，并举例说明不可数名词的复数表述法，这对于英语为非母语的读者——尤其是母语中的名词基本上没有单复数形态变化和不同表述法的中国读者——来说特别有用；五、把动词句型分类法引进词典，OALD 从初版到三版迭经改进，最后归纳出 25 类动词句型及若干副型，分别以［VP1］、［VP9］［VP25］或［VP2A］、［VP3D］等代码标注出来，用以表示"主语＋系动词 be＋宾语（＋宾语补足语）"、"主语＋及物动词＋that 从句"、"主语＋不及物动词"等各类句型结构，并在词典后衬页设"动词类别例释表"供读者查阅或记诵。众所周知，掌握以谓语动词为中心的正确句型是英语会话和造句作文的关键，OALD 的这一创新恰恰解决了英语为非母语读者群的困难，从而使词典具有了极强的活用功能。由于具有这些特点，OALD 从问世之日起便风行全球，在东南亚尤为畅销。

OALD 独领风骚数十年，直到 70 年代末才遇到强劲的竞争对手。1978 年，英国朗文出版公司推出了由保罗·普洛特主编的《朗文当代英语词典》(英文缩写为 LDOCE)，该词典充分借鉴了 OALD 的上述诸特点而又有以下的创新：一、把释义文字和例句所使用的英语单词严格限定在 2000 个英语最常用词的范围之内，从而使释义和例句浅显易懂，大大方便了外国学子直接使用这部英语原文词典；二、名词的可数与不可数区分得更加细致，除 U、C、UC 三种代码外，还增加了［GU］、［WN］等代码来表明名词单复数型的各种特殊类别；三、将动词句型简化为 6 大类，用 D、I、L、T、V、X 等代码来表示，每一大类之下再分子句型，共 31 种，比 OALD 三版的 25 大类 51 种有所简化；四、另以各种代码标出副词、形容词、助动词、代词的各种用法与变化；最后，在词典后衬页设一个纵横交错的"语法分析代码表"供读者随时查阅。

LDOCE 的问世促使牛津大学出版社于 1980 年推出了 OALD 第三版的修订版，该词典的英汉双解本由商务印书馆于 1988 年出版了简化汉字本，名为《牛津现代高级英汉双解词典》，十年内销行了数百万册。1989 年，该社又推出由考伊主持修订的 OALD 第四版，对词典的选词、注音、释义、用例、用法说明等都作了全面的更新与补充，特别是补充了用各种代码表示的"名词及形容词的类别"，给出了更多的语法知识。最重要的是，新的"动词模式表"废弃了三版难记的 51 个字母加数字代码，改为直接用首字母作为符号，如 La 表示"系动词＋形容词"（linking verb + adjective），IT 表示"不及物动词＋带 to 的不定式"（Intransitive verb + to-intinitive）等等。四版 OALD 的简化汉字本仍由商务印书馆出版，更名为《牛津高阶英汉双解词典》，于去年 9 月推出后至今已重印 6 次，发行量已达 60 万册。

其实，早在 1987 年，LDOCE 就推出了第二版，该版吸收了近年来的语言学研究成果，加设了 20 多个"语言提示"栏目以及大约 400 条"语法说明"。在动词句型方面，则干脆放弃了一切符号代码，而用[＋that]、[＋adv/n]等来说明句型结构。这种做法与 OALD 四版各有特色，各有千秋。其英汉双解本名为《朗文高级英语辞典（英英·英汉双解）》，其繁体汉字本也已于去年在香港推出，有大中小三个版本，装订考究，印制精美。据闻其简化汉字本也将由商务印书馆于今年内推出，与 OALD 四版并列为该馆推出的姐妹篇。

在八、九十年代，其他英语教学词典也纷纷问世，如柯林斯、剑桥大学、钱伯斯以及美国的蓝登书屋等出版社都各自推出自己的"学生词典"，连日本的福武书店也编写了特点类似而面向中小学生的英语教学词典，并且也被我国出版界辗转引进。英语教学词典在竞争中的不断创新是各国英语学习者的福音。

美国英语显特色　兼查百科用途多[*]
——谈商务版《蓝登书屋韦氏英汉大学词典》

本世纪之初(1902年)，商务印书馆在上海出版了一本带有插图的大部头英汉词典《商务书馆华英音韵字集成》，该书享誉士林多年，严复和辜鸿铭都曾为之作序。本世纪行将结束前三年(1997年)，该馆又推出煌煌一巨册带有多幅插图的《蓝登书屋韦氏英汉大学词典》，而此书又是由上海商务印刷厂排录的。这是一个有趣的巧合，也反映了商务印书馆一百年来对出版辞书精品的不懈追求。

这部《蓝登英汉》是由商务印书馆和世界知名的美国蓝登书屋合作出版的，收词18万条以上，全书近900万字，以80年代末的美国畅销辞书《蓝登书屋大学词典》(修订版)为编译蓝本，同时由美方从其足本《蓝登书屋英语大词典》(第二版)和公司词典部电脑语料库中选取若干新材料作为补充内容。和我国近年来出版的篇幅大致相当的英汉词典相比，《蓝登英汉》在三个方面具有与众不同的特色。

其一是，《蓝登英汉》是迄今已出版的英汉双语辞书中最大的一部美语词典，以最强的力度反映了美国英语的语言特色：单词的拼写和注音都以美国英语为主，先列出美式，然后才列英式；广收大量存在于美国英语中的俚俗语、黑人英语和多种族移民带入的外来语词汇；注意说明美国英语在若干词义、惯用法和语词搭配上与英国英语的不同之处等等。百科类条目的收录和注释的内容都着重反映美国的文化特色，有关美国事物的条目尽量多收，介绍的内容也特别丰富。而由于此书是中美两家大出版社的合作项目，双方编辑部共同研究了编译方案并努力解决

---

[*] 本文刊载于《文汇读书周报》1998年2月28日第3页"辞书天地"版。

了词典移植过程中的多种困难,使词典内容和汉语译文的高质量有了可靠的保证。

其二是,《蓝登英汉》作为一部大型外汉语文词典,对词义的阐释也详尽无遗,因而就其总的语言信息量和覆盖面来说,并不比现今出版的同类英汉词典逊色多少,而它所包含的多项精彩内容却为他书所阙如。首先,本词典有1500余幅精选的插图、地图和图表,在状物、释名及述事上可弥补单纯文字解说之不足,使读者能够通过直观形象加深对词义的感性认识;其次,本词典设有3800个用法说明和5000个同义词辨异及反义词对照栏目,有助于读者准确掌握词义和正确运用语词;再者,本词典设置有完整的词源栏目,对每一个词的词形和语义在历史上的演变都追本溯源地描述其全过程,有助于读者加强对单词的理解和记忆,并使一般读者等于额外拥有了一部英文《辞源》;另外,作为词典附录之一的各行各业各门学科经常使用的"标志与符号",则为阅读专业书刊和各类英语文献提供了不可或缺的"拐杖",而卷首两篇精彩短文《英语简史》和《印欧语系语言》也为一般读者提供了语言学和语言史的入门知识而并非可有可无的点缀。

其三是,《蓝登英汉》既是一部语文辞书,也是一部内容高度浓缩了的小百科词典。它所收的人名专条多达7000个以上,经常出现于美国图书报刊中的古今各国和各界名人几乎包罗无遗,且每条都附有画龙点睛的人物生平简介;它的6500个地名专条都全面注出其自然、人文和经济地理的内容。至于各门学科的专业名词和术语更是广收博采,并由专家和编辑合作写出既有科学权威性又很通俗易懂的简要解释,这些释文在词典中都被全文译出,而且医学和生物学名词都尽量注出拉丁文学名,化学名词如化合物都列出分子式。因此,尽管《蓝登英汉》仍然有若干不足之处(譬如说为释义配置的例证不多,收录的习语甚少等等),我们说它是阅读和翻译美国图书报刊与文献资料时的必备工具书,似乎并不过分。

一本新颖的辞典[*]

长期耕耘于译苑的董乐山和刘炳章二同志近年来合力编写了一部《英汉美国社会知识小词典》，最近已由新华出版社出版。编者给书名冠一"小"字，在"前言"中又谦称这部词典实为"杂"学和现有英汉词典的"补遗"，但笔者却不禁要为这一部词典喝彩，笔者个人从事过较长时期的英汉笔译工作，这六七年又在做英语词典编辑，切身体会到译事之艰辛和现有英汉词典之不足，因而以为这是一部具有独创性的工具书，它虽"杂"而能释疑解惑，它虽"小"而可提供读者最迫切需要的信息，堪称雪中送炭，功莫大焉！

《英汉美国社会知识小词典》全书六十余万字，收词约五千条，大多数词条都附有例证（有时还是双例或多例），其内容包含四个方面：一，常见于美国书刊中的民间知名人士和典故性专名（真人或小说、电影、电视、动画片等文艺作品中的人物、地名、街道名、旅馆名、商店名、商标名等等）；二，英语中新出现的带有典故色彩的短语；三，美国人在日常生活中很熟悉，但算不上是习语的一些短语；四，英语新词。这些词条有一个共同的特点，即它们大都不被一般的英语原文词典（更不用说英汉词典）所收录，但在美国却又几乎是家喻户晓，而我们中国读者对它们却是十分陌生。

第一类内容在词典中所占的比重最大（粗略统计，约占全书篇幅的四分之三），也是这部词典中最精彩的部分，因为这部分词条连一些大型综合性或者专科性的英语词典都多半不予收录，而又屡见于报刊文章之中。我们仅需略举若干例便可见其收罗范围之广泛，如 Abbott and

---

[*] 本文刊载于《读书》月刊1985年第6期第40—43页。

Costello（阿博和考斯坦罗，美国两著名喜剧演员，一胖一瘦，常搭档演出，此次侯宝林访美，洛杉矶报纸就以此相喻）、Polly Adler（波莉·艾德勒，三十年代美国的著名妓院老鸨）、Abominable Noman（可憎的作梗者，从"可憎的雪人"引申，艾森豪威尔任总统时的办公室主任薛尔曼·亚当斯的外号，因经常对求见总统者作梗而得名）、Archie Bunker（阿契·邦克，美电视连续剧中人物，今喻有顽固偏见者）、Mary Janes（一种平跟女童鞋，脚背上有丁字形鞋绊，中国人叫丁字鞋）、Dick Tracy（狄克·屈莱西，连环画中大侦探，后在电影、电视中出现）、Checkers（"雪花"，尼克松爱犬名，他在一次电视竞选演说中辩解自己为官清白，曾提及此犬是他"唯一接受过的礼物"）、John Lewis（约翰·路易斯，前美煤矿工会主席，名人录中虽收，但没有注明他有浓眉，美著名记者赖斯顿曾用 John Lewis eyebrow 来描写周恩来总理）、Davy Jones's locky（海洋，海底）……这类词条确实杂而又杂，但也可以说是包罗万象，正为读者所急需。试举一句英语为例：Meanwhile Elizabeth Ray preened in a strange celebrity status that made her seem a combination of Virginia Hill and Typhoid Mary. 前半句不难理解，说的是一个叫莱依的女人洋洋得意地出着一种奇特的风头，但后半句呢？真是百思而不得其解，因为查遍各种英语工具书，也不知 Virginia Hill 和 Typhoid Mary 为何人，可是借助这部词典，我们立即查得前者原来是四十年代一位在自己家中手刃匪徒的电影女演员，后者据说是带来病菌、造成一九〇六年纽约市伤寒流行的一个女厨子，于是全句的意思便豁然贯通，可意译为"……出着一种奇特的毁誉参半的风头"，或"……洋洋得意地大出风头，既被目为女豪杰，又被当做扫帚星。"我曾做了个试验，用《新英汉词典》、《英华大词典》(修订新版)、《远东英汉大词典》、《柯林斯英语词典》、《美国传统英语词典》、《蓝登英和大词典》以及一九七九年新版《文学著作角色人名词典》这七部中外词典为依据，来检验《美国社会知识小词典》，结果发现，这部词典中的大部分词条（至少二分之一以上）都未见于上述七部大型工具书，其中的若干词条，甚至在英美百科全书、名人传、年鉴之类的多卷本巨著中也难以查到。我还特意查核了 Dick Tracy 一词，结果只是在美国一九七六年出版的《神秘小说与侦探小说百科词典》中发现有他的正式条目，而英国那本专题性的《文学作品角色人名词典》中却不见此位侦探的大名。看来，《美国社会知识小词典》的编者们的确打破了辞书编纂学上许多脱离实际的所谓"收词界限"，他们收录词条的考虑只从读者的需要出发，只从词语的流行程度（亦即所谓"常用频率"）出发。这种彻底的"描述学派"（与"规范学派"相对）的收词眼光，不仅对我们编写外汉词典有启发作用，而且对汉语辞书的编纂工作似乎也有相当的参考价值，我以为。

第二类内容是美国现今流行的一些典故性短语，情况与第一类内容相似：流行于报刊而不见于词典。为节约篇幅，只举两例。其一是 drop the other shoe，如果想不起那个"楼上住户睡前只重重地脱下一只鞋而脱另一只鞋时落地无声，以致长期习惯于听楼上二鞋相继落地声的楼下住户竟然因期待而失眠"的故事，谁能理解这句习语的意思是"采取人们预料会采取的连续行动"呢？其二是 nobody drowned at Watergate，如果不知道爱德华·肯尼迪开车淹死女友的事件，谁能懂得这是尼克松及其支持者攻击民主党（爱德华是民主党肯尼迪总统之弟）借以为水门事件辩解呢（"水门"那地方并没有淹死人啊）？假如说前一短语或许还能在某部大词典中寻索，请问后一句话又能从哪部工具书中找到？

第三和第四类内容（口头常用语和新词）尽管在整部词典中所占的比重较小，其中的一部分也可以从性质类似的英语原文词典中查得（如凯依等人合编的《词典以外的词典》、埃·柏特里奇编的《英语口头语词典》、巴恩哈特的《英语新词词典》及其续编、一九八三年出版的《韦氏九千词补编》等），但编者在搜集这类资料时仍然是下了一番爬梳选剔的真功夫的，例如所收 supply-side（经济学上的"供应学派理论"）一词及其派生词 supply-sider（供应学派理论的信奉者）就不见于国内已出版的任何英汉词典，前节所举的七部原文词典也未收入而仅见于《韦氏九千词补编》。《美国社会知识小词典》所收新词"新"到了什么程度，由此可见一斑。

这部词典的另一个特色是它的译文。两位编者都是译林高手，译文自然凝炼传神。如"触犯当地土皇帝"、"二合一"、"二十亩地一头牛"、"挂冠而去（交出军服）"、"穷小子发迹"等等，我想，不用举出英语原文便可窥知编者的精妙译笔。词条汉语对应词的翻译是精确的，注释是简洁和中肯的（给出了最必要的背景知识），许多影星的译名既按目前新华社编印、商务印书馆等出版的英语姓名手册译出，同时又列出了昔日人所熟知的旧译名。例证只列原文而不予译出，可能会引起一些意见，其实这是为了节省篇幅，是可以理解的；考虑到例证多为较长的完整句，有时甚至为很长的一段引文，因而不附汉语译文的处理方式也是颇为明智的。

最后，笔者对这部词典提两点意见。

一，词典所收各类新词中，有若干词条是一九七六年出版的《新英汉词典》即已收录的，如 Domino Theory，Madison Avenue，The Beatles，Babbit 等等，如今再收似乎有点"炒冷饭"了。当然，编者所收这类词条下多附有例证，可见当初搜集材料时也花费了不少心血，不过，假如日后词典再版时能毅然割爱，把国内其他英汉词典已收的条目悉予删除，或许反而会更加突出这部"词典以外的词典"的独特风貌，并可以省下宝贵的篇幅用于增补其他更有用的知识信息，不知编者以为然否？

二，词典中个别条目的注释似有疏忽，如关于 Rudolf Hess（德国纳粹战犯赫斯）的注释有欠准确，少数条目未按一般辞书要求先译出汉语对应词而只单纯作一解释，如 Mobius strip 仅仅解释为"把一张纸条的两端以正反不同的表面相黏接（因德国数学家 Mobius 而得名）"，此处似应先译出对应词再加注（正规的数学名词作 Mobius band），并似有必要对注文稍作补充，例如可改译为："Mobius strip 莫比乌斯带（数学名词,因德国数学家 Mobius 而得名,把长方形纸条两端以正反不同的表面相黏接所形成的一种特殊多维空间现象,用作比喻时意为错综复杂)",语义似较完整。

译家已仙逝　遗典惠士林[*]

著名翻译家董乐山先生于今年年初因肝疾不幸逝世。就在董先生去世前三天，商务印书馆突击印装出版了由他编写的一部别具特色的辞书，并把样书连同一束鲜花送到了先生床头。这本书就是值得向读者大力推荐的《英汉美国社会知识辞典》。

该书篇幅不算大，全书约76万字；所收词条约8000个，数目也不算多。然而，它却具有一个他书无法取代的特色：所收词条大都涉及美国现代社会生活，常见于美国书刊（尤其是报纸），但在我国目前的一般英汉词典中却多半沧海遗珠，未见收录，甚至十卷本中文版《简明不列颠百科全书》这类大型工具书中也难觅它们的踪影。这些词条大致可分为四类：美国书报刊上常见的典故或典故性专名；带有典故色彩的短语；美国人时常挂在嘴边但还不算是成语的固定词组；若干英语新词和集中反映美国社会知识某个方面的专栏（如美国各州的别号等）。董先生以一位翻译家和美国问题研究专家的眼光，日积月累，从大量美国书报刊中沙里淘金，拾遗补阙，筛选出这8000多个使用频率高的词条并配以原汁原味的英语例句，汇编成了这样一部"词典以外的词典"，可满足经常阅读美国书报刊的研究人员和英语学习者们的"不时之需"，也为我国翻译界作出了他的最后一份贡献。

要说明这部词典的特色，仅举一例即可。譬如说，词典有一个"Hefner, Hugh"的条目，下附两个分别引自刊物和文学作品的例句，其中一例引自《观察家》杂志，原文：Talking to us about moral

---

[*] 此文刊载于《文汇读书周报》1999年3月27日第6页"辞书天地"版。

regeneration, Solzhenitsyn sounds like Dr. Arnold of Rugby. A bit dated after all, we've got beyond all that. We've all the way up to Hugh Hefner。句中的索尔仁尼琴我们是熟悉的，但阿诺德博士系何许人也不甚了了，至于休·赫夫纳是哪路神仙，别说查英汉辞书，就是去翻阅那本厚厚的英文原版《韦氏人名大词典》也遍查无着，而偏偏这个词又是弄懂全句意思的关键。我们似乎已束手无策。然而，董先生的词典来帮忙了。词典告诉我们："休·赫夫纳（1926—）美国出版商，办《花花公子》起家"；词典的另一条也以类似的简洁词句说明了阿诺德博士的来历。寥寥数语，指点迷津，于是英文全句的意思便豁然贯通："索尔仁尼琴向我们大谈什么当今之世道德江河日下等等，听起来就像是橄榄球发源地英国拉格比公学那位冬烘校长阿诺德博士在饶舌。这未免有点儿过时了吧。我们今天早已抛弃了那些陈谷子烂芝麻。我们已经到了人人都在捧读色情刊物《花花公子》的时代啦。"（笔者意译，词典为节约篇幅，例句均不附译文）

　　董先生生前与笔者亦师亦友，赐教良多，亦曾与笔者比邻而居。谨献此短文聊寄哀思。

从一张照片说起*
——商务印书馆百年纪念专文

百年馆庆前夕，我于无意中翻出一张旧照片，那是1981年春在北京饭店拍摄的。照片前排是陈原老（时任商务总经理兼总编辑）、朱谱萱老（时任副总编辑）、英国牛津大学出版社（OUP）亚洲地区经理某先生和OUP伦敦总部的一位女士。后排是林尔蔚同志（时任副总编辑，1983年继任商务总经理）、杨德炎同志（时任总编室主任，现任商务总经理）、朱原同志（当时的外语室副主任，后为主任）以及英方女译员和我本人（当时为外语编辑，充当我方翻译）。这张照片使我不由得想起了商务这18年来开展对外合作出版的历程，深感商务从国家实行改革开放政策伊始就十分重视此项工作，确实是中国出版界走向世界的第一批先行者。

其实，商务印书馆早在这以前就已开始走向世界。由吴景荣教授奉上级指示到北京外国语学院主持编写的《汉英词典》于1978年底由商务出版后不久，即由商务印书馆香港分馆作为中介人售权给美国的约翰·韦利公司，允其在欧美地区印制发行。从1980年开始，商务印书馆相继与日本小学馆、岩波书店等签约，合作出版《现代日汉词典》、《汉日词典》等辞书。从那以后，《现代汉语词典》、《现代汉语八百词》、《实用汉语读本》（英、法、德语注释）、《新汉德词典》、《荷华词典》、《中国自然地理纲要》等一批由商务出版的辞书、教科书和学术著作陆续被日本、韩国、新加坡、德国、荷兰、美国的出版商通过谈判购去版

---

* 此文刊载于《中华读书周报》1997年5月14日第2版，"商务印书馆百年"专栏。

权，出版了他们本国的版本。和法国、英国、德国、俄罗斯（前苏联）、伊朗等国的合作出版业务此后也相继以多种形式展开，并且取得了很大成绩。至于和港澳地区以及我国台湾出版界的交流与合作，成果之丰硕自不待言，毋需赘说。这里面凝聚了商务印书馆历届领导和各个部门多位同志，——自然也包括了很多作译者——的心血。

由于语种的关系，我从在外语室当编辑起就有幸参与了我馆和英、美等国多家大出版社的合作谈判，先是从事口、笔译工作，后来职务变了，有时也在国内外单独进行或主持与外商的谈判，因而对商务印书馆开展对外合作的特点深有体会。其一是，我馆早在80年代初就充分尊重国际版权，例如商务十多年前就和美国蓝登书屋公司签约，为翻译出版《蓝登书屋英语大词典》等支付版税，这就树立了信誉，为今日的局面打下了基础。其二是，我还体会到，商务在开展对外合作出版方面不是照搬照译，而能从国内外读者各有不同需要的角度考虑合作方案，例如和牛津大学出版社（香港）合编的《精选英汉、汉英词典》就因为具有多种特色而深受国内外读者欢迎，成为两家的畅销书。其他法、德、日、俄几种精选系列的词典亦复如此。

然而，我也体会到，开展对外合作出版业务不是一项轻松的工作。谈判的过程往往是漫长的，双方就发行地区、版税率、印数乃至封面设计、署名方式等一系列具体问题需反复谈判磋商，交换大量外文信札。外商提出的出书时间和质量要求有时简直像催命符，给我馆本来就任务繁重和人手不足的编印发各部门带来巨大的压力。至于合作出版物中涉及意识形态和国家领土主权问题的内容，我们更是兢兢业业地注意把关，既须在合同中明确我方有修改的权利，又需在实际工作中逐字逐句校核，做到让修改后的字句在学术质量和思想内容上能被双方共同接受。尤其是在现成的胶片上进行此类修改，为避免修改后造成串行串页，换上的中外文必须一个字一个字地计数，使之与被修改或被删除掉的原文字数相等，语言和学术质量还需达到一定要求，真可谓要下一番绣花的功夫。

出于种种原因，我们的对外合作出版谈判有时也会不欢而散。像本文开头所说那张照片中的某先生，当年谈判时曾出现过向我方红脸的僵局，最终是无结果而返。有趣的是，时隔16年，我去年10月赴德参加法兰克福国际书展时竟和这位先生不期而遇。他认出了我，主动走过来握手，十分热情地告诉我，他目前在马来西亚开了一家自己的出版社，极其希望和商务印书馆合作云云。这或许就是包括商务印书馆在内的中国出版界已经在国际舞台上略显身手的一个小小的反映吧。

努力打造双语词典的精品[*]
——第四届国家辞书奖双语类辞书评奖总结

第四届国家辞书奖双语类辞书共有全国38家出版社提供的43种书参评，结果有2部词典荣获一等奖，5部词典荣获二等奖。笔者参加了本届国家辞书奖双语辞书评审小组的初评工作，从评审工作中深深感到：我国的大多数双语辞书编纂者和出版者都已经在不同程度上具有了打造精品，追求质量，追求创新的意识。7部获奖辞书就体现了这种努力。但笔者同时也看到，近年来我国双语辞书编纂工作中仍然存在着一些或大或小的问题。现从正反两个方面略抒己见供大家参考。

一、获奖辞书的特点

1. 编纂者多年磨剑，肯下苦功夫。如荣获一等奖的《新时代汉英大词典》(商务版)就是在主编吴景荣（已故）和程镇球两位先生的领导下，集外交学院、外交部等近30位学者、教授之力埋头苦干十年，又经商务印书馆近10位编辑专职审读近一年、前后校对8次才打造出的一部精品辞书。它不仅收词量大（收录汉语基本词语95000余条，社科和科技词语25000余条，全书篇幅达1000万字以上），而且在释义和例证的翻译上追求英语译文的准确和传神，其语言质量之高绝非那些东抄西录的急就章可比。又如荣获二等奖的《当代英语习语大词典》(外研社—天津科技社版)也是由主编秦秀白教授率领一支队伍苦干五年多，从浩如烟海的语言资料中爬梳剔抉编出的一部独具特色的习语词典，它所收的英语习语大都是现代人常用的鲜活语言，更难能可贵的是，每条习语下面都附有灵活生动地运用该习语的完整句例证，而且这

---

[*] 此文刊载于《辞书研究》2002年第1期，第19—22页。

些或来自现代文学作品，或来自当代报刊的例句，都配有准确而畅达的汉译。这些光彩夺目的特点当然就会使坊间那些虽然数量众多但却无甚特色的英语习语词典黯然失色了。而这样的精品是绝不可能在一年半载之内就编得出来的。

2. 编法上有突破，学术上有创新。再举《新时代汉英大词典》为例，该词典不仅注意广收我国改革开放 20 余年来大量涌现的汉语新词，而且参照美国大学版辞书的做法，在收录语文词的同时兼收一部分百科词（人名、地名、事件名等等），此外还针对外国读者的需要编出了多达 26 个加有插图的附录。又如《俄汉文学翻译词典》（商务版）一书，系北大资深教授龚人放先生与他的近 30 位合作者多年心血的结晶，此次荣获二等奖，因为它和前此已出版的几部外汉翻译词典不同，它并不仅仅满足于按语句之中的中心词排序而简单罗列出一大堆外语原文和汉语译文，而是确定了一个特殊的编纂原则：见词明义的一般译例概不收录，而只收那些汉语译文已打破源语语言外壳，按近似、引申和升华三个层次表述源语之深层涵义的译例。而要作这样的选择、判断和鉴别，既要花大量的时间去沙里淘金，又需要编者具有相当高的中外文素养和学术眼光，从而使这本篇幅不大的辞书具有了很高的学术含量。

3. 知难而进，为时代的需要而勇啃硬骨头。在当今的信息时代，社会与科技各个方面变化快，发展迅速，以致在英语这样的通用语种中，大量新词新义几乎每天都在不断涌现，而这些新词往往成了英语工作者的拦路虎。因此，一部高质量的英汉双解新词词典是人们的急需。但要编写这样的词典谈何容易，且不说多方搜集英语新词（特别是为这些新词配例句）之费时费功，单是把英语新词译成汉语便是一项啃硬骨头的工作，诚如严复所说，往往是"一名之立，旬日踟蹰"，而此次荣获一等奖的《新世纪英语新词语双解词典》（上外版，陆国强主编）就是这样一部勇啃硬骨头的力作。

4. 能与时俱进，满足读者群当前的迫切需求。不言而喻，双语辞书为我国改革开放服务的作用是十分明显的。随着我国申奥、入世成功，各界人士掌握、运用外语对外交流的需要空前迫切，在此种形势下，编纂出质量较好且能满足读者此种需要的双语辞书可谓"及时雨"，而此次荣获二等奖的另外几部词典便是这样的"好雨"。像《汉英搭配词典》(北京出版社)着眼于学习者渴望能通过词典掌握汉译英关键的需求，在搭配用法方面狠下功夫，收录词条虽不多，但尽量广泛地提供多方位的英语搭配实例，使读者感到很"实惠"，即可以在短时间内学会多种英语表达法。他如《国际商务英语大词典》内容丰富而实用，《新法汉词典》收词精当而释义准确并注意词的用法，也都是能与时俱进的双语辞书佳作。

二、双语辞书存在的问题

1. 编校质量差是亟须注意的大问题。辞书称"典"，对其编校质量的要求自然应该严格，而此次参评的双语辞书中有几部正是由于编校质量不过关而落选，这是十分令人惋惜的。例如有一部颇具历史影响、多年来一直畅销于全国的英汉词典的新版，参加初评工作的同志几乎都认为它是一部杰作，但最后却因为该词典校对错讹超标和一些专业术语的译名不符合国家规定（例如 lagoon 仍用旧译名"泻湖"）而未能获奖。又如有一部某大学出版社出版的小语种外汉词典，篇幅大，收词多，有外国专家参加编写，学术含量颇高，本来有可能获奖，但由于校对质量太差，送专家审读后即发现差错率超标，当然也就不能被推荐了。笔者愿在此特别提醒双语辞书的编纂者和出版者，编校质量标准是硬指标，是一票否决。要想打造辞书精品（这不单是为了评奖，也是对广大读者负责），作者和出版者都必须在提高编校质量方面下大力气，花死功夫。

2. 平庸之作仍多。此次参评的双语辞书中，有相当一部分其实不能称为"词典"，仅仅是一些词汇手册：左边是中文译名，右边是不注明学科门类、没有任何释义、当然也不标明词类的外文对应词。此次参评书中此类双语辞书就有十余种。

3. 注意保养不够。此次参评的辞书中有一些是"修订版"或"新版",但经审读,发现改动的幅度不大,旧版中存在的一些不足之处也未能得到彻底的修正。这反映出某些出版社对本社的重点双语辞书不十分注意保养,未能像初版时那样广招群贤、煞费苦心地彻底修订。这固然有客观原因,但主观上似应再作努力。应该学习国外某些著名的辞书,勤于修订和保养,使一些已有知名度的双语辞书永葆青春。

4. 个别参评辞书存在严重的政治问题。此次参评的辞书中有一本沿海某市出版的英汉旅游词典,在列举我国的省、市、自治区时竟然把新疆和广西两自治区写成"新疆省"和"广西省",漏掉了西藏自治区;在"国际"长途电话区号栏下,竟把我国台湾省列为国家一级词条并在该条下详列了"高雄、基隆、台北、花莲……"等二级词条。一本薄薄的小册子中竟然出现如此严重的错误,很令人怀疑该书是否经过了三审把关的编辑审稿程序。由于双语辞书多设有与此类似的附录,这类问题应该引起双语辞书编纂者和出版者的注意。

与上届相比,本届国家辞书奖评审工作的程序更加细致,获奖辞书的品种和质量都不亚于上届,而且出现了像《新时代汉英大词典》这样一部篇幅巨大、质量上乘的力作,应该说是一种突破,也反映了我国广大的双语辞书编纂者和出版者作出的努力。存在的问题当以编校质量为最,此应引起重视。目前,据笔者所知,若干有实力的大出版社正在着手编纂双语辞书的长线产品,相信在以后评奖时定会有更多的双语辞书精品问世。

《拉鲁斯英汉双解词典》掠影[*]

摘要 本文着重介绍了该词典的主要特点：定位准确，以英语非本族语者为读者对象而设计，在词目的选择、释义的行文、义项的取舍、例证的设置等方面都以简洁为特色；附录专门介绍英国、美国、澳大利亚三个英语国家的文化与生活等。可以说该词典较充分地体现了编纂理念的创新。

关键词 词典定位 英语非母语读者 释义用词 例证简明 附录实用

目前市场上的各种家用电器，从电冰箱、洗衣机、微波炉，到电视机、数码相机乃至个人电脑，无不强调其 user-friendly 的特色，这个 user-friendly 就是"为使用者着想"。家用电器与人们的日常生活息息相关，它们的设计理当让人用起来方便、快捷、可靠。与此同理，一部辞书，尤其是中型以下的词典，是人们日常学习和工作中要时时翻检查阅的工具书，当然也要注重"为使用者着想"了。

眼前这部《拉鲁斯英汉双解词典》（北京出版社出版，2005 年），便是一部时时处处"为使用者着想"的、简明、实用且质量上乘的词典。

细心的读者难免会发出疑问：这部英汉双解词典的母本是英语词典，却由法国的拉鲁斯出版公司出版，你说它如何如何好，可信吗？此问有理，笔者愿意也需要对此作番解释。不言而喻，就英语词典来说，若是专为母语读者编写的，当然以英国的牛津版、美国的韦氏版英语大

---

[*] 此文刊载于《辞书研究》2006 年第 2 期，第 175—179 页。

词典最具权威性。这类英语大词典篇幅之巨大、内容之丰富、解释之精细、考证之翔实，均非他国编写出版的英语词典可比。不过，若是就专为英语非本族语的读者编写的英语词典来说，虽然英国在这方面推出了不少精品（如 OALD、LDOCE 等英语学习词典），美国在这个领域却乏善可陈，倒是日本的多家出版社（如研究社、小学馆、三省堂、旺文社等）推出的多种中小型英语词典，由于更适合英语非本族语读者群的需要，而比英、美出版的英语词典更受欢迎。这部英汉双解词典的母本《拉鲁斯英语词典》的出版者法国拉鲁斯出版公司，历史悠久，拥有世界级声誉，其商标"拉鲁斯"在辞书界与英国的"牛津"齐名。拉鲁斯出版公司以其丰富的辞书编纂经验，出面组织了英、美、加、澳这四个主要英语国家的数十名语言专家，加上法国的英语专家共同编写了这部英语词典。这是一部专供英语非本族语的读者使用的，以 user-friendly 亦即"为使用者着想"为最高编纂准则的英语词典。它具有以下四个特点：

1. 定位准确

本词典是专为英语非本族语的读者编写的，正因为如此，就特别注意英语非本族语读者学英语过程中的难点所在和特殊要求。比如说，对于母语是英语的读者来说，同一个英语单词在不同语境中的细微差别乃至不同涵义，他们把握起来是不成问题的，因为他们的语言习得是通过从孩提时代就开始了的成千上万次实际语言接触、模仿和交流而积累下的经验，而英语非本族语的读者却需要有意识地去记忆，去分析，去辨别，因为学习英语对于他们来说是一种"二语习得"。这时，一部英语词典若能够给他们起到提示和点拨作用，便有助于加强和巩固读者对一个英语单词不同词义的理解、掌握和记忆。以对 abuse 一词的处理为例，本词典列出了 abuse 作为名词的三个词义：一个词义涉及 words（语言），词义为"骂，谩骂"，举例为完整句"They shouted abuses at the police（他们对警察破口大骂）"；另一词义涉及 child（儿童等弱者），词义为"虐待，凌辱"，举例为短语"victims of sexual abuse（性虐待受害者）"；第三个词义涉及 drug、power（药物，权力），词义为"滥用，误用"，举例为一言简意赅的短句"Such positions are open to abuse（这样的职位容易使人滥用职权）"及一个短语"alcohol abuse（嗜酒）"。对作动词用的 abuse，本词典也列出了三个相应的词义，所举的例证也都简明而具典型性。这样，词典就通过点明不同的语境和涉及的不同对象，再配以具有代表性的例证来阐明了词义。这虽系一般语文词典的常用手法，但本词典却特别着重简明和代表性。又如本词典为 academic 的不同词义所举的例句"Her academic results are excellent（她的学习成绩非常优秀）"和"The course stresses academic rather than practical skills（这门课程强调学术而不是使用技能）"，不仅感性而具体地点出了词义，也有助于读者使用英语作文和造句。另外，这部词典中用于解释词义和用法的英语单词不超过 1 000 个（据笔者的粗略统计），但解释准确到位，不易引起误解，一般中国读者只要具备高中生的英语水平便可读懂。如对 academic 一词第一义项的英语解释是"[job, qualification, life] that is connected with the final of education, especially at college or university"，读起来多么明白，多么易懂。

2. 注重常用词和常用词义

本词典考虑到其使用者是英语非本族语人士，他们学习英语的目的大都在于应用而不是要对英语语言作深入的研究或追求巨细无遗的全面把握，故而只选收现代英语中最常见的常用词，只列出使用频率最高的常用义。试以大家最熟知的 and 一词为例，本词典只给出该词的三个最常用义（也是 and 作为连词的用法）：其一是"和，及，与，同，跟，又，兼（连接词、短语和句子）"；其二是"表明两件事一件紧接着另一件连续发生"，举例为"I got into bed and put out the light（我上了床并关了灯）"；其三是"用于连接数字"，举例为"one hundred and eighty（一百八十）"和"six and three quarters（六又四分之三）"。在这之后，词典又另行列出两个短句来表明 and 的另两个用法：一个是"He cried and cried（他哭了又哭）"，表明"某事延续了很长时间"；另一个是"I fell downstairs and broke my leg（我从楼梯上摔下来把腿摔断了）"，表明"某事是由另一事造成的后果"。由此可见，本词典在极短的篇幅内便全面介绍并讲明了 and 这个最常用词的所有最重要的词义和用法，没有一点冗余信息，真正体现了"简明"二字。

3. 实用性强

本词典虽倾全力以追求"简明"，但并未忽略"实用"。在收词上，本词典除收录一般英语单词外，还注意收录最常用的习语和缩略语。像上例 and 条的末尾，就列有"and all that"和"and so on"这两个常见的习语。又如，本词典所收的缩略语"AWACS（airborne warning and control system〔美国〕空中预警机）"之类，多为常见于报刊和广播、电视新闻中的新词，这也反映了本词典与时俱进的特色。本词典对必要的语用信息也未忽略，如在 Netherlands 条中特别注明"The name the Netherlands is used only in official contexts; otherwise the country is called Holland"，提醒读者"荷兰这个国家一般就称 Holland，只有在官方文书等正式场合中才使用 the Netherlands 作为国名"。另一个体现"实用性"的特点是，本词典除收录一般语词外，还兼收百科词目，突出了语言和文化的密切关联。实际上，这也是拉鲁斯词典家族的一个特点，著名的《拉鲁斯法语词典》就一向以注意收录百科词而闻名于世。因此，本词典编者在处理百科词条时得心应手，所选收的都是最常见或最知名的人物、组织、历史事件、名胜古迹等，而且擅长以寥寥数语便给出了最基本的相关信息。试看本词典对 Jane Austen 的介绍："奥斯汀（1775—1817），英国小说家，作品包括《爱玛》、《傲慢与偏见》，描写英国中产阶级生活。"以不足 50 字的篇幅就给出了该作家的主要信息。

4. 附录具有丰富文化内涵

《拉鲁斯英汉双解词典》最后一个与众不同的特点，表现在它的"附录"上。与一般词典不同，它不收录那些常识性的"度量衡单位换算表"、"元素周期表"等，而是别具一格地设置了三个设想读者分别"生活在"美国、英国和澳大利亚的"生活知识手册"型的附录，分别介绍英、美、澳三国的地理、政府、交通、通信、就业、银行、医疗、教育、媒体和休闲十个方面的具体情况直至有关细节。这三个附录对于打算去英、美、澳留学、旅游、经商或移民的读者特别具有实用价值；即便对一般读者来说，能够在不长的篇幅内全面而具体地了解到三个国家社会生活的方方面面，也有助于他们学习这三国共同使用的语言——英语。

综上所述，《拉鲁斯英汉双解词典》的母本确实是一部"为使用者着想"的、简明、实用、质量上乘的英语词典，是一部特别适合英语非本族语的读者使用的好词典；而配上了汉语译文的英汉双解本，更加适合我国读者使用。

《牛津英语同义词学习词典（英汉双解本）》是英语辞书出版史上的又一部创新之作[*]

《牛津英语同义词学习词典》（以下简称OLT）英汉双解本（繁体字版）就要面世了，我读了这部词典的清样，为中国英语学习者又将获得一本非常有用的新型工具书而感到庆幸。

对于英语非其母语的中国读者来说，能够熟记并正确运用适当数量的同义词，是提高英语说、写、译水平的一项基本功。设想一下，一个学英语的人如果不能掌握丰富的同义词词汇，不能正确运用具有不同搭配要求、语体差异和感情色彩的同义词，如何能用英语写出好文章？如何能做到用英语会话时谈吐得体？又如何能为汉语文本提供准确而生动的英语译文？英国语言学家詹姆斯·弗纳尔德（James Fernald）在其所著《富有表现力的英语》（*Expressive English*）一书中举过一个例子：一篇由不足80个英语单词组成的短文，短短5行竟用了10个great，结果可想而知，真可谓"语言无味，面目可憎"了。弗氏将此文稍加改动，仅保留一个great，另外9个分别用不重复的同义词取代之，短文顿时面目改观，显得文采斐然，读来朗朗上口。在讲英语词汇学和英语修辞学的著作中，类似的例子还有很多，在此就不再一一列举了。这里，我只想从辞书出版史的角度来谈一谈OLT这部词典的特点。两个世纪之前，英国学界就注意到了掌握同义词的重要性。早在1813年，英国学者威廉·泰勒（William Tailor）就出版了《英语同义词辨异》（*English*

---

[*] 此部词典的繁体汉字英汉双解本已于2012年6月在香港出版，其简体汉字本将于2013年由商务印书馆在内地推出。此文系笔者于2011年冬为该词典写的序，刊载于上述词典卷首。

Synonyms Discriminated），三年后即 1816 年，乔治·克拉布（George Grabb）也推出了他撰写的《英语同义词释析》（*English Synonyms Explained*）。1852 年，《罗氏英语词汇与短语汇编》（*Roget's Thesaurus*）问世，此书后来居上，影响之大甚至使 thesaurus 一词的词义在英语中都发生了变化，由原来的本义"词和短语的汇集"一变而成为"同义词"（synonym）的等义语（这是美国辞书学家 Sydney I. Landau 的说法）。此后的一个半世纪中，各式各样的英语同义词词典在英美陆续出版，数量多得惊人，受到学界和出版界关注的程度几乎可以和一般的综合性英语词典不相上下。然而现在看来，这些词典或显陈旧，或只为本国读者服务，而牛津大学出版社将其首创的"学习型词典"编纂理念贯彻到英语同义词词典的编写和出版上，于 2008 年推出了 OLT，这是第一部以英语非母语读者为对象的学习型英语同义词词典，这在英语辞书出版史上又是一次重大突破。

OLT 的与众不同之处在于：它针对英语非母语读者群的特点，处处为他们着想。词典提供 2000 余组同义词，下收 17000 个单词和短语。这些单词和短语都是常用的，使用频率最高的，不求多多益善，但也足够丰富；既便于翻检查阅，又易于熟记并正确加以运用。OLT 对同义词辨异的解说均采用常用词，简单易懂，并提供注释、搭配、反义词、用法标签、语域说明等语法信息和语用信息，突出同义词之间的差别之处。词典列出的反义词不是可有可无的陪衬，若干重要的反义词都列明词性，解释词义，甚至配置例证，这就让读者从正反两个方面加深理解词义、扩大词汇量并提高运用能力。OLT 设置的例证语言鲜活，具有时代感，是当之无愧的现代英语。特别是 OLT 还为同义词的误用设置了反面的例证，并以醒目的删除线告诫读者，令人难忘，极有创意。为了与读者"互动"，OLT 还设有"艺术与教育"等三十大类"主题索引"以帮助读者记忆和扩充词汇量，书末附有《研习专页》，含插图、练习和答案，生动有趣，寓教于乐。所有这些特点都是此前的英语同义词词典所罕见的。所以，我们说 OLT 在英语辞书出版史上又作出了新的突

《牛津英语同义词学习词典（英汉双解本）》是英语辞书出版史上的又一部创新之作

破并非谀词。

现在，牛津大学出版社更为 OLT 出版了英汉双解本，这在中国的双语类英语同义词词典出版史上，也是一个新的突破。众所周知，中国最古老的词典之一《尔雅》的前三篇《释诂》、《释言》、《释训》或以今言释古语，或以古语正今言，或以今言释叠词，即有同义词词典的性质。当今，中国学界也出版了若干种很好的现代汉语同义词词典。同样，中国学子学习英语时也很早就认识到掌握同义词的重要性，上文所述克拉布的那本词典早在 100 年前就在中国翻译出版了。但是与汉语同义词词典一样，英汉双语类英语同义词词典的编写和出版在最近三十多年才达到了空前繁荣的地步。在这一时期，到目前为止，单就中国内地而言，由中国学者编写或引进翻译出版的英语同义词词典已达七八十种之多。这些词典各有特色，但毋庸讳言，其编写者的第一语言（L1）都不是英语，在编写方法上也大都未能跳出传统的窠臼。现在，OLT 英汉双解版既保留了词典英语文本的全部内容，又为释义、解说文字和例证配置了汉语译文（包括 equivalent 即汉语对应词），其汉语译文在笔者个人看来也大多准确、流畅而传神。因此，OLT 这部词典在编写方法上、词语使用频率的掌握上、英语语言质量上，恐怕都是已出版的同类词典很难相比的。

现在要专门谈一谈前文已经提及的乔治·克拉布所著 *English Synonyms Explained* 一书了。早在 1912 年，该词典就被引入了中国。该书由商务印书馆翻译出版，书名译作《英语歧字辨异》，这是中国的第一本英语同义词词典。该书为原作的节译本，例证全部删去不译。译者周越然先生（Mr. Tseu Yih Zan）在《弁言》中说："是书……钩稽字义，辨析微茫……取义似用殊之字，归类为一千八百二十六种，为字约六千，煌煌乎巨著也。""承学之士励志深造，首贵明其字义，然后肄力名著，庶几字顺文从，免于似是而非之病。"（标点为本文作者所加）该词典于 1912 年 9 月在上海初版，到 1925 年 9 月已印到第七版（seventh edition），足见当时受欢迎的程度。

一百年前，中国第一本英语同义词词典面世，开一时风气之先；一百年后，具有创新性和突破性的OLT英汉双解版与国人见面，这真是一个令人愉快的巧合或吉兆。所以，我坚信OLT英汉双解版的问世必定会受到中国读者的热烈欢迎。

目光如炬，心细如发，
博学鸿辞，编辑楷模
——序黄鸿森先生所著《回顾和前瞻——百科全书编辑思考》*

国家新闻出版总署有一个跨世纪人才培养计划，要尽快培养出一批名记者，名编辑，国家有关机构对编辑系列高级职称的要求，业内人士更是耳熟能详。

从这个角度讲，我很希望目前正在各条文化战线——尤其是在出版界——从事编辑工作的同志们都来读一读，或者至少翻一翻黄鸿森先生的这本文集。

读了，或者哪怕是草草翻阅了鸿森先生的这本文集，至少会有一个收获，那就是会感性地认识到要想做一个好编辑，要想做一位名编辑，要想让自己成为一名"资深"或"高级"编辑，在提高自己的业务基本功方面必须向哪个方面去努力，在养成好的敬业精神方面必须向哪些同行学习。

答案明摆在那里，也就是我这篇序言的题目所说的，一个理想的编辑在工作中必须做到"目光如炬"，必须做到"心细如发"，而能够保证做到这两点的只有一条，必须"博学鸿辞"，必须既有渊博的知识又

---

* 黄先生系中国大百科全书出版社编审，2008年冬被中国辞书学会授予"中国辞书编纂事业终身成就奖"，2012年4月获"中国出版集团首批编辑名家"荣誉称号，有著作与译作多种，至今已逾九十高龄仍笔耕不辍，2011年冬，《中国出版》月刊上又刊出其撰写的一篇关于汉字篆书词典评析的长文，令人钦佩。《回顾》一书已于2010年正式出版。

有扎实的文字功力。

而眼前的这本文集告诉我们,鸿森先生就做到了这三点。对于这位离休干部、资深编审来说,他完全当得起这三句话。

所谓"目光如炬",就是指一位高级编辑必须能够以与时俱进的和视野开阔的眼光去把握选题,把握选题设计的各个具体方面,如此方能设计出图书精品。读一读文集"回顾编"中的《〈中国大百科全书〉分类分卷出版利弊观》和《试析异卷重条——以〈宗教〉卷为辐射中心举例》二文,以及"前瞻编"中的《〈中书〉第二版规划刍议三题》、《〈中国大百科全书〉第二版选条的一些问题》、《关于编写〈中国大百科全书〉第二版附录"大事年表"的一些设想》诸文,我们便不难体会到,一个资深编辑在选题的宏观设计方面应该怎样去思考问题和解决问题。鸿森先生的专业领域是百科全书编辑工作,但他这些文章所显示出的编辑眼光、审视角度和精辟见解对于一切做编辑工作的朋友来说都是有启发意义和示范意义的。

所谓"心细如发",则是指编辑在微观上能做到文字把关、技术把关和学术把关。文字把关当然不仅限于改正文稿中的错别字,还包括改正文稿中的病句和语词误用,这是编辑的基本功,但这个问题也是知易行难。鸿森先生在这方面另有两本专著,一本是《报海拾误录》,另一本是《报刊纠错例说》,两书中的文章曾经发表于《中国新闻出版报》《中华新闻报》《语文建设》《咬文嚼字》等十几家报刊,后来结集出版。而技术把关和学术把关则是对编辑的更高要求,特别是学术把关尤为不易。文集"拾零编"中的二十几篇文章是具体表现编辑对文稿(注意,这些文稿都是各个学科一流专家学者执笔的)在文字上、技术上和学术上如何把关的范例。他谈"纸草"条的压缩,谈如何审读北京老字号"内联陞"条目,谈"泥板"和"泥版"二词的用法,谈徐霞客等生卒于岁尾年头人物如何标示生卒公元纪年。谈百科全书的禁语……无处不表现出他的"心细如发",能见人之所未见,发人之所未发,于细微处见真功夫。

所谓"博学鸿辞",说白了也就是知识渊博,学贯中西并具有深厚的文字功力。文集"人物编"中的怀念性文章,如《时代主笔　百科元勋》,如《百科事业兴盛　梁木缘何摧折》,"评介编"中评《剑桥百科全书》,谈《神话辞典》及其翻译(这是他诉说自己翻译俄文版《神话辞典》的甘苦),谈现代术语学,谈"殿试、进士、会试、会士"等文章,生动地表现了他的渊博学识,他对外语的精通以及他那老辣的文字表达能力。其实,正如前面提到的,要想做到"目光如炬"和"心细如发",其基础必定是"博学鸿辞",否则以其昏昏何能使人昭昭?

不言而喻,要做到以上三点,绝非一日之功。然而,日积月累,持之以恒,就能在业务上不断得到提高。这里的关键是主观努力。据笔者所知,鸿森先生并非毕业于什么名牌大学,甚至未进过大学的门,但他自学成才,六七十年如一日,不断地求知,不断地写作。今天黄先生已近九十高龄,读书作文勤奋仍如年轻学子,故而我的序言题目中的最后一语"编辑楷模",黄先生也当之无愧。

学术创新　实践指南
——序孙迎春教授*的《科学词典译编》

为《科学词典译编》这部杰作写序，我是很乐意的，这有三方面的原因：

首先是因为这部专著填补了科学翻译理论研究领域内的一个空白。近年来，随着科学翻译在我国翻译事业中的重要性日益为人们所认识，科学翻译理论研究工作也在逐步加强；然而，令人感到遗憾的是，作为科学翻译活动必不可缺之工具的双语科学词典却长期得不到重视，不论是在翻译理论界还是在词典学界，对双语科学词典译编进行的研究都少而又少。例如，英国著名词典学家 P. R. K. Hartmann 等人在其所编写的《词典学词典》中，只给了 ESP dictionary 和 LSP dictionary 两个论及科学词典的条目，这两个条目都只有寥寥几行并且彼此内容重复，算下来仅占全书总篇幅（180 页，双栏排）的四百分之一！同样也是由外研社引入的另一本专著《词典学入门》（Henri Béjoint 著），全书除去一两处论述词典分类时提及 encyclopaedic dictionary（与科学翻译词典沾点边的"百科词典"），竟完全以 general-purpose dictionary（张柏然先生在"导读"中将其译作"语文详解型词典"）作为研究对象。我国学界的情况略好一些，像黄建华、陈楚祥两位先生合编的《双语词典学导论》（教育部推荐的研究生教材）便专设了一章论述"非语文性双语词典"，对科学词典着墨较多，不过这方面的研究文章仍鲜见于有关书刊（例如仍然是由黄、陈二先生主编的《双语词典学论集》，该书汇集了中国

---

*　孙迎春教授系山东大学威海分校翻译学院院长，博士生导师，《科学词典译编》已于 2007 年出版。

辞书学会第二届双语词典专业委员会学术研讨会收到的 54 篇论文，成书后厚达 540 页，其中竟无一篇以科学翻译词典译编作为论题）。以上举例似乎略显繁琐，但这是为了突出表明孙迎春教授的这部《科学词典译编》的原创性，它填补了科学翻译理论研究领域一个重要的空白，也填补了词典学研究领域一个重要的空白，甚至可以说，这是一部尚未见于中外学术文献库的带有"开山之作"性质的专著。

其二是因为孙教授的这本著作在学术上确实具有不少创新的亮点。按照黄忠廉和李亚舒两位先生合著的《科学翻译学》一书对"科学翻译"理论研究对象的界定（顺便说一句，黄、李二先生的《科学翻译学》也同样是一部带有"开山之作"性质的，在中外有关文献中尚未见到有类似专著的原创性作品），"科学词典译编"是其学科框架中归入"应用理论"项下的六个组成部分之一。孙教授的这部著作正是这方面的第一部专著，前面已说过可称为"开山之作"，这一点毋庸置疑。那么，《科学词典译编》在学术上的创新点又表现在哪些地方呢？根据笔者翻读本书校样过程中的粗浅感受，大致说来有三点：1. 此书以追求研究成果的应用价值为出发点，以应用价值的高低作为其学术价值的试金石。这原本是"应用理论"范畴的题中应有之义，但并非每个研究者都有勇气来给自己的研究目的作如此定位，除非他在理论和实践两个方面都有深厚的功底和丰富的经验。2.《科学词典译编》把课题研究划分为"理论、方法和批评"三大板块，具有全面性、科学性和实用性。双语科学词典译编在我国历史悠久，改革开放以来更是空前繁荣，现已出版成书者种类繁多，数量浩大，质量也是良莠不齐，需从理论上作阶段性总结，以期推出更多的精品服务于社会。本书前五章就是为这类词典的译编先解决"理性认识问题"，尤其是第五章"双语科学词典的特殊性"详论这类词典的本质和读者对象，再据此分析这类词典收词立目和词义解释有别于一般语文词典的特征，条分缕析、立论精辟，和 Hartmann 等人所编《词典学词典》那寥寥数语的简单界定相对照，详与略、深与浅、广与狭，不啻有天壤之别。第六章"译编原则"提出了"八个性"的要求,第七章"宏观结构"对双语科学词典的内容类别、系统、层次、彼此的复杂关系诸方面作了详尽的剖析。第八章"微观结构"则具体到双语科学词典译编的操作层面上,对其选词立项、词目翻译、释义与译义、术语翻译等各个操作细节既提出理论指导,又给出具体范例,其间时有孙教授的个人创见(如对于"等值性"的阐释)。"批评"板块提出词典批评(或译介)的四大标准都很具体而非空泛的议论,例如第二个标准"收词恰当"项下又提出10点具体要求,这些实际上都可视作"译编方法"的补充。3. 综上所述,不难看出《科学词典译编》一书既有学术上的创新,又有很强的实用性,当得上"学术创新,实践指南"这样的赞语,可以说是为实际从事科学词典译编工作的同志提供了一本有指导意义的工作手册,也为词典学研究开辟了一个新天地。

其三是一些个人原因也让我乐意为此书写序。我个人已公开出版的十来本译作中,虽然大部分是社会科学著作,但一头一尾却都是自然科学作品。我的第一本译作《最远的北方》是前苏联作家莫罗卓夫撰写的,由时代出版社于1955年出版,其体裁虽为纪事体,讲述的却是当时苏联的科学考察船深入北极腹地进行各项科学考察。我最晚近出版的译作是由我主译的一部类似于《时间简史》的高级科普作品——《认识宇宙:宇宙的科学和哲学》,原作者是美国学者米·穆里茨,由中国对外翻译出版公司于2001年出版。另外,我于上个世纪50和60年代曾经从事过七八年的英语笔译工作,翻译过近百万字的英语科技文献资料。我从自己的翻译实践中深切体会到了科学翻译词典片刻不可离手的重要作用。另一方面,从上个世纪80年代末到本世纪初我担任商务印书馆副总编辑期间,曾亲自抓过两部中型英汉、汉英科学翻译词典的组稿和编辑工作,但结果不甚成功,现在回想起来,除去其他因素外,恐怕和当时编辑部和承当编写任务的高校教授们在科学词典译编的理论研究上有所欠缺不无关系。所以我在阅读这本《科学词典译编》时油然而生了一种相见恨晚之感。

以上三点就是我乐意为此书作序的原因，也是序言的内容。我相信，广大业内人士读了这部杰作以后，也一定会和我一样感到很有收获。

（为庆祝 26 卷本《僧伽罗语大词典》出版）
斯里兰卡政府举办国际辞书编纂学研讨会[*]

僧伽罗语属印欧语系印度-伊朗语族印度语支，是斯里兰卡使用人数最多的法定国语之一（另一种法定国语是泰米尔语，英语则被官方规定为"联系语言"）。早在 1927 年，英国殖民政府所属皇家亚细亚学会的锡兰部便着手编写一部大型的僧伽罗语词典。后来，该项工作转交给成立于 1942 年的锡兰大学，但工作进展缓慢。斯里兰卡获得独立后，历届政府对此项工作都十分重视。为加速词典的编写进度，该项任务于 1972 年由政府文化部接管，为此专门成立了一个直属文化部的"词典所"，由国家拨给大量经费并配置以塞拉斯加拉（P. B. Sannasgala）博士为首的 30 余名专职工作人员。1992 年春，一部 26 卷本、篇幅多达 1 万页和 1 亿字以上的《僧伽罗语大词典》终于全部编成并正式出版。该词典为单语词典，收词 20 多万条，语文与百科词条并重，以收录现代语词为主，但也不忽略古词古义（公元 13 世纪以前）；除标示名词的性、数、格和动词的时、态、体等一般的词形变化外，还特别着重考证和标明词源（塞拉斯加拉博士本人在这方面是专家，曾著有《僧伽罗语中若干语词的荷兰语源》一书）；与此同时，也注意收录现代大量涌入僧伽罗语的英语借词。这部历时 60 余年，经过几代人的努力才得以编成的巨型词典的出版，不仅是斯里兰卡文化事业的一项光辉成就，也是整个亚洲辞书学界的硕果。

---

[*] 此文刊载于《辞书研究》1993 年第 3 期，第 130–132 页，系笔者于参加该研讨会从科伦坡归来后以"桑梧"笔名撰写的一篇通讯。

为庆祝这项文化工程的大功告成，斯里兰卡政府文化部决定举办一次国际性活动。起初，此项活动定名为"斯里兰卡国际词典节"，原定于1992年9月举行，后因故延期至1992年12月9—12日，并改名为"斯里兰卡国际辞书编纂学研讨会"。研讨会在科伦坡举行。专程参加研讨会或者向会议提交论文的，有英国、美国、德国、法国、中国、摩洛哥、印度以及斯里兰卡本国的22位专家学者，其中包括我国辞书学界熟悉的R. R. K. 哈特曼博士（欧洲词典学会前会长，他主编的《语言与语言学词典》10年前即已在我国翻译出版），《美国地区方言大词典》主编、85岁高龄的美国词典学专家F. G. 卡西迪教授，阿拉伯语词典编纂家、《语言学与双语词典》专著的作者A. M. 阿尔-卡西米博士，德国巴伐利亚科学院《拉丁语分类词库》主编P. 弗鲁里博士、《韦氏新世界英语词典》主编D. B. 古拉尼克博士，印度喀拉拉邦大学语言学教授N. P. 沙玛塞卡兰博士，曾长期担任北美辞书学会会长的美国印第安纳州立大学E. 盖茨教授等。我国参加此次研讨会的学者是商务印书馆副总编辑、1984年新版《英华大词典》的主要修订者徐式谷编审，他在会上宣读了以英语撰写的长篇论文《中国古代辞书编纂学（公元前8世纪～1840年）》。

会议期间，除宣读论文和开展讨论之外，还举行了点燃圣火、僧侣诵经祝福等宗教庆祝仪式，斯里兰卡前任总统、现任总理以及多位部长都先后参加了会议的各项活动，并纷纷致辞祝贺，电视台、电台和报纸对词典研讨会也广泛予以报道。22位学者宣读或提交的论文在会议结束之前印成《纪念文集》，分发给每一位与会者。

[附]

斯里兰卡国际辞书编纂学研讨会论文目录

A. M. 阿尔-卡西米
阿拉伯语辞书编纂学

F. G. 卡西迪
词典与方言

P. 弗鲁里
继往开来的拉丁语辞书编纂学

E. 盖茨
为聋哑人编纂的习语词典

徐式谷
中国古代辞书编纂学（公元前8世纪~1840年）

D. B. 古拉尼克
英语——正处于危险中的语言

R. R. K. 哈特曼
辞书编纂学的教训

J. 霍尔姆
克里奥尔语辞书编纂中的特殊问题

N. P. 沙玛塞卡兰
马拉雅拉姆语辞书的编纂

A. 希瓦马杜马
辞书编纂学与僧伽罗语大词典

M. 迪亚斯

古代僧伽罗语金石刻文中的词汇

S. 卡鲁纳拉特里

浅谈印地语和僧伽罗语的辞书编纂

W. S. 卡鲁纳蒂拉克

古代僧伽罗语辞书简介

P. 普罗加辛根

泰米尔语辞书编纂学的发展

P. B. 塞拉斯加拉

僧伽罗语大词典编纂始末

U. 韦拉瓦第纳

斯里兰卡词典简介

（以上论文都是用英语撰写的。另外还有 5 篇用僧伽罗语和 1 篇用泰米尔语撰写的论文。这 22 篇论文都已收入斯里兰卡文化部编印的英文本《斯里兰卡国际辞书编纂学研讨会纪念文集》。）

商务印书馆百年前印行的英语读物、词典和翻译出版物[*]

（陈应年　徐式谷　合写）

作为中国历史最悠久的出版社，商务印书馆在1997年2月将迎来她的100周年大庆。一个世纪以前，印刷工人夏瑞芳、鲍咸恩、鲍咸昌兄弟和高凤池等人在上海创办了一家印刷厂，主要承印商业账簿、广告之类印件，也印刷《圣经》等书报，商务印书馆这个名称就是由鲍氏兄弟的大姐命名的。有趣的是，商务印书馆的英文名字 THE COMMERCIAL PRESS 在1902年该馆的广告上却译作 THE COMMERCIAL PRESS BOOK DEPOT，基本上是逐字直译的，这也反映了早期的翻译观念。

商务印书馆正式出版图书始于1898年，最初是翻印英语教材，第一本是一种在印度使用的英语课本 ENGLISH PRIMER，出版后销路不错，但是，中国读者学起来觉得有困难，于是夏瑞芳便请谢洪赉牧师加上汉语注释，命名为《华英初阶》（ENGLISH AND CHINESE PRIMER），再版后更受欢迎。此后又接着出版《华英进阶》（ENGLISH AND CHINESE READER，1—5集），同时出版《华英亚洲读本》（ANGLO-CHINESE NEW ORIENT READER，1—3册）、《华英国学训蒙编》（ANGLO-CHINESE ROYAL PRIMER）、《华英国学文编》（ANGLO-CHINESE ROYAL READER，1—4卷）、《华英地理问答》（ENGLISH AND CHINESE CATECHISM OF GEOGRAPHY）等初级读物。也出版了翻译方面的图书，如《华英文件指

---

[*] 此文刊载于《中国翻译》1992年第4期。附：当年日本报刊上对《商务书馆华英字典》所作的介绍。

南》(ENGLISH AND CHINESE COMPLETE LETTER WRITER)、《英法尺牍译要》(SELECT CORRESPONDENCE (FRENCH AND ENGLISH))、《华英要语类编》(ENGLISH AND CHINESE CONVERSATIONS),这些翻译图书的出版解决了读者对外交往中的实际问题,也提高了他们的翻译水平。值得指出的是,商务印书馆早在20世纪初期就出版了许多英语科学读物,如《科学入门》(SCIENCE PRIMERS)丛书中就有总论(INTRODUCTORY)、格致(PHYSICS)、化学、植物学、生理学、天文学、地文学、地质学、计学(POLITICAL ECONOMY)、名学(LOGIC)等等分册。这些读物的出版既普及了英语,也宣传了科学知识。

出于帮助读者学习英语的需要,商务这时也出版了一部分英语词典,如《商务书馆华英词典》(COMMERCIAL PRESS ENGLISH AND CHINESE DICTIONARY,1899年出版后即在日本报刊得到介绍,见本文附件)、《商务书馆音韵字典集成》(1901),还出版了《英华大辞典》(颜惠庆编,1908)。这些工具书的出版为读者进修英语提供了方便。顺便说一下,商务印书馆职工当年在口头上自称"商务书馆"的说法竟然也出现在工具书上,这的确是耐人寻味的。

商务印书馆后来发展成为一家大型的出版印刷公司,则是出版家张元济于1902年加入该馆担任编译所所长之后,夏瑞芳和张元济相结合,约定以"扶助教育"为出版方针,大力网罗人才,并果断地引进外资和先进的印刷技术,只是到这个时候,大规模翻译介绍外国思想文化(如《严译名著》、《林译小说》和梁启超、蔡元培等的翻译)的工作才真正开始。

216 辞书研修篇

〔附〕当年日本报刊上对《商务书馆华英字典》所作的介绍

商務書館華英字典

『⃝⃝印書館八拾年』（北京商務印書館1987.1）の1899年の項目に、「出版《商務印書館
ママ
華英字典》（據鄺富灼所編《華英字典》修訂）」と記載されている。

手元にある『商務書館華英字典』（光緒二十有八年＜1902＞歳次壬寅仲春＜二月＞　上海商務印書館　三次重印本。奥付なし）は、活版線装本だ。誤解があるようだが、書名は『商務書館華英字典』であって、『商務印書館華英字典』ではない。書影を見てほしい（図7）。商務印書館が発行した各種雑誌の広告にも『商務書館華英字典』とあるとおりだ[14]。

扉裏に当時商務印書館が発行
していた書籍の広告がある（図　　　　　　　　　　　　　（図7）
8）。英語の学習書に中国語を
併記するという工夫が読者に喜ばれ、商務印書館の経済的基礎を築いたのはよく
知られた事実だ。読本、文法、地理、辞書、書簡文、会話、その他と英語表示と
同時に中国語の書名が明らかにされている。
　広告欄の下に"THE COMMERCIAL PRESS BOOK DEPOT, U41, PEKING ROAD, SHANG
HAI"とあるのが目を引く。従来、商務印書館の英文表記は、"(THE) COMMER
CIAL PRESS"だと考えられていた。しかし、初期の英文表記は上述のとおりであ
る。"THE COMMERCIAL（商務） PRESS（印） BOOK（書） DEPOT（館）"となっ
て、漢字をそのまま英文に翻訳したのが正式のものだとわかる。

Ⅲ-3　修文書館の機器の買収

历史上的汉英词典*

摘　要　本文从17世纪耶稣会教士尝试编写汉外词典谈起，首先简要介绍了19世纪初期由马礼逊编写的多卷本汉英词典（1815—1823），进而全面阐述了麦都思等七位西方传教士或外交官在整个19世纪编写的各种汉英词典，其中较详细地介绍了季理斐所编汉英词典（1898，1911）的特点。接着重点讨论了20世纪上半叶最流行的两部汉英词典：其一是翟理斯所编巨型汉英词典（1892，1912），本文肯定了翟氏词典注重汉字读音标注、用新的标音系统为词条排序和所收词条数量巨大等特点，也指出了其存在的致命伤——缺乏科学的选词标准，滥收词条；其二是马修斯所编汉英词典（1931，1945），本文分析了该词典的几个优点，也指出了其尚不完善之处。本文最后列举了1949年以前中国学者编写的若干种汉英词典，着重介绍了赵元任等所编《国语字典》（1947），王学哲编、王云五校订的《现代汉英辞典》和陆费执、严独鹤主编的《中华汉英大词典》在编写汉英词典的方法上所作的尝试。

关键词　汉英词典　编纂　历史

今天，在21世纪的开头，我国汉英词典编纂事业随着改革开放政策的深入发展而呈现出了日益领先于世界的一派繁荣局面，然而在整个19世纪和20世纪上半叶，虽然中国的学者们尽了自己的努力，但由于国势积贫积弱，编纂汉英词典的工作却大都是由外国人来做的，一些重要的汉英词典也是外国的出版社印发的，因此，追忆这段历史对我们具

---

* 此文连载于《辞书研究》，2002年第一期（第126—138页）和第二期（第115—124页）。

有一定的教育意义。同时，分析这些历史上的汉英词典在编法上的得失短长，对我们今日编纂汉英词典也并非完全没有或可吸取其教训或可借鉴其经验的学术意义。

利玛窦等人首开编写汉外词典之先河

在回顾上两个世纪的汉英词典编纂史之前，有必要先提一下明代晚期一些外国传教士在编纂汉外词典方面所作的尝试，因为他们触及了编写任何汉外词典都必须首先解决的两个问题（如何为汉字注音和使用何种词条检索手段），并对后来的汉英词典编纂产生了影响。他们当中的第一位就是大名鼎鼎的罗马耶稣会士利玛窦（Matthieu Ricci，1552—1610），他于1605年编出了一本小册子，名为《西字奇迹》，全文合所附短文共387字，均用罗马字注音，被誉为"中国第一个拉丁字母注音方案"[1]，对后来的威妥玛-翟理斯注音系统（Wade-Giles System）有一定影响。另一位是法国耶稣会士金尼阁（Nichelas Trigault，1577—1628），他于1625年编出了《西儒耳目资》一书，该书用罗马字母分析汉语的音素，变繁难的"反切"为简易的辅音（"同鸣父"）与元音（"自鸣母"）的拼读。该书共分3卷，其第2卷《列音正谱》按照音韵排列汉字，可通过读音查找汉字，即所谓"耳资"（依靠耳听）；其第3卷《列边正谱》按照偏旁和笔画排列和查找汉字，即所谓"目资"（依靠眼睛看字形来检索）。其他还有法国传教士孙璋（Alexander de la Charme）在这前后编出《华拉文对照字典》和《华法满蒙对照字典》，法国传教士钱明德（Joun-Joseph-Maria Amiot）编出《汉满蒙藏法字汇》等。1575年到达福建沿海传教的西班牙教士拉达（M. De Rada）还曾根据泉州方言（闽南语）用西班牙文编写过《华语韵编》。这些教士的工作可谓开了汉外词典编纂之先河。此后，随着清王朝实施闭关锁国政策，汉外词典的编纂活动一度沉寂了下去。

到19世纪，中华国门日渐被一些殖民帝国强行打开，汉英词典的编纂也随着被提上了议事日程。这首先是马礼逊所编多卷本汉英词典的问世。

马礼逊的《三部汇编汉英词典》

马礼逊（Robert Morrison，1782—1834），苏格兰人，系英国伦敦会（London Missionary Society）传教士，是基督教新教来华传教的第一位牧师。他1807年9月初抵广州，在东印度公司广州办事处任汉文译员（1809—1834），期间曾于1816年8月随英国使团特使阿美士德勋爵（Lord Willkiam Pitt Amherst）去北京，充任使团的汉文正使。不久即返回广州。1833年任英国驻华商务监督署汉文正使，次年殁于广州。他曾先后把《圣经》的《新约》（1813）和《旧约》（1821）译成汉文，编写了 A Grammar of the Chinese Language(《汉语语法》，1816)，并耗时十余年编出了有史以来第一部多卷本汉英词典 A Dictionary of the Chinese Language in Three Parts(《三部汇编汉英词典》，6卷，澳门，东印度公司出版社，1815年出版第1卷，1823年6卷出齐）。全书共收录4万词条，售价约为20个英国金币，合420个先令，可见其价格之昂贵。该书于1865年由伦敦传教士出版社（London Missionary Press）出了第2版，此后便似乎绝版。该词典第一部（1—3卷）按《康熙字典》部首排列汉字条目；第二部（4—5卷）按音韵次序排列词条，但其中缺送气音；第三部（第6卷）是一部从英语查汉语的英汉词典。所收词条绝大部分为文言文词语。19世纪70年代，这部词典还印行了摘编本，汉语书名为《五车韵府》，是专为中国读者设计出版的。此外，马氏还曾于1828年出版了一本《广东土话字汇》（A Vocabulary of the Canton Dialect）。

从麦都思到富善：质量良莠不齐的各种汉英词典

1840年鸦片战争以后，中国在列强的坚船利炮面前门户洞开，英美传教士或外交官为满足其自身的需要，在此后的大半个世纪里掀起了编写汉英词典的一个小小的热潮。这些词典的编纂者计有：

麦都思（Walter Henry Medhurst，1796—1857），英国伦敦会传教士。他于 1817 年在马六甲管理伦敦传教会设立的印刷馆，后来转赴槟榔屿和雅加达在华侨中传教，1835 年抵上海，随后即定居于此并在该地设立了中国第一个近代印刷所——墨海书馆（London Missionary Society Mission Press）。他精通汉文，著述极多，其所编 Chinese English Dictionary（1842）就是由墨海书馆出版的，现已成为佚书。此外，他还将华人所编辞书译成汉英双语或多语种的《闽英字汇》（1837）、《中韩日英字汇》、《台湾语英文词汇》（1840）等等。

司登得（George Carter Stent，1833—1884），英国人，1869 年以英国公使馆护送队员的身份来华，后来进入海关工作，曾先后在芝罘（今烟台）、上海、温州和汕头任教，1883 年任台南代理税务司直至去世。他勤学汉语，尤对汉语口语感兴趣，于 1871 年出版了一部《汉英合璧相连字典》（A Chinese and English Vocabulary in the Pekinese Dialect，按原文书名直译，应作《汉英北京方言词汇》），这部词典的著作权后来被季理斐购买去加以重编（见后文）。此外，他还于 1874 年出版了一本《汉英袖珍词典》（A Chinese and English Pocket Dictionary）以及另一部有关中国太监的英语著作。

卫廉士（卫三畏，Samuel Wells Williams，1812—1884），传教士出身的美国外交官，1833 年来华，先在广州为美国公理会创办印刷所，同时研究汉语和日语。1853 年和 1854 年他两次担任过英国舰队司令官的日语译员，1856 年任美国驻华公使馆头等参赞兼翻译官，1858 年参加了《中美天津条约》的签约活动，从 1856 到 1876 年这 20 年中曾七次代理馆务，1877 年辞职返美任耶鲁大学汉文教授。他著有多种有关中国历史、地理和对华外交的英文著作，并编有一部《汉英拼音词典》（A Syllable Dictionary of the Chinese Language，1874）。这部词典一度是美国来华外交界人士必备的工具书，因为它的篇幅比马礼逊的词典要小得多，而按 858 个汉语音节注音来检索词目，也比较方便。

湛约翰（John Chalmers，1825—1899），英国伦敦会教士，1852 年

到香港经管伦敦会香港分会事务，曾从事《圣经》汉译工作。他于1872年出版《粤语袖珍词典》（*A Pocket Dictionary of the Canton Dialect*），以英语解释广东话的字、词和词组，是一部汉英方言词典，类似麦都思编译的以英语来解释福建话的《闽英字汇》。此外，他还于1877年出版了《康熙字典撮要》（*The Concise Kanghsi Dictionary*），是《康熙字典》的汉英节选本。

季理斐（Donald MacGillivray, 1862—1931），加拿大传教士，父母为英国移民。他于1888年被加拿大长老会派遣来华，在河南省传教，1899年被调往上海广学会任编辑，1921年升任该会总干事，1930年离华赴英，次年于英国去世。其著作《基督教新教在华传教百年史》甚有学术价值。他买下了司登得所著《汉英合璧相连字典》（见上文）的著作权加以修订和补充，改正了该书的若干错误并增收了当时中国由于受西方文化的影响而涌现出的大量新词，使原书的篇幅大大增加。该书于1898年由上海美华书馆出版，仍保留原书名和原编者署名，仅注明是季理斐修订。他此后继续修订该书，于1911年出版修订第3版，将汉语书名改为《英华成语合璧字集》，英文书名改为 *A Mandarin-Romanized Dictionary of Chinese with Supplement of New Terms and Phrases*，并注明其修订原则仍遵从司登得的编法。该书1898年版一出版就受到另一位汉学家、自身也是汉英词典编纂者的富善（Chauncey Goodrich）的高度赞扬，认为该词典"每个词都注上了声调……有大量从各方面搜集来的口语词汇，它们的定义清楚而准确……对如何使用汉字也有着大量的解释和说明"。季理斐的这部词典所收词汇分四部分：一部分为常用词，如"家"字条下的"家产"、"家长"等；另一部分为清末的政府机构和官吏名称等，如"礼部"、"邮传部"、"军机处"等；第三部分是反映中国传统文化的词汇，如"鬼节"等；第四部分是清末民初出现的新词，如"色盲"、"商战"甚至"社会主义"等（见下页图1）。由于内容丰富，这部词典一直广受读者欢迎，从1898年到1930年先后共修订了9次。这部词典以汉字的罗马字母拼音顺序安排词目，每

历史上的汉英词典　223

> 20. *ch'ü²-ch'in¹-kuo⁴-mên²* 娶親過門. On the morning of the wedding a procession consisting of musicians, etc., proceeds to the girl's house to receive her; on their return, as soon as they reach the bridegroom's house, the girl's face is covered with a piece of silk; she is conducted into the house, and, in company with her husband, worships heaven, earth, the gods, and their ancestors, and pay their respects to their relatives. See also "Social Life of the Chinese," Vol. I., p. 79.
>
> 21. *ch'un¹-fên¹* 春分. For the sake of convenience and reference I have arranged a small table with the twenty-four terms and their approximate dates in English and Chinese.
>
> | | | | English about the | Chinese about the |
> |---|----|------------------------|-------------------|-------------------|
> | 1 | 立春 | Beginning of spring..... | 6th February. | 十二月二十六 |
> | 2 | 雨水 | Rain water............. | 20th | 正月初一 |
> | 3 | 驚蟄 | Waking of insects...... | 5th March. | 正月十六 |
> | 4 | 春分 | Spring equinox......... | 20th ,, | 二月初一 |
> | 5 | 清明 | Pure brightness........ | 5th April. | 二月十六 |
> | 6 | 穀雨 | Corn rain.............. | 20th ,, | 三月初三 |
> | 7 | 立夏 | Beginning of summer.... | 5th May. | 三月十七 |
> | 8 | 小滿 | Grain full............. | 21st ,, | 四月初三 |
> | 9 | 芒種 | Grain in the ear....... | 6th June. | 四月十八 |
> | 10| 夏至 | Summer solstice........ | 21st ,, | 五月初五 |
> | 11| 小暑 | Slight heat............ | 7th July. | 五月二十 |
> | 12| 大暑 | Great heat............. | 23rd ,, | 六月初六 |
> | 13| 立秋 | Beginning of autumn.... | 7th August. | 六月二十 |

pu¹-tao²-t'i³	不導體	a poor conductor (physics).
p'u³-t'ung¹	普通	universal (education).
sai⁴-chên⁴-hui⁴ [li⁴]	賽珍會	an exhibition.
san¹-ch'üan²-ting³	三權鼎立	judicial, legislative and executive powers.
san¹-lêng³-ching⁴	三稜鏡	a prism.
sê⁴-mang²	色盲	colour blindness.
sên¹-lin²	森林	forestry, afforestation.
shan⁴-su⁴-fei⁴	膳宿費	board and lodging of students.
shang¹-chan⁴	商戰	commercial war.
shang¹-chieh⁴	商界	the commercial world.
shang¹-fa³	商法	commercial law.
shang¹-hui⁴	商會	a board of trade.
shang¹-piao¹	商標	trade mark.
shang¹-k'o⁴	上課	to begin school lessons.
shao³-shu⁴	少數	minority.
shê⁴-hui⁴	社會	a society, or society in general.
shê⁴-hui⁴-chu³-i⁴	社會主義	socialism (chün¹ fu⁴).
shê-hui-chung¹-jên	社會中人	a member of society.
shê⁴-hui⁴-hsiao²	社會學	social science.
shê⁴-hui⁴-kung¹-lun⁴	社會公論	public sentiment.
shê⁴-hsiang²-chih¹-tz²ǔ⁴	設想之辭	a supposition, hypothesis.
shê⁴ (nieh⁴) chêng⁴	攝政	a regency.
shê⁴ (nieh⁴) chêng⁴-wang²	攝政王	a regent.
shên¹-fên⁴-ch'üan²	身分權	duty.

图 1

个汉语词目的左侧是罗马字母拼音，右侧是英文释义，这种编排方式甚至在将近 100 年后还被美国人编写的《ABC 汉英词典》采用了。该词典还另附有部首索引。[2]

鲍康宁（Fedrick William Baller, 1853—1922），美国内地会教士，汉学家，1875年来华在陕西省传教，后调烟台。他编了一本《汉英分解字典》（An Analytical Chinese English Dictionary），但这部词典编得粗疏，吴景荣先生曾发现该词典竟然把汉语"豪举"译作bullies, ruffians（恶棍）[3]。这种错译真是"匪夷所思"了。

富善（Chauncey Goodrich, 1836—1925），美国公理会教士。1865年来华，在通州传教，1875年以后主要从事教学和翻译工作，曾任华北协和大学教授及神科的学长25年，曾耗时29年把《圣经》译成蒙文。他曾著文盛赞季理斐编写的汉英词典，他本人也编写了一部《富善字典》（A Pocket Dictionary: Chinese-English），于1907年出版，共收汉字10579个。第二次世界大战期间，由于中国战场的开辟，美国军方急需汉英词典类工具书，在饥不择食的情况下，《富善字典》居然于1943年在纽约出了重印本。

翟理斯词典：20世纪头30年最流行的一部巨型汉英词典

上述的汉英词典大都篇幅较小，质量也不算太好。除一二种例外，它们后来大都成了无人问津的老古董。而根据香港中文大学校长李卓敏、美国学者Endymion Wilkinson等多位专家的意见[4]，20世纪上半叶国际间最流行、最通用的汉英词典只有两部，一部是后文将要谈及的马修斯所编词典，从篇幅上讲比上述词典都要大一些，可称为中型汉英辞书；另一部则是我们现在就要介绍的翟理斯所编的巨型汉英词典了。

翟理斯（Herbert Allen Giles, 1845—1935），英国汉学家。他年轻时即来华（1867），先在英国使馆做翻译练习生，以后在中国各地的英国领事馆历任翻译、副领事、领事，直至1891年在英国驻宁波领事任上离开外交界而专心从事著述。他于1897年继威妥玛之后担任剑桥大学汉文教授，1928年退休。他著有《中国文学史》等多部有关中国文化和历史的著作，并前后花 20 年时间编出了一部篇幅巨大的《华英字典》(*A Chinese-English Dictionary*)，于 1892 年由 Kelly and Welsh 公司出版。此后，他又花 20 年时间对这部词典进行修订，于 1912 年出版了三卷本增订版（rev. & enl. Ed., 1912, Kelly and Welsh，在上海、香港、新加坡和日本横滨四地同时发行）。这部巨型词典直到 1968 年还在美国重印。该书在上海印行初版时，Kelly and Welsh 公司为排印这部巨著，建立了一个专门的排字车间，雇用熟练的中国排字工专事中文排版，并聘请一批精通中英文的饱学之士专门负责审读校样，经过整整两年才完成排版。

翟理斯的这部巨著共收汉文单字 13838 个，单字与多字条目分开另栏排，每个单字都有编号并给出其多项英文释义，多字条目的收录数量更是超过了在此之前的任何一部汉英词典。整部词典正文 6 栏排（单字栏较窄，多字条目栏较宽），大 16 开本，正文共 1710 页，并设有多种附录，内容极其丰富。

这部词典有以下几个特点：

一、词目编排已初步具有科学性。翟氏悉心研究汉字读音，以汉文单字为领头词，下设多字词目。领头的汉字完全按照翟氏加以改进了的威妥玛式罗马字注音系统排序（同音同调的再按笔画多少排列先后顺序），这套注音系统后被人称为 Wade-Giles System（威妥玛-翟理斯注音系统），在很长的一段历史时期内，美国多家图书馆中文藏书编目都使用这套系统。词典所收的每个汉字大都有详尽的注音，不仅按《佩文韵府》注出音韵（书中符号用 R）以及平上去入的声调（upper tone, lower tone 等），而且注出多种方言的读音，有广州话（C）、客家话（H）、福州话（F）、温州话（W）、宁波话（N）、北京官话（P）、中原音（M）、四川话（Sz）、扬州话（Y），还注有朝鲜汉字读音（K）、日本汉字读音（J）、安南（越南）汉字读音（A）等（见图 2），如此煞费苦心地给汉字详细注音，在汉英词典中可谓空前绝后。这些注音虽然未见得完全准确，但却是借鉴了当时汉语语音学研究者 Parker 等人的

226　辞书研修篇

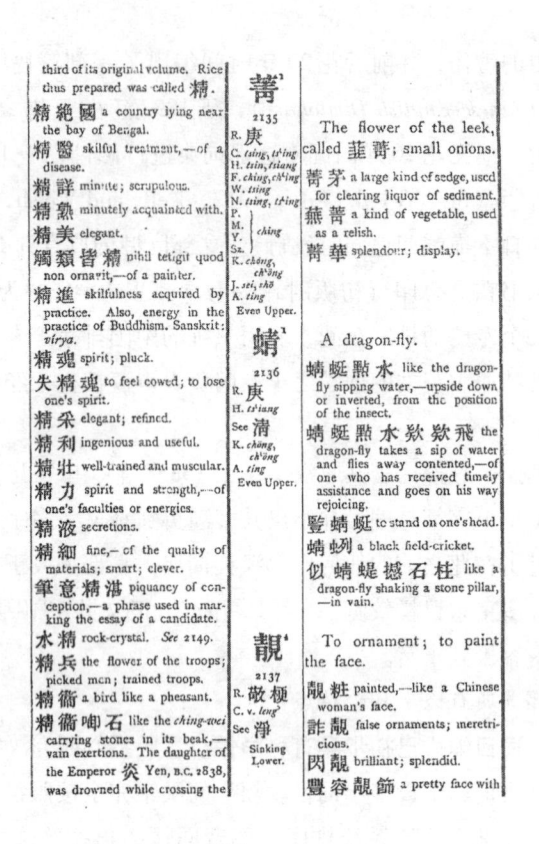

图2

研究成果和翟氏自己的研究而有所据的。

二、收录的内容极其丰富。整部词典收汉语单字 13838 个，对每个单字都给出了其不同词义的多个英语释文（对应词或说明性释义），起领头词作用的单字条目下所收的多字条目内容丰富，涉及面广，不仅有单词、短句，还有完整句；不仅有本字领头的词，还有本字为词尾的逆引词或逆引短语（如"双"字下的"好事成双"等）和立目字居于中间的词或短语（如"双"字下的"名利双收"）。所收词目有文言和书面词语，有口语和俚俗词语，有专名也有成语、谚语、惯用语，全书所收多字条目粗略统计约 10 万条。翟理斯本人在其词典 1912 年增订版"前言"中，曾特别作了自我表白，宣称新版增收了大量新的词目、词义、释文以及大量例句性词条（他的长子 Betram Giles 子承父业，参与了增订工作，后来担任过英国驻长沙领事馆领事）。为此，翟理斯专门列出下表来说明：

收词比较表（指单字条目下所收的复字条目数）

	马礼逊词典（1819）	麦都思词典（1845）	卫廉士词典（1874）	翟理斯词典（1892）	翟理斯词典（1912）
"说" to speak	11	15	28	96	129
"山" mountain	17	6	19	89	109
"生" to be born	21	27	42	135	162
"打" to strike	23	21	24	167	172
"石" stones	20	19	23	76	89
"如" as if	8	6	18	78	112

（以下还举了"神"、"酒"、"道"、"世"、"月"等 20 个汉字下所列词条的各书统计数，此处从略）

这部词典收词的丰富不仅表现在词目的数量上，也表现在收词范围的广博上，如"高"字条下，不仅收录了有中国传统文化背景的"高唐梦"条（附有词源典故），也收了"高丽国"等专名（见图3）。在词的语体色彩上，也能做到书面语与口语、文言与白话兼收并蓄，如既收"高贤"、"登高必自卑"、"高位"等书面语，也收录"攀高枝儿"、"高兴"、"高帽子"等口语词语。

三、**释义细腻，英语译文准确**。翟理斯精通汉语，前后积四十年之功编写和修订他的词典，特别是就其 1912 年的修订版来看，除去极其个别的词条外[5]，少有因误解汉字或汉文词语的本义而产生像鲍康宁词典那样的荒唐错讹，就这一点而言，后来的马修斯都比他稍逊一筹。翟理斯对汉语单字分项释义，文字细腻，追本溯源，像"郜"字作地名解，就说明是"文王封给其长子的一块位于山东的采邑"；像"高祖"一词的释义有二：一是 great-great-grand-father，二是"给几个王朝开国

228　辞书研修篇

```
KAO                                    | 742 |

高¹      分别高下 to try which is      稿²      The stalk of grain; straw.
5927     the better man.              5932     A draft or rough copy; a
         高粱 see 7023.                R. 皓     proof.
         高粱 the tall grain,—millet.  See 高
         高搭 raised; elevated.        A. kao, kau  禾稿 rice-straw.
         高唐梦 the dream at Kao-     Rising Upper. 稿荐 a mattress of rice-straw.
         tang,—in which 襄王 Hsiang              草稿 a rough copy; a draft.
         Wang of the 楚 Ch'u State               See 11,634.
         became enamoured of the 巫              文稿 a draft or copy of a des-
         山之女 nymph of Wu-shan                  patch.
         (see 12,735). Used as a euphem-         起稿 or 打稿 or 脱稿 to
         ism for sexual intercourse.             make a rough draft; to draft.
         高昌 a district round about              留稿同正 keep the draft
         Turfan.                                 together with the original.
         高句丽 name of an ancient                 稿案 official papers.
         kingdom from which the modern           稿案留在稿房 let the
         Korea is derived.                       documents in the case remain
         高丽国 Korea. See 478.                    in the record office.
                                                 稿公 a clerk of the records.
高²                                               腹稿 a draft already drawn out
5928     Same as 5931.                           in one's mind; impromptu.
                                                 肚皮里打稿子 to draft a
槁³                                               document in one's mind, i.e. to
5929     Dry; rotten; withered.                  think it out.
R. 皓                                             窗稿 a theme for composition,
N. k'oa, kau  形固可使如槁木乎                       —as given among friends.
See 高   can the body be brought to the
Rising Upper. condition of dry wood?—by the  藁
         suppression of mental activities.  5933     Same as 5932.
         槁木朽废 a rotten worthless
         fellow.                           篙¹      A bamboo pole; to pole.
                                           5934
                                           R. 豪   撑篙 to pole; to punt.
                                                   船篙 bamboo poles for poling
```

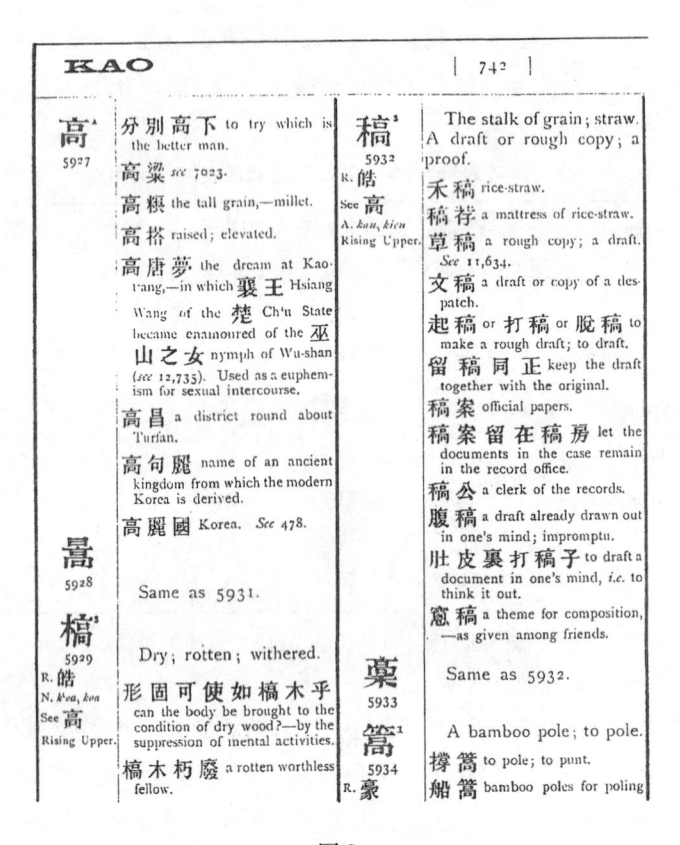

图 3

之君死后上的尊号"；像"诰"字除给出其作为名词的本义外，还另收"诰诫"等词，英译作 solemnly to enjoin 也较为准确；像"精"字作为单词就给出了 10 个英文释义，等等。

四、重视中国传统文化。翟理斯词典对于文化局限词的历史背景和典故解说详细，如"精卫衔石"条的释文追本溯源长达 16 行便是一例（原见图 2，此次未全复印）。其极端的例子是，"北京"有 60 多个不同的名称，在翟理斯词典中竟被收罗无遗！附录所设"中国官阶表"、"农历节气"（古称和今称）、"黄道十二宫"（中西名称对照且附汉文古称）等栏目的内容都非常丰富。

五、翟理斯词典的致命伤。然而，尽管有以上种种长处，这部词典却存在着一个影响了它的使用价值和学术质量的致命伤，即收录词条无任何科学标准和系统性，复字条目的排序极其凌乱，几乎全都是"信手拈来"，既不按音排序，也不按笔画或部首排序，逆引词和以本字为首字的正序词混排，杂乱无章，无从检索。同时，有些词条既非常用短语、成语或惯用语，又非名言警句，甚至不是意思完整的一句话，像"精"字条下"方悟众女皆众花之精也"，显然是《聊斋志异·花翁》中的半句话，竟也被列为词目，这类情况在词典中比比皆是。除此之外，词典还存在着其他一些缺点：过多地收录方言（特别是沪杭一带的方言）；极少收录清末和民国初年已经大量涌入汉文书报刊中的新词（其1912年修订版依然故我），在这一点上远远不如季理斐的词典；个别汉语字、词的英语释义不准确以致有误等，则是外国人所编汉英词典的通病，此处不再举例详述。

不过，翟理斯汉英词典的这些缺点毕竟瑕不掩瑜，从总体上讲，它作为20世纪上半叶最流行的汉英词典之一是当之无愧的。

向科学性迈进了一大步的马修斯词典

一、马修斯和他的词典。马修斯（又用汉名马守真，Robert Henry Mathews，1877—1970），美国内地会教士，1906年来华传教。他积多年研习汉文之经验，在对照学习上个世纪英美传教士或外交官编写的各种汉英词典的基础上，特别是借鉴了商务印书馆1915年出版的《辞源》（陆尔奎等编著）等汉语辞书，编出了一部面目一新的汉英词典，名为 *A Chinese-English Dictionary Compiled for the China Inland Mission*（《为中国内地传教会编纂的汉英词典》），于1931年由China Inland Mission and Presbyterian Mission Press（中国内地传教会与长老会传教会出版社）在上海出版。从书名上可以看出，这部汉英词典是供美国传教士使用的，正如19世纪大多数汉英词典的编写初衷一样。

二、马修斯汉英词典的特点。该词典为16开，三栏排，编排紧凑，共收汉语单字 7785 个（1943 年修订版增加到 9101 个），多字条目 10.4 万条（1943 年修订版又增加了 1.5 万条短语），按翟理斯词典使用的威妥玛-翟理斯汉字注音系统的顺序编排词目。同时，它也依照翟理斯词典用单字作领头词，对单字条目也给出释义，其汉字读音标在每页的页眉上，而在汉语单字的右上角用 1、2、3、4 注出调号，词目的左边每隔一段距离还注出词目的收录数（以有助于读者检索）。如前所述，马修斯词典编写时借鉴了《辞源》等中文辞书。因而，他编写汉英词典的条件便远非在他之前的翟理斯等人可比，更不用说只能参考《康熙字典》的马礼逊了。马修斯词典不仅收词广泛，内容丰富，而且选收的大体上都是达到词典立条标准的常用词、惯用语、成语，并且大都是白话文词汇，20 世纪涌现出的政治、经济、文化、科技方面的新词收录得极多，而古旧的文言词汇在词典中所占比例很小（见图 4 "高"字以下诸条）。除去单字条目有多项释义之外，多字条目还常被分成几大类归并释义（如"地"字下诸条），并已开始注意语助词和句式的列条（如"不"字下有"无不"、"莫不"等条）。这些都表现出了现代化辞书的特色。同时，马氏给出的英语对应译文绝大部分也准确可靠。因此，无怪瑞典汉学家 D. B. Anderson、墨尔本大学的 H. F. Sionon 教授等都认为该词典是一部选词精当、释义严谨、对应词译文准确、适合于一般人和学生学习汉语使用的好词典。[6] 值得一提的是，马氏对一些汉语成语的翻译是较为精彩的，像"槁木死灰"条不仅译出其表层的字面义（"形如干枯的木棒和冷灰"），而且译出其深层的本义（"由于精神压抑而完全失去了活下去的愿望"）；"高山景行"（"高山仰止，景行行止"的缩略式）条的英语译文也简洁中肯（此条竟未被翟理斯收录）。

　　马修斯词典后来由赵元任作了全面修订，除增收 1300 多个汉语单字和 1.5 万个多字词目而外，在注音和释义两方面所作的订正，据赵元任先生的"序言"所说，不下 1.5 万处。这部修订本 1943 年由哈佛大学出版社出版。1947 年该社另行出版了这部词典经过修订的英文索引誥授 to grant a title to an official.
誥書 patent for a title of nobility.
誥贈 to bestow a title after death.
金花誥 patent of nobility given to the wife of an official.

(a) **To enjoin, to order, to inform a superior.**

誥誡 solemnly to enjoin.
誥誓 Imperial commands.

郜[4] **Name of a fief in Shantung bestowed on the eldest son of *Wên Wang* 文王.**
3289

高[1] **High, exalted, tall, lofty. Noble, eminent. High in price; loud in tone; good in quality. Radical 189.**
3290

高下 reduction in height or value.
高世 above the average of the age.
高亢 proud and unbending.
高人 a man of superior attainments.
5 高位 a high seat; high station.
高低 high and low; quality, rank.
高傲 proud, haughty; arrogant.
高利貸者 those who lend on usury.
高升 promotion.
10 高升高升 add a little more—to a gratuity.
高原 a high plateau.
高及諸天 as high as the heavens.
高及天象 as high as the stars.
高名 celebrated, famous. May I ask your name?
15 高命 fortunate, lucky.
高山 a high mountain.
高山景行 to look up to a worthy man, as one looks up to a mountain.
高山絕頂 lofty mountains whose summits are hidden.
30 高峯 a peak, used fig;—of a peak period or a crisis in one's life.
成結的高峯 had reached the pinnacle of his career.
高峻諸門 a gate higher than all the others.
高師 abbreviation for Higher Normal School.
高度 height.
35 高底 thick soles to shoes.
高弟 an able scholar.
高張 in an exalted station.
高強 pre-eminent; excellent.
高得頂天 reaching up to heaven.
40 高志 a lofty spirit.
高手 a clever person; to lift the hand—i.e., to forgive.
高抬時價 to raise the current prices.
高抬自己 to exalt oneself.
高抬貴手 raise your honourable hand—do not be too hard on me this time.
45 高抬身價 to put a high price on oneself.
高掛 to hang up high.
高•明 lofty and intelligent—said to one whose attainments are high; of excellent quality.
高昂 rising higher; having ambitions.
高材疾足 skilful and lively, alert.
50 高枕而寐 to sleep on a high pillow—in quietness, without

图4

（一卷本）。直到1996年，该词典还出了第18次重印本。

三、马修斯词典的瑕疵。与以前的汉英词典相比，马修斯词典的质量虽然堪称上乘，但仍然难免白璧微瑕，它的一处最“丢人现眼”的错讹就是把“沐猴而冠”中的“沐猴”（猴子的一种，也可泛指一般的monkey）译成了“*a washed monkey*”（“被沐浴过的猴子”），这是吴景荣先生指出的。[7]笔者本人也发现了另一处同样令人吃惊的错讹：该词典把“目食耳视”这个成语直译为“to eat with the eye and see with the ear”，从字面上讲并没有错。但马修斯接下来竟把其引申义理解为“of indulgence in fancy dishes and fashionable dress”（对花里胡哨的食品和时髦服装的迷恋），显然大错特错了，因为这个成语的确切意思是“比喻主次错乱，本末倒置”。此语出自司马光的一段文章[8]，而马修斯没有读懂那段文言文，只摭拾其中的只言片语来作解释，自然就闹出了笑话。

赵元任等编的《国语字典》和其他汉英词典

第二次世界大战期间，赵元任先生利用在哈佛大学主办汉语培训班的机会，一面把马修斯的汉英词典作为教学辅助材料，一面对词典中的错讹和不足进行修订和增补。与此同时，赵先生和杨联陞着手编写自己的汉英词典。1947年该词典编成出版，名为《国语字典》，英文名为 Concise Dictionary of Spoken Chinese（《汉语口语简明词典》，哈佛大学燕京学社与哈佛大学出版社出版）。这部汉英词典在科学性上较之马修斯词典又前进了一步。这是他们在哈佛开设汉语培训班的又一个副产品。

全书共收汉语单字5026个，多字条目随其后列出并逐个接排以节省篇幅。该词典有三个值得称道的优点：其一，深入研究了常用汉字的读音，注音力求准确，既使用当时官方推行的国语罗马字注音，又并列威妥玛-翟理斯注音，并通过在国语罗马字注音左上角加注 ng 符号，右上角加注浊辅音 m 或者清辅音 p、t、k 等（例如图5中的"托"字条），在威妥玛-翟理斯注音字母上方加变调符号等多种手段，注出古汉语和现代汉语方言的读音。词典还注意到对儿化音的处理，或在词末加注小一号字体的"（儿）"或直接注音（如图5中"扣"字条下的"扣儿"项和"托"字条下的"托儿"项就是加注了 – l)。因此，虽然整部词典收词量不多（比马修斯词典少得多），但在注音上却具有权威性。其二，在汉英词典编纂史上破天荒第一次使用了传达语法信息和表示使用语域的各种代码，如 F 表示该词是"可自由组合式"（free，开放式）、B 表示"封闭式"（bound，不可与他词自由组合）、AN 代表语助词（auxilliary noun）、L 表示文言（literary），等等。其三，词典对某些字词特别详细地说明了它们的语法特点，如释"把"字作为"前置及物动词"（pre-transitive verb）使用时，举"把他送出去"为例，并特别说明这种句式只有在主要动词后接补足语（"把这个吃了"）或带数字的语助词（"把他打一顿"）时，或动词是重叠式的（"把屋子收拾收拾"）时，方可使用（见图5）。从这类说明中可以看出，赵元任先生作为一位语言学大师编写出的汉英词典，自是有其独到的特点，而这是翟理斯或马修斯等人所无法望其项背的。

上文已经提及，第二次世界大战期间美国重印了富善（Chauncey Goodrich）36 年前出版的老汉英词典（1907 年初版，1943 年纽约重印）。英国于 1942 年也在伦敦重印了另一本老词典，即苏慧廉（William Edward Soothill，1861—1935）所编的《学生常用4000 字袖珍汉英词典》的第16 版，采取照相影印。（苏慧廉还曾与人合编过一部《汉语佛教术语词典》，英文书名为 *A Dictionary of Chinese Buddhist Terms*，于 1937 年出版。）

1936 年哈佛大学燕京学社启动了一项宏伟的计划：编纂一部汉英对照版的《中国古代字典集成》，计划以汉语字词为单位，把从东汉许慎的《说文解字》直到瑞典汉学家高本汉的《汉字字形类纂》一共 16 部字典加以辑集，把它们对汉语字词的音、形、义所作的解释汇总起来并译成英语，以英汉对照的方式一卷一卷地出下去。但是，由于工程过于浩大，结果只是在 1953 年和 1954 年出版了第一、第二两个分册。第一分册只收了一个汉字"子"，对这个汉字有 3000 个释义，后附 68 页以"子"字领头的多字词目。这个融古今各家字书为一炉的超级汉英词典后来没有再编下去。

中国学者在境内编写的汉英词典

说来令人心酸，1949 年以前在中国境内由中国学者编写的汉英词典，据统计仅有七种，其中有两种是由当时中国出版界两家最有名的出版社出版的。

图 6

一种是《现代汉英辞典》。王学哲编，王云五校订，商务印书馆 1946 年在重庆和上海出版，1947 年在上海再版。据说毛泽东主席 70 年代学习英语时就曾经用过本词典[9]。该书为大 64 开本，正文 600 页。

共收单字条目 6000 多条，多字条目约 3 万条，用威妥玛式拼音法注音。这部汉英词典有三个特点（参见图 6）：一是按照四角号码检字法排序，编者自称此种检字法"检查便捷"。考虑到修订者王云五既是词典出版者商务印书馆的总经理，又是四角号码检字法的发明人，这种说法便不难理解了。二是词典给汉字的英译注明词性（名、形、动、副等），如"恶"字条分别注明"*n.* evil, wickedness…; *v.* hate, dislike…; *adj.* bad, vicious…"等。三是注意"所选单字与词语都是平日最常用的，并且加入许多最近流行的新名词……不常用的单字与词语概不收入，以节篇幅"（见王学哲"自序"），如"自"字条下收有"自然主义、自动步枪"等当时的新词，可见所言不虚。由此看来，该书篇幅虽然不大，却是一本方便而实用的汉英词典。

另一种是《中华汉英大词典》。该词典为集体作品，陆费执、严独鹤主编，另有王金吾等 9 人参编，马润卿校订，中华书局 1936 年出版。该词典 16 开本，双栏排，领头的汉语单字以方框括起，标有国语注音字母和罗马字拼音，共收汉语单字 4000 个，后列多字条目，是国人自编的汉英词典中篇幅较大的一部。（见图 7）

此外还有《世界汉英字典》（盛谷人编，世界书局，1935）等数部

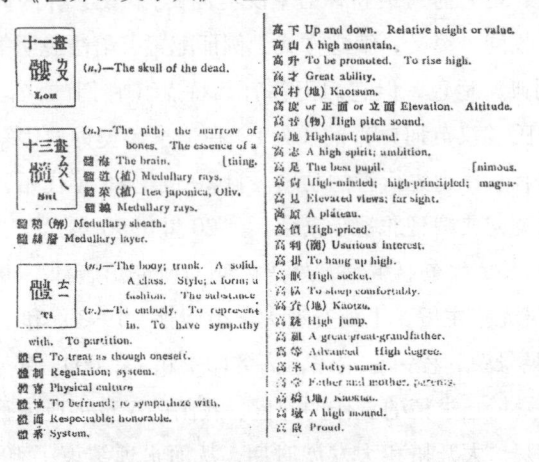

图 7

汉英词典，篇幅或大或小，内容大同小异，其中还有一部双语双向的"英汉·汉英"词典。

结 束 语

  1949年新中国诞生以后，由于历史的原因，在较长的一段时间内，除了出版过两三本专供外事或外贸部门人员使用的汉英分类词汇或汉英商品名录之外，没有出版过新编的汉英词典，以致毛泽东主席在70年代学英语时只能使用前文提到过的那本由商务印书馆于1946年出版的旧词典（还有一本美国出版的汉英词典）。有鉴于此，在周恩来总理的关怀下，在1975年于广州召开了第一次全国辞书出版规划会议，从而有了……商务印书馆于1978年出版的吴景荣主编的《汉英词典》，为现代型汉英词典的编纂树立了榜样，打开了道路。在此以前，1971年梁实秋已经率先在台湾主编出版了《最新实用汉英词典》（远东图书出版公司）。该词典于1992年出了修订版，由张芳杰主编，更名为《远东汉英大词典》。1972年林语堂在香港也出版了《当代汉英词典》（香港中文大学词典部出版），该词典在1987年也出版了由黎明和林太乙主编的修订版，更名为《最新林语堂汉英词典》。梁、林的词典虽然在正字、注音、收词、释义、编排方式、例证配置、语法说明等方面都比吴编《汉英词典》逊色，但它们仍各有其特点（它们的修订版后来也注意吸收了吴氏《汉英词典》的长处），在追求汉英词典编纂实现现代化的道路上仍有其作为先行者的功绩。自20世纪80年代始，改革开放政策带来了汉英词典编纂的初步繁荣。到20世纪90年代，随着《汉英词典（修订版）》（危东亚主编，外语教学与研究出版社，1995）、《汉英大辞典》（吴光华主编，上海交通大学出版社，1993）和《新时代汉英大词典》（吴景荣、程镇球主编，商务印书馆，2000）等一系列篇幅巨大而编写质量精益求精的佳作的问世，我国的汉英词典编纂事业进入了空前的大繁荣、大开拓和大发展时期，从而永远结束了1949年以前一个半世纪当中汉英词典编纂一直由"洋人"独霸的局面。

附注：

[1] 该书于 1957 年由中国文字改革出版社重印，书名改为《明末罗马字注音》，此语见该书的出版说明。

[2] 关于季理斐词典的材料，主要参考了北京大学英语系教授、博士生导师王逢鑫先生的两篇文章（见"参考文献"）。王先生还为笔者提供了该词典的部分样页，谨在此对他表示特别的感谢。

[3] Wu Jingrong. Chinese-English Dictionaries. see Chang Sin Wei & Pollard D. E.（ed.）. *An Encyclopoedia of Translation.* Hong Kong：The Chinese University Press，1985.

[4] 见李卓敏为林语堂主编的《当代汉英词典》（香港中文大学词典部，1972，香港）所写的"序言"第一段。

[5] 吴景荣先生还曾指出翟理斯词典把"面首"译作"woman with beautiful faces and hair"。这当然是一个严重的错讹。但吴先生指的是 1892 年初版本，而翟理斯在 1912 年的修订版中已经改正了这处错讹，改正后的译文为"She had 30 handsome male attendents；—of the princess"（她有 30 个相貌英俊的男侍从），这就完全正确了。另外，据笔者平日对该词典的翻检和阅读，这类错讹还是极少见的特例。以该词典的篇幅之大、收词之多和词条中文言词语占很大比例而论，翟理斯在对汉语和汉文化的掌握上还是有相当深度的。

[6] 此处的评价材料引自我国著名语言学家陈原先生的一篇未发表的文稿，谨在此对陈原老表示特别的感谢。

[7] Wu Jingrong. "Chinese-English Dictionaries". see Chang Sin Wei & Pollard D. E.（ed.）. *An Encyclopaedia of Translation.* Hong Kong：The Chinese University Press，1985。

[8] 刘洁修，《汉语成语考释词典》，北京：商务印书馆，1989。此语出自宋朝司马光的文集《温国文正司马公集·七四·迂书·官失》："迂叟曰：'世之人不以耳视而目食者，鲜矣。'闻者骇曰：'何谓也？'叟曰：'衣冠所以为容观也，称体斯美矣；世人舍其所称，闻人所尚而慕之，岂非以耳视者乎！饮食之物，所以为味也，适口斯善矣；世人取果而刻镂之，朱绿之，以为盘案之

玩，岂非以目食者乎！"

［9］于俊道、张鹏，"老一代革命家的读书生活"，转引自2001年6月22日《中华读书报》林克的引文。

参 考 文 献

1. De Francis J. *ABC Chinese-English Dictionary*. Honolulu: University of Hawaii Press, 1996.

2. *Encyclopaedia Britannica* (15th ed.). Chicago: Encyclopaedia Britannica Inc., 1998.

3. Giles H. A. *Chinese-English Dictionary*, Shanghai: Kelly and Welsh, 1892; (2nd ed. revised and enlarged) Shanghai: Kelly and Welsh, 1912.

4. Landau S. I. *Dictionaries*, *The Art and Craft of Lexicography*. New York: Charles Scribner's Sons, 1984.

5. Mathews R. H. *A Chinese-English Dictionary Compiled for the China Inland Mission*. Shanghai: China Inland Mission and Presbyterian Mission Press, 1931; (revised American edition published for the Harvard-Yenching Institute) Cambridge, Massachusetts: Harvard University Press, 1945.

6. *Webster's New Biographical Dictionary*. Springfield, Massachusetts: Merriam Webster's Inc. Publishers, 1983.

7. Wilkinson E. *Chinese History*, *A Manual*. Cambridge, Massachusetts & London: Harvard University Press, 2000.

8. Yuen Ren Chao & Lien Sheng Yang. *Concise Dictionary of Spoken Chinese*. Cambridge, Massachusetts: Harvard University Press, 1947.

9. 陈原，《辞书和信息》，上海：上海辞书出版社，1985。

10. 黄建华、陈楚祥，《双语词典学导论（修订本）》，北京：商务印书馆，2001。

11. 梁实秋，《最新实用汉英辞典》，香港：远东图书公司，1971。

12. 黎明、林太乙，《最新林语堂汉英词典》，香港：大盛出版有限公司，1987。

13. 林语堂，《当代汉英词典》，香港：香港中文大学词典部，1972。

14. 林煌天，《中国翻译词典》，武汉：湖北教育出版社，1997。

15. 刘洁修，《汉语成语考释词典》，北京：商务印书馆，1989。

16. 刘叶秋，《中国字典史略》，北京：中华书局，1983。

17. 陆尔奎等，《辞源》，上海：商务印书馆，1915。

18. 陆费执等，《中华汉英大词典》，上海：中华书局，1936。

19. 马祖毅，《中国翻译史》（上卷），武汉：湖北教育出版社，1999。

20. 汪家熔，《商务印书馆辞书出版简史》，见：《商务印书馆九十五周年纪念文集》，北京：商务印书馆，1992。

21. 王逢鑫，《论汉英词典的编纂》，《北京大学学报（英语语言文学专刊）》，1992（1）。

22. 王逢鑫，《百年前的一部汉英词典》，中华读书报，2000.3.18(23)。

23. 王学哲，《现代汉英辞典》，重庆、上海：商务印书馆，1946。

24. 危东亚等，《汉英词典》（修订版），北京：外语教学与研究出版社，1995。

25. 吴光华，《汉英大辞典》，上海：交通大学出版社，1993。

26. 吴景荣等，《汉英词典》，北京：商务印书馆，1978。

27. 吴景荣，程镇球等，《新时代汉英大词典》，北京：商务印书馆，2000。

28. 张芳杰，《远东汉英大辞典》，台北：远东图书公司，1992。

29. 中国社科院近代史研究所翻译室，《近代来华外国人名辞典》，北京：中国社会科学出版社，1981。

二十世纪汉英词典编纂的压卷之作[*]
——商务版《新时代汉英大词典》评介
（徐式谷　刘彤　合写）

2000年8月，上个世纪即将结束时，商务印书馆推出了一部16开本、双栏排、厚达2174页的皇皇巨著《新时代汉英大词典》，该词典是由吴景荣、程镇球任主编，集外交学院20余位教授、副教授之力耗时十载编就的。这部"十年磨一剑"的大型汉英词典虽然售价不菲，但在问世后的短短一年内已三次重印，总印量也已超过3万部，受到了海内外读者的热烈欢迎。20世纪最后十年相继问世的一卷本汉英语文词典群里，《新时代汉英大词典》是收词量大、内容最新、语言质量也比较好的一部精品。从辞书编纂史的角度来看，我们甚至可以说它为上两个世纪的汉英词典编纂画上了一个较为完满的句号。我们这样说并不夸张，因为在该词典出版仅一个月之后，2000年9月18日，《中国图书商报》即以整版篇幅，摘登了好几位北京外语专家对《新时代汉英大词典》的评论。北京外国语大学危东亚教授认为，《新时代汉英大词典》编纂者"编出了我国当代最完备、最可靠、最适用的一部汉英词典"；北京大学刘意青教授认为这部词典有百科全书性质，读者"会在不知不觉中被所收的内容吸引而停止查找，开始浏览和阅读起来"；北

---

[*] 本文原为笔者在举行于2001年的一次内部座谈会上的发言底稿，此次收入本《论集》前经商务印书馆英语编辑室的刘彤同志整理加工，并且在若干论点与论证材料上作了补充，故而此文实质上应该视作两人合写。笔者不敢掠人之美，特在此予以说明，并作为徐、刘二人的合作产品推出。

京大学王逢鑫教授认为这部词典是"可信性和可读性极强的上乘精品";北外翻译学院庄绎传教授认为《新时代汉英大词典》是"词典中的瑰宝";外文局副局长黄友义认为这部词典"体现了精品词典所应具备的各种优势";美国卡罗尔学院英语教授 Glenn Van Haitsma 认为《新时代汉英大词典》"为加强世界上汉语民族和英语民族之间的团结和友谊所作的努力,应该为之高呼万岁!"

简短的历史回顾

顾名思义,汉英词典是以汉语作为词目、然后给出英语对等语或者用英语来解释汉语词义的一种语言工具书,这种辞书按理说由中国人来编写最为合适。然而,在一段漫长的历史时期内,汉英词典却大多是由外国人编纂的,主要也是由外国出版机构出版的。从19世纪20年代马礼逊的《三部汇编汉英词典》(A Dictionary of the Chinese Language in Three Parts,东印度公司出版社,1815—1823,澳门)算起,汉英词典的编纂大致可分为5个历史时期。第一期为整个19世纪和20世纪前30年,是早期探索阶段,大多是外国传教士和外交官在编汉英词典,代表人物有麦都思(W. H. Medhurst, 1837)、司登德(G. C. Stent, 1874)、卫廉士(S. W. Williams, 1874)、湛约翰(John Chalmers, 1877)、鲍康宁(E. W. Baller)、季理斐(Donald MacGillivray, 1898, 1911…)、富善(Chauncy Goodrich)、苏惠廉(William Edward Soothill)等人。这些词典的影响都比较小,按照李卓敏、吴景荣、陈原、美国学者 Endymion Wilkinson 教授等人的意见,20世纪前20年,最有名的词典只有两部,其中一部是 Herbert Allen Giles 的《汉英词典》(1898, 1912,上海),该词典1964年还在美国重印;他这本巨型词典是第一个"初步探索时期"的代表作。第二期从1931年开始。随着马修斯(Robert Henry Mathews)的《为美国内地传教会编纂的汉英词典》(中国内地传教会与长老会传教会出版社,1931,上海)出版,出现了现代型汉英词典的雏形。此后,国内两大出版社——商务印书馆与中华书局——都各自推出了自己的汉英词典。商务版《现代汉英辞典》,王学哲编;中华版《汉英大辞典》，陆费执、严独鹤主编。前者出版于1946年，后者出版于1936年，而杨联陞、赵元任的 Dictionary of Spoken Chinese 在1947年出版，它们都为编纂现代性汉英词典作了进一步的探索。第三期是20世纪50年代至70年代末，梁实秋编写的《最新实用汉英辞典》（远东图书出版公司，1971），特别是林语堂编写的《当代汉英词典》（香港中文大学词典部，1972）出版，在探索科学的汉英词典编纂方法上迈出了一大步。可是，这两部词典无论是就检索手段的现代化而言还是就收词的标准和范围而言仍然存在着很大的局限性。第四期始于1978年，该年，在借鉴国内汉语辞书编纂研究成果的基础上，由吴景荣担任主编、王佐良等担任副主编、集合了一大批英语界精英集体编写出的《汉英词典》由商务印书馆出版，这部崭新的商务版《汉英词典》从正字、注音、立条、收词、释义、例证、语法说明、检索手段等各个方面都破天荒第一次实现了汉英词典编纂的规范化和现代化，刚一问世便受到国内外读者的热烈欢迎和海内外学界人士的高度赞扬。此前，虽然早在20世纪20年代就有中国学者开始陆续编写了一些汉英词典（包括毛主席在70年代学英语时用过的一本由商务印书馆于1946年出版的《汉英词典》*），但数量寥寥无几，而且在篇幅上和国际知名度上也比不上那些洋人——尤其是翟理斯和马修斯——的作品。直到商务版《汉英词典》出版，才开辟了我国学者在汉英词典编纂这个学术领域全面压倒洋人的新局面。在它的带动和启示下，从20世纪80年代开始，我国的汉英词典编纂便逐步走向繁荣，涌现了一批各有特点的语文性和专科性汉英词典（包括梁、林二氏词典的修订版）。因此，我们说上世纪80年代是汉英词典繁荣的第四期。第五期是20世纪的最后10年（90年代）。随着改革开放形势的进一步发展，在出版界和学界的共同努力下，我国的汉英词典编纂更是出现了空前繁荣的局面，涌现出一大批广受欢迎的汉英辞书。这些辞书或是在《汉英词典》的基础上进行

---

* 参见本书另一文《历史上的汉英词典》附注〔6〕。

修订推出新版，或是收录大量理工医农各科专业词汇而兼具科技词典性质，或是篇幅虽小但集汉英、英汉词典于一身，或是着重多设例证以帮助读者掌握英语表达方法，真可谓百花齐放，精彩纷呈。而国外90年代推出的德范克主编的《ABC汉英词典》释义简单，不用领头词，同音词按调号打乱了排，左项为汉语，右项为英文。同期，港台地区也推出了很多汉英词典。这一时期的代表作，首先是危东亚先生主持完成的《汉英词典》（修订版）。这个"修订版"增加了800个汉语单字条目，增加了2.2万条普通汉语和各学科专业术语，修订了3569处，从八个方面对老"汉英"作了修订，使其学术质量大提升，内容大扩充，达到450万字。其二就是吴光华先生于1993年几乎与"新汉英"同年推出的两卷本、1500万字、收词达42万条的《汉英大辞典》（上海交通大学出版社，1993）。最后就是2000年出版的《新时代汉英大词典》。

而正是在这样的繁荣局面下，《新时代汉英大词典》以其独有的特点，在20世纪结束时，为我国的汉英词典编纂事业添上了极为绚烂的一笔。

《新时代汉英大词典》的八大特色

一、词典定位和读者定位准确，详略得当，篇幅适宜，整体结构编排合理。

中外若干辞书编纂学理论家，像兹古斯塔、阿尔卡希米、福勒兄弟、谢尔巴、哈特曼和黄建华先生等都强调：评价一部双语词典首先要从它的整体编纂思路——也就是词典的性质、读者定位、功能定位以及由此而作出的整体设计——出发。《新时代汉英大词典》（下称"新时代"）坚守老《汉英词典》（下称"老汉英"）的学术思路，定位为"中、外（也就是native speaker 和 non-native speaker）读者兼顾，适当向 native speaker 倾斜，亦即兼有内向型和外向型两种性质而稍偏重前者，一卷本综合性语文词典。"而另外一部也很畅销、由吴光华先生主编的《汉英大辞典》（下称"吴典"；两卷本，上外，1993，下称"大"；一卷本，1997，下称"小"；新世纪版一卷本，2001）号称是"融文理工多学科于一体"的跨学科词典,这样的定位略显夸张——所谓"融文理工多学科于一炉"只体现在收词上(即便在收词上也有不足之处,见下文),而没有科技中心词造句(设例)的功能,而高教社 1997 年版的《汉英实用表达词典》才真正是供科技人员使用的一部汉英词典。另外,"吴典"将近 20 万(小本为 10 万)内词条无汉语拼音,语法说明、词条内容解释等全系汉语单解,显然不适合外国读者,使之只能成为一部"内向型"词典。

二、除"吴典"外,"新时代"篇幅最大,收录词条最多,且选词精当,注重收录新词新义。

"新时代"收录汉语单字(领头词)1 万余个,复字词目 11 万条余,词条总量超出 12 万条。而《汉英词典》(修订版,外研社,1993)仅收单字 6800 个(其中 800 个是新增的),增收多字条目 1.8 万条,共 8 万条,远远不如"新时代"的收词数量。"吴典"两卷本收汉语单字 1.1 万余个,多字条目 22 万条,条目内另附合成词 20 万条,实际上共 42 万条,近 1550 万字;其 1997 年出版的一卷本仍达 19 万条,单字条目 1 万条,多字条目 10 万条,条目内另附合成词 10 万条,实际为 29 万条。不过,"吴典"收词无科学标准,滥收词汇。从学科上看,理工类的词偏多,生命科学(特别是动植物)方面的词汇、专名、术语极少,可能是尚无这类专业词典可以"借鉴"之故。从收词范围上说,无所谓"核心词汇→基本词汇→次常用词汇→狭窄冷僻的专业词汇"之分,收录词汇也不讲究立条原则与标准。科学出版社出版的《汉英科学技术词汇》仅收词 10 万条,"吴典"贪多务杂,导致英译错误极多,下文还会细谈。很多地方直接挪用《现代汉语词典》(下称"现汉")和《汉英词典》,也是"吴典"的一个颇令人诟病的"软肋"。

"新时代"收录了以下几种词汇:现代汉语中常用的即词频高的词汇、已进入现代汉语文献中常见的浅近文言词汇、固定词组(绝不收自由组合)、句式(如"一面……一面……")和常见成语乃至名言警句。如"目"字条,下收"目不邪视"(not cast sidelong glances—be honest and proper)。"目光"共分 3 个义项:①look, gaze, 下设例"避开某人的目光"；②expressions in one's eyes，下设例"投以仇视的～"、"他流露出询问的～"、"她露出了绝望的～"；③vision，下设例"～远大"。另立"目光短浅"、"目光如豆"、"目光如炬"。再看"吴典"（小），把"目光惊异"、"目光老练"、"目光贪婪"都收了进去，偏偏不收"目不邪视"而收"目不斜视"（"现汉"作参见条），英译也只译出字面义而未译出 be honest and proper 的引申义。"吴典"甚至连"目似明星"都立条，无怪乎词条有那么多。再看"木"字条，"吴典"收"木石鹿豕"（wood, stones, deers and pigs—very ignorant people），但 deer 单复数同形，deers 属硬伤。"木石鹿豕"语见《孟子》"（舜）与木石鹿豕为伍"（见《汉语大词典》），不应引申为 ignorant people。又收"木石为徒（lead a solitary life）"，该词《汉语大词典》都不收，不知"吴典"收录的依据何在。再看"木屋"条，"吴典"的译文除 log cabin 外，还有 frame 和 tilt；据韦氏三版，frame 实指"木结构"；而 tilt 为纽芬兰和 Labrado 岛土人所建木屋，极罕用，为陆谷孙《英汉大词典》所收，"吴典"照抄不误。更妙的是"木条"，"吴典"译文作 accouplement，不知从何而来。

"新时代"选收科技与社科等领域的新词，不仅仅是列个简单的汉语词条和英文对应词，而是有详尽的释义和例证，译文也是定译而非随便给个英文对应词，同时提供了语言上的多种用法。例如，"吴典"、"新汉英"均未收"克隆"一词，而"新时代"不仅收录该词，还给出了四个例证（～羊 cloned sheep、～人 clone a human (being)、～技术 cloning technology、很多国家都禁止～人 It is forbidden in many countries to try to clone human beings）。再如"电子"条下"电子函件"：*also* "电子邮件" E-mail；electronic mail。此条"新汉英"未收，"吴典"（小）只在"电子"electron 内词条内附收"电子信函"。"电子信函"的说法不标准，而其英译 electronic letter 也不准确。同样，"新时代"中收录的"电子经济 cybereconomy"、"电子货币系统 electronic monetary system（EMS）"等词，"吴典"及"新汉英"也未收。又如"黑色经济""吴典"及"新汉英"未收,"新时代"译为 black economy (that part of the GDP not covered by official statistics and hence not subject to taxation),不仅给出英文对应词,还解释详尽,有助于读者理解。

　　三、围绕中心词附设有关联的逆引词或衍生词,这些词另外立条,方便读者查阅。此外,围绕中心词附设用法,有利于学以致用。例如"电视"条下设"高清晰度电视"、"闭路电视"、"投影电视"等,而"吴典"在"电视"下设有多达 140 个子词条,却没有以上诸条!"新时代"另外提供"看电视"、"上电视 be publicized on TV"、"昨晚的电视节目真好 Yesterday's TV programme was excellent"等译法,而"新汉英"只有"看电视","吴典"(小)无上述短语和结构,只有"总统向全国作了电视讲话",脱离读者的日常生活;又有一个短语"电视讲话",译作 speak on television,那么此处"电视讲话"究竟是名词短语还是动词短语?speak on television 对应的应是"发表电视讲话"。"吴典"又把"电视传播"译作 photovision relaying,遍查"韦氏三版"、New Oxford English Dictionary (1998)、Random House Webster College Dictionary (1999)、《新世纪英语新词语双解词典》(2000,该书为 2001 年国家图书奖的获奖辞书,收录 photo-为前缀的新词 63 个,无 photovision)、《英汉大词典》、《新英汉词典》(世纪版,2000),均无 photovision 一词,怀疑"吴典"是从王同忆那里抄来的。"电视"条充分体现了"新时代"求新、求确、求实的特点:"新",收录"高清晰度电视"、"投影电视"等名词;"确","电视大学"条"*also* '电大' telecast higher education programmes, TV university",而"吴典"(小)及"新汉英"均只有 TV university 的译法;"实",即实用,如"上电视"的说法常用且口语化,读者想知道怎样译,而"吴典"(小)和"新汉英"都未给出。再如"港"字条,"新时代"收"港澳办公室",为"吴典"和"新汉英"所无;所附逆引词丰富,有"航空港"等多个,"吴典"和"新汉英"均不多;"港"字作为领头词有 5 个义项,"吴典"(小)只有 3 个。另外,收文化词注意主次,如"新时代"

"巴"字条收"巴山蜀水",而"吴典"不收,却收了"巴山夜雨",英译径直作 hope of reunion among friends。"巴山夜雨"是 metaphor、allusion,不注明典故,出处(出自唐人诗句)*,外国人如何看得懂,如何学？当代著名翻译理论家 Ritva Leppihalme 有专著 Culture Bumps：An Empirical Approach to the Translation of Allusions,该书于1997年由 Multilingual Matters Ltd 出版,在英、美、加、澳、南非五地出版,专门讨论 allusions 的译法,这方面的问题非常复杂,哪能如此简单地处理？

四、兼容并蓄,适当收录政治词汇、港台词语及成语。

"新时代"适当收录建国后重大政治运动时期的词汇,这些词都满足两个条件：第一,常见于历史文献,已经固定；第二,影响大,使用频率高。如"黑线"一词"文革"中常用,现在历史文献也经常提到；"吴典"未收,反而收了"黑云压城城欲摧"；"老汉英"收了,但释义简单：(used during "the Cultural Revolution" refer to things counterrevolutionary),我辈都经历过"文革",都知道"反革命"还有轻重之分,如"黑帮"罪过就要大于"黑线"。"新时代"的"黑线"条释义为：(used in the Cultural Revolution to refer to a "revisionist" or "reactionary" school or system) black line; revisionist line,涵盖面较为完全,因为"黑线"还有泛指的一面,不仅限于"反革命"(不过译文中的 school 似应改作 faction/group 较佳)。关于"文革"语汇,这方面有专门的词典。(如外文出版社1997年版的《汉语新词语汉英词典》,但该书英译质量太差,如"陪斗"条的英文解说简直不知所云。)

"新时代"吸收已进入汉语普通话的港台词语,如"的士"、"穿梭

---

* 典出李商隐七绝《夜雨寄北》："君问归期未有期,巴山夜雨涨秋池,何当共剪西窗烛,却话巴山夜雨时"。本为诗人寄给妻子的诗,后多用作友朋思念之典,"吴典"的英译大体正确,问题在于外国人(乃至汉语文化修养稍差的中国人)怎么能从"巴山夜雨"的字面上领会到原义呢？(参见喻守真,《唐诗三百首评析》,第318页,中华书局,1957)。

机"、"飙车"等;而"吴典"未收"穿梭机"却收了"穿梭输送机",其英译 shuttle conveyer 遍查无着;又把"穿梭航行"错译作 air shuttle 而不是 space shuttle。不过,对于港台词语,"新时代"又能严格掌握,如属于俚语而尚不稳定的"酷"、"爽"等*以及尚未进入内地普通话的"打拼"等则不收。

"新时代"收录成语也很严格(遵照"老汉英"传统)。如"新时代""蓬"字条虽然只收录了"蓬门荜户"、"蓬荜增辉"等4条成语,加上其他词条,仅有9条,但都是常见的成语和常用词,做到了少而精,而"吴典"在"蓬"字条下收录了四字成语13条,多则多矣,却很杂,如"蓬莱之渚"等等,现今罕用。另外,"吴典"收"蓬门荜户"之余,还生造成语"荜门蓬户"(该成语"现汉"、《辞源》均不收,连多卷本《汉语大词典》也未将这个四字组合收为成语)。"新汉英"掌握得也比较严格,但收了"蓬门荜户"却漏掉英文释义,且译作 a poor family 而未译出字面义;"新时代"则同时给出字面义 (thatched hut with a door made of wicker and straw) 和引申义 (humble abode)。

五、增收若干专名,特别是人名。

关于词典中收录百科词条的必要性,黄建华《双语词典学导论》中有详尽论述,兹古斯塔、Landau、哈特曼等几乎全持此论。西方有代表性的词典,如 Longman、Collins、OALD、New Oxford English Dictionary,也是这样做的——既可告知外国人原名的汉译(如"李承晚"),亦可名从主人,还原其原来的拼写法而非汉语拼音。如"李"字条第2义项标出 Lǐ,用大写表示姓名(而"吴典"无此标注),下收"李白"、"李冰"、"李政道"等近30个人名,不仅给出人名的拼写法,还有简短的英文介绍,如"李世民"条译作 Li Shimin (599—649),

---

* 本文的基础是十年前的讲话底稿,现在(2012年),"酷"和"爽"已成为汉语常用词(尤其在年轻人的口语中)。

usu. referred to by his posthumous title Tang Taizong（唐太宗）, 2nd emperor of the Tang Dynasty, famous both for his ability and foresight in helping his father（Li Yuan 李渊, 566—635）to overthrow the Sui Dynasty and establish the Tang Dynasty, and for his open-minded and sagacious rule（627 – 649）, *see also* "贞观之治"。读者可从词典获知一些外国人名的拼写法，如李承晚为 Syngman Rhee，李德为 Otto Braun，李政道为 Tsung Dao, Lee。又如"巴"字条，"新时代"收"巴黎圣母院"Notre-Dame de Paris，将常用词还原，收得好；还收了"巴黎统筹委员会"（shortened as 巴统），并收例证词组"~对华禁运货单"，"巴统"是一在长达几十年时间内对我执行禁运的机构，是历史名词，但"吴典"却不收，而收了"巴蛇"这一罕用词，且可能与希腊神话中的巨蛇相混淆。在收录专名上，"新时代"掌握科学的立条标准，绝不信手拈来（Herbert Allen Giles 的词典即有此致命伤，"吴典"亦然。）。

六、对文化局限词（culture-bound words）充分重视。

如以上"李"条及"二十九史"（全列出书名）、"二十五史"（有二义：1. 二十五史加《新元史》；2. 二十五史加《清史稿》，其他词典均未详列）。"新汉英"收录了"二十八宿"，"新时代"有所借鉴，但译法不同：lunar mansions; twenty-eight constellations, into which ancient Chinese astronomers divided all the visible stars in the sky; the constellations further formed four major groups, each taking up one of the quadrants of the sky, with the eastern group called Grey Dragon（苍龙）……"吴典"（大、小）收了"二十八宿"，但只译作 the lunar mansions, 太过简略，且不准确，未说依照中国古代天文学概念对"赤经黄道"的划分。"吴典"反而收了中医术语"二十八脉"，译作 twenty-eight kinds of pulse condition，没有意义；又收"二泉映月"，译作"（二胡名曲）the Moon Over a Fountain"，用中文解说，外国人会莫名其妙，使得这部词典只能是"内向型"，且 a 字的使用也成问题。另外，"新时代"将"黄粱梦"译作 Golden Millet Dream 并有括注，另有 daydream、pipe dream 两个译

法，译法准确，不像林语堂译为 a Tale like Rip Von Winkle，就对不上号了。*

七、在对功能词（functional words）如介词、虚词的处理上，"新时代"思路清晰，设例适当，解说细致，充分吸收了"现汉"（修订版）等汉语辞书界的学术成果。

"新汉英"在这方面不如"老汉英"。"老汉英"按"现汉"分为两类，加汉语语法说明："新汉英"用英语解说是一种进步，其综合解说的方法可能受到赵元任《口语字典》的影响，但"新汉英"出版于1995年，当时"现汉"1991年修订版已经出版，为什么不用作参考？"新汉英""把"字条释义为 used to shift the object to before the verb, which must be duplicated or accomplished by some other word or expression，此处 before 前疑漏 the position 二词，且 accomplished by some other word or expression 的说法也不严谨，似应用语法术语 complement（补足语）。"现汉"介词"把"字条有三义：①宾语是后面动词的受事者，有处理的意思；②后面动词是"忙"、"累"、"急"、"气"等词，加上表示结果的补语，整个格式有"致使"的意思；③宾语是后面动词的施事者，表示不如意之事。"吴典"介词"把"字条的解说几乎全抄"现汉"，只在文字上略有缩减和变动，如把"施事者"改为"执行者"，把"受事者"改为"承受者"，把"有致使之意"改为"有致使的意思"。"新时代"则全用英文给出释义：①used when the object is the receiver of the action of the ensuing verb；②used to indicate the receiver of the action when the verb is 忙，累，急，气 etc.；③ used to show that sth. undesirable has happened。再如"而"字条，"新时代"用英语译出"现汉"（修订版）的大条语法解说，其中①含"现汉"1、2、3条，清楚明白；"吴典"用汉语全部抄"现汉"，但又打乱主次结构，把4条变

---

* 参见本《论集》所收的另一文，H. A. Giles' Tradition Carried on and Developed（见本书第269页）。

为并列的 6 条,"新汉英"虽然用英文,也打乱了结构,主次不分。"新时代"的"而"字条时有佳译,如"不在数量多而在质量好"译作 It is not quantity but quality that counts,不重复"不在",不译"多"和"好";又如"不欢而散"译作 part in discord,也很精彩;"科学研究而无进取精神是不会有成就的"为全新例句,译作 Scientific research would never get anywhere without the pioneering spirit,为上佳英译。"吴典"同条的例句很多来自"老汉英"和"新汉英",译文也照抄不误,如"老汉英"有例句"作家而不深入生活是写不出好作品的","作品"译作 works,"新汉英"改为 writings,"吴典"只把"作家"改为"当作家",其他一概不变,仍沿用"老汉英"的 works,十分不妥。

八、"新时代"词义的英语释文和例证英语译文准确、地道而又有所变化,不逐字死译,不只按表层结构的语义译,而能打破源语(SL)的语言外壳,译入语(TL,目的语)表达了源语深层结构的语义,例证也地道自然,而且掌握适度,不贪多而走入滥误。"吴典"(大、小)这方面的毛病最大,"新汉英"尚可,但似乎依赖"老汉英"过多。如"咕"字条,"老汉英"单字条目无例句,"新汉英"在本字字义项 the chucking of a hen, the cooing of a pigeon 项下设例:鸽子一边儿吃,一边儿~~的叫。The pigeon was eating and cooing. 而"吴典"(大、小)作:"咕"(象)(母鸡、斑鸠等的)叫声 chuck, coo,此处似应作 cooing 较好一点;例证"鸽子在林中~~啼鸣。The doves were cooing in the trees",此处汉语"啼鸣"就不恰当,"鸣"声音较大,"啼"也如此,如诗句"巴东三峡巫峡长,猿啼三声泪沾裳";另外,doves 是鸽子,系家禽,多半只会在广场上、屋檐下等地,又不是野鸡,怎么会在"林中",语境别扭,人造味道太浓。"新时代"作 Doves cooed softly,简洁明快,且 softly 加得很好。再如"目"字条"目不暇接"条,"吴典"给了太多的释义,如 The eyes can not take it all in, too many things for the eye to see……有七八句之多,但倒数第二句是 too plenty for the eyes to look out 大有问题,据《牛津高阶英语词典》(2000 年版),

plenty 多用作代词和名词，作副词用时可用 plenty more（of sth.）或修饰形容词，to plenty long 等，却未见 too plenty 的用法；另外，只能用 look out 表示"注意、小心"，或用 Look out that…句式表示"请把……做好"，而"向外看"必须用 look out of（the window 等），此处疑为 look at 之误。"新时代"简明扼要，而且设例颇佳，如"春节期间电视节目丰富多彩，真令人～"。"沐猴而冠"条"吴典"释为 a washed monkey with a hat on，此处重犯了 Mathews 汉英词典的大错，"沐猴"即指"猕猴"，并无"给猴子洗澡"的意思，已被吴景荣先生在一篇文章中指出（参见刘洁修《汉语成语考译词典》第 740 页，商务印书馆，1989；本《论集》的另一篇文章 H. A. Giles's *Tradition Carried on and Developed* 对此也有提及，见本书第 292 页），而"新时代"未犯此错误，仅简明地译为 monkey with a hat on—a worthless person dressed up as an important figure；设例也非常好：此人～，不足与谋。He is not the sort of person to associate with. Though looking imposing, he is not more than an oaf. "吴典""沐猴而冠"条有六个译文，但最后三个都有问题，贪多反误事，其中一个 a snobbish social climber 译法有些离题太远，太大而化之；还有一个是 make a monkey show，更未能译出此成语本义，最后一个 stupid political figures 范围太广，"沐猴而冠"本义还是"外表像个人样，实际一文不值"，stupid 不符合原义。"加"字条也充分体现了"新时代"译法多样性的特点，如"好上加好"译作 be better still；"桌子加椅子一共 9 件"，不机械用 plus 一词，而译作 all told, there are nine desks and chairs；"要求加工资"不用动词不定式，而用 ask for a wage increase（*or* rise）。

综观以上八大特点，可以说"新时代"的编者确实做到了求新、求确、求实。这部词典确实无愧于"为 20 世纪最后十年的词典编纂画上了一个较完美的句号"。当然，它也不是十全十美的。比如，吴景荣先生坚持科学性，当初稍稍拘泥于汉语界在语词标注词类的若干问题上未有定论而不标注词类，只有少数词标注"介"、"连"、"成对词"、

"象声词"等，不如"吴典"大胆学习林语堂，为每个汉语单字词条都标注一个或几个不同的词类标签。再比如，"新时代"的一些词条仍有增删修改的余地，如"李"字条下缺"李约瑟"、"李耳"，画家"李成"可删，不如收"李苦禅"。但这些都是可以讨论的问题，"新时代"质量之优异，从宏观到微观，是一用便知的，理应加大宣传力度而不用过分谦虚。

  最后要说明的是：为了说明问题，本文多处以《新时代汉英大词典》和《汉英词典》（修订版）及吴光华编《汉英大辞典》作比较，并不等于对后两部词典（尤其是吴编《汉英》）作全面的评价。又由于本文重点是谈《新时代汉英大词典》，以其他词典（特别是吴编《汉英》）中的内容举例时，均没有注明版本和页码，这样做似乎不符合学术规范，不过，那样一来就太正式了，似乎真地是在批评某部词典，而那并非作者的本意，故而一仍其旧，未作补充。对于本文中涉及的若干具体学术问题，欢迎学界有关人士批评指正。

H. A. Giles' Tradition Carried on and Developed
—Emphasis on the Translation of Culture-bound Words in C/E Dictionaries*

Abstract: This article consists of five parts. The first part is a prologue introducing the topic on the translation of culture-bound words in C/E dictionaries. The second part, after giving a brief introduction to a series of C/E dictionaries compiled in the 19th century, confirms H. A. Giles' Chinese-English dictionary as one of the earliest and most commonly used reference books for Western translators. The astonishing scale of that big dictionary including 13,848 mono-character entries and nearly 100,000 multi-character sub-entries, its elaborate phonetic transcription of both Mandarin and dialects and other unique features are enumerated. The third part makes a general exposition of Giles' emphasis on the translation of culture-bound words. Many sample entries illustrating the specific facets of Chinese culture as well as their English translation are analyzed in detail. The fourth part discusses separately a number of the succeeding C/E dictionaries compiled more or less on the same line, including those compiled by Westerners R. H. Mathews and John DeFrancis as well as Chinese scholars Liang Shih-chiu, Lin Yutang, Wu Jingrong, and so on. The fifth part points out the trap into

---

* 此文曾在2001年12月6—8日举行于香港的"第三届亚洲翻译家论坛"上宣读，后刊载于由重庆大学外国语学院主编的《外国语言文学研究》第二卷第一期，第29—42页。

which translators fall easily in dealing with culture-bound words as illustrated by mistakes existing in some of the C/E dictionaries, and calls for translators to pay further attention to problems caused by cultural barriers.

Prologue

Two years ago, Mr. Che Wai Lam from Hong Kong Baptist University read an article at the first AXIALEX Regional Symposium. The title of his article's title is "A Study of the Culture-Oriented Approach Adopted by Robert Morrison in A Dictionary of the Chinese Language". I'm deeply interested in Mr. Che's article and fully agree with his introductory remarks that "bilingual dictionaries play a prominent role in cross-cultural communication, especially in inter-lingual translation. In addition to providing linguistic equivalents at lexical level, bilingual dictionaries also shape the users' overall perceptions of the source language" (Che, p73). So far as it is concerned, I think the L2/L1 dictionaries (Chinese-English in this case) is even more important since the English language has got a "discourse hegemony" in present Asia. Since a short article discussing this topic was presented by me at the 2nd Forum of Asian Translators (Xu Shigu, 1999), it seems natural for me to continue Mr. Che's discussion. Mr. Che introduces in detail the first Chinese-English Dictionary published in the world, i. e. Robert Morrison's *A Dictionary of Chinese Language*, and correctly affirms Morrison's "culture-oriented approach" in his lexicographical effort. However, as 180 years has passed since the publication of Morrison's DCL (1815 – 1823), it has become an ancient work no longer extant now (perhaps with merely two or three sets kept by some academic institutions like Edinburg University). Besides, the way Morrison adopted in using a dozen citations from Taou Tik King (道德经) to explain only a single meaning of Chinese character "一" (one) is certainly beyond the task of a dictionary, just as what Mr. Che himself says at the end of his excellent article. He admits as such, "I don't mean that we should include cultural information in so large a scale as Morrison did" (Che, p81). In fact, it is the dictionary compiled by Herbert Allen Giles, a monumental Chinese-English dictionary published approximately one century later that established as a model the "culture-oriented" tradition of bilingual lexicography and thus promote the compilation of bilingual dictionaries most helpful to translators.

Other Lexicographers before H. A. Giles

So far as I know, there are seven other lexicographers after Robert Morrison. They are all western diplomats or missionaries, and the C/E dictionaries complied by them are as follows:

W. H. Medhurst, *Chinese English Dictionary* (1842);

G. E. Stent, *A Chinese and English Vocabulary in the Pekinese Dialect* (1871) and *A Chinese and English Pocket Dictionary* (1874);

S. W. Willams, *A Syllabic Dictionary of the Chinese Language* (1874);

John Chalmers, *A Pocket Dictionary of the Canton Dialect* (1872);

F. W. Baller, *An Analytical Chinese English Dictionary* (1900);

D. Macgillivray, Revised Edition of CEVPD by G. E. Stent (1898) and *A Mandarin Romanized Dictionary of Chinese* (1911) (the later is in fact the 3rd revised edition of Stent's CEVPD with a supplement of new words and phrases);

C. Goodrich, *A Pocket Dictionary*; *Chinese-English* (1907).

But all the dictionaries listed above are not comparable to H. A. Giles's dictionary in scope or in quality. Later on, all of them became obsolete with the only exception of MacGillvry's RDC which continued to be current until 1930s.

H. A. Giles' Dictionary: A Monumental Reference Book for Translators

According to opinions of Endymion Wilkinson (2000) and Li Choh Min (1972), the first C/E dictionary most commonly used in the first half of the 20th century is H. A. Giles' *A Chinese-English Dictionary* (1892; rev. ed. 1912).

Herbert Allen Giles (1845—1935) came to China in 1867. After spending 27 years of British consular service, he returned home and succeeded Thomas Wade as the second Chinese Language Professor at Cambridge University in 1897 until his retirement (1928). He wrote many books about Chinese civilization among which *History of Chinese Literature* is the best one. It took him 20 years to compile his Chinese-English dictionary (1872—1892) and another 20 years (1893—1912) to revise this monumental work. In the revised edition, he improved Wade's Romanization System based on the Peking pronunciation and thereafter this new method of transliterating Chinese Mandarin was called "Wade-Giles System". Giles' dictionary includes 13,838 Chinese characters as leading entries and more than 100,000 multi-characters sub-entries. For those Chinese characters, he not only gives their English equivalents and explains their different meanings, but also gives the phonetic transcriptions of their Mandarin and dialect pronunciation (see the Appendix: sample page). The multi-character entries include words and phrases both literary (classic Chinese) and colloquial, commonly used and rarely seen, as well as idioms, proverbs, citations from classic works, geographical names, names of institutions and official ranks, and so forth. Shortly, contents of Giles' dictionary are much more enriched than all of its predecessors. Giles himself gives a table of statistics to prove the superiority of his dictionary. The table is shown below:

number of multi-character sub-entries included in five C/E dictionaries

leading character	Morrison (1810)	Medhurst (1845)	Williams (1874)	Giles (1892)	Giles (1912)
"说" to speak	11	15	28	96	129
"山" mountain	17	6	19	89	109
"生" to be born	21	27	42	135	162
"打" to strike	23	21	24	167	172
"石" stones	20	19	23	76	89
"如" as if	8	6	18	78	112

etc...

However, we shall stop here lexicographically and turn over to the central topic of this article—Giles' emphasis on inclusion and translation of culture-bound words.

Giles' Emphasis on Inclusion and Translation of Culture-bound Words

As is well known, we can not emphasize too much the importance of culture-bound words in translation as a kind of communication across culture. Scholars, for example, Peter Newmark (1981, 1988) and Susan Bassnett (1980) in 1980s and Eugene A. Nida (1993) in 1990s, discussed this topic over and over. Ritva Leppihalme even wrote a book solely discussing problems caused by allusions in translation (1997). Chinese scholars are also deeply interested in this field. Yet, more than one hundred years ago, Herbert Allen Giles as an Oriental scholar and a practical lexicographer, has realized the fact that what translators most need is a bilingual dictionary giving not only the lexical meanings and equivalents of the SL but also the SL's culture backgrounds and thus the connotations behind the literal meanings.

H. A. Giles' cultural oriantation is clearly reflected in his dictionary. He is both a lexicographer and a lover of Chinese culture as well. Therefore, while he keeps it in mind that what he is compiling is a bilingual dictionary, a reference book to help readers learn Chinese language, not a textbook of Chinese history, literature and philosophy, he does his best to include as much as possible the cultural-bound words. While as a competent linguist, he pays great attention to give phonetic, semantic and grammatic informations correctly and even meticulously, he loses no chance in giving cultual informations as much as the consideration of balance and space permits. A rough classification of the cultural-bound words in his dictionary is shown below.

★ encyclopaedical entries introducing Chinese classic writers, poets, great thinkers and philosophical works, etc.

e. g. 离骚 Li Sao or Falling into Trouble, —name of the famous poem by 屈平 Ch'u P'ing, the hero of the modern Dragon Festival, written previous to his suicide, 4th cent. B. C. (Giles, P. 1164)

e. g. 老君 or 老子 (lao tzu, see above) the philosopher known as Lao Tzu, who is said to have flourished in the 6th cent. B. C., and on whom has been fathered the authorship of 道德经 Tao-Te-Ching. His identity as a historical personage is, however, by no means certain. See 1340, 10780. (p. 855)

e. g. 道德经 the Canon of TAO and the Exemplification thereof, —a work which has been attributed on insufficient grounds to Lao Tzu (see 6783). It has been translated by many scholars and others, but no two of these have ever agreed as to the interpretation. It contains a certain number of what may well be the genuine utterances of some ancient philosopher, mixed up with the hocus-pocus of later Taoism, and may safely be assigned to the Han dynasty. (p. 1335)

e. g. 聊斋 the Liao Chai, —name of a famous collection of tales by 蒲松龄 P'u Sungling of the seventeenth century. (p. 888)

★ encyclopaedical entries introducing historical figures, official ranks, dynasties, personages etc.

 e. g. 唐朝 the T'ang dynasty, A. D. 618—907. (p. 1331)

 e. g. 初, 盛 (or 中), and 晚唐 early, flourishing (or middle) and late periods of the T'ang dynasty, —with reference to literary brillancy.

 e. g. 鲧 A large fish. Name of the father of the Great Yu. (p. 823)

 e. g. 始皇帝 the first Emperor, —of a united China, on the breakup of the feudal system, B. C. 221—209. (p. 1226)

 e. g. 凌烟阁 a kind of national Valhall, under the T'ang dynasty. (in A. D. 643, twenty-four portraits of meritorious officials were painted for this gallery by Yen Li-pen.) (p. 906) (thus follows another entry, an idiom derived from above) 德著凌烟 his merit was inscribed in the hall of Works... (p. 1151)

 e. g. 六部 the six Boards, via 吏 of Civil Office, 户 of Revenue, 礼 of Rites, 兵 of War, 刑 of Panishmene, 工 of Works, ... (p. 1151)

 e. g. 巴图鲁 Paturu, a kind of order for rewarding of military prowess, but bestowed only on those officers who already have the peakcock's feather. Known under the Yuan dynasty as 孛图鲁. (p. 1040)

 e. g. 三纲 the three bonds, —between sovereign and subject, husband and wife, father and son.

 ★geographical names with cultural connotations.

 e. g. 武陵 warrior's tomb, —an old name for HangChow. Also, a name for the allegorical Peach Blossom Fountain of T'ao Ch'en, bacause said to have been discovered by a man of Wu-lin in Hunan.

 e. g. 十三陵 the tombs of the thirteen Emperors of the Ming dynasty who were burried near Peking.

 e. g. 苍梧 site of the tomb of 舜 Shun in Kuangsi.

 e. g. 垓下 name of a place in Kiangsu, scene of a victory gained by 刘邦 Liu Pang, the founder of the Han dynasty.

H. A. Giles' Tradition Carried on and Developed   261

★linguistic terms, philosophical conceptions, terms or names involved with religions, fables, legends, etc.

e. g. 道 A road, a path; a way. Hence, the road *par excellence*; the right way; the true path; the Word of the New Test; identified by Kingsmill with the Buddhist *Marga*, the parth which leads to Nirvana; the truth; religion; principles (see 8032). Of or belonging to Taoism (see 太极 859) …. To speak, to tell… (pp. 1332—1333)

e. g. 太乙 the great Monad, a cosmogonical term alluding to the condition of all things as one, before the evolution of the Yin and the Yang, the interaction of which gave birth to the phenomena of nature; God. (p. 663)

e. g. 阎罗王 the ruler of Purgatory; the Chinese Pluto. (p. 1632)

e. g. 蓬莱山 one of the 三神山 Three Isles of the Blest, —said to lie in the Eastern sea; off the coast of China; fairyland. (p. 1088)

e. g. 刘海戏蟾 Liu Hai playing with the frog, —a popular allusion to Liu Hai-ch'an (蟾), as represented with one foot on a three-legged frog, the emblem of money-making. (p. 910)

e. g. 六书 the six scripts or classes of characters, as follows: (1) 象形 Pictorial; e. g. … (2) 指事 or 处事 Indicative or self-explaining; e. g. … (3) 会意 Suggestive cornpounds; e. g. … (4) 转注 Deflected. … (5) 假借 Adoptive… (6) 谐声 or 形声 Phonetic… (p. 911)

★maxims, common sayings, proverbs, citations from classic works, poems, etc. e. g. 苟日新, 日日新。If you can renovate yourself one day, do so everyday, —said to have been an inscription upon the bath-tub of 汤 T'ang.

e. g. 两姑之间难为妇 between two mothers-in-law it is difficult to be a wife, —used of a position where there are two masters. (p. 777)

e. g. 燕子衔泥一场空 like the swallow carrying mud in its beak; all to no purpose,—its nest not being a permanent home. (p. 1619)

e. g. 红颜女子多薄命 pretty women have mostly indifferent luck in life. (p. 1625) e. g. 一骑红尘妃子笑 at the clouds of dust beneath the horsemen's feet the concubine laughed,—said of the famous 杨贵妃 Yang Kuei-fei, who caused lichees to be forwarded to her from the south by express couriers. (p. 429)

e. g. 无人知是荔枝来… (p. 828)

★ metaphorical expressions, four-character idioms containing allusions, etc.

e. g. 狼烟 wolf-smoke,—from wolf dung burnt in the beacons scattered all over China, and used to give warning of any popular rising, etc. (p. 833)

e. g. 花柳之地 or 柳巷 places of ill fame; brothels. (p. 909)

e. g. 膏粱之体 a body of grease and grain,—a glutton

e. g. 三星高照 may the Three Stars shine upon you!—i. e. may you enjoy 福禄寿 happiness, wealth and old age. (p. 574)

e. g. 流水高山 sympathetic appreciation—from the story of 俞伯牙 Yu Po-ya and his rustic friend 钟子期 Chong Tzu-chi, the latter of whom could tell when the lute of the former expressed "the flowing of water" or "the height of mountains". (p. 907)

e. g. 迷花恋柳 to be over-fond of the ladies. (p. 909)

e. g. 黄粱梦悟 The Yellow Millet Dream and the Awakening,—alluding to the famous dream of 吕洞宾 Lu Tung-pin who went to sleep as a pot of millet was put on the fire, dreampt that he became Emperor, lived out his life as such and waked to find that the millet was still uncooked. Lu Tungpin then went into retirement, and became one of the Eight Immortals. See 仙 4440. The story is also told of Lu Sheng. (p. 884)

The illustrative examples cited above seem to be ample enough to prove

H. A. Giles' cultural orientation. Giles advotes Chinese culture as enthusiastically as Robert Morrison did, though the former is more rational, more balanced and perhaps more scientific than the latter in arranging the dictionary entries. Doublessly, H. A. Giles established a tradition of C/E dictionary compliation which was carried on and developed up to now.

Latecomers Carrying On H. A. Giles' Tradition Later on, 20th century seldom saw the scope of C/E dictionaries as gigantic as H. A. Giles' work. Another C/E dictionary most commonly used is compiled by Robert Henry Mathews (Li and Endymion Wilkinson, ibid). An Amercian missionary, Mathews names his dictionary as A Chinese-English Dictionary Compiled for the China Inland Mission (1931). This dictionary includes 7,785 Chinese characters the number of which in the 1943 revised edition grows up to 9,101. The multicharacter sub-entries included is approximately 104,000 the number of which in the 1943 rev. ed. is enlarged to 119,000. So the quantity of its entries is larger than that of H. A. Giles' dictionary. However, the culture-bound words included by Mathews are much less. The definitions are merely lexical equivalents, usually very short and in most cases with very few cultural informations. Indeed, Mathews' dictionary is more convenient for general readers who use the dictionary only as a reference book for communication purpose, but it can not satisfy advanced learners who wish to know more about Chinese culture. Another fact is more disappointing. Some C/E dictionaries complied by Chinese lexicographers and published during the first half of the 20th century, can be compared with Giles' or even Mathews' dictionary neither in their scope nor in their inclusion of culture-bound words (Wang Jiarong, 1992). A great linguist as he is, even Prof. Yuen Ren Chao belongs to this group. Chao and Lien Sheng Yang published a C/E dictionary named as *Consise Dictionary of Spoken Chinese* (1947). This is an excellent C/E dictionary exclusively dealing with spoken Chinese, but just as its name hints, there is almost not a single entry of culture-bound words. Facing this embarrassing fact, the author of this article can only attribute it to the historical circumstances. The turbulant era is to blame. The years from the First World War to the Second World War and its aftermath were constantly in turbulence. In such a period, people probably lost a mood of leisure to be interested in other countries' culture or introduce their own culture to other countries. All dictionaries are for parctical purpose. For example, Chao's CDSC is based on the textbook compiled by him to train American soldiers who were to fight in Asia theatre. So it is no wonder that this C/E dictionary is merely intended to improve its users' competence of everyday's conversation.

Then came the 1970s when Prof. Liang Shihchiu and Dr. Lin Yutang published separately their C/E dictionaries almost at the same time. Both of these two gentlemen are famous writers and translators. Prof. Liang's *A New Practical Chinese-English Dictionary* was published in 1971, and Dr. Lin's *Chinese-English Dictionary of Modern Usage* in 1972, An excellent translator of Shakespear's plays and a famous writer himself, Prof. Liang was steeped in Chinese culture all his life.

So, he emphasizes in the "Introduction" of his dictionary that "to enable non-Chinese speaking readers to savor the beauty of some Chinese proverbs and expressions, this dictionary usually gives a literal translation first and then the inferred meaning after a dash" (Liang, P. Ⅲ). He reaffirms the "three cardinal principles for the guidance of translators: fidelity, readability and literary elegance" laid down by Yen Fu the great Chinese translator (Liang, ibid). Therefore, "岁暮" is translated by him not only as "the late season of a year", but also metaphorically as "the closing years of one's life". The same is the translation of the phrase "瓜田李下":

e. g. 瓜田李下 (literally) in a melon field (where one may be

suspected of stealing melons if he ties his shoestrings) and under a plum tree (where one may be suspected of stealing plums if one arranges one's hair) — a position that invites suspicion. (Liang, p. 700)

e. g. 陵谷 high bank and deep valley—changes of worldly affairs, ups and downs; vicissitude (p. 1181).

e. g. 瓦釜雷鸣 (literally) an earthen pot sounding like thunder—an unworthily man, making sensation and enjoying popularity.

To save space, we shall not go further to enumerate such entries like 留侯 (i. e. 张良 Chang Liang), etc. Prof. Liang's dictionary has a revised edition published in 1992.

Author of the novel *Moments in Peking* written in English, Lin Yutang's mastering of English language could be hardly surpassed up to now. Likewise, the linguistic quality of his C/E dictionary could be said the best one. With 5,700 single characters as leading entries and approx. 60,000 multi-character sub-entries, Lin's dictionary is large enough. Although the dictionary excels in its inclusion of large quantities of colloquial words and phrases as Prof. Chao's *CDSC*, it doesn't neglect including a large number of Wen Yen (Ancient Chinese) vocabularies, phrases, idioms and citations from classic works just as Prof. Liang's CEOMU.

e. g. 匪…adv. (AC, LL) not (= modn. 非). 匪夜匪懈 phr. Never slacken through the morning and night (p. 556) (AC = ancient language, LL = literary language—Xu).

e. g. 臣…V. t. (LL) subjugate or be subjugated. 以力臣天下 subjugate world by force (p. 557).

e. g. 牛刀小试 (lit) (of a person of great potentials) give a little inkling of what one is able to do (p. 14).

e. g. 门前冷落车马稀 The house looks deserted and there are few callers (p. 14) (a line from a famous poem by Bai Juyi the great poet of

T'ang Dynasty—Xu). Therefore, Liang and Lin carried on more or less the tradition established by H. A. Giles and this is perhaps one reason making their dictionaries' wide acceptance. Lin's dictionary has a revised edition too (1987).

After Liang and Lin, a few years later the theatre of C/E dictionaries finally saw the leading role. In 1978, A *Chinese-English Dictionary* with Prof. Wu Jingrong as its chief editor was published in Beijing. No sooner since its publication than the dictionary became an authoritative reference book with its standard phonetic transcription using pinyin system, its ample but appropriate number of entries included, its scientific selection of definitions and arrangement of entry order as well as its good English translation. While concentrating their effort to distinguish and determine what Chinese characters, words and phrases are most commonly used in Modern Chinese and discard the dead ones, Prof. Wu and his colleagues (most of whom are the top level scholars) spare no pain in collecting and including those words, phrases, idioms, proverbs, maxims and citations which are culture-specific or have rich cultural connotations and are still living today. In this sense, Wu's CED adheres closely to H. A. Giles' tradition. Furthermore, CED has developed Giles' tradition through its more scientific approach to the translation of the culture-bound words.

The revised edition of Wu's CED was published in 1995 with Prof. Wei Dongya as the main reviser. This new edition enriched the contents and enlarged the scope of the old one, thus became the most current C/E dictionary and the best one before the year of 2000. Of course there are many other C/E dictionaries published from the end of 1970s to the end of the 20th century. All of them, big or small, are influenced more or less by H. A. Giles' tradition. Even those ESP type E/C dictionaries which include mainly entries of science and technology terms forget not to introduce traditional

Chinese medicine, Chinese architecture, etc., let alone the numerous E/C dictionaries of Chinese idioms, proverbs, fables and legends which are compiled basicly after the pattern of Brewer's Dictionary. For example, the biggest C/E dictionary in present China with entries totalling 430,000, the *Chinese-English Dictionary* in two volumes (Wu Guanghua, 1993; re. ed., 1999), is mainly a dictionary of science and technology, but its editors still claim that their dictionary "is with Chinese characteristics. All essence of Chinese history, culture, science and technology, such as literary allusions, traditional Chinese medicine and medical herbs, martial art, qigong, are extensively collected and included." (Preface, Wu Guanghua, 1993, 1999). One of them is straightforwardly named as *A Chinese-English Dictionary With Cultural Background Information* (Shen Shanhong, 1998). This trend has also influenced the C/E dictionaries compiled by contemporary Western scholars such as American Prof. John DeFrancis. His *ABC Chinese-English Dictionary* (1996) is similar to Prof. Chao's CDOSC to a great extent, but he neglects H. A. Giles' tradition neither. For example, there are three entries of the allusion "黄粱梦": 黄粱美梦, 黄粱梦 and 黄粱一梦, though their English definitions are of the same, a very simple equivalent— "np. pipe dream". And encyclopaedical entries of names such as 黄兴, 黄炎培 and 黄遵宪, idioms such as 黄袍加身 and 黄道吉日 are also included though their English notes and explanations are also very simple (e. g. 黄袍加身 ph. acclaimed emperor).

At last, in 2000 the end of the 20th century, a big volume of *New Age Chinese-English Dictionary* came out with Prof. Wu Jingrong and Mr. Cheng Zhenqiu as its coeditors-in-chief. Under the leadership of Prof. Wu and later on Mr. Cheng (once the director of translation section, PRC's Ministry of Foreign Affairs), a group of twenty professors worked together for ten years hard to complete a Chinese-English dictionary "most comprehensive, most faithful and most useful among the contemporary C/E dictionaries ever published in China" (quoted from a book review by Prof. Wei Dongya, Zhonguotushushangbao (China Commercial Gazette of Book Review), Sept. 18, 2000). One of the biggest C/E dictionaries recently published, NACED has carried on and developed H. A. Giles' tradition to the utmost. Among the other merits, this dictionary places special emphasis on including culture-bound words as much as possible and giving them the most faithful English translation as well as appropriate etymological annotations. For example, under the leading entry character 王, among the 54 sub-entries, more than half are the culture-bound words (NACED, p. 1231—1232). Under the monocharacter entry "青", among the 113 sub-entries, the culture-bound words totals 38, making an astonishing ratio of three to one (113:38 equals approx. 3:1)! To save space, 4 sample pages are attached to this article as Appendix and discussions of illustrative examples are omitted here.

To sum up, H. A. Giles, a Western lover of Chinese Culture, established a tradition of bilingual lexicography which is important not only for lexicographers but also for translators, because translation is in essence a communication across culture.

Culture-bound Words, Culture Bumps

Culture-bound elements behind the words of the SL are obstacles and barriers to overcome—a fact faces all translators and is known by all of them. However, for various reasons, translators sometimes cannot help falling into traps before those barriers, or in Ritva Lappihalme's words, culture bumps occur (R. Leppihalme, p, viii). It is more true when the SL is Chinese. A language originated from a civilization of five thousand years, Chinese is perhaps one of the languages most difficult to learn. So it's no wonder to find mistaken apprehensions of the SL and thus the incorrect translation in the TL text when we counsel a Chinese-English dictionary. A well known Sinologist as he is, H. A. Giles accidentally falls into the trap too. For instance, 精卫填海 is a Chinese idiom indicating a determination to avenge oneself or an unyielding will to fulfill a task (Liu Jiexiu p. 566), but Giles explained it as "vain exertions" (Giles, p. 267). R. H. Mathews makes a farce when he translates the Chinese idiom 淋猴而冠 into English as "a monkey washed and dressed up—no sort of a man" (Mathews, p. 644), though this idiom means "a monkey with a hat on—a worthless person in imposing attire" (Wu Jingrong, p. 484). This blunder is pointed out by Prof. Wu (Chan Sin-wai and David E. Polland, p. 500). I myself find out another mistake in this dictionary. Mathews translates the Chinese idiom 目食耳视 as "to eat with the eye and see with the ear." It's not wrong literally. But he continues to write its derived meaning as "of indulgence in fancy dishes and fashionable dress" (Mathews, p. 664), and he is completely wrong here. Obviously, he has looked up reference books for the etymology, but it seems that he gets himself muddled up by the long citations from an ancient essay (See Liu Jiexue, p. 282; Ci Yuan p. 2198). In fact, this idiom means "to put the cart before the horse" or "invert the priority of basic essentials and periphery." Dr. LinYutang explains 黄粱梦 as " (allu.) a tale like Rip Van Winkle—signifying vanishing of dream or of time" (Lin Yutang, p. 245). It seems to me this comparision is not to the point. As is well known, Rip Van Winkle's tale told by American writer Washington Irving is somewhat satiric, while the hero Lu Sheng in the "Millet Dream" represents the tragic fate of the lower stratum of intellectuals in ancient China and contains a self-comforting moral that all worldly achievements—wealth, longevity, high official ranks and happiness of family life—are nothing but voidness, a lasting theme of Buddhism mixed with Zhuang Zhou's nihilism. In the dictionary of John DeFrancis, the translation of 黄粱梦 is too simple, using only two words "pipe dream" and thus losing all the cultural connotations of the allusion.

The errors or shortcomings mentioned above are very few in their dictionaries, only accidental slips of those masters. However, it is a warning to the translators that they should be always vigilant. A careless slip and into the trap you fall.

Bibliography

1. Bassnett, Susan, *Translation Studies*, 1980, 1988; rev. ed., 1991, reprint, 1992, Routledge.

2. Chang Fangji et al, *Far East Chinese-English Dictionary*, The Far East Book Co., Ltd., 1992, Taibei(张芳杰主编,《远东汉英大辞典》,远东图书公司,台北,1992).

3. Chang SinWei and David E. Pollard, *An Encyclopaedia of Translation*, The Chinese University of Hong Kong Press, 1985, Hong Kong, p. 520.

4. Che Wai Lam, *A Study of the Culture-Oriented Approach Adopted by Robert Morrison in A Dictionary of the Chinese Language*, in *Proceeding of the First ASIALEX Regional Symposium*, Shanghai Lexicography Press, Shanghai, 2001, pp. 73—81(《亚洲辞书论集》。黄建华 章宜华主编,上海辞书出版社,2001,上海).

5. *Ci Yuan (A Dictionary of Chinese Etymology)*, Vol. Ⅰ—Ⅳ, The Commercial Press, 1979, Beijing(《辞源》,1—4册,商务印书馆,1979,北京).

6. De Francis, John, *ABC Chinese-English Dictionary*, University of Hawaii Press, 1996, Honolulu.

7. *Encyclopaedia Britannica*, 15th ed., Encyclopaedia Britannica Inc., 1998, Chicago.

8. Giles, Herbert Allen, *Chinese-English Dictionary*, Kelly and Welsh, 1892, Shanghai, 2nd ed. revised and enlarged, Kelly and Welsh, 1912, Shanghai.

9. *Hanyu Dacidian* (*A Comprehension Dictionary of Chinese Language*), Vol. Ⅰ—Ⅲ, Hanyu Dacidian Press, 1997, Shanghai(《汉语大词典》, 3 卷本, 汉语大词典出版社, 1997, 上海).

10. Leppihalme, Ritva, *Cultural Bumps, An Empirical Approach to the Translation of Allusions*, Multilingual Matters Ltd., Clevedon, 1997.

11. Liang Shichiu, *A New Practical Chinese-English Dictionary*, The Far East Book Co., Ltd., Hong Kong, 1971 (梁实秋,《最新实用汉英辞典》, 远东图书公司, 香港, 1971).

12. Li Min and Lin Tayyi, *The New Lin Yutang's Chinese-English Dictionary*, Panaroma Press Ltd., 1987, Hong Kong (黎明, 林太乙,《最新林语堂汉英词典》, 大盛出版有限公司, 香港, 1987).

13. Lin Yutang, *Chinese-English Dictionary of Modern Usage*, The Chinese University of Hong Kong, 1973, Hong Kong (林语堂,《当代汉英词典》, 香港中文大学词典部, 香港, 1972).

14. Liu Jiexiu, *Hanyu Chengyu Kaoshi Cidian* (*A Dictionary of Chinese Idiom's Etymology*), The Commercial Press, Beijing, 1989 (刘洁修,《汉语成语考释词典》, 商务印书馆, 北京, 1989).

15. Lu Feizhe et al, *Chung Hua Chinese-English Dictionary with Supplement*, Chung Hua Book Co., Ltd. Shanghai 1936 (陆费执等,《中华汉英大辞典》, 中华书局, 上海, 1936).

16. Mathews, Robert Henry, *A Chinese-English Dictionary Compiled for the China Inland Mission*, China Inland Mission and Presbyterian Mission Press, 1931, Shanghai; revised American edition published for the Harvard-Yenching Institute, Harvard University Press, 1945, Cambridge, Massachusetts.

17. Newmark, Peter: *Approaches To Translation*, 1982, *Pagamon Press Ltd., England*; *A textbook of Translation*, 1988, Prentice Hall International (UK) Ltd., England.

18. Nida, Eugene. A., *Language, Culture and Translation* 1993, Shanghai Foreign Language Education Press, Shanghai.

19. Shen Shanhong et al, *A Chinese-English Dictionary with Cultural Background Information*, The Commercial Press, 2000（沈善洪主编，《中国语言文化背景汉英双解词典》，商务印书馆，北京，2000）.

20. Wang Jiarong, 95 *Years of The Commercial Press*, 1992, The Commercial Press,（汪家熔，《商务印书馆九十五年》，1992，商务印书馆，北京，pp. 452-55）.

21. WANG Xuezhe et al, rev. By Wang Yunwu, *A Modern Chinese-English Dictionary*, The Commercial Press, 1946, Shanghai（王学哲主编，王云五修订，《现代汉英辞典》，商务印书馆，上海，1946）.

22. *Webster's New Biographical Dictionary*, Merriam-Webster's Inc., Publishers, 1983, Springfield, Massachusetts.

23. Wei Dongya et al, *A Chinese-English Dictionary（Revised Edition）*, 1995, Foreign Language Teaching and Research Press（危东亚主编，《汉英词典（修订版）》，外语教学与研究出版社，北京，1995）.

24. Wilkinson, Endymion, *Chinese History, A Manual*, Harvard University Press, 2000, Cambridge（Massachusetts）and London.

25. Wu Guanghua et al, *Chinese-English Dictionary*, Vol. I-II, 1993, Shanghai Jiaotong University Press, Shanghai（吴光华主编，《汉英大辞典》（两卷本），上海交通大学出版社，1993，上海）.

26. Wu Jingrong et al, *A Chinese-English Dictionary*, 1978, The Commercial Press, Beijing（吴景荣主编，《汉英词典》，商务印书馆，北京，1978）.

27. Wu Jingrong and Cheng Zhengqiu, *New Age Chinese-English Dictionary*, 2000, The Commercial Press, Beijing, 2000（吴景荣，程镇球主编，《新时代汉英大词典》，2000，商务印书馆，北京）.

28. Xu Shigu, *A Case Study of Evan Zohar's Thesis: The Disadvantage of C/*

E Translators, a paper read at the 2nd Symposium of Asian Translators, August, 1998, Seoul, ROK (见《外国语言文学研究》, 姜治文编, 重庆大学出版社, 1999, pp. 51 – 58).

29. Yuen Ren Chao and Lien Sheng Yang, *Concise Dictionary of Spoken Chinese*, Harvard University Press, 1947, Cambridge, Massachusetts.

Appendix I
MacGillivray 的词典（1911 年修订版）样页

[961]

20. *ch'ü²-ch'in¹-kuo⁴-mên²* 娶親過門. On the morning of the wedding a procession consisting of musicians, etc., proceeds to the girl's house to receive her; on their return, as soon as they reach the bridegroom's house, the girl's face is covered with a piece of silk; she is conducted into the house, and, in company with her husband, worships heaven, earth, the gods, and their ancestors, and pay their respects to their relatives. See also "Social Life of the Chinese," Vol. I., p. 79.

21. *ch'un¹-fên¹* 春分. For the sake of convenience and reference I have arranged a small table with the twenty-four terms and their approximate dates in English and Chinese.

			English about the	Chinese about the
1	立春	Beginning of spring.....	6th February.	十二月二十六
2	雨水	Rain water..............	20th ,,	正月初一
3	驚蟄	Waking of insects.......	5th March.	正月十六
4	春分	Spring equinox..........	20th ,,	二月初一
5	清明	Pure brightness.........	5th April.	二月十六
6	穀雨	Corn rain...............	20th ,,	三月初一
7	立夏	Beginning of summer.....	5th May.	三月十七
8	小滿	Grain full..............	21st ,,	四月初三
9	芒種	Grain in the ear........	6th June.	四月十九
10	夏至	Summer solstice.........	21st ,,	五月初五
11	小暑	Slight heat.............	7th July.	五月二十
12	大暑	Great heat..............	23rd ,,	六月初六
13	立秋	Beginning of autumn.....	7th August.	六月二十二
14	處暑	Stopping of heat........	23rd ,,	七月初八
15	白露	White dew...............	8th September.	七月二十四
16	秋分	Autumnal equinox........	23rd ,,	八月初九
17	寒露	Cold dew................	8th October.	八月二十五
18	霜降	Frost's descent.........	23rd ,,	九月十一
19	立冬	Beginning of winter.....	7th November.	九月二十六
20	小雪	Slight snow.............	22nd ,,	十月十一
21	大雪	Great snow..............	7th December.	十月二十五
22	冬至	Winter solstice.........	22nd ,,	十一月十一
23	小寒	Slight cold.............	6th January.	十一月二十六
24	大寒	Great cold..............	22nd ,,	十二月十二

22. *êrh³-pao¹-'rh³* 耳包兒. These are made of card-board, etc., lined with fur, and are universally worn in the north.

23. *fang⁴-shêng¹* 放生. A Chinaman will buy any kind of living creature, such as birds, etc., and let them go; this is considered a meritorious action, and will not fail to be rewarded by heaven.

24. *fang⁴-shui³-têng¹* 放水燈. This ceremony consists in Buddhist priests floating lighted lanterns on rivers or lakes, to enlighten the darkness of the water world; it is a sacrifice to the spirits of those whose deaths have been occasioned by water, and occurs on the 15th day of the 7th month; it is called the *kuei³-chieh²* 鬼節, "Spirit's Festival." See also "Social Life of the Chinese," Vol. II., p. 104.

Appendix Ⅱ
H. A. Giles 词典样页

Appendix Ⅲ
Mathews 词典样页，1983 年修订版

Appendix IV
梁实秋：《最新实用汉英词典》样页

Appendix V
林语堂《当代汉英词典》样页

Appendix VI
商务版《新时代汉英大词典》样页

〔附〕汉语译文（邢三洲 译）

翟理斯的传统之继承与发展
——论汉英词典对收录和翻译文化局限词的重视

摘要： 本论文包括五个部分。第一部分是序言，介绍汉英词典中文化局限词的翻译问题。第二部分先简单介绍 19 世纪出现的一系列汉英词典，认为翟理斯的《华英字典》不仅是最早的，而且也是西方翻译者最常使用的参考书之一。这本词典的规模大得惊人，共收录 13,848 个单字条目和超过 100,000 个多字条目，它详细标记汉语普通话和方言的发音，并列举了其他一些汉语独具的特点。第三部分对翟理斯重视翻译文化局限词的做法做一个总的展示。举到的很多条目表现了中国文化的特殊方面，论文对这些条目及其英文翻译做了详细分析。第四部分分别介绍继翟理斯的词典之后、或多或少是循其方法而编纂出来的一些汉英词典，其中既有西人马修斯和德弗朗西斯编的汉英词典，也有中国学者梁实秋、林语堂和吴景荣等编纂的汉英词典。第五部分列举一些汉英词典中的译文谬误，借此指出在处理文化局限词时翻译者容易犯的错误，提醒翻译者要更多地重视由文化障碍引发的问题。

前言

1998 年，香港浸会大学的池威霖先生在第一届亚洲辞书学会地区研讨会上宣读了一篇论文。他论文的题目是"对马礼逊（Robert Morrison）在其《三部汇编汉英词典》(*A Dictionary of the Chinese Language*)中采用的文化导向编写法的研究"。我对池先生的论文很感兴趣，也完全同意他导言性的评论："双语词典在跨文化交际中作用明显,特别是在不同语言间的翻译方面更是如此。除了从词汇层次上给出对应词之外,双语词典还让使用者对源语言形成整体上的认识。"(Che,73 页)。就这一点来说,我认为外语—本族语词典(在此指汉英词典)更为重要,因为现在英语在亚洲已经获得"语言霸主"的地位。鉴于我已经在第二届亚洲翻译家论坛上提交了一篇较短的论文讨论了这个问题(Xu Shigu,1999),现在我来继续池先生的讨论似乎也就很自然了。池先生详细介绍了世界上出现的第一本汉英词典,即马礼逊的《三部汇编汉英词典》,并肯定了马礼逊在其编纂词典中采用的"文化导向编写法"。然而,距马礼逊发表他的《三部汇编汉英词典》(1815—1823)到现在已有 180 年之久,这部古老的作品现在很难见到(可能在爱丁堡大学等学术机构中还保存着仅有的两三部)。另外,为了解释汉字"一"的一个意思,马礼逊从《道德经》中引用了十几个例证,然而,以此种方法解决这一任务实非一本词典之力所能及,正如池先生在他那篇漂亮的论文结尾处所说的一样,他说:"我的意思不是说要像马礼逊一样在词典中收录如此大范围的文化信息。"(Che,81 页)实际上是一百年后出现的一本标杆性的词典,即翟理斯编纂的词典,才为双语词典编纂确立了"文化导向编写法"传统的模式。这促进了最适宜翻译者使用的双语词典的编纂。

翟理斯之前的其他词典编者

据我所知,马礼逊之后尚有七位词典编者,他们全部是西方外交官或传教士,他们编纂的词典如下:

麦都思(W. H. Medhurst),《汉英词典》(*Chinese English Dictionary*,1845);

司登得(G. E. Stent),《汉英合璧相连字典》(*A Chinese and English Vocabulary in the Pekinese Dialect*,1871)和《汉英袖珍词典》(*A Chinese and English Pocket Dictionary*,1874);

卫廉士(S. W. Williams),《汉英拼音词典》(*A Syllabic Dictionary of the Chinese Language*,1874)。

湛约翰（John Chalmers），《粤语袖珍词典》（*A Pocket Dictionary of the Canton Dialect*，1872）

鲍康宁（F. W. Baller），《汉英分解字典》（*An Analytical Chinese English Dictionary*，1900）

季理斐（D. Macgillivray），司登得《汉英合璧相连字典》的修订版，《英华成语合璧字集》（*A Mandarin Romanized Dictionary of Chinese*，1911。这实际上是司登得词典的修订第 3 版，并增补了新的字词和短语）

富善（C. Goodrich），《富善字典》（*A Pocket Dictionary：Chinese-English*，1907）

但是，上面所列的这几本词典在规模和质量上都无法与翟理斯的词典相比。后来，除了季理斐的《英华成语合璧字集》直到 20 世纪 30 年代还在流行外，其他的几本词典逐渐湮没无闻。

翟理斯的词典：翻译者的标志性参考书

根据恩迪米恩·威尔金森（Endymion Wilkinson，2000）和池威霖（Che，1997）的观点，20 世纪的前 50 年最常使用的汉英词典是翟理斯的《华英字典》(*A Chinese-English Dictionary*，1892；修订版，1912）。

翟理斯（Herbert Allen Giles，1845—1935）1867 年来到中国。做了 27 年的英国领事后，1897 年他回归故里，接替威妥玛（Thomas Wade）做了剑桥大学的第二任汉语教授，直至 1928 年退休。他写了多本有关中国文化的书，以《中国文学史》为最佳。他花了 20 年（1872—1892）时间编纂《华英字典》，又花了另一个 20 年（1893—1912）来修订这部标志性的作品。在修订版中，他改善了威妥玛的以北京音为基础的拉丁字母拼写系统，此后这种新型的汉语普通话译音系统被称为"威妥玛-翟理斯注音系统"。翟理斯的词典收录 13,838 个汉语单字作为大字头，超过 100,000 个多字条目作为大字头下的词条。他不仅给出这些汉字的英语对应词，而且解释字的不同含义，他还为这些汉字标注普通话和方言的发音（见附录样页）。多字条目不仅涵盖文言、白话、常用和罕用的词和短语，还收录成语、谚语、引语、地名、机构和官阶名称等等。简而言之，翟理斯的词典比它之前的词典有更丰富的内容。为了证明自己词典的强大，翟理斯自己做出了一个统计表。此表如下：

字头/编者	马礼逊	麦都思	卫廉士	翟理斯	翟理斯
出版年代→	1819	1845	1874	1892	1912
说 to speak	11	15	28	96	129
山 mountain	17	6	19	89	109
生 to be born	21	27	42	135	162
打 to strike	23	21	24	167	172
石 stone	20	19	23	76	89
如 as if	8	6	18	78	112

有关其他字头的举例此处从略。

在词典学上的讨论我们就此打住，再回到本论文的中心议题，即翟理斯对收录和翻译文化局限词的重视。

翟理斯对收录和翻译文化局限词的重视

众所周知，在翻译中我们应该特别强调文化局限词作为一种跨文化交际方式的重要性。学者们在20世纪八九十年代曾反复讨论过这个问题，如彼得·纽马克（Peter Newmark，1981，1988）、苏珊·巴斯尼特（Susan Bassnett，1980）和尤金·A. 奈达（Eugene A. Nida，1993）等。R. 莱克哈尔梅甚至写过一本书，专门讨论翻译中由典故运用导致的问题（Ritva Leppihalme，1997）。中国学者对此也很感兴趣。事实上，作为东方学家和词典编纂家的翟理斯在一百多年前就已经意识到这个问题。他认为读者最需要的是这样一本双语词典，它不仅提供源语言的语词意义和对应词，而且提供源语言的文化背景，即语词的字面意义之后的内涵意义。

翟理斯的文化导向编写法清晰地反映在他的词典中。他不仅是词典编纂家，而且是中国文化的爱好者。因此，他心中清楚自己正在编纂的是一本双语词典，一本帮助读者学习汉语的参考书，而不是一本中国历史、文学和哲学的教科书；他尽可能多地收录文化局限词汇。作为一位十分有能力的语言学家，他特别关注语音、语义和语法信息，做到正确和细致，在兼顾到平衡性和篇幅允许的情况下他不失时机地提供尽可能多的文化信息。下面对翟理斯词典中的文化局限词做大致的分类。

★介绍中国古典作家、诗人、思想家和哲学著作等的百科条目。

例：离骚 Li Sao or Falling into Trouble，—name of the famous poem by 屈平 Ch'u P'ing, the hero of the modern Dragon Festival, written previous to his suicide, 4th cent. B. C. （Giles, 1164 页）

例：老君 or 老子（lao tzu, see above）the philosopher known as Lao Tzu, who is said to have flourished in the 6th cent. B. C. , and on whom has been fathered the authorship of 道德经 Tao-Te-Ching. His identity as a historical personage is, however, by no means certain. See 1340, 10780. （855 页）

例：道德经 the Canon of TAO and the Exemplification thereof, —a work which has been attributed on insufficient grounds to Lao Tzu（see 6783）. It has been translated by many scholars and others, but not two of these have ever agreed as to the interpretation. It contains number of what may well be the genuine utterances of some ancient philosopher, mixed up with the hocus-pocus of later Taoism, and may safely be assigned to the Han dynasty.（1335 页）

例：聊斋 the Liao Chai, —name of a famous collection of tales by 蒲松龄 P'u Sungling of the seventeenth century.（888 页）

★介绍历史名人、官阶、朝代和人物等的百科条目。

例：唐朝 the T'ang dynasty, A. D. 618—907. （1331 页）

例：初，盛（or 中），and 晚唐 early, flourishing（or middle）and late periods of the T'ang dynasty, —with reference to literary brilliancy.

例：鲧 A large fish. Name of the father of the Great Yu. （823 页）

例：始皇帝 the first Emperor, —of a united China, on the breakup of the federal system, B. C. 211—209. （1226 页）

例：凌烟阁 a kind of national Valhall, under the T'ang dynasty. （in A. D. 643, twenty-four portraits of meritorious officials were painted for this gallery by Yen Li-pen.）（906 页）（接着出现一个词条，即由此条衍生出一个成语）德著凌烟 his merit was inscribed in the hall of Works. … （1151 页）

例：六部 the six boards, via 吏 of Civil Office, 户 of Revenue, 礼 of Rites, 兵 of War, 刑 of Punishment, 工 of Works, … （1151 页）

例：巴图鲁 Paturu, a kind of order for rewarding of military prowess, but bestowed only on those officers who already have the peacock's feather. Known under the Yuan dynasty as 字图鲁. （1040 页）

例：三纲 the three bonds, —between sovereign and subject, husband and wife, father and son.

★有文化内涵的地名。

例：武陵 warrior's tomb, —an old name for Hang Chow. Also, a name for the allegorical Peachblossom Fountain of T'ao Ch'en, because said to have been discovered by man of Wu-lin in Hunan.

例：十三陵 the tombs of the thirteen Emperors of the Ming dynasty who were buried near Peking.

例：苍梧 site of the tomb of 舜 Shun in Kuangsi.

例：垓下 name of a place in Kiangsu, scene of victory gained by 刘邦 Liu Pang, the founder of the Han dynasty.

★语言学术语、哲学概念和与宗教、寓言、传说等有关的术语或名称。

例：道 A road, a path; a way. Hence, the road par excellence; the right way; the true path; the Word of the New Test; identified by Kingsmill with the Buddhist Marga, the path which leads to Nirvana; the truth;

religion; principles（see 8032）. Of or belonging to Taoism（see 太极 859）...To speak, to tell....（1332—1333 页）

例：太乙 the great Monad, a cosmological term alluding to the condition of all things as one, before the evolution of the Yin and the Yang, the interaction of which gave birth to the phenomena of nature; God.（663 页）

例：阎罗王 the ruler of Purgatory; the Chinese Pluto.（1632 页）

例：蓬莱山 one of the 三神山 Three Isles of the Blest, —said to lie in the Eastern sea; off the coast of China; fairyland.（1088 页）

例：刘海戏蟾 Liu Hai playing with the frog, —a popular allusion to Liu Hai-ch'an（蟾）, as represented with one foot on a three-legged frog, the emblem of money-making.（910 页）

例：六书 the six scripts or classes of characters, as follows：(1) 象形 Pictorial; e. g...（2）指事 or 处事 Indicative or self-explaining; e. g...（3）会意 Suggestive compounds; e. g...（4）转注 Deflected ...（5）假借 Adoptive ...（6）谐声 or 形声 Phonetic...（911 页）

★格言、俗语、谚语，以及来自经典著作和诗词的引语等。

例：苟日新，日日新。If you can renovate yourself one day, do so everyday, —said to have been an inscription upon the bath-tub of 汤 T'ang

例：两姑之间难为妇 between two mothers-in-law it is difficult to be wife, —used of a position where there are two masters.（777 页）

例：燕子衔泥一场空 like the swallow carrying mud in its beak; all to no purpose, —its nest not being a permanent home.（1619 页）

例：红颜女子多薄命 pretty women have mostly indifferent luck in life.（1625 页）

例：一骑红尘妃子笑 at the clouds of dust beneath the horsemen's feet the concubine laughed, —said of the famous 杨贵妃 Yang Kuei-fei, who cansed lichees to be forwarded to her from the south by express couriers.（429 页）

例：无人知是荔枝来…（828 页）

★比喻性的短语和有典故来源的四字成语等。

例：狼烟 wolf-smoke, —from wolf dung burnt in the beacons scattered all over China, and used to give warning of any popular rising, etc. （833 页）

例：花柳之地 or 柳巷 places of ill fame; brothels. （909 页）

例：膏粱之体 a body of grease and grarin-a glutton

例：三星高照 may the Three Stars shine upon you! —i. e. may you enjoy 福禄寿 happiness, wealth and old age. （574 页）

例：高山流水 sympathetic appreciation-from the story of 俞伯牙 Yu Po-ya and his rustic friend 钟子期 Chong Tzu-chi, the latter of whom could tell when the lute of the former expressed "the flowing of water" or "the height of mountains". （907 页）

例：迷花恋柳 to be over-fond of the ladies. （909 页）

例：黄粱梦悟 The Yellow Millet Dream and the Awakening, —alluding to the famous dream of 吕洞宾 Lu Tung-pin who went to sleep as a pot of millet was put on the fire, dreamt that he became Emperor, lived out his life as such and waked to find that the millet was still uncooked. Lu Tung-pin then went into retirement, and became one of the Eight Immortals. See 仙 4440. The story is also told of Lu Sheng. （884 页）

以上引述的例子似乎足以证明翟理斯的文化导向编写法。和麦礼逊一样，翟理斯对倡导中国文化充满热情。但在组织词典条目上翟理斯更加理性、平衡和科学。毫无疑问，翟理斯确立了一个汉英词典编纂的传统，这个传统一直传承到现在。

翟理斯传统的追随者

后来，到了 20 世纪很少有汉英词典能达到翟理斯词典的宏大规模。另一本最常用的汉英词典是马修斯（Robert Henry Mathews）编纂的（Li

和 Endymion Wilkinson，同上）。马修斯是美国传教士，他将自己的词典命名为《为中国内地传教会编纂的汉英词典》(*A Chinese-English Dictionary Compiled for the China Inland Mission*, 1931)。这本词典收录7,785个汉字，在1943年的修订版中这一数字增加到9,101个。词典收录的汉语多字条目约为104,000条，1943年的修订版提高到119,000条。因此这本词典收录的条目数要超过翟理斯的词典，可是马修斯收录的文化局限词却少得多。释义仅仅是语义对应词，文化信息不仅简短，而且在多数情况下是不提供的。马修斯的词典在普通读者用来的确更为便捷，因为他们仅仅将词典用作交际的参考书；而对想了解更多中国文化的高级学习者来说，这本词典是满足不了的。另外的情况更让人失望。20世纪的前50年由中国人编纂并出版的汉英词典无论从规模上还是从文化局限词的收录上都无法媲美翟理斯甚至是马修斯的词典（汪家镕，1992）。即便是大语言学家赵元任教授也概莫能外。赵元任和杨联陞出版了一本名为《汉语口语简明词典》(*Concise Dictionary of Spoken Chinese*, 1947) 的汉英词典。这是一本专门处理汉语口语的优秀汉英词典，恰如其名，词典几乎未收录一条文化局限词。本文写作者只能将这种尴尬的境地归咎于历史环境，即动乱的时代。一战到二战以及二战之后，总是处于动荡之中。在这样的时期，人们可能没有了闲适的心境，不再对他国的文化抱有兴趣，亦不把本国的文化传播到他国。所有的词典都是以实用为目的。例如，赵元任词典的编纂是基于他的那本为美国大兵编写的教材，这些大兵将开赴亚洲战场。因此，这本汉英词典的主要功用是提高使用者的日常交际能力这一点就不足为奇了。

到了20世纪70年代，梁实秋教授和林语堂博士几乎同时出版了他们各自的汉英词典。他们二人均为著名作家和翻译家。梁实秋的《最新实用汉英词典》(*A New Practical Chinese-English Dictionary*) 1971年出版，随后林语堂的《当代汉英词典》(*Chinese-English Dictionary of Modern Usage*) 于1972年出版。梁教授是莎士比亚戏剧的优秀翻译家，自己又是一位著名作家，他毕生潜心于中国文化。因此，在词典的序言中他强调，为了能让非汉语的读者品味一些汉语谚语和短句的美，词典通常先给出它们的字面翻译，然后在短横线后给出它们的引申义（梁实秋，Ⅲ页）。他重复强调中国著名翻译家严复确立的"翻译者应遵守的三个主要原则：信、达、雅"（梁实秋，同上）。因此，他对"岁暮"的翻译不仅限于"the last season of a year"，而且翻译出它的比喻义"the closing years of one's life"。对"瓜田李下"的翻译也是这样处理的：

例：瓜田李下（literally）in a melon field（where one may be suspected of stealing melons if he ties his shoestrings）and under a plum tree（where one may be suspected of stealing plums if one arranges one's hair）— position that invites suspicion.（梁实秋，700页）

例：陵谷 high bank and deep valley-changes of worldly affairs, ups and downs; vicissitude.（1181页）

例：瓦釜雷鸣（literally）an earthen pot sounding like thunder—an unworthily man, making sensation and enjoying popularity.

为了节省篇幅，我们不再列举"留侯（i. e. 张良 Chang Liang）"之类的词条。梁教授的词典在1992年出了修订版。

林语堂用英语写出了小说《京华烟云》，他对英语的掌握至今无人能及。因此，他编的汉英词典的语言质量也可以说是最好的。林语堂的汉英词典篇幅足够大，共收录5,700个单字大字头，另有约60,000条多字次级条目。尽管这本词典的突出特点在其像赵元任的《汉词口语简明词典》一样收录数量庞大的口语词和短语，但它并没有忽视收录相当多的文言词、短语、成语和来自经典作品的引语，这点和梁教授的《最新实用汉英词典》一样。

例：匪…adv.（AC, LL）not（= modn. 非）. 匪夜匪懈 phr. Never slacken through the morning and night（556页） （注：AC = ancient language，LL = literary language）

例：臣…V. t. （LL）subjugate or be subjugated. 以力臣天下 subjugate world by force（557页）

例：牛刀小试（lit）（of a person of great potentials）give a little inking of what one is able to do.（14页）

例：门前冷落车马稀 The house looks deserted and there are few callers.（14页）（注：唐代大诗人白居易诗中的一句）

因此，梁实秋和林语堂的汉英词典多少继承了翟理斯确立的传统，这也是他们的词典获得广泛接受的一个可能的原因。林语堂的词典还出版了修订版（1987）。

在梁林二人之后，汉英词典舞台终于迎来了一位主角。1978年吴景荣教授主编的《汉英词典》在北京出版。在这本词典中，标准的汉语发音标记采用拼音系统，条目数量恰到好处又足够使用，释义选择及条目排序编排科学，英语译文十分地道。因此，这本词典甫一出版就成为权威的参考书。吴教授和他的志同道合者（多为顶级学者）将主要精力放在区分和厘定哪些汉语字词和短语在现代汉语中最常使用，并摒弃那些死语汇。此外他们还不辞劳苦地收集和记录那些现在仍在使用的、有特定文化含义或包含丰富文化内涵的字词、短语、成语、谚语、格言和引语。从这个意义上说，吴景荣的《汉英词典》秉持了翟理斯的传统。《汉英词典》还更进一步，通过其更加科学的方法来翻译文化局限词，这是对翟理斯传统的发展。

吴景荣的《汉英词典》1995年出版了修订版，危东亚教授是主要修订人。新版增加了内容，规模也较旧版更大，因而成为2000年之前最流行、也是最好的汉英词典。从20世纪70年代后期到20世纪末，当然还有其他多部汉英词典问世，虽大小各异，但无一例外都受到翟理斯传统的影响。甚至那些主要收录科技术语的专科汉英词典也不忘记介绍中医、中国建筑等，更不要说数量众多的有关汉语成语、谚语、寓言和传说等的汉英词典了，这些词典基本上是采用布鲁尔（Brewer）词典的模式。例如中国现在最大的汉英词典《汉英大辞典》（吴光华，1993；修订版，1999）以两卷本示人，收词总计43万，这是一本主要收录科技词汇的词典，但词典编者仍然宣称其词典"……具有中国特色。凡中国历史、文化、科技之精华，如文学典故、中医中药、武术气功等，广收博引……"（前言，吴光华，1993，1999）。有一本词典干脆直接取名为《中国语言文化背景汉英双解词典》（沈善洪，1998）。这种潮流也影响了当代西方学者编纂的汉英词典，例如美国的约翰·德弗朗西斯（John DeFrancis）教授，他编的《基础汉英词典》(*ABC Chinese-English Dictionary*) 和赵元任的《汉语口语简明词典》很相似，但他也没有忽视翟理斯的传统。例如有关"黄粱梦"这个典故出现三个词条："黄粱美梦"、"黄粱梦"和"黄粱一梦"，尽管这几条采用了同一种英语释义，即一条十分简单的对应词"np. pipe dream"。词典还收录了百科人名条目和成语，人名如"黄兴"、"黄炎培"和"黄遵宪"，成语如"黄袍加身"和"黄道吉日"等，尽管所给的英语注解很是简短（例如：黄袍加身 ph. acclaimed emperor）。

　　终于，到了 20 世纪的最后一年，一本大型的《新时代汉英大词典》横空出世，主编是吴景荣教授和程镇球先生。先是在吴教授，后在程先生的领导下（后者曾任中国外交部翻译室的主任），20 位教授通力合作，历经十年，努力编出了中国最全面、最可信、最实用的一部当代汉英词典（转引自危东亚教授 2000 年 9 月 18 日在《中国图书商报》上发表的书评）。作为新近出版的一部大型汉英词典，《新时代汉英大词典》继承了翟理斯的传统，并将这一传统发挥到极致。在其众多优点中，词典特别注意尽可能多地收录文化局限词，并给出最忠实的英语翻译，还给出恰切的词源注解。例如，在大字头"王"之下有 54 个内词条，超多半数是文化局限词（见该词典 1231—1232 页）。在单字条目"青"之下的 113 个内词条中有 38 个是文化局限词，比例为惊人的三比一（1113:38 约等于 3:1）。为节省空间，本文后附四张该词典的样页，就该词典的举例此处省略。

　　总之，翟理斯作为中国文化的一位西方爱好者，确立了一个双语词典编纂的传统，这个传统不仅对词典编纂者十分重要，对翻译者也同等重要，因为翻译实际上是一种跨文化的交流。

文化局限词，文化碰撞

所有的翻译者心里都清楚，而且都要面对，源语言词汇之后的文化局限成分是必须跨越的障碍。然而，出于种种原因，翻译者有时候在这些障碍面前会不由自主地落入陷阱，或者用 R. 莱皮哈尔梅的话来说，文化碰撞发生（Ritva Leppihalme，viii 页）。当汉语是源语言时这点更加明显。由 5000 年文明演化而来的汉语可能是最难学的语言之一。因此在我们查阅汉英词典时会毫不奇怪地发现对源语言的错误理解和用目标语言做的不正确的翻译。身为著名汉学家的翟理斯偶尔也会跌入这个陷阱。例如汉语成语"精卫填海"意思是"心怀怨愤，立志必报"或"不畏艰难，奋斗不懈"（刘洁修，566 页），但是翟理斯的解释却是"vain exertions（徒劳的努力）"（Giles，267 页）。马修斯将汉语成语"沐猴而冠"翻译成英语"a monkey washed and dressed up—no sort of a man"（Mathews，644 页），结果闹出了笑话，而这个成语的正确意义是"猴子戴帽——装扮得像个人物，而实际并不像"（吴景荣，484 页）。这处谬误是吴景荣教授指出的（Chang Sin-wai 和 David E. Polland，500 页）。我自己也发现了这本词典中的一处错误。马修斯将汉语成语"目食耳视"翻译成"to eat with the eye and see with ear"。这在字面上并无不妥，但他接着写出了这个成语的引申义"of indulgence in fancy dishes and fashionable dress（对花里胡哨的食品和时髦服装的迷恋）"（Mathews，664 页），在这地方他就完全搞错了。很显然，他查阅了参考书来寻找词源，但是他似乎被大段的古文引文搞糊涂了（见刘洁修，282 页；《辞源》2198 页）。这个成语的实际含义是"主次错乱，本末倒置"。林语堂博士将"黄粱梦"解释成"（allu.）a talelike Rip Van Winkle—signifying vanishing of dream or of time"（林语堂，245 页）。我认为这种对比不得要领。大家都知道，美国作家华盛顿·欧文讲述的瑞普·范·温克尔的故事有一定的讽刺味道，"黄粱梦"故事的主角卢生代表了中国古代下层知识分子的悲惨命运，其中包含一种自我抚慰的心境，即世间的所有成就，福禄寿不过是一场空，即佛教的永恒主题和庄周虚无主义思想的交织。在约翰·德弗朗西斯的词典中，对"黄粱梦"的翻译过于简短，只用了两个英语单词"pipe dream"，因此丢失了这个典故的文化内涵。

上文提到的错误和缺点在这些词典中基本上是微不足道的，只是这些大师的无心之失。但这却提醒翻译者要时刻警惕，稍一疏忽将让你落入陷阱。

中国近代、现代英汉双语类辞书出版回眸
(1870—1990)*

绪　言

一、关于"双语辞书"的界定

从学理上讲，双语辞书是以一种语言符号系统中的单词、词组、习语、成语等立目，而以另一种语言符号系统加以译释，给出对等译文，并且时常在给出对应的语义信息之外还给出源语的语音信息、语法信息、语用信息乃至于有关的文化背景或具体知识的出版物。因此，凡是两种语言对译的词典都是双语辞书。

但是，限于笔者的学养和大多数读者的实际需要，本文内容仅涉及英汉和汉英类双语辞书。

英汉双语类辞书中也包括少量多语种对照的辞书，本文有时也略加提及。

英汉双语类百科全书不列入本文，但百科性的英汉词典仍属于本文讨论范围。

---

* 本文原系上个世纪90年代初笔者为某单位开办编辑培训班所写的讲稿，此次收入本《论集》时作了一些文字上的更动。由于种种原因，这篇讲稿后来并未有机会使用，由于这个原因，讲稿第十节的手稿并未打印，此次编纂本《论集》时竟然找不到了，想来搬家时不慎失落，因而文末仅仅列出第十节标题而无内容，谨在此说明，并衷心希望有兴趣的辞书界朋友能予以续写，把这二十年（1991—2011）来我国英汉双语类辞书蓬勃发展的盛况作一总结。

二、关于几个问题的说明

1. 我国双语辞书的编辑出版有悠久的历史,因此,本文的题目虽然是"当代概况",为了不割断历史和温故知新,笔者仍先辟专节讲述我国英汉双语类辞书编辑出版的历史沿革,笔者认为,采取这种写法未必全无裨益。

2. 我国的香港、澳门特区和台湾地区英汉双语类辞书的编辑出版理应属于本文讨论范围,因此在具体讲述时将经常提及这些地区的英汉双语类辞书,其先后次序灵活处理,或详或略也视情况而定。但由于笔者的学养所限,这方面的情况了解得很不够,挂一漏万恐难避免,谨事先说明。

3. 讲述的总体顺序是:根据黄建华先生的分类法,先按语文词典和学科词典两大类划分。语文词典内部再分为综合性(即一般语文词典)和选择性(即专项或专类语文词典)两类;学科词典则按不同专业划分,但因为学科门类繁多,势难讲全,而只能举几个重要的专业门类作为代表。每一类英汉双语类辞书又分为详尽型(大型)、中间型(中型)和有限型(小型)三种。每一种除概述整体情况外,都要举一两部或三四部有代表性的作品略加点评或重点介绍,以求言之有物,学有榜样,而不仅仅是罗列一大堆书目(事实上也无法做到为数以千计的英汉双语类辞书开出完备的书目)。另外,这类辞书又有由我国学者自行研编和引进国外或境外作品之分,为方便起见,这两类也将按不同的品类结合在一起予以介绍。

4. 讲述的时间顺序可划分为以下 5 个阶段:1949 年以前;1949—1954 年;1955—1965 年;1966—1976 年;1977—1990 年。笔者将对每一个阶段我国英汉双语类辞书编辑出版的整体状况或走势作一简要的说明或分析,指出所取得成绩或值得肯定的方面(以点名的方式举出代表性词典为例),也尝试指出存在的不足之处或应该引以为戒的方面(以不点名的方式举出代表性词典为例),但这些意见仅仅是笔者的个人见解,提出来仅供大家参考。

三、本文希望达到的目的

希望通过本文能使读者对我国现当代英汉双语类辞书编辑出版的概况（1990年以前）有一个较全面的了解和较完整的印象，了解我国这类双语辞书的编辑出版已经达到的水平和规模以及需要填充的空白和需要克服的不足之处，了解打造出双语辞书精品之艰苦和开拓出原创性选题之不易，从而使从事这方面工作的同志在今后的实际工作中能够更加理智、更加清醒地做好市场评估和选题策划，更加细致、更加严谨地做好这类双语辞书的编辑审读工作，加强精品意识和原创性意识，避免无谓的选题重复、平庸之作充斥和粗制滥造，更好地开展社会主义图书出版市场的良性竞争，共同推进我国英汉双语类辞书编辑出版的进一步繁荣，为社会主义的精神文明和物质文明建设作出更多的贡献。与此同时，本文也可为有志于研究我国外汉双语类辞书史的同志提供一些可供他们参考的资料。

我国双语类辞书编辑出版的发展沿革

笔者对这个大题目拟从古到今先作一简要概述，然后在下一段"出版概况"中再按时间段分十个小节——予以具体阐明。

一、我国是一个辞书编纂历史最悠久的词典大国

1. 我国早在汉代即已出现辞书，从史游的《急就篇》到《尔雅》和《说文解字》，其历史早于欧洲国家一千多年。

2. 我国的辞书——从《尔雅》、《说文解字》到《康熙字典》——两千年来数量之多、门类之众、在社会生活中所居地位之崇高（《尔雅》成为士子必读的儒家经典之一），在世界上没有一个国家可以相比，并且对周边国家产生了巨大影响。

3. 我国以当时的活语言为素材编写的第一部双语词典《蕃汉合时掌中珠》（西夏文汉文词典）成书于1190年，比英国人约翰·加兰以死语言（拉丁文）为素材编写的出版于1225年的欧洲第一部双语词典（实际上只是一种拉丁语英语词汇手册）要早30余年。（日本人早在公

元9世纪即编出他们的第一部双语词典《篆隶万象名义》，但那是为了帮助人们阅读和书写汉字汉文的汉日词典，是借鉴我国的汉文词典编写出来的。）

二、1949年以前我国近代以英汉双语类辞书为主的词典编辑出版的大致状况

1. 从16—17世纪明代万历年间利玛窦、罗明坚、郭居静等人编写外汉、汉外词典开始，外国来华传教士和外交官出于其传教、进行殖民教育和侵略的目的（自然也有少数人确是为了促进文化交流），纷纷开展以编写汉英词典为主的双语辞书编纂活动，此种活动一直延续到20世纪，编出了多部汉英词典（详见后文）。另一方面，从19世纪中叶开始，洋务派为翻译西学书籍和输入西方科技知识，也开始组织编纂英汉双语类辞书。从19世纪70年代开始，由他们创办的江南制造总局附设的翻译馆开始编纂出版以名词术语对译为主的英汉双语词汇手册，如《化学材料中西名目表》（成书于1870年后，1890年正式出版）、《西药大成药品中西名目表》（1887）和《汽机中西名目表》（1890）等，京师同文馆也编了一些类似的双语对照词汇手册，但仅此而已，其他乏善可陈。

2. 1897年，民营出版机构商务印书馆刚一成立便着手编辑出版英汉双语类辞书，到1911年以前的短短十几年间，就出版了好几种篇幅一部比一大部大、质量一部比一部好的英汉词典（详见后文）。民国以后至1949年，以商务印书馆为主的中国民营出版社，出版了涉及英、德、法、日、俄、西若干语种的一批外汉、汉外双语辞书，特别是英语词典已形成一定的规模，但由于半封建半殖民地的旧中国积贫积弱，北洋军阀和国民党反动政府对国家的双语辞书编辑出版事业几乎没有给予任何支持（只是在30至40年代由国立编译馆出了一些词汇手册），因此，从1911到1949年，全国在漫长的几乎四十年内所出版的双语辞书没有超过200种，而且大部分集中在英语词典方面，比起像日本这样的邻国，不可避免地处在了一种十分落后的地位。

三、1949 年以后我国双语类辞书编辑出版的大致状况

1. 1949 年新中国成立后，从 1949 到 1954 年这 5 年间，由于建国伊始，百废待兴，整个国家处于经济恢复时期，全国只出版了 20 余种双语辞书，仅涉及 3 种外语（英、俄、拉丁），平均每年只出版 4 种。从 1955 到 1965 年，随着我国社会主义建设和文化教育事业的发展，随着社会主义改造完成和一批国营出版社的建立，我国双语类辞书的编辑出版呈现出了欣欣向荣的景象，10 年中一共出版了 150 多种双语类辞书，涉及的外语迅速增加到 14 种，词典的品种类型也有了发展，特别是俄汉词典的编写和出版成绩尤显突出，可以说是我国双语辞书发展历程上的第一个高峰期。然而从总的情况来说，这段时间的双语辞书大都带有应付当时工作（外贸、外交和官方的对外文化交流活动）急迫需要的痕迹，还缺乏长远的考虑和整体规划，因此，除少数两三本外，各种词典的总体质量是不高的，在篇幅上也多为短小之作，有许多甚至只是一些词汇手册。

2. 从 1966 到 1976 年处于"文革"时期。由于指导方针上的失误和四人帮的干扰破坏，双语类辞书的出版降到了建国以来的最低量，甚至一度完全停止，从 1967 到 1969 三年中没有出版过一本双语词典，从 1970 到 1976 长达七年的时间内也仅仅出版了 70 余种外汉、汉外词典。但在此期间，由于周恩来总理的过问，在邓小平同志复出主政的 1975 年 5 月，国务院出版口于广州召开了全国辞书出版规划座谈会，会后，周总理又亲自批准了我国第一个《中外语文词典编写出版规划》（1975—1990 年全国辞书出版规划），系统地确定了一批决定出版的多达 20 个语种的双语类辞书以及负责出版它们的出版社，从而使我国双语类辞书的编辑出版峰回路转，显露生机，并为 80 年代的繁荣局面打下了基础。

3. 1976 年 10 月粉碎四人帮以后，特别是 1978 年 12 月党的十一届三中全会开始了改革开放的新时期以后，直到 90 年代结束的这十几年中，随着国家整个文化教育事业的蓬勃发展，我国双语类辞书的编辑出

版事业步入了历史上的第二个繁荣时期，短短十二三年内，就出版了双语类辞书1000多种，涉及14种外语，发行量更是大得惊人。这其中英语词典占60%以上，俄日德法4个语种约占30%。经历过十年"文革"之后的知识分子们爆发出了空前的工作热情，精品辞书一部部编成问世，经历了长期书荒的读者更是如饥似渴地抢购双语类辞书。回想80年代前后那段时期，一部外汉或汉外词典——特别是英语词典——出版以后，往往在短时期内就会有数以十万计乃至百万计的销量。这一时期出版的双语辞书不仅数量大，品种多，也出现了像上海译文版《新英汉词典》、商务印书馆版《汉英词典》这样的精品。同时，我国出版界也开始了与国外同行的交流，例如商务印书馆就于1988年5月引进出版了世界级辞书精品《牛津现代高级英汉双解词典》（OALDCE，第3版），并与牛津大学出版社合作编纂和出版了广受欢迎的《精选英汉、汉英词典》。这些成绩的取得都是和党的以经济建设为中心和改革开放政策分不开的。

4. 从这一时期开始，双语类辞书的学术研究工作也蓬勃兴起，各种外语学刊或报纸上大量刊登有关双语类辞书的研究或评介文章，厦门大学等好几所高等院校开始招收双语词典编纂学研究生，我国第一家以包括双语类辞书在内的词典研究为宗旨的学术刊物《辞书研究》于1979年创刊，与双语类辞书编纂规范化有密切关系的"全国自然科学名词审定委员会"也在80年代中期成立。1982，1985，1989年上海、陕西、福建等省市相继成立了辞书学会。国家新闻出版署不仅抓了全国多部出版社重点辞书出版的规划乃至具体的组织工作，并于1988年9月在成都召开了第二次全国辞书出版规划座谈会，组织制订了《1988—2000年全国辞书出版规划（草案）》，会后不久，该规划即获国务院正式批准。这个规划的指导方针是加强管理，调整结构，保证重点，提高质量，实行了大型项目规划，中型项目协调，小型项目开放的原则，制定了169个规划项目，其中双语类辞书占了70种，从而为90年代至今双语类辞书编辑出版的大发展大繁荣奠定了坚实的基础。

5. 进入 90 年代，我国进一步加大了改革开放的步伐，社会主义市场经济逐步建立，我国的各项社会主义文化教育事业进入了空前繁荣的时期，双语类辞书的编辑出版也随之出现了一个前所未有的大发展和大繁荣的局面。从 90 年代初至今这 12 年中，双语类辞书的出版总量据不完全统计已达 2000 种以上，涉及的外语也超过了 25 种，各个大语种的综合性双语类辞书不仅已经大中小成龙配套，而且品种愈出愈细，学科性双语类辞书更是种类繁多，理工医农各行各业几乎都有了本行业的大型双语词典（至少是英汉类词典），乃至绝大部分的分支学科的行业分工部门都出版了自己的工具书。这里仅举一例：为准备大专院校高考入学、研究生和国外留学应试而编纂的各类英语词汇手册这十几年来就出版了三四百种，一般的小型英汉和汉英词典就出版了一二百种。从语种上看，英语词典仍占 60% 以上，俄语的比例下降，日、法、德语词典的比例上升。在这段时期，上海译文版《英汉大词典》、黑龙江教育版《俄汉详解大词典》、商务版《新时代汉英大词典》、外研社版《汉英词典》（修订本）等一系列大型或中型的双语类辞书精品涌现于市场，表明我国的双语类辞书这十几年来不仅数量和品种多得惊人，质量上也有了空前的提高，其中有一些已经达到国际一流水平乃至已处于世界领先的地位。可以说，我国双语类辞书的出版从上个世纪 90 年代初至今所取得的巨大成绩比起日本和欧美发达国家，已经毫无愧色和他们并驾齐驱，甚至已经跑到了他们的前面。

6. 不言而喻，上述成绩的取得自然要归因于整个国家 90 年代大发展大繁荣的大环境，但这也是和国家新闻出版（总）署的领导和扶植分不开的。进入 90 年代，在新闻出版署的关怀下，全国性的中国辞书学会成立，下设各种专业委员会中的双语词典专业委员会随之成立。受中国新闻出版署的重托，中国辞书学会于 1995 年开始，每两年举行一次旨在表彰辞书精品的国家辞书奖的评奖活动，中国辞书学会双语词典专业委员会承担了历届双语类辞书评奖的初评工作，至今已进行了 4 次。应该说，80 年代末的全国辞书出版规划和 90 年代迄今的 4 次国家辞书奖的评奖活动，对最近十几年来双语类辞书质量的提高起到了很大的推动作用。另一方面，出版社专业分工范围的突破和大学出版社的崛起对推动双语类辞书的出版繁荣也是很重要的因素。在这一新形势下，双语类辞书编纂的理论研究随之而进一步发展自不待言（这方面发表的论文已逾千篇以上），许多高校不仅招收双语类辞书编纂的硕士研究生，而且开始招收这个学术科目的博士研究生（如复旦大学）；不仅承担了若干种大型双语类辞书的编纂任务，而且成立了独立于外语院系之外的双语词典研究中心（如南京大学）或研究所（如黑龙江大学）。双语类辞书编辑出版的对外合作进一步展开，在引进多种外语词典的同时也开始向国外和境外的出版商出售我国优秀的双语类辞书的版权。对外学术交流也开展得十分活跃，1997年3月在香港科技大学召开了第一届亚洲词典学会议，并成立了由我国学者担任会长、韩国学者担任副会长的亚洲辞书学会。

同样，我国的香港、澳门特区和台湾地区，自1949年以来也出版了不少双语类辞书。

英汉双语类辞书出版概况

现在就让我们专门来谈一谈英汉双语类辞书的编辑出版概况，按时间段分为以下十个小节作具体论述。

一、1949年以前出版的综合性英汉语文词典

1. 我国最早的一部现今仍可见到的英汉词典：邝其照所编《华英词典》（19世纪70年代出版及其修订版）。

2. 我国最早的一部颇具规模的英汉词典："译学进士"颜惠庆所编《商务印书馆华英音韵字典集成》（1901年，商务印书馆）。

3. 畅销多年的我国第一部中型偏大的英汉词典：颜惠庆等多人编纂的《英华大辞典》（1908年）。

4. 我国第一部全文翻译出版的中型偏大的英语词典：《英汉双解韦氏英汉大学词典》（1923年初版，1933年新1版，商务印书馆）。

5. 由我国学者综合英国、美国和日本各家词典之长的第一部真正自行研编的大型英汉词典：黄士复和江铁主编的《综合英汉大辞典》(1928，商务印书馆，其《新字补编》出版于1948年)；该词典因收词多和质量优异而畅销多年，直至20世纪下半叶仍流行于东南亚华人社区。

6. 首先使用现代汉语（白话文）编写的英汉词典：有著名翻译家朱生豪参加编纂的《英汉四用辞典》(1943，世界书局)。

7. 以商务版《英汉模范字典》（张世鎏等编，1927）的多种中、小型英汉词典。

8. 1949年以前100年内整个中国出版的综合性英汉语文词典不足百种，成果有限。

二、1949年以前出版的综合性汉英语文词典

1. 以外国传教士和外交官为主力编写的汉英词典：马礼逊的6卷本《华英词典》(1915—1923，东印度公司出版社)；麦都思（1837）、司登得（1871）、湛约翰（1872）、卫廉士（1874）、鲍康宁（1900）、富善（1907）、迈尔和温普（1935）等人编写的汉英词典。

2. 几部有特点而畅销的外国人所编汉英词典：季里斐所编《英华成语合璧字集》(1898年初版，1911年修订版，上海美华书局)；翟理斯所编巨型《华英字典》(1892年初版，凯利-威尔希出版公司，1912年修订版)；马修斯的《汉英词典》(1931，中国内地传教会与长老会传教会出版社；修订版，1945，美国哈佛大学出版社)。

3. 由陆费执、严独鹤主编的《中华汉英大词典》规模较大，收词较多，1936年由中华书局出版；王学哲所编《现代汉英辞典》收单字6000多个，收3000余词条，规模与之相当，1946年出版，其他中国学者自编的汉英词典（包括英汉、汉英合为一册的双语双向词典，也包括商务印书馆1906年出版的中国第一部汉英分类词典《增广英语撮要》），质量抵不上外国人Mathews等编写的汉英词典。

4. 赵元任和杨联陞合编的《国语字典》（简明汉语口语词典，

1947，哈佛大学出版社；即将作为《赵元任全集》的一部分于 2003 年由商务印书馆重新编排出版）。

5. 小结：由于语言能力的关系，除赵元任词典（在美国出版）而外，1949 年以前由我国学者自行编纂的汉英词典不仅数量少，规模小，质量也差，乏善可陈（大都为汉语词目的英语简单对译，没有一部给出语法解说或配设例证；收词量小，几乎不收百科性条目）。1949 年以前的 100 年中，我国学者所编汉英词典总加起来不超过 20 种，而且很少有持久的生命力。

三、1949 年以前出版的选择性（单项专类）英汉双语类辞书

1. 所谓"选择性"的双语类辞书，即是选择外语学习所涉及的某一个方面或单独某个项目为素材编写的工具书。一般地讲，这类工具书可分为两类：一类是为应付某个方面的实际需要而编写的，如供人记诵或临时查阅的词汇手册；另一类是为在外语学习上谋求进一步深造，要对外语的某个方面加深认识或了解更多信息而编写的，如语法词典、同义词词典等。由于英语在 1840 年以后的中国即属于最通用的外语语种，广大英语学习者有进一步深造的要求，因此在 1949 年以前，除了一般的综合性英汉、汉英词典而外，也出版了若干涉及许多语言学习项目的选择性英语词典。由于前述语言能力的限制等原因，这类辞书以英汉类词典为主，汉英类词典极其罕见。

2. 词汇手册类：多为常用字表，如《英文最常用四千字表》（1938，中华书局）、《英语常用二千字》（1943，桂林新生书局）等，此类字表或根据英美词汇学家的原著改编，或按当时教育部颁布的"学生必须认识之英文字量标准"编就；新词汇编，如钱歌川所编《英文新词汇》（中华书局，1944）等。

3. 同义词辨异类：如《英语歧字辨异》（此为翻译作品，译者加有注释，商务印书馆，1912 年初版，1916 年出第 4 版），《英文日用同义字》（1937，上海竞文书局等）。

4. 成语、俗语、谚语、略语类：篇幅较大的有《标准英文成语辞典》（厉志云编，1926 年初版，1932 年 2 版，商务印书馆，收英文成语 7500 条，全书共 897 页，48 开本）、《模范英文成语辞典》（1935，中华书局）、《（英汉双解）熟语大辞典》（陈嘉编，1923，上海群益书社）、《（英华合解）英文习语大全》（1926，商务印书馆，收成语、俗语、俚语等约 48000 余条，英汉对照加注释，且有例句，大 25 开本，1132 页，篇幅较大）等。《英汉缩语词典》（1936，中华书局）类则多半篇幅较小。

5. 语法、惯用法、作文、正误类：霍恩比的名著《英语惯用法》很早就由上海南洋书局出了中译本，称《英汉双解英文文法辞典》；语法词典有《英文文法作文两用辞典》（詹文浒等编，1935，上海世界书局）；《英文用法大字典》（1942，上海竞文书局，1948 年出增订本）是葛传槼先生的名著，亦即后来改由商务印书馆出版的《英语惯用法词典》，系我国学者独立研究英语惯用法的力作；讲述实际搭配用法的有《英语前置词用法大全》（1925，商务印书馆）等。

四、1949 年以前出版的学科类英语词典

1. 社会科学类：30 年代出版了一批由国立编译馆编纂的英汉词汇手册，如《英汉经济学名词》、《英汉社会学名词》、《英汉教育学名词》、《心理学仪器设备名词》等，共约十余种，均为 16 开本，每种多为百页左右，收词 1—2 千条；多为学科性英汉对译工具书；民营出版社也出版这类学科性工具书，如《普通心理学名词》（英汉对照，1939，商务印书馆）等；宗教方面有《英汉宗教名汇》（1935，汉口信义书局）等，但此类书有不少仅见于藏书目录的记载，原本久已散佚；统计学有《统计与测验名词英汉对照表》（1933，中华书局）；社会学有《袖珍社会学词汇》（英汉对照，1931，北京成府友联社）；法律类有《华英双解法政辞典》（1935，天津百城书局）；经济类有《英汉经济词典》（1934，商务印书馆）、《会计名词英汉对照表》（1934，中华书局）、《中华英汉商业辞典》（1921，中华书局）等；图书馆学有《图书馆学九国名词对照表（中、英、德、法、西、意、荷、瑞、丹）》

(1930，商务印书馆)；教育学有《英汉对照教育学小辞典》(1930，民智书局)等。但此类英语工具书大都是英中词汇对译，且往往收词不全面，不系统，更罕有内容注释，质量不高，篇幅也小，与1949年以后特别是现今的同类出版物无法相比。

2. 自然科学与工程技术类：地理学类有《英华华英地名检查表》(1924，中华书局)、《汉英英汉世界地名对照表》(1948，新亚书店)等；化学类有《详注英汉化学词汇》(1916，商务印书馆)、《化学工程名词》(国立编译馆编，1946，正中书局)；天文学有《天文学名词》(国立编译馆编订，1934，商务印书馆)；矿物学有《矿物学名词》(国立编译馆编订，1936，商务印书馆，1951年还重印过一次，篇幅较大，16开，541页，收词6155条，按英文字母顺序排列，后列德、法、日、中文名词对照)；生物学有《生物学名词》(英汉对照，1946，北京辅仁大学农学系)、《普通动植物学名词》(英汉对照，1945，重庆正中书局，此书曾于1952年由上海新农出版社出增订版)；医学有《英汉新医辞典》(1949，上海新医书局，1951年曾重印1次，收词5700余条，32开本，836页，书末有"处方应用简字表"等7个附录)、《袖珍医学辞典》(1949，上海广协书局，1950年印第3版，英汉对照)、《药物名汇》(1922，商务印书馆，英语等6种文字对照)、《中外药名对照表》(1935，上海医学书局)等；工业技术有《工程名词草案》(英汉对照，20世纪20年代末至30年代初，上海中国工程师学会出版。此书为该学会所编，分土木、航空、电机、无线电、化工等8个分册)，《工程名词草案（机械工程）》(英汉对照，刘仙洲编，1934，为上述学会出版，刘为我国著名机械工程专家，后任清华大学副校长，他所编的这本《词汇》影响甚大，其定名多为本行业所采用)、《英汉对照机械工程名词》(刘仙洲编，1947，商务印书馆，此书直到1958年还印行第6版，收词18000余条，32开本，228页)、《电机工程名词》(国立编译馆编，1946，正中书局)、《英华无线电大辞典》(1948，此书曾由科学书报社于1951年再版)；轻工有《英华纺织染词典》(此乃译作，

1934，上海作者书社），《染织工程名词草案》（1929，上海中国工程学会）；交通方面有《英华对照公路词汇》（1933，经济委员会公路处，16开，仅有28页）；航空有《英汉航空用语字典》（1940，成都航空委员会）。由以上所列书目可以看出，1949年前出版的学科类英汉词典虽也涉及了十几个专业，在旧中国已属难能可贵，但由于当时中国科技落后，国民党政府毫不重视科研，因而学科类英汉双语辞书在学科本身几无研究工作可做的情况下，自然也就不会有什么发展，故而我们以上开出的书目几乎都是一些简单的词汇手册也就不足为怪了。

五、1950—1966年出版的综合性英汉语文词典

1. 在四分之一个世纪里一枝独秀的《英华大词典》（郑易里、曹成修编，1950年12月，三联书店，上海；1953年12月北京；1957年修订1版，时代出版社，24开本，正文1522页，中文索引654页）。这部词典是进步文化人士郑易里先生在上海解放前两三年内，付出几乎倾家荡产的代价，约请当时生活困难的中共地下党员曹成修同志与他合力编写，由他以"买稿子"的方式定期付给曹一笔钱，也间接帮助了中共上海地下党组织，真可谓经历了一段艰难而特殊的编写过程。该词典收录词条的特点是：广泛，全面，新词多，短语多，习语多，俚俗语多。词目词中的"基本单字"（1700个）和"次要单字"（6300个）标注词频符号。收词量大，达10万条以上。译释词义和翻译例证使用鲜活的现代汉语口语，远胜过《综合英汉大辞典》之使用文言，其汉语的鲜活纯正也超过了《英汉四用词典》。设"注意"栏解说惯用法。注音采用丹尼尔·琼斯《英语正音字典》第12版的国际音标，为前此一切英汉词典所未见。释义准确、细腻，译文简洁传神。兼收百科词条，知识量大。有详尽的语域、语用和学科标签。例证排白斜体，版面清晰醒目。新词多收录自国际时政和先进科技领域，时代感强。博采英美和日本英语词典的各家之长，心态开放，兼收并蓄。附设中文条目索引，兼起汉英词典作用，在当时出版市场汉英词典奇缺的情况下为读者提供了方便。在新中国刚刚建立，一切都万象更新的特定历史时刻，在所有旧的英汉词典都已不再重印的有利局面下，《英华》应运而生，以崭新的面貌赢得了社会各界的欢迎，在长达25年的时间里多次重印，一直畅销不衰（甚至在"文革"时期也出版了抹去编者姓名，删除了编者所写的前言后记的缩印本），成了干部群众学习英语必备的也是唯一的一部工具书，也是《新英汉词典》出版以前当时我国唯一的一本中型英汉双语类辞书。

2. 从1949年10月到1976年这27年中，出版社的数量不多，而且彼此间有严格的分工，出版外语工具书即双语类辞书的出版社屈指可数，出版语文性双语类辞书的任务到后来几乎完全由商务印书馆独家承担，所以在《英华大辞典》问世后，便没有再出版过其他任何一本中型英汉语文词典，就连小型英汉词典也只有寥寥数种，如郑易里、绍韩等编写的《袖珍英汉辞典》（1959，商务）为64开本，仅收词3万余条，主要参考《英华大辞典》并酌增少量新词编成；另一本《学生英汉词典》（1962，湖南人民出版社）篇幅更小，为72开本，仅收单词4000余个。

3. 不过，在这一时期，还是出现了另一本双语类辞书精品，这就是由张其春、蔡文萦夫妇二人编写的《简明英汉词典》（1963年12月，商务，24开本，1252页）。这部词典收英语单词26150个，其中以3500个常用词为处理重点，其特点主要体现在分析词义、补充说明（辨异、用法和注释）和注出名词之可数与不可数三个方面。该词典最突出的优点是针对性强，其补充说明部分是专为解决中国人学英语的难点而设的，其辨异栏尤为精彩，而注出名词之可数与不可数则是中国人所编英汉词典中的创举，充分吸取了英国牛津系列教学词典的长处。因此，该词典出版后不仅广受一般读者的欢迎，也得到了我国外语教学界的高度称赞，一直畅销了30年，直到上世纪90年代才为新的同类出版物所取代。除《简明英汉》外，还有一部收词量与之相近的中型偏小的英汉词典，这就是由辽宁省中小学教材编写组编写的《英汉辞典》（1975，辽宁人民出版社），该词典为32开本，1514页，收单词25000余个，派生词 300 余个，但质量平平，没有什么突出的优点，仅仅因为它是那 27 年末期出现的一部篇幅还不算太小的英汉词典才在此处提及。

4. 在"文革"的特殊环境下因特殊机遇而产生的一部英语词典精品《新英汉词典》（《新英汉词典》编写组编，1975 年初版，上海人民出版社；1976，32 开本；1978 年新 1 版，上海译文出版社，16 开，1688 页），收单词 5 万余条，连同词条内部的派生词与复合词，共计 8 万余条，词条内收习语（包括成语和动词短语等）14000 余条，书末有"常见英美姓名表"等 8 个极有用的附录。这是 1970 年在特殊情况下因特殊机遇而集合起的一支上海外语界的精英（复旦、上外、上师以及其他单位共 70 余人）通力合作的成果，在编写力量上远远胜过在国民党统治下的上海孤军奋斗编写《英华大辞典》的郑、曹二人。主持其事者为葛传椝、陆谷孙、薛诗绮诸先生，骨干有江希和、吴莹、李荫华等 13 位先生，参编者丰华瞻、伍蠡甫等约 60 人。全书总字数约 500 余万字，系标准的中型词典，先出 16 开本，1976 年 12 月又出 32 开缩印本，出版后立即风行全国，加上问世后不久即逢上粉碎四人帮、全国掀起一股为四化建设向科学进军的新高潮，接着又开始了改革开放的新时期，中华大地上学习英语热开始兴起，对英语工具书的需要空前迫切，而《新英汉词典》又是一部内容新、质量好的英汉辞书，故而这部词典在短短三五年内的销量即达到 300 万册以上。该词典的词目词和《英华大辞典》一样未划分音节（不知出于何种考虑，《新英汉词典》在 25 年后即 2000 年 12 月出"世纪版"时，词目词仍不划分音节，而《英华大辞典》于 1984 年 6 月出"修订第二版"时便改成使用中圆点划分音节了）；也和《英华》一样，《新英汉》仍以丹尼尔·琼斯《英语正音字典》第 12 版的国际音标注音，"基本词汇"改在词目词的右肩用星号标示，但《新英汉》却具有了超过老《英华》的以下几个特点：注意收录新词（包括缩略语），而这些英语新词自然比 30 年前老《英华》所收的"新词"更新了，正如该词典 1979 年版的"前言"所说，除去"注意收入反映西方资本主义社会政治、生活等方面的常见词语"

外,"还从英语、美语词典和英美等国报刊中选收了一定数量的新词语、新用法",其中尤以科技、国际时事、文学艺术影视音乐等领域的新词居多;同时该词典注意多收释义,而且对英语词义的解释和对应词翻译大都准确精当。特别受读者欢迎的是,相关的例证和例句都分别紧接在每一项释义之后(而不像《英华》把所有的释义先行列出再总括性地举列各种例证),眉目清楚,而且注意多配完整例句,以求有助于深化解释词义、表明其词性及使用时的前后搭配关系(虽然这些例句中有一部分是编者自己撰写的,受编写时环境的限制,其政治色彩过浓);一些难解的词和常用词(如介词、连词、冠词、常用的动词等)所举例证更多,力求以丰富而具体的例句表明本词的含义和用法,从而使词典具有了理解(翻译)型和活用(生成)型的双重功能。它也像老《英华》一样,兼收百科性词条,这类词条更注意收录现当代的事件和人物,且内容简练,要言不烦。全书各类不同的词语收录注意均衡,例证详略得当;一般复合词也像老《英华》那样附设于词目词内部以节省篇幅。综上所述,《新英汉词典》是我国迄今销量最大,最受读者欢迎的一部中型英汉词典,出版后不久香港三联店即推出其繁体汉字本在海外发行。该词典于 1985 年出了《增补本》,2000 年 12 月又推出新的"世纪版"。到 2000 年 6 月,《新英汉词典》的销量已突破 1000 万册,创双语辞书销量的世界之最。可惜的是,由于出版时间早,《新英汉》与 90 年代的三次国家辞书奖无缘。其"世纪版"在 2001 年的国家辞书奖初评时虽获提名,但由于其编校质量尚不够理想,未能通过有关部门规定的硬指标(可能是因为要赶时间在新世纪到来时推出新版本,编校工作未能做得再细一些),结果未被总评委通过而名落孙山。这是十分令人遗憾的。

六、1950—1976 年出版的其他英语语文词典

1. 在这一时期,由于我国处于被美国封锁的情况下,对外交往受到限制,因而综合性汉英词典的编辑出版也受到影响,除了商务印书馆出版过一本《汉英时事用语词汇》(1964,系分类词汇手册,收词约

12000条），上海人民出版社于1976年出版过一本《袖珍汉英词典》（试用本）供口译人员使用，再没有出版过其他任何汉英词典。据记载，毛主席于70年代学英语时，当时为他老人家提供的只有一本商务印书馆于1946年出版的《现代汉英词典》（64开本，667页，收汉字6000多个，复词约3万条，按四角号码检字法排序）和一本美国人编写的汉英词典。由此可见当时这方面工具书的奇缺。

2. 就选择性的单项专类英语词典而言，这一时期的情况比汉英词典略好一些。前文已经提到过我国著名英语专家葛传槼先生的那本英语惯用法著作。所谓惯用法，就是一种语言或方言的通常的或能够被接受的言语方式、所用词汇等，亦即语言的使用习惯，它不仅与词义有关，也涉及语音、拼写、语法乃至修辞、语体、文体等许多方面。葛先生充分吸收了福勒、霍恩比等人的英语惯用法研究成果，结合自己对中国人学英语的特点编写出了这部有创见的词典，并于1942年出版，这时经过10年的再修订，于1958年由时代出版社出版了《英语惯用法词典》（新修订本），该词典收罗了中国人学习英语时容易误解、用错或忽略的方方面面的问题，以词典形式一一给予指正或说明，在长达半个世纪的时间里一直是关于英语惯用法的权威著作；在正音方面，商务印书馆于1959年出版了《读音特殊的英语单词汇集》（44开本，1965年出了第二版）；在词汇手册方面，最畅销的是商务印书馆于1960年出版的《英语常用词汇》，该书的主要编者是我国著名语言学家高名凯先生，另一编者刘正琰也是专门研究英语词汇学的专家。此书到80年代还每年销行数十万册，除这本《词汇》外，还有几种类似的手册，有的称"词汇表"，有的称"最低限度词汇"或"常用词组"等等；在同义词词典方面，商务印书馆翻译引进了苏联人波达波娃编写的《简明英语同义词词典》（1959），还出版了中山大学外语系编写的《简明英语常用同义词例解》（1961），但它们的篇幅都不大，所收同义词组都没有超过200组；在成语词典方面，主要有南京大学外文系英语教研室编写的《简明英汉成语词典》（1965，商务，32开，545页）和厦门大学外文系根据苏联人所编词典编译的《英语成语词典》(试用本)(1972,商务,32开,1898页),前者的编写质量甚高,收录英文成语3700余条,以现代常用的成语为主,后者收英语成语、常用熟语、谚语、俚语25000余条,还收录动词短语1000余条,不仅篇幅较大,收词量多,而且许多词条下配有选自英美文学作品的例证,这些例证往往是由好几个句子组成的一个段落,用以说明写作中运用成语的上下文环境,此为该词典一大特色;在俗语、谚语等方面,这一时期没有出版过这类英汉双语辞书;此外,商务印书馆在1965年出版过由新华社编写的《英语国家姓名译名手册》,收常见姓氏、教名约26000个(44开本,381页),1970,新华通讯社自己出版了与此类似的《英语姓名译名手册》(40开,442页),收录的姓名增加到了33500个。

七、1950—1976年出版的学科类英语词典

1. 和语文性英语词典的情况稍有不同的是,学科类英语词典在这一时期的编辑出版工作还是比较活跃的。这是由于从1953年我国国民经济恢复时期结束后,步入了第一个和第二个五年计划的社会主义建设阶段,我国国民经济各部门正是在这一时期打下了现代化的初步基础,对各个学科专业类双语辞书的需求十分迫切,远非旧中国这类双语辞书可悲可怜的处境所能相比。这一时期出版的学科类双语辞书虽然有不少俄语词典,但英语词典仍然出版了一大批,数量上并不见得少于俄语辞书,比起1949年以前那种寥若晨星的可悲状况,自然是不可同日而语了。

2. 1950—1976年编辑出版的社科类英语词典极少,只有《英汉心理学名词》(中科院编译出版委员会名词室编,1958,科学出版社);外交方面有《国际会议术语汇编》(译自法国人著作,有汉俄德法英西6种语言对照,上海外国语学院英语教研室编,1962,商务版,64开,284页);电影方面有《俄英德法电影名词术语汇编》(1956,中国电影出版社);地理方面有《邮电常用外国国名地名手册》(汉俄英法文对照,1966,人民邮电出版社)、《世界地名译名手册》(英汉对照,辛华

编，1976，商务，32开，892页，汇辑外国报刊上常见的外国地名约5万条，是同类出版物中篇幅最大的一部）；除此而外，这一时期出版的以中文词目立条的社科类词典，如《哲学词典》、《经济学词典》等，往往附有英文索引，部分地起到了双语辞书的作用，这类词典为数不少（如果加上科技类词典的话），但它们毕竟不是正规的双语类辞书，故不——列举。

3. 自然科学和工程技术类英语词典在这一时期出版的，分类简述如下。综合性：《汉英科技常用词汇》（中科院外联局翻译室编，1961，商务）、《英汉科技常用词汇》（1972，国防工业出版社），前者收常用科技词汇12000条，书末附英文词汇索引，起到了双语双向的作用，后者收词10000余条，并收录专业词组和科技书刊上常见的习惯用语，编得也有特色；数理化基础科学类：《英汉信息论词汇》（1974，科学出版社，仅有25页，收词仅有1200个）、《物理学名词》（1953，商务）、《英汉物理学词汇》（1956，1975，科学出版社，系合并前二书并增补了新词，共收词22000条，已初具规模）、《英汉化学化工词汇》（中科院自然科学名词编订室编，1961，科学出版社，32开，1458页，系1955年版《化学化工术语》及其1958年《补编》的合并增订本，收词近10万条，该词典于1984年出第3版，质量更上层楼，后文将再次提及此书）、《英汉化学词典》（系译作，1964，中国工业出版社等），化学类英汉词典出版的种类较多，除上述总类外，还有《英汉无机化合物名词》（1959，科学出版社，该词典除收录约3000条无机化合物名词外，书前还刊登了我国无机化合物命名原则，对使用者很有帮助）、《高分子化学化工术语》（1957，科学出版社，收词2200条，英汉对照，书后并附有人造纤维商业名称，有机高分子化合物命名法等附录）、《英汉高分子词汇》（1974，科学出版社）、《物理化学分析术语》（1957，科学版）等。分类的学科词典更多，如《英汉色谱技术词汇》（1977，科学出版社）、《天文学名词》（1958，科学出版社，英俄中对照，此书还有俄英中和中俄英对照两个版本）、《英汉天文学名词》（南京大学天文系编，1974，科学出版社)、《英汉测绘词汇》(1964，科学出版社)、《英汉气象学词汇》(1965，科学出版社，该书于1977年出增订版)、《地质学名词》(汉英，英汉)(1954，中科院)、《英汉综合地质学词汇》(1970，科学出版社，32开，608页，收名词25000余条)、《矿物学名词》(汉英，英汉)(1954，中科院出版)、《岩石学名词》(英汉、汉英)(1954，科学出版社)、《英汉自然地理学词汇》(1976，同上)。生物科学：《胚胎学名词》(汉英，英汉)(1954，同上)、《英汉细胞学词汇》(1954，中科院；1965年2版，科学出版社)、《生物化学名词》(英汉对照，1955，人民卫生出版社)、《英汉微生物名词》(1959，科学出版社)、《英中植物学名词汇编》(1958，同上，该书于1965年出版《补编》)、《植物解剖学名词》(汉英，英汉)(1956，同上)、《孢子植物形态学名词》(汉英，英汉)(1956，同上)、《英汉动物学词汇》(1962，同上，该书于1975年出《补编》)。《动物生态学名词》(英汉、汉英)(1955，中科院出版)、《动物组织学名词》(1955，科学出版社)、《英汉蜱螨学词汇（试用本）》(1965，同上)、《昆虫学名词》(汉英，英汉)(1954，同上)、《英汉昆虫学词典》(1962，同上)等等。

4. 以上之所以罗列了这么多书名，旨在说明尽管50年代刚处于开国头十年，60年代已开始受到一些政策偏颇的干扰，但从1950至1966年这段时期仍是双语辞书出版的繁荣期，学科类英语词典在各个门类都已编出了基础性的工具书，特别是在各学科的基本术语译名的审定和统一方面已经打下了一个严谨、科学和获得普遍接受的基础，这就为始于80年代的编纂各个门类各个学科的中型乃至大型英汉和汉英词典提供了莫大的方便，为这项基础性工作作出了贡献的科学工作者和出版工作者们功不可没，虽然他们编辑出版的那些工具书现今已经为更大型、更严谨、更准确的各门学科的新的英语词典所取代。除以上列举的各种辞书外，像医药卫生类英语辞书中的《英汉医学常用词汇》(谢大任等编，1974，商务印书馆)和人民卫生出版社1976年出版的《英汉常用医学词汇》（篇幅比前者大一倍），工业技术类的《英汉矿业词汇》（1966，中国工业出版社）、《英华冶金工业词典》（1976，冶金工业出版社）、《英汉工程技术词汇》（1976，国防工业出版社，16 开，1036页，收词 173000 条）、《国际电工词汇》（多语种，分为若干分册，1960、1961、1962、1963、1964、1966 出了"电子学"等 5 个分册，以后陆续又出若干分册）、《英汉电信词典》（1962，人民邮电出版社，收词 45800 余条）、《英汉道路工程词汇》（1965，人民交通出版社）、《英汉航空与空间技术辞典》（1976，国防工业出版社，大 32 开，1491 页，收词 13 万余条）等等都是属于打基础性质的双语类辞书，限于篇幅，就不再多举了。

八、1977—1990 年出版的综合性英汉语文词典

1. 如前所述，1975 年 9 月的广州"全国辞书规划出版座谈会"和不久后获国务院批准的《1975—1990 年全国辞书出版规划》，对此后十余年双语辞书编辑出版的繁荣局面起到了很大的推动作用，特别是党的十一届三中全会开始的改革开放新时期为大量优秀的双语辞书的涌现提供了广阔的天地。在这一时期，首先是较大型英汉语文词典的出版引起了人们的注意。这里先谈谈两部优秀的中型英汉语文词典。其一是上文已经详加阐述过的《新英汉词典》。该词典于 1975 年出版后畅销全国。但该词典由于历史原因存在着一个很大的缺陷，即所举例证往往塞进无关的政治内容，随着时间的推移和客观情况的变化，这些内容多半已日趋过时，而且由于它们多系编者自撰，语言质量也不是很高。为此，词典于 1985 年出了增补本，"对正文中的释义和例证作了 600 余处的修改"（挖改），并增补了一批英语新词作为"补遗"列于书末。整个 80 年代自始至终，《新英汉》一直是最受读者欢迎的一部中型英汉语文词典。其二是前文也已经讲过的《英华大词典》。70 年代末，商务印书馆先后三次组织人力，最后一次组织了 40 余名专家学者和资深编辑对词典作了全面彻底的修订，实际上已经是一次重编，于 1984 年 10 月出版了该词典的"修订第二版"。新版《英华》以崭新的面目问世，收词数增加到 12 万条，篇幅由旧版的 300 余万字扩大到 510 万字，成了当时我国最大的一部中型偏大的英汉语文词典。《英华大词典》（修订第二版）16 开本，1613 页，后来又出 32 开缩印本，词目词全部划分音节，以中圆点隔开，有助于使用者正确读出单词，增收了大量新词，对原有的若干重点词条作了改写，并保持旧版多收成语、俚俗语和短语动词的特点，百科条目有了大幅度的增加，释义也有所改进和丰富。因此，《英华》的修订第二版推出后在图书市场上也广受欢迎，并被我国政府作为国家礼品赠送给了当时来访的英国首相撒切尔夫人。1985 年，《英华》修订版在香港出了繁体汉字本，并于 1989 年出了挖改本（挖改了若干处技术错讹），到 80 年代末已在海内外销行了 70 余万册，也是受读者欢迎的一部双语类辞书，销量仅次于《新英汉》（这可能是因为《英华》修订版仍然沿袭了例证不分别紧接于每个义项之后而是整体另列，且例证数量特别是完整例句较少，使其仍停留于消极的翻译型层次上，主要是供人翻检查阅词义，缺乏以大量例句帮助读者提高造句能力的生成型功能）。除这两部中型词典外，还有几部篇幅与之相当甚至大大超过的英汉语文词典也需要提一提。其一是《现代英汉综合大辞典》（吴光华主编，1990，上海科学技术文献出版社），16 开，2706 页，收词目词 25 万条，成语习语 7 万条，附于词目词内部的专业词汇 40 万条，收词量之大远超过上述二书，不过，可能是由于该词典编排过于紧密、收词过于庞杂等原因，其销量和受欢迎的程度都赶不上《英华》修订版，更别说《新英汉》了。另一本是《英汉大学词典》（1986，科学普及出版社），该词典兼收普通词语和专业术语，收词量大，但对若干普通语词和专业术语的处理不足之处较多，因此其销量还赶不上《现代英汉综合大辞典》，这说明编纂一部供大众使用的英汉词典并非收录的词汇和提供的释义越多越好，还要考虑其他许多因素，并且要在释义的准确性上下功夫。还有一部篇幅比《英华》、《新英汉》都要大得多的英汉词典，名曰《英汉辞海》（1988 年 12 月出版），上下两巨册，三栏排，共 6136 页，称得上是迄今已出版的英汉词典中最大的一部。该词典的词目词分音节，但却以我国英语界久已废弃不用的韦氏音标注音；几乎每个单词都有以英语注出的辞源。释义后紧接例证，复合词和短语另立条，全书共收词52万条。实际上，《英汉辞海》是美国《韦氏三版国际大词典》的中译本，外加把词典"主编译者"过去编写的一些"科技词汇大全"之类专科辞书中的词条大量并入。公平地讲，能够把《韦氏三版》这样的大词典翻译过来并不是很容易的，这部"巨典"本身由于把韦氏原书解释词义的文字都全部译出，因此对进一步理解词义还是能起到一定的参考作用，但该词典的编译工作时见粗糙之处（例如这样一部巨型语文辞书的词目词竟然不注出名、动、副、介的词类等），加之编排过于紧密，版面显得凌乱（例如像 take 这样的动词，读者若要寻找其某一个释义，真地像是在"海"中捞针了），篇幅过于巨大，本身原为语文词典却又强调其专科词典的功能，因此，耗费巨资出版这样一部巨型英汉词典不能说是一件成功之作，它在辞书编纂史上的地位是无法与《俄汉详解大词典》那样的顶尖作品相提并论的。"越大越好"绝不是评价一部双语类辞书的学术质量和实用价值的标准！

除上述词典外，收词量较大的中型英汉语文词典还有：云南师大外语系所编《当代英汉词典》（1985，云南人民出版社），该词典为32开本，1096页，收词仅74000条，但所收词条据称都是经电子计算机统计了使用频率后确定的；但是其知名度和销量都不及上述诸书。

2. 说到中型（和中型偏大的）英汉语文词典，不能不提一下我国台湾地区学者编写的两部辞书。其一是著名散文家、翻译家梁实秋先生主编的《远东英汉大辞典》（1977，远东图书公司，台北），该词典的前身是出版于1960年12月的《最新实用英汉辞典》，收词仅4万条，后来逐年增补修订，到1971年修订工作完成，收词量扩大到16万条，16开本（后来有32开缩印本），正文达2475页，该词典语词与百科条目兼收，词目词划分音节，D. J. 和 K. K. 两种音标分别注出英音和美音，例证紧接在每个释义之后，成语、动词短语、习语、谚语等总体以黑斜体另排在全部义项结束之后，且每一条都另行单排，复合词另立独立词条，义项号用黑圆括，词目词的不同词类都另行起排，因此版面编排合理，眉目清楚。释义文字简明，例证的译文准确流畅。应该说，这是一部出版时间较早而质量堪称上乘的英汉语文词典，因此，商务印书馆于1991年引进了这部词典，即以原书胶片出版了繁体汉字本。然而，该词典存在着一个极大的缺陷，即主编者似乎有较强烈的政治倾向性，所援引的例句中有许多是不能为祖国大陆的读者所接受的，因而商务印书馆在征得原出版者同意后，在胶片上作了几百处挖版，用修改后的文字替换原文并且不能串行串页，可谓下了绣花的功夫。但引进境外出版的辞书必须有这个把关意识。其二是原台北中央图书馆馆长张芳杰主编的《国际英汉大辞典》（1990年2月，华文图书有限公司，台北），该词典为大32开本，词典正文即多达3125页，双栏排，收词10万余条，词目词划分音节，以 D. J. 和 K. K. 两种音标注音，设"辨异"、"惯用法"、"交互参照"等栏目，并注意收录晚至80年代末才出现的英语新词。该词典由于出版时间晚，在一定程度上吸收上述《远东英汉大辞典》乃至祖国大陆出版的《英华》、《新英汉》等辞书的长处，主编张芳杰先生颇有学养，工作态度谨严（后来应聘成为《牛津高阶英汉双解词典》（第三版）中译本的主编），因此这部中型偏大的英汉语文词典在我国台湾地区也很受欢迎。

3. 如前所述，从上个世纪70年代末开始，我国英汉双语辞书的编辑出版又跨入了一个繁荣期，各种各样的英汉词典不断涌现。一部最权威的大型英汉词典《英汉大词典》（陆谷孙主编，上海译文版）上册于1989年8月出版，无论是从词条选择（兼收百科，上卷即有8万余条，估计全书收词在18万条以上）、注音（采用DJ英语正音词典第14版，更加先进科学）、词条排列方式（复合词一律单独列条，甚至连动词短语也分立条目）、释文（极简明、准确，百科词条的释文也要而不繁，十分精当）、例证的语言质量及其汉译（例证丰富，展示各种搭配用法，英语原汁原味，不像《新英汉》那样人工造句痕迹明显）、新词的搜罗、习语的搜集等各个方面来看，都堪称精品，而且篇幅大，可谓 unabridged（全本），恐怕在一段时间内其他英汉词典难以超越，但因为该词典的下册到1991年才出齐，故只能在今后另行撰文予以评介（待两本出齐后），此处仅先提一提。在这一时期出版的英汉语文词典有以下几类。中型偏小的一般英汉词典：如《现代英汉词典》（1990，外研社版，32开，836页，收词4万条）、《英汉自学词典》（余士雄主编，1990，中国展望出版社，32开，1132页，该词典收录了全部大学英语词汇）、《20000英语常用词典》（1990，中国国际广播出版社，该词典实际上是以《桑代克当代初级词典》为蓝本编译而成，对20000余个英语单词按使用频率高低分为20级，每级约1000个词）、《最新学生实用英汉词典》（1989，辽宁人民出版社，32开本，1383页）、《新编英汉四用词典：释义·造句·辨异·语法》（1990，知识出版社，32开，1712页，收单词24000余条，合成词8000余条，习语1600余条，并收有少量谚语，书后有10种附录）等。英汉双解型：到80年代，随着对外开放的步伐逐步加快，学习英语的广大读者群中已产生了另一种需求，即，除了使用传统的理解型（翻译型，求解型）的英汉词典来翻检查阅词义、拼写、读音和词的屈折变化形式之外，还希望通过词典来掌握英语造句和写作能力，即希望能多多使用生成型（活用型，学习型）的词典，从而便产生了不少这样的词典，如《英汉双解词典》（1990，机械工业出版社，32开，1726页，该词典为英汉双解，例证较多，设有反义词对照、同义词辨异、用法说明等栏目）、《大学英语英汉双解词典》（1990，长春出版社）、《当代英汉双解词典》（周纪廉等编，1985，上海译文版，32开，收词仅3万余条，但篇幅却多达1417页，以大量例句反映其作为活用型词典的特色）、《英汉双解大学英语用法词典》（1989，吉林大学出版社）等等。但这些由中国学者编写的活用型英汉双解词典终究逊色于由英国语言教学家专门为母语非英语国家的学习者编写的同类辞书，而这类辞书从80年代开始便逐步引进。

4. 引进的英语词典：主要以上述学习型词典为主，如《实用英语语言词典》（1989，广西人民出版社）、《科林斯精选英语词典》（1989，中国对外翻译出版公司）等，但这类辞书中最重要和最受欢迎的则是牛津和朗文两大家族的词典。先说牛津系列。世界驰名的《牛津现代高级英语词典》（OALDCE），用英国学者吉姆逊的话来说，是"兼容牛津词典的传统及霍恩比先生之语言教学技巧，可提供英语教学的学生或教师最实用的、综合性的当代英语说和写的记录，"从1942年出第一版起便风行东南亚和日本。该词典为纯语文性辞书，不收百科条目，所选收的都是现代英语使用频率高的语词，其第三版改用D.J《英语正音词典》第14版注音，具有权威性；词目词划分音节，注出名词之可数与不可数，有简洁的用法说明，释义精当，例证完备且具有典型性，特别是详细注出以动词为中心的、由霍恩比等语言教学家创选的25大类句型的句型符号，对帮助读者掌握英语写作能力有很大的帮助；其收词总量约50000余条，每一版都增收新词新义。第三版英文原本出版于1980年，其繁体汉字本由张芳杰主译，保留全部原文，英汉双解，1984年在我国台湾地区和香港出版，1988年5月，商务印书馆与牛津大学出版社合作出版了该词典的简化汉字本（32开，正文1343页，另有若干附录），一经推出便立即风靡全国，从1988到1997年前后十年间多次重印，销量达数百万册，有直追《新英汉》之势，首创引进版双语辞书的销量之最，受到我国广大英语学习者和大中学校英语教师的热烈欢迎。与此同时，商务印书馆还和牛津大学出版社合作编纂了《精选英汉汉英词典》（1986，牛津与商务合作出版），60开本，英汉部分收词23000余条，汉英部分收汉语单字和复字条目20000条左右，其特点为词目词、释义对等词、汉语单词乃至英语例句的汉语译文之后都附有汉语拼音。由于该词典收词精当，释义简明，又为英汉汉英双语双向，不但受到中国读者的欢迎，也在世界图书市场上广受想学习汉语的外国读者的欢迎，出版后多次重印，成为牛津系列词典中的名牌产品之一。此外，引进的牛津系列在这一时期还有《牛津当代英语袖珍词典》（1988，外研社版，该词典编者福勒为著名语言学家，全书共收单词、词组 49000 余条，也保留全部原文，英汉双解尤适合学生使用）和未经原出版者授权而径自翻译出版，以致后来都只能停印停售的其他牛津系列词典。另一个便是朗文系列的英语词典，80 年代我国尚未加入国际版权保护公约时，有些中国学者往往采取编译的形式引进国外辞书，像湘版《英汉双解小词典》（1983）就是根据英国朗文系列词典中的一本"袖珍英语词典"编译而成的，而《朗文现代英汉双解词典》（1988，现代出版社与香港朗文出版有限公司合作出版）则是正式引进并由北京、香港和台北三地的学者合作翻译的中文本，该词典为大 32 开本，1677 页，收词约 55000 条，其编写特色一如《牛津现代高级英语词典》，不仅全部吸收了 OALDCE 的编写特点，而且在句型符号的简化上有所改进。该词典最大的特点是它解释词义所使用的英语单词严格限制在最常用的 2000 个英语语词之内，因而文字浅显，易被初学者掌握，再加上汉语译文的配合，使词典使用者读起来毫无困难，大大方便了他们正确地理解词义和掌握用法，因而是英语词典中的后起之秀。《朗文现代英语词典》的英英、英汉双解本问世后，自然也成了一本在祖国大陆、我国台湾地区和香港地区受欢迎的英汉双语辞书，其简化汉字本出版后重印多次，到了该词典的第二版于 90 年代末改由商务印书馆出版时销路更广，此是后话。朗文系列词典中也有由我国学者自行编译而未经原出版者授权的情况，如《朗曼英汉双解学生词典》（1987）等。和编译牛津系列词典一样，在 80 年代的具体历史情况下，采取这种做法并非不可理解。

5. 其他各类英汉词典。从 1977 年开始，各类词典尤其是较小型的英汉词典的编辑出版如同雨后春笋，其数量之多品种之繁远非昔时可比。但是，即使是小词典，质量上也有优劣或高下之分，虽然在那段书荒年代几乎是每一种英汉词典都有销路。这其中有一本精品，它便是商务印书馆出版的《英汉小词典》（陈羽纶、党凤德等编，1977；修订版，1984），64 开本，该词典——主要指它的 1984 年修订版——的最大特点是简明，收词 15000 余条，全部是基本词汇、常用词和次常用词，释义不求多而求其精，一个单词只取其最常用的语义，注音和屈折变化形式同样是尽量简明，多变化的只列一种，而在为数很少的几项释义之后还会附上一个短语例证或完整的短例句，且都是针对我国读者学习英语的特点而设置的。另一本精品是北京大学西语系英语专业编写的《英语常用词词典》，该词典编成于 50 年代中期，后经修订于 80 年代初由商务印书馆重新出版，由于其常用词语义解说和所配例句的精当而广受欢迎。这一时期出版的供学生使用的小型英汉词典，据不完全统计已超过 50 种，而且开始有大容量的小开本词典问世，如《袖珍英汉新词典》（张信威等编，1982，商务印书馆，64 开，823 页，收词约 30000 条，释义多，且附最常用的习语和词组）、《英汉袖珍词典》（大学者葛传椝主编的小词典，1986，江西教育出版社，64 开，922 页）、《新英汉小词典》（何永康等编，1986，上海译文出版社，64 开；923 页）、《新英汉袖珍词典》（北师大外语系编，1984，北京出版社，64 开，1057 页）等，都是畅销一时的小型英汉双语辞书。另外，各种插图本英汉词典也纷纷问世，较早出版的有《学生英汉插图词典》（1981 年，商务版），以后陆续出版了《英汉图文对照词典》（1984，上海科学技术出版社）等近 10 种这类辞书（其中既有专供儿童阅读的彩图词典，如上海译文出版社首先于 1986 年出版了《新英汉儿童彩图词典》，也有自行编译出版的外版辞书）。再有，模仿商务—牛津版《精选》的双语双向词典，如《学生英汉、汉英词典》（丁申宽等编，1988，外研社版）等，于 80 年代末也开始一本一本地问世。其他如英语分类词典是既有品种，掌上型的或称迷你型的小小英汉词典属新品种，80 年代以前未出版过，此时也纷纷在市场上露面了。

九、1977—1990 年出版的综合性汉英语文词典

1. 与综合性英汉语文词典一样，自 1977 年以后到 80 年代末也是汉英词典出版的第一个繁荣期。由吕叔湘等一大批名家编就的《现代汉语词典》的出版（先出内部征求意见本，1978 年正式出版），为编写高质量的汉外词典提供了一个坚实的基础。以《现代汉语词典》为母语

正字、收词、立条、释义、注音和排序的依据,最先编出的一本高质量的外汉双语辞书就是商务版《汉英词典》(北外英语系编,1978 年 10 月,商务印书馆,该词典最初出版时用的是集体署名,以后印行时列出编写人员名单,主编吴景荣,副主编为王佐良、刘世沐、危东亚、王般,编委有庄绎传等9 人,英语顾问为大卫·柯鲁克,由此可见其编写班子的高水平和雄厚实力)。该词典为 16 开本(后出 32 开缩印本),双栏排,正文连同附录共 976 页,收汉语单字条目六千多个,多字条目 5 万余条,"除一般词语外,还收录若干常见的文言词语、方言、成语、谚语以及自然科学和社会科学的常用词语,"在英语译文方面则"以现代英语为规范"。"词语释义力求准确、简明,例证力求实用,英译尽可能反映汉语的语体特点。"条目按汉语拼音顺序编排,另列部首索引。每个条目都注出汉语拼音,并有套尖括的修辞、语域和学科标签,若干词条内并有背景知识注释和语法说明。例证有短语,也有完整句。释义栏结束后另设常用词组栏,因此其多字条目作为正式条目的是 5 万多个,词条内部的合成词的数量则要多上十几倍,几十倍,因此词典内容极其丰富。由于有《现代汉语词典》为依托,故而《汉英词典》在母语的正字、收词、立目、读音、释义和语法释说诸方面都具有权威性,其英语对应词的选择和词义的解释文字就其英语的语言质量来说也属最上乘,系多位一流英语教授自 1971 到 1978 年苦心劳作多年的心血结晶。该词典出版后不久就由外国出版商购去版权(这在当时是极罕见的)出了海外版,在全世界受到热烈欢迎并被给予高度评价(一位英国书评家在报纸上撰文,称赞该词典"像金子一样宝贵")。《汉英词典》长期被汉英翻译工作者奉为圭臬,并为以后编写的多部汉英词典提供了语言基础(后出的汉英类双语辞书在它们的条目释义,尤其是常用字词主要语义的英译上几乎都要借鉴这部词典)。无论是从学术水平还是从实用性和现代性的角度来看,这部商务版《汉英词典》都超过了此前境内外出版的一切汉英辞书。因此,该词典在多年内一直畅销便是可想而知的了。由于在此以前出版的篇幅较大、质量较高的汉英词典都是由国外或境外的学者编写的，因此我们对商务版《汉英词典》特别在此单列一节予以讲述。

2. 随着商务版《汉英词典》的出版，篇幅比它小或与之相近的汉英语文词典的出版掀起了一个小高潮。商务印书馆本身在出版了《汉英词典》之后，又出版了由北京语言学院编写的《简明汉英词典》（1982年9月），该词典收单字条目（领头字）3065个，多字条目（包括成语、熟语、结构、格式等）近2万条，并注意多收中国报刊和日常生活中涌现的新词汇。本词典的最大特点是给所有的词都注出词性（《汉英词典》只给副词、介词、连词、量词和助词5类词注词性），这就为外国人学习汉语提供了很大的方便，另一个特点就是更着重收录现代的汉语语词。该词典在长时期内也是一本畅销书。此外像《实用汉英词典》（丁光训等主编，1983，江苏人民出版社，收汉语单字约4600个，词条36000余条，不注词性，但有学科标签）、《现代汉英词典》（外研社词典编辑室编，1988，外研社，收汉语单字条目4800余个，多字条目连同词组搭配和例证共约10万余个，该词典出版于80年代末期，特别注意"尽可能多地收入了自1978年以来近十年社会政治、经济、法律、科学技术、文化生活各方面新出现的词汇和术语"，因而内容更加新，很受读者欢迎，到1993年5年内就重印9次，销量达63万册）等都是质量较优秀的中型偏小的汉英词典。还有一些小型汉英词典，如早期的《袖珍汉英词典》（试用本，1976，上海人民出版社）、《小小汉英词典》（严英编，1982，外研社）、《简明汉英小词典》（1985，知识出版社）、《学生汉英词典》（1986，山西人民出版社）、《中学生袖珍汉英词典》（1986，知识出版社）、《新简明汉英词典》（1989，译文出版社）、《实用汉英小词典》（1988，北京语言学院出版社）等等，都没有什么特点。事实似乎表明，像汉英词典这类辞书由于其本身的性质使然，主要是供人们查找汉语语词的英语译法，而并不像小型英汉词典那样可供学习者记诵，因此一般地讲销量都不是太大。

另外有一些中型偏小的汉英词典，如《汉英通用词典》（1990，黑龙江人民出版社），也是由于收词量不够大，读者定位不准，似乎难以获取知名度。至于像《汉英逆引词典》（1986，商务印书馆），虽然也是一部中型汉英词典（收词约 6 万条），并且每个词都注词性，但它是将末尾汉字相同的汉语复合词（主要是双音节词）辑录在一个领头字词条内的语文辞书，不设任何例证和例句，故而功能有限；像《汉英成语·谚语·常用词语汇编》（1984，知识出版社，所收条目有 2 万余个，每个条目都给出多种英语译文，全书双栏排，32 开，共 1212 页）和《汉英成语词典》（1982，商务印书馆，仅收汉语成语 6000 条，加上附设的索引才 461 页）这类辞书，不论其篇幅大小和收词多寡，它们其实都只是综合性汉英词典所含内容的一部分甚至只是一小部分，因而其使用价值也是有限的。不过，到 80 年代末，人们已经注意到汉英词典的收词立目也有一个与时俱进的问题，因为汉语中的新词也随着时代的前进而不断涌现，于是就有了《汉语新词语词典》（1989，江苏教育出版社）和《汉语新词语汇编》（1990，北京语言学院出版社）这类辞书的出版。我们是否可以说，如果汉英成语类辞书编不出新意，甚至只是综合性汉英词典内容的摘编，倒不如多出一些新词类的汉英词典为佳。除上述各种汉英词典外，还有一类插图本汉英辞书，如《简明汉英图画词典》（1980，重庆出版社，全书只有 189 页，内容较单薄）、《汉英分类插图词典》（1981，广东人民出版社，32 开，共 879 页，收常用词 35000 条，部分词条配有插图）等，但它们不论是大是小，都仅仅以英译汉语事物的名称为主，实质上不过是汉英分类词汇配插图，如果插图做不到精美悦目和细致入微，这类词典是很难有较大销路的。

十、1977—1990 年出版的学科类英语词典（缺）

作者附记：

本文是笔者于上世纪 90 年代初，应某单位之约所写的讲稿，但后来由于情况发生变化，这份讲稿未派上用场。此后，由于笔者当时本职工作非常忙，因而也未再续写或对内容作进一步的充实。现在把此文收入本《论集》，或许对从事英汉双语类辞书编纂和出版工作的同志多多少少还会有一些参考价值，也可为有兴趣研究我国外汉双语类辞书史的同志提供一些史料。文中对某些词典所作的点评或有不当之处，愿与业界同行们切磋，请业界同行们及广大读者指正。

另外要说明的是，"1977—1990年出版的学科类英语词典"一节，笔者也已写出初稿，但这次将"讲稿"改写成文收入本《论集》时，那几页手稿遍查无着，依稀还记得该节文字对机械工程类和医学类的几部大型词典着重作了介绍与点评。但现在手稿已失落，笔者目前已无精力予以补齐，只能付之阙如了，还请读者原谅。

双语类辞书的编辑工作[*]

双语类辞书概述

正如前文（6.5.1）所指出的，双语类辞书是指辞书的标引词和释文使用的语言不同，如《新英汉词典》、《新汉日词典》等，前者的标引词为英语，释文为汉语，而后者的标引词为汉语，释文则为日语。故它们亦可称为"外汉类"或"汉外类"辞书。

在这类辞书中，有时标引词后的释文可以是两种或两种以上的语言，如《简明俄英汉词典》和《汉英俄德法西商品名录》等，前者的标引词为俄语，相应的释文则为英汉两种语言，而后者的标引词为汉语，相应的释文则有5种语言。但此类多语类辞书毕竟数量不多，尤其像后者多为商品或技术专名的互译手册，故它们被统一归并入"双语辞书"项下。

双语类辞书一般指汉外或外汉类辞书，但由于我国除汉族外还有55个兄弟民族，这些兄弟民族都有自己的语言，所以，双语类辞书从广义上讲也包括像《藏汉大词典》、《维吾尔语英语汉语词典》这类双语或多语类辞书。有时，这类辞书使用的少数民族语言也为邻国所使用，如《蒙汉词典》、《朝汉词典》等，但它们不能称为"外汉"类或"汉外"类辞书。

随着我国改革开放步伐的加快，我国出版界纷纷与国外出版机构合

---

[*] 此文原载于《编辑作者工作手册》，第342—351页，中国标准出版社（现已更名为"中国质检出版社"），2009，北京。此文为该《手册》中的一个章节，今经该社同意将其收入本《论集》，笔者在此谨向该社的慷慨协助表示谢意。

作，引进了或正在引进不少国外知名的辞书，如《牛津高阶英汉双解词典》等。这类辞书大都保留对标引词的外语释文并附相应的汉语释文，其阐释词义的例证也大都附有汉译（有时也只保留原文例证而不附汉译）。这类引进的辞书和由我国专家学者自己编写的双语类辞书虽然内容相似，却需要做更多的编辑工作，关于这一点，我们将另辟专节加以阐述。

2. 双语辞书的分类及其特点

和单语类辞书一样，双语辞书也可分为语言类和专业类两大最基本的类型。

语言类双语辞书和单语辞书一样，以词为标引，以解说词的语言涵义（即"词义"）并辅以说明词的用法为释文，例如《新英汉词典》，其标引词（亦称"词目词"）为英语，而释文部分则为汉语，但除了"释义"部分（英语单词的汉语对应词以及置于括号内的附加说明）的行文使用汉语外，借以说明该词用法的"例证"（短语或完整句）则为英语，而且这些"例证"多附有汉译（以方便词典使用者）。另外，大多数引进的词典以及少量国人自己编写的双语类辞书，往往为方便词典使用者学习外语而强调"双解"，即释文部分在提供了汉语对应译文的同时，仍然保留了全部原文，如《牛津高阶英汉双解词典》、《朗文当代高级词典（英英、英汉双解）》、《新世纪英语新词双解词典》等都是这样做的。这些不同之处是由双语类辞书本身的特点决定的，而且仅仅是宏观上的。在微观上，双语类辞书还有更多与单纯的汉语辞书大不相同的地方，要求在编辑工作中特别予以注意，以后予以分类论述。

语言类双语辞书还可进一步划分为"综合性"和"选择性"两类。"综合性"语言类双语辞书包含词典使用者查找的单词、短语、习语、成语以及读音、词形变化、派生词、词义、例证、辨异、用法说明等各方面信息的全部或多个部分，它们按照其规模的大小又有"详解型"、"中间型"和"有限型"之分。像两卷本的《英汉大词典》即属于"详解型"，单卷本的《新英汉词典》、《新德汉词典》等则属于"中间型"，而像《俄汉小词典》、《简明法汉词典》等则属于有限型。至于"选择型"词典则往往只包含上述一个方面的信息，也有详尽型、中间型和有限型之分，如《英汉习语大词典》、《英汉同义词词典》、《英语成语小词典》等。这都是为满足读者的不同需要而编写的，它们各有侧重点，但都要求所提供的是最常用、最基本的信息，这也是编辑工作中需要加以注意的。

专业类（又可称为"百科类"）双语辞书则以提供人文科学和自然科学方面的专业信息为主，例如《英汉人口学词典》、《英汉计算机词典》、《日汉科技词典》等。这类辞书多供专业人员使用，但在国人自编的这类双语辞书中，为照顾一般专业人员现有的外语水平，在主要提供专业领域的信息之外，也往往兼收一部分语文类双语辞书的内容，如兼收一部分常用词等。这类辞书同样有"综合性"与"选择性"之分，如《英汉科学技术词典》广收数、理、化、天、地、生各个科学技术门类内容，无疑属于绝对的"综合性"，而《英汉机械工程技术词典》和《英汉医学词典》则相对地属于"选择性"（因其仍包含多个次级学科，故称"相对地"），至于《学生学电脑英汉快译通》这类辞书自然是绝对的"选择性"双语辞书了。和语言类双语辞书一样，专业类双语辞书无论是"综合性"的还是"选择性"的，依其规模大小也可进一步细分为详解、中间和有限三个类型，此处就不再一一举例赘述了。但在编辑工作中需要注意的是，这类双语辞书（其实语文类的也与此同理）并非收词越多越好，篇幅越大越好，编辑审读时更应注意其整体质量，关于这一点，后文也将分别论述。

此外，从双语类辞书的读者定位来说，还有"外向型"、"内向型"或"内外兼顾型"之分。主要供外国读者使用的双语类辞书，如《精选英汉汉英词典》、《精选法汉汉法词典》、《精选德汉汉德词典》、《精选日汉汉日词典》等，系由我国出版社和国外出版机构共同策划、联手编写和合作出版的，旨在帮助外国读者学习汉语，这类双语辞书的标引词和释文不仅使用了汉外两种语言，还加注汉语拼音，以便外国读者掌握汉语的读音。至于"内向型"则是指专供或主要供国内读者使用,就目前而言,绝大部分双语类辞书都属于此种类型,而像《汉英词典》、《新汉日词典》等则可称为"内外兼顾型"。

最后,还有一种特殊的双语辞书,它们以图为主,用图示这种直观的方法来解释各种事物,读者按图索骥,一目了然,词汇则以所属范畴分类,既便于查找,也提供了一个完整的知识系统。这类双语辞书中可以举最有代表性的《杜登图解词典》为例,该词典全书收词近30000条,附大图385幅,大图内又包含数十个乃至上百个小图,分门别类,包罗万象,引进版名为《牛津—杜登英(法、德、西等)语汉语图文对照词典》,已有英汉、德汉、法汉、西汉等多个版本。这类辞书也有由国人自编的,但是迄今为止,在规模和质量上都还有待改进。

3. 双语类辞书的"前件"

和大多数辞书一样,双语类辞书的整体内容包含"前件"、"词典主体(即'词条'正文)"和"附录"三部分,但它们都或多或少地具有与一般单语辞书不同的特点,现在先谈"前件"。

双语类辞书的"前件"和一般辞书一样,都有"编(译)者署名表"、"出版者前言"、"序"(编写者的自序或他人撰写的序言)、"使用说明"和"目录",如系汉外词典,则也包括汉语拼音检字表和部首(或笔画)检字表,但除此而外,还多半设有"字母表"、"略语表"和"音标例释"(或"语音表")。此处着重介绍后两项。

"略语表"在双语类辞书中起着为词典使用者指路的作用,也有助于读者加深理解词义,因为这里的"略语"实际上就是表明标引词所属词类的语法标签(如 n. 或〔名〕、v. 或〔动〕、adv. 或〔副〕、adj. 或〔形〕、pre. 或〔介〕等)、学科标签(如〔动〕、〔生化〕、〔植〕、〔天〕、〔电〕、〔体〕、〔考古〕等)、修辞标签(如〔口〕、〔俚〕、〔委婉〕、〔忌〕、〔雅〕、〔古〕等)和语种标签(如〔拉〕、〔日〕、〔汉〕、〔德〕、〔法〕、〔希〕等)。上述四种标签是双语类辞书词条内容不可缺少的一部分,也是词典使用者必须熟记于胸的。

"音标例释"（或"语音表"）则是举例说明如何以国际音标注出某种语言一个单词的读音。这类"音标例释"分为"元音"（包括"双元音"）和"辅音"两部分，先列出国际音标，再于其后列出有代表性的单词，并将其读音与音标对应的字母以黑体排出。有时，除了本语种语音的"音标例释"之外，为了帮助词典使用者掌握外来语的发音，某些词典（如上海译文版的《德汉词典》）还设置了"英、法语音国际音标例释"。

4. 双语类辞书的主体——词条

一部双语词典的主体（正文）自然是它的词条。以综合性英汉词典为例，一则词条一般由以下部分构成：标引词（即词目词）、注音、词类标签、词形变化、修辞（或百科、语种）标签、释义、例证、用法说明、（同义词）辨异、相关成语或习语、衍生词、复合词等。词条包含了与某一语词有关的拼写、读音、语义、语法和语用方面的全部信息。根据词典的规模、功能与读者需要的不同，词条可长可短，可简可繁，最简单的是仅仅提供标引词和一个汉语对应词（如一般的双语词汇手册），最完备的是提供上述全部内容，有时且提供极丰富的例证，一则词条可长达数千字乃至万字以上（如《英汉大词典》中某些最常用的动词 do，make，take 等词条）。编辑应予以注意的是：一部双语类辞书中词条的详略是否得当，即与该词典设定的功能是否相符；各个词条间是否均衡，即有无个别词条畸轻畸重而与其重要程度（常用频率）不相当；整部词典前后各个部分是否保持一致而无虎头蛇尾或某一首字母项下词条内容畸多而另一首字母项下词条内容畸少，等等（因为辞书，特别是篇幅较大的辞书，时常由多人集体编写、按字母分领任务，而每个人的学术水平、所掌握的资料数量以及工作的认真程度不尽相同，故难免会产生这类问题）。

现在对词条的各个微观部分分别作一论述。

1）标引词（词目词）

首先是标引词的排序问题。如系汉外词典，标引词一般为汉语单音词亦即单个汉字,其排序多按汉语拼音顺序(个别境外出版的汉语辞书,如汉英词典,有时使用编者自己创造的汉字排序法,这只是个案,且多不成功)。如系外汉词典,自然按外语字母顺序排列词条。极少量以希腊字母或阿拉伯数字领头的外语单词,习惯上是置于书末,另辟数页予以收录。

其次是标引词收录的是什么?在外汉词典中,标引词中收录的词,如果其性、数、格、位、时态、人称、比较级等产生的词形变化有规律,除去少数例外(如英语中的 scissors 这类在日常语言中就以复数形式存在的词),一般只收录词的原形,若词形变化不规则,产生了不规则变化之后的词一般也要作为标引词收录。此外,前缀、后缀和缩写词也可作为标引词,有些词典把复合词乃至动词短语也作为独立词条。

再其后是标引词首字母的大小写问题。英语等外语的标引词如系人、地、专名,首字母一般都要大写,若不大写则不是专名而成为另一语义的词,如 China 是中国,china 则为磁器,编辑审稿时应予注意。

另一个重要问题是标引词的分音节,在印欧语系诸语言中,如英语,其单语词典的标引词也是分音节的,分音节的方法有每个音节之间或加中圆点、或加细竖线、或空 1/4~1/3 格等。如系引进的词典,自然照搬而无问题。但由国人自编的双语词典在给标引词分音节时,自然要参照该母语国的工具书,这时就需注意作为依据的工具书必须具有举世公认的权威性,而且全书前后必须一致,要"从一而终"。

还有一个标注重音的问题,某些字母拼读有规律的语言(如德语),在词典标引词之后往往不附国际音标注音,但要为标引词标出重音符,而字母拼读不规则的外语(如英语),其双语词典中的标引词本身一般不注重音,其重读音节则在国际音标注音部分标出(但有时以复合词为标引词,词后不注音,重音符也打在标引词上)。

还有一个不应忽视的问题是同一个词的不同拼写形式。以英语为例,英国英语和美国英语中的一些词拼写不同,如 honour(英)和 honor(美)等,一般双语词典两者兼收,但何者为主词条,何者为

"另见"词条则又有不同,全书必须统一。

最后是加注变音符的问题,某些语言(如法语)在词的某些字母之上或之下要加注变音符,例如:法语 français 一词中 c 字母下的变音符。

综上所述,一个小小标引词就涉及这样多的问题,双语词典是语言规范的工具书,故而编辑在审读书稿时必须加以注意,不可掉以轻心。

2)注音

涉及印欧语系中的某些语音(如英语和法语),双语类辞书一般都要给标引词注音以方便读者学习和使用。以英语为例,一部分美国词典(如韦伯斯特系列词典)是通过给词中的字母加注读音符号来注音,俗称"韦氏注音系统",由于其不便于排录,现今的一般英汉双语词典都已废弃不用。当今流行的做法是使用国际音标来注音。英国一般使用 DJ(Daniel Jones)注音系统,该系统多次修订,由 DJ13 版到 DJ14 版乃至 DJ15 版(从 DJ 编写的"英语读音词典"一书的版次而来),故我国近些年来出版的英汉词典大都用 DJ 系统的国际音标注音(目前流行使用的是 DJ14 版)。另一方面,以美国英语为主的双语词典,如《牛津美国英语词典》和国人自编的同类辞书,则是用 K.K. 音标来注音。K.K. 是两位美国语音学家姓名的缩略词,K.K. 音标使用的也是国际音标,但与 DJ 音标有所不同,K.K. 为窄式,DJ 为宽式。

在注音部分,一般还要标出重音和次重音。

注音部分一般置于方括、圆括或双斜线括号内,紧接在标引词后。

由于国际音标的字体小,变化多,稍不留意就会出现排录错误,这对审稿编辑的眼力是一个极大的考验。

就汉外类双语辞书(如《汉英词典》、《汉法词典》等)而言,问题稍许简单一些,因为标引词是汉字,只需给这个引领词条的汉字注出汉语拼音即可,但汉外类双语词典的词条大都以字带词,词条的主体是双音节或多音节的语词(即包含 2 个或 2 个以上汉字的多音节词)组成的,这些词及其释文和例证部分统称为"内词条",内词条的词目词也需加注汉语拼音。少数"外向型"（具有供外国人使用的功能）汉外词典的例证（短语或完整句）也要加注汉语拼音，这就涉及一个汉语拼音分写和连写的问题，这方面有一定的规律，也有若干规定，可谓有章可循，词典编写者和审稿编辑都需加以注意。

3）词类（亦称"词性"）标注

在双语类辞书中，外汉词典中的标引词（词目词）都要标注词类，一般用缩略标签，如英汉词典中使用n.（名词）、vt.（及物动词）、vi.（不及物动词）、a. 或adj.（形容词）、ad. 或adv.（副词）、conj.（连词）、prep.（介词）等标签。汉外双语词典中的标引词（引领整个词条的单个汉字）过去一般都不标词类，但近年来出版的一些汉外词典尤其是汉英词典中，起词目作用的领首汉字也多按照它们在不同情况下所起的作用而标注一个或多个词类。至于作为内词条标引词的双音或多音节汉字语词自然也随之标注词类。此种安排主要是为方便外国读者掌握汉语词义和词的用法，对于我国读者来说并非必不可少，编辑在组稿时应按照预定的词典功能决定是否要求词典编写者为标引词标注词类，因为一旦标明词类，往往就要提供相应的例证来说明某个汉语语词在语句中的功能，若无具体例证，有时标注了汉语语词的词类并不会给读者带来多少帮助。

4）语法提示

在双语类辞书的外汉词典中，有时在词类之后会提供某些语法提示，如若干英汉词典往往在名词n. 的标签后用括号加注"可数"、"不可数"或两者均可（以大写英语字母 C 和 U 来表示），有时还为动词加注"无进行时态"、"多用于被动语态"等语法提示。有时，在有关的释义中或整体释义之后提供惯用法说明及同义词辨异。现今的综合性外汉词典又出现了在词条之外另设方框，对上述内容作综合性概述的处理方式。此类提示的提供与否当视词典的规模与功能而定，编辑在组稿时亦应注意掌握。至于汉外词典，语法提示一般都置于相关的词义之前，并往往只侧重于用法说明。

5）词形变化

由性、数、格、位、时态等引起的词形变化，如果是有规则的变化（如英语中动词第三人称加 s，名词复数加 s 或 es，动词的过去时加 ed，形容词的比较级加 er，est 等）一般无需列出，也不另列词条，但若是不规则变化（如英语 go 的词形变化 went 和 gone 等）则须列出（并需要另列词条），一般置于括号内紧接在词类标签之后，产生了词形变化的词都需注音（但往往用缩略形式）和分音节，若重音发生变化也要注出。而且，当重音也发生变化时，须写出全部音标并加重读符。这一点有时易被词典编写者忽略，编辑在审稿时需加留意。

6）释义

在双语类辞书中，"释义"是双语词典中最重要的部分，因为词典使用者最迫切需要知道的就是某种外语某个词的语义。双语词典的释义可简可繁。先说简单的，如某些专科性的词汇手册，只给出某个外语类词在该专业中的汉语语义，亦即对应词（像《学生学电脑英汉快译通》这本双语类辞书中，最常见的就是一个英文单词之后给出一个或两三个简单的汉语对应词，如"lock 锁定"，"logic 逻辑的"，"lock ring 锁环"，"logic circuit 逻辑电路"等）。再说繁多的，某些详解型词典在一定程度上兼具小百科全书的性质（参见本书 6.5.2.2."辞书的延伸"），如《英汉辞海》对每种金属或金属化合物都给出多达百余字的详细介绍，说明其存在形态、物理特征、化学性质乃至其元素符号和化学分子式等，真可谓不厌其烦，巨细无遗。而一般双语类辞书则往往处于两者之间，这用辞书编纂学的术语来讲就叫"中间型"。释义部分的详略也取决于词典的规模和功能，编辑在组稿和审读时都需加以注意，务必使词典做到详略得当。就汉外类双语词典而言，也存在着同样的问题。需要指出的是，在全世界都兴起了学习汉语热的今天，汉外类双语辞书对宣传我国改革开放光辉成就和弘扬博大精深的中华文化有重要作用，这类辞书的编写者多系我国的专家学者，他们正在努力研究要言不烦地以地道的外语和外国人能理解的方式介绍具有中国特色的古今事物，这对组稿和审稿编辑也相应地提出了更高的要求。

除了简繁问题而外，双语类辞书中词条的释义部分还存在着一个准确性的问题。不管是外汉或汉外类双语辞书，不管是引进（翻译）的还是自编的，一般语言类词条的释义（包括对应词的提供或翻译以及对词义的进一步说明）处理都要求编写者（或翻译者）具有很高的汉语和外语造诣，这样方可提供出简洁、准确、生动、语言地道的对应词和语义说明。然而这还不够，因为就百科类词条而言，又有一个权威性和准确性的问题。以自然科学而论，中国科学院和有关机构多年前就成立了"中国科学技术名词审订委员会"，已出版了"天文学名词"等60余种权威性的"名词"手册，一切双语类辞书的科技或学术名词的定名都要以这些权威性的名词手册为准（包括外国著名科学家姓名的译法）。到目前为止，我国几乎所有的学科都出版了本学科的"译名手册"，外国人地名的译法也有新华社等权威机构已出版的各种"译名手册"可供采用。此外还有些词有约定俗成的译法。所以，双语词典的编写者、译者和审稿编辑对此都不能掉以轻心。

7）例证

对一部辞书来说，例证之重要性可以归结为某位外国著名辞书编纂学家的一句话："例证是释义的延续"。一部辞书中的例证，不论是短语还是完整句，都是把抽象的词义和具体的语境相结合，使词典使用者明白一个词在不同的语境下会有不同的语义（词义），以帮助读者深化对词义的了解；同时，例证还表现了词的各种搭配用法，如英语动词与某个名词搭配时常用哪个介词，某个形容词常与哪些名词搭配等。例证，尤其是完整句，还可表现某个词不同时态或语态的表达方式，此外，例证还可提供语用信息，表明词的习惯用法等。设置例证的多寡要取决于词典规模的大小和使用功能。一个词往往有多项释义，例证一般分别置于每个义项之后。

这里特别要指出的是，时下我国有多家出版机构正在或准备引进国外的辞书，配以汉语译文作为双语词典出版。这有助于我国广大外语学习者掌握和使用外语,是改革开放在出版领域中的一个新气象,然而,外语辞书,尤其是英、美、日等国的辞书,由于其编写者在学术上和意识形态方面具有他们自己的立场和观点,因而或多或少地会在他们编写的辞书中流露出来,这特别易于表现在词典的例证上(如某著名外国词典中有一例句为:"社区中来了一个××党员,四邻惶恐不安",这样的例句带有浓厚的和不正确的政治偏见,是我们绝对不能接受的),编辑在审读引进的词典时,务必加以注意,予以删削或改写。在引进国外辞书的谈判过程中,必须坚持我方的终审权。我们不把自己的观点强加于人,不会在引进的辞书中加进自己写的例句,但对于不符合我国国情的上述那类文字必须予以处理而不能任其原封不动地保留。引进后出版的双语词典的内容也必须符合我国已颁布的《出版管理条例》提出的各项要求。输出或合作编写的汉外类辞书也要注意这方面的要求(如某部汉外词典在输出后,某国出版社在该国境内出版发行该词典时竟擅自改写了对某一历史事件词条的表述,输出该部汉外词典的我国某出版社发现后随即对其提出抗议,并派代表赴某国去交涉),有关编辑不能疏忽大意。

8)习语和成语

在外汉类双语词典中,习语往往置于词条的释义和例证部分之后,但在某些双语词典中,由动词和介词构成的动词短语如果是固定搭配且含有多个义项,往往另设一个独立的词条,这种做法似乎已成趋势,因为此种排列方式方便读者查阅。不过,由名词(或者形容词)构成的习语则多半仍被放在前述位置,某些词典还给这类习语注上哪个词重读。

成语(包括谚语)和大多数习语一样,也多置于释义部分之后,有时也给它们加注重音。

当然,某些知名的国外词典也有与上述做法不一样的,释义部分也包含有习语乃至成语,但这只是个案。现今的辞书编写者和出版者大都强调 readers-friendly ("读者友好型"),词条内容的安排都尽量为读者翻检查阅时方便着想，编辑在组稿过程中也要时时把这一点牢记心上。

至于汉外词典，由于习语和成语一般都另立词条，故无此问题。

9）复合词

在双语类辞书中，复合词占很大的分量，因为这是创造新词的主要途径之一。过去，为了节省词典篇幅，双语类辞书的编写者往往把复合词集中收录于一个前引词之下（如英汉词典中 gold 词条的最后部分，就集中收录了由 gold 领首与另一个词组成的大批复合词），但随着时间的推移，现今的流行趋势是所有复合词都单独另立词条，但不注音标，而只注出重读所在。

复合词有分写、连写（成一个词）、用连字符隔开或者分写连写均可等多种组合形式，国人自编的双语词典在处理复合词的写法时应参照国外最新最权威的辞书，因为复合词的写法在其母语国家也是与时俱进的，在这方面要注意收集相关国家最新的学术信息。

10）衍生词（或称派生词）

顾名思义，这类词是由本词衍生（或派生）出的，其词义不变，故一般都被置于词条的末尾，且多使用缩略形式，如英汉词典中 rough 一词的衍生词有 roughish（adj.）、roughly（adv.）、roughness（n.）等（可缩写为 -ish、-ly、-ness 等），一般情况下都不注音，也不给出释义。当然，衍生词也有单独另立词条的，如英语中的 kindly、kindness 等，在词典中一般都独立另置词条，这多半是因为它们的使用频率高、词义有发展、另外构成了习语等，但它们毕竟是少数，此处不再赘言。至于汉外词典则无衍生词的问题，因为汉语语词无此衍生形式（儿化不能构成另一个词）。

11）词源

在某些详解型外语词典（包括引进的和国人自编的）中，在整个词条的末尾有时还会设"词源"栏目，说明某词产生的源头和演变过程，以英语词典为例，会涉及古希腊文、拉丁文、法文、早期英语等，其各个阶段的词义需要译出，不可遗漏。

5. 双语类辞书的附录

附录，又称"附件"，是辞书的一个补充内容，在双语类辞书中往往是一个不可或缺的部分。在词典的主体"词条"中不便收录而又为读者所需要的某些信息，特别是系统性的信息，往往以附录的面目出现。附录的内容可多可少，视词典的规模与功能而定。

在外汉词典（以英汉词典为例）中，经常出现在附录中的有化学元素周期表、英美等国家的军衔表、世界各国（及地区）的国名（及地区名）和首都（及首府名）、印欧语系图、不规则动词表（词形变化）等。有些引进的英汉词典，如《牛津高阶英汉双解词典》，其附录中还收录动词模式表。某些详解型词典在附录中还提供中外历史（及文学史）大事年表，个别外汉词典（包括引进的和自编的）的附录甚至还会提供几十页图录、系统的语法讲解或英美加澳等国国情的系统介绍等。

在汉外词典的附录中，只要词典稍具规模，一般都会有汉字简繁体对照表、汉语拼音方案、天干地支、二十四节气、中国历史年代简表、我国各兄弟民族的名称与外语译法、我国法定计量单位、我国的政府机关、政党、人民团体介绍以及军衔、警衔表等，因为这些是具有中国特色的事物，需要向外国读者介绍。

在附录问题上，有一个必须倍加注意的问题，这就是：某些从国外引进的词典在附录中往往提供"世界各国国名与首都名"，在这一项内容中，有时会将我国领土台湾也列入其中，这是绝对不能允许的。当然，如果标题是"国家、地区、首都或首府"，这就另当别论。有时，这类辞书（原版）会提供一个标题为"世界时区表"附录，但说不定在该表的分栏小标题中出现"国家"字样，这时候往往也会出现上述问题。因此，作为引进的双语类辞书的审稿编辑，对此务必睁大眼睛，不可疏忽。引进的词典在其附录中，有时还会涉及与我国外交政策有关的政治实体和地区，编辑在审读时也要注意，作出合适的处理。总之，对于引进的外语词典的附录，编辑审稿时千万不能因为整个工作已进入扫尾阶段而有所松懈，必须善始善终地恪尽职守。

6. 其他

双语类辞书由于其自身的双语（有时还是多语）特点，内容繁杂，又涉及多种学科，某些篇幅较大的辞书还需要采取多人集体合作编写（或翻译），故而编辑在组稿阶段即会遇到许多困难。在工作起始阶段，除了研究决定一部双语类辞书的读者定位、规模、功能等重要问题以外，编者还需要参与到版面设计工作中去，与专职设计人员共同研究字号、字体的选择与搭配。在词典的编写或翻译过程中，编辑需要定期抽查，以便及时发现并解决各种问题。到审稿阶段，编辑的责任更大。可以说，一部双语类辞书的整体质量能否得到保证，编辑工作在某种意义上讲和辞书的编写（或翻译）工作是同等重要的。目前，我国有关出版管理机构已出台"辞书出版准入制"，一个出版社若无合格的和充足的编辑力量，则无资格出版双语类辞书，而随着我国学习外语热潮的不断高涨，这类辞书的市场需求会越来越大。因此，如何做好培养出合格的双语类辞书编辑的工作，是每一位严肃的出版机构负责人都必须认真思考的问题。

Chinese Lexicography in Ancient Times
(800 B. C. —1840 A. D.) *

Prologue

In modern China, especially since the year of 1978 when China began to adopt a reform and door-opening policy, the work of dictionary compiling has been flourishing on an unprecedented scale. More than a thousnad dictionaries and lexicons of various types, big and small, monolingul and bilingual, were published during a short period from 1979 to 1991. For example, *Han Yu Da Zi Dian* (*A Complete Dictionary of Chinese Characters*) of twenty million words in 8 volumes with 56,000 characters as its entries, was published, and at the same time, *Zhong Wen Da Ci Dian* (*A Comprehensive Dictionary of Chinese Language*), a multi-volume Chinese dictionary, was published in China's Taiwan area. The compilation and publication of another giant dictionary *Han Yu Da Ci Dian* (*A Complete Dictionary of Chinese Language*) with fifty million words in 13 volumes is now underway, its first 9 volumes having come out. As is well known, China is a unified country composed of 56 ethnic groups. Although the Han is the largest one among them with a

---

* 1992年，斯里兰卡政府文化部为庆祝该国 26 卷本《僧伽罗语大词典》全部编成出版，决定举办一次"斯里兰卡国际辞书编纂学研讨会"，向英、美、德、法、印度和中国等十多个国家的辞书学界发出邀请，笔者有幸应邀与会并提交了此篇用英语撰写的长文，会议一再延期，终于在 1992 年 12 月 9 日于该国首都科伦坡顺利举行，此文在会上宣读并被收入斯里兰卡文化部印行的英文本《研讨会论文集》，后被收入由南京大学张柏然教授主编的《双语词典研究》一书（第 12—34 页，商务印书馆，1993，北京）。

population of more than one thousand million people, and Chinese is China's main communication medium, the other brotherly national minorities also have their own languages and brilliant achievements in their lexicographical work. However, limited by space and the author's scholastic ability, this article deals only with Chinese lexicography. Naturally, the scholars in present China have learned much from the lexicographical theories and practices of other countries, but they attribute their achievements mostly to the rich heritage of Chinese lexicography which has some distinguishing features perhaps not ever seen in the history of lexicography of the world.

Language Background: Classical Writing Style ("wenyan"), Dialects and Common Speech

Chinese belongs to the Sino-Tibetan linguistic family. It is a root-isolating language lacking inflexion and using the unique "square characters". Before our discussion begins, there are three points which should be kept in mind. First, in ancient Chinese, the "character" (字) and the "word" (词) mean the same thing since most of Chinese words consist of a monosyllabic squre character. Thus, "dictionaries" (词典), "lexicons" (字典) and "word books" (字书) were of the same meaning in ancient China though they are strictly divided into three different catagories by lexicographers in modern China. Secondly, all books, only with very few exceptions, in ancient China before 1840 A. D. were written and published in classical Chinese (called "wenyan" or scholars' language). Classical Chinese ("wenyan") is China's unified written language which developed throughout the Zhou Dynasty (1,000—200B. C.). At first, it corresponded with the spoken language, but by and by it broke away from the spoken language and became an archaic language understood and used only by the cultural "elite". It is a writing style utterly different from modern writing style which is based on the national spoken language, and consequently almost all of the dictionaries compiled in ancient China are reference books dealing solely with words in Classical Chinese. Finally, there exists seven dialect systems in China. Although most of the Chinese people today use a national common spoken language (modern Chinese) which has developed from North China's Vernacular (formerly known to westerners as "Mandarin" or "Pekinese"), a lot of the Han people speak various dialects which are very difficult to understand for outsiders. And there are also great differences between the pronunciations of different ages throughout the long history of China. It is the very reason why lexicographers of different generations in ancient China spent their lifetime painstakingly doing research work on historic phonology. Yet we should not forget that there are still a large quantity of "wenyan" vocabularies preserved in modern Chinese, and, without the help of dictionaries, the rich inheritage of Chinese ancient culture embodied in millions of volumes of ancient books can hardly be understood by us today.

Writing System Background:
the Evolution of Six Scripts

The earliest form of Chinese writing system is "jiaguwen" which is a kind of script represented by inscriptions on oracle bones or tortoise shells of the Shang Dynasty (c. 16th—11th century B. C.). UP to now, a total of 5,500 characters (words) written in this script have been discovered from those inscriptions, and one third of them (approximately 2,000 characters) have been decoded by paleographers. In vocabulary, grammar and written form, "jiaguwen" script has already had all the basic features of the Chinese scripts developed later on. It is very strange that only as late as 1889 did the oracle bones or tortoise shells inscribed with those "jiaguwen" script begin to be unearthed. Since 1949 lexicographers and paleographers have completed a big dictionary of "jiaguwen" script, and with the help of this dictionary many mistakes in the lexicographical works of ancient China have been discovered and corrected.

Another kind of ancient Chinese script is called "jinwen" i, e., inscriptions on bronze utensils used by the reigning gentilities for cooking, containing food or wine, especially in the sacrifice ceremony. "Jinwen" began to appear in the early period of the Shang Dynasty (before 14th century B. C.), and existed throughout the Zhou Dynasty (c. 11th—2nd century B. C.). There have been found 3,000 "jinwen" characters, two third of which (2,000 characters) were decoded early in the West Han Dynasty. "Jinwen" script became more and more standardized in its "square" writing form and vertical writing habit, thus making a great contribution to the finalization of the "square characters" shape. Several specialized "jinwen" dictionaries have been published in this century.

On the basis of "jinwen" script, two catagories of "guwen" (ancient script) were current in the Warring States Period (475—220 B. C.). One of them is called "liu guo guwen". It was used by the Six States with many variants which simplified and revised the "jinwen" script at random and thus became very confused. The more standardized and unified "guwen" was the script current inside the territoy of the Qin Kindom, the arch enemy of the other Six States. The "Qin guwen" is similar to the "jinwen" script, its writing form being of a more square and orderly shape. The differences between these two kinds of "guwen" scripts are main topics over which lexicographers in ancient China debated for nearly two thousand years.

"Qin guwen" is formally called "zhouwen". Its another name "dazhuan" (large seal script) is more popular. Some specialized dictionaries of "dazhuan" have also been published in recent years.

In 221 B. C., the First Emperor of the Qin Dynasty conquered the other Six States and unified China. Among the decrees issued immediately after the unification, there was a famous decree to "unify the writing system throughout

China". His prime minister Li Shi created a new script called "xiao zhuan" (small seal characters) on the basis of "dazhuan". "Xiao zhuan" became the only official writing system established by the state. Its shape became more rectangular, the line of its strokes being more even and the relative positions of its radical combination becoming much more fixed than before. The "small seal characters" made a decisive leap toward the finalization of Chinese writing system. Afterwards, through the transition period of "lishu" ("the clerical script") which further simplified "xiao zhuan" and changed its cursive lines of strokes into straight ones, the standard Chinese script "kaishu" (regular characters) finally obtained the official status as China's orthodox writing system, which has undergone little changes up to now.

Above is a brief account of the evolution of Chinese "square characters", which are closely related to Chinese lexicography.

The unification of China's writing systems by the First Emperor of Qin Dynasty promoted the Chinese lexicography, and in turn Chinese lexicographers further developed this unification with their painstaking work, thus having made great contributions to the national unification of China.

Ideological and Cultural Background: the Close Relation Between Confucianism and Chinese Lexicography in Ancient Times

Compared with dictionaries of the other countries, the unique and extremely important role Chinese dictionaries once played in the social, educational, cultural and political life is rarely seen in the history of lexicography all over the world.

As is well known, during the Zhou Dynasty, which covered approximately 800 years (11th—2nd century B. C.), Confucianism saw its ideology systematized. The "Five Classics" of Confucianism, i. e., *The Book of Changes*, *The Book of Poems*, *The Book of Rituals*, *The Spring and*

Autumn Annals and *Shangshu* (A Collection of Ancient Literatures) gradually formed a core of Confucianism's ideology. Especially in the Warring States Period (475—221 B. C.). which is also called "the age of one hundred schools of thought contending with each other", many important works came out in the fields of philosophy, politics, history, poetry, etc, and laid the foundation of China's ancient civilization. All these works were written in "wenyan" which was basically the common spoken speech at that time. These works, mainly the Confucian "Classics", became textbooks to be read in schools everywhere. Intellectuals, who could read and remember by heart these "classic books" and passed examination run by the state, were given pensions and enrolled as officials. Especially after the enthronement of Han Wu Di (the Martial Emperor of the Han Dynasty), Confucianism was raised to the level as the only political theory of the government, and the Confucian Classics were promulgated as guidelines of every citizen's behaviour. Such practices had lasted for two thousand years since then. Consequently, reading Confusian Classic Books became an essential prerequisite for every intellectual who aspired to enter the ruling class or at least receive pensions from the government. In this case Chinese lexicography in ancient times naturally devoted itself to explaining and annotating the "Classics of Ancient Sages" (mainly works of the Confucian School), and sometimes inevitably got itself involved in the political struggles as mentioned in the following parts of this article. Therefore, Chinese lexicography in ancient times played an important role rarely seen in other countries.

"*Er Ya*" : The Thesaurus of the Earliest Days and the Only Dictionary with a Laurel of "Sacred Classics"

Just like the case of the lexicography history elsewhere, the predecessors of China's dictionaries are lexicons used as reading primers for children. The first of them appeared in the reign of King Xuan (827—782 B. C.) of the Zhou Dynasty. Many books of the same nature came out successively afterward. The representative of these lexicons is called *Ji Jiu Zhang* (An Elementary Reader Taught In Quick Method To Achieve Literacy). It was probably written in "lishu" (clerical script), containing 2,016 words (characters) arranged in lines giving rhyme. Some scholars in later ages provided it with annotations and thus gave it some features like a dictionary. However, it and its like can not be called real dictionaries.

The first book which can be taken as a real dictionary is "*Er Ya*" (A Book Striving To Find the Standard and Correct Answers). "*Er Ya*" is a collective creation which underwent a stage of material accumulation, compiling, revising and polishing by many scholars during the periods of The Spring and Autumn and The Warring States (770—220 B. C.). It began to be current around the year of 25 A. D. More than 2,000 entry words of archaisms are included in "*Er Ya*" and arranged in 19 chapters according to different conceptions. Therefore, "*Er Ya*" is in fact a thesaurus. The 19 chapters can be divided into two groups. The first three chapters belong to the first group dealing with common words. The other chapters belong to the second group dealing with encyclopaedic words. There are nouns, verbs, adjectives and adverbs among the common words which are explained, defined and in many cases given their pronounciations in the first group.

The 1st chapter "Shi Gu" (explaining Archaic Words) always enlists a score of synonyms and then gives them definitions in modern language. For example: "初哉首基肇祖元胎俶落权兴始也。" The twelve words from "初" to "兴" have the same meaning as "始" (beginning). (See the Appendix Ⅰ)

The 2nd chapter "Shi Yan" (explaining the meanings of words in modern language). In this chapter many rare or difficult words or dialects are explained with words more commonly used and sometimes even with words archaic but easier to understand. For example:

"告谒请也。" Words "告" and "谒" have the same meaning as "pleading" or "requesting".

"贸贾市也。" Both words "贸" and "贾" mean "trade" or "marketing".

The 3rd chapter "Shi Xun" (explaining words of modifying function). For example:

"明明斤斤察也。" The reduplications "明明" and "斤斤" have the same meaning as: "sharp-sighted".

"穆穆肃肃敬也。" The reduplications "穆穆" and "肃肃" mean "respectfully".

In this capter, most of the entry words are reduplications quoted from *The Book of Poems*, one of the other Confucian Scriptures.

The second category (4th—19th chapters) enumerates systematically material nouns of heaven (concerning astronomy and calender), the earth, mountains, waters (concerning geography), plants, animals, birds, fishes, utensils, palaces, horses, clothes, food, musical instruments etc. Some of the explanations are rather simple, but some are in more details. For example:

"荷芙渠其茎茄其叶蕸其本密其华菡萏其实莲其根藕其中的的中薏。" (See the Appendix II)

Lotus is called "芙渠"; its stem "茄"; its leaves "蕸"; its tender stem in the mud "密"; its flower "菡萏"; its fruit (seedpod) "莲"; its root "藕"; its seed "的"; the bitter kernel within its seed "薏".

Today, it seems to us that the explanations of entry words are simple enough, but it should be pointed out that they were written more than two thousand years ago!

"*Er Ya*" was a product to meet the historical needs. In the early days of the Han Dynasty, the Confucian Classic Scriptures had become very difficult to understand, for the Chinese characters then have undergone drastic changes in their shapes, pronunciations and semantic meanings and are not easy to understand. Meanwhile, to understand and master the contents of the Confucian Scriptures have now become far more important for intellectuals than before. So it's no wonder that such a dictionary as "*Er Ya*" came out at this time and soon circulated far and wide. Besides, "*Er Ya*" is a highly valuable scholastic work. It sums up, collates and sifts large quantities of words and expressions seen in the archaic scriptures before the Qin dynasty; it gives them correct definions and related encyclopaedic knowledge; it also tries to distinguish as clearly as possible the subtle semantic differences between synonyms. Thus, as early as the West Han Dynasty when "*Er Ya*" just began to circulate, there were scholars begining to enlarge and improve this dictionary with annotations. Since then "*Er Ya*" had become a reference book absolutely necessary for every pupil and student who studied both in imperial colleges and in local institutions run by the government or in private schools. By and by, "*Er Ya*" was listed as one of the "Confucian Classic Scriptures." In 724 A. D. (in the Tang Dynasty), "*Er Ya*" was offically listed as a subject in the "Imperial Examination" (an examination for students who hoped to be candidates for government officers). Finally, "*Er Ya*" was formally raised by Emperors to the status as one of the sacred "Thirteen Classics" which every Chinese intellectual and official had to study and learn by heart. Such a sacred dictionary as "*Er Ya*" is perhaps the only one ever seen in the history of lexicography of the world.

There were not a few excellent dictionaries belonging to "*Er Ya*" series published in the following years. However, the increase of their entry words and enlargement of their length didn't bring any of them the sacred status "*Er Ya*" enjoyed for one thousand and three hundred years in China's history.

Shuo Wen Jie Zi: The Earliest Genuine Dictionary of China and Probably of the World

Shuo Wen Jie Zi (an interpretation of words and characters) is a dictionary compiled by the great scholar Xu Shen (c. 58—148A. D.) of the East Han Dynasty who spent his last thirty years on this work. It is a genuine dictionary with all the elements characteristic of modern lexicography. It is also a brilliant work of Chinese philology. According to the authentic record of history, Xu Shen presented his *Shuo Wen Jie Zi* to the Emperor in 121 A. D., hundreds of years earlier than Dr. Johnson published his Dictionary (1755 A. D.).

In the age Xu Shen lived in, the relation between the two rivalling sects of Confucianism was extremely tense. One of them was called "Jin-Wen Jing School", i. e. , Confucian disciples who read only texts of scriptures handed down orally and recorded in "lishu" script. (The Confucian Scriptures were once hanned and burned down by the First Emperor of the Qin Dynasty. The remnants of them were again destroyed in the turmoil and chaos of war at the end of the Qin Dynasty.) The other was called "Guwen Jing School", i. e. , Confucian disciples who read only texts of Scriptures written in the eralier script "zhou wen" (mainly big seal script) and advocated those texts unearthed not long ago as the authentic edition of Classic Scriptures. As mentioned above, their disputes over textual criticisms are closely related with their personal fate and scholastic dignity. The fact that Xu Shen was one representative of the "Guwen Jing School" may help us understand why *Shuo Wen Jie Zi* was another extremely important dictionary to Chinese intellectuals in ancient times.

"*Shuo Wen Jie Zi*" consists of 15 volumes, the 1st—14th volumes constituting the main body of the dictionary and the 15th volume being the author's postscript (an article on philologic theory). The entry words include 9,353 Chinese characters written in "xiao zhuan" (small seal script) and 1,163 variants (in dazhuan i. e. big seal script and other "zhouwen" variants). Each entry word is a standard "xiao zhuan" character with other variant separately listed as non-standard scripts. Probably it is the first case of orthographic efforts ever seen in the history of lexicography all over the world. Then, the total 10,516 characters (words) are classified and organized into 540 groups on the basis of the similarities of their shapes. Characters of similar shapes are organized into the same group. Each group has a leading character or first commanding word. Following it are other characters similar to or derived from the leading word whereas the leading character itself is an independent word, in fact a radical (root, base) which always expresses a conception of class and has a strong power to form new words. Characters like "人" (human), "马" (horse), "木" (wood), "鸟" (bird), etc. fall into this category. Then, the 540 "leading words" or radicals are reorganized and incorporated into 28 larger groups again on the basis of the similarity of their shapes and the affinity of their semantic meanings. The 28 larger groups form 14 chapters, each chapter containing two parts. Moreover, at the end of each subgroup, numbers of characters surbordinate to the "leading word" and the variants are given. This kind of entry words arrangement lays down the foundation for the convenient radicals index system of Chinese dictionaries compiled in later ages, and it is still used now.

"*Shuo Wen Jie Zi*" uses many methods to give definitions: It often uses other synonyms to interpret the meaning of a word (character) or explains a word in detail; sometimes it quotes illustrations from authoritative Confucian Classic Scriptures or extracts from the works of famous scholars as well as inscriptions on ancient gravestones. However, in most cases, Xu Shen used the "Six Word Formation Modes" theory ("Liu shu" theory) to analyze the word construction, trace the etymological source, and finally ascertain the correct semantic meaning. Xu Shen is not the inventor of the "Six Modes" theory, but it was he who first systematized this theory and applied it to lexicography. According to this theory, Chinese characters can be classified into six categories:

(1) "Xiang Xing" (pictographic characters). They are derived from the shapes of real objects represented by them. There are not much pictographic words in "*Shuo Wen Jie Zi*", totaling only 364, but this is the basic way of Chinese word formation. For example:

"丝。细丝也。象束丝之形。…读若觍。" The character "丝" means "silk", pictographic, representing the picture of a bunch of silk, and pronounced as "shi" (the pronunciation of the character 觍).

"贝。海介虫也。象形。…古者货贝而宝龟。…至秦废贝行钱。" The character "贝" means "shellfish" living in the sea. It is a pictographic character. Shellfish and tortoise shell were currencies used by people in ancient times till the Qin Dynasty when coins became the official currency and they were no longer used as money.

"束。缚也。从口木。" The character "束" means "binding", composed of "口" and "木", looking like wood sticks bound together.

(2) "Zhi Shi" (self-explanatory and symbolic characters). They are formed by using symbolic signs to express a conception. There are fewer such characters in "*Shuo Wen Jie Zi*", totaling only 125. Following are some examples:

"二。高也。此古文上。指事也。" The character "二" means "high". Its variant in "gu wen" (big seal script) is written as "⊥". This way of word formation is called "symbolizing" (The long line below symbolizes the earth and the short line above symbolizes the sky. So this character means "high".).

"三。数名。天地人之道也。於文一耦二为三。成数也…" The character "三" means "three", a numeral. One added to two equals three.

(3) "Hui Yi" (associative compound characters). More complicated than the simple symbolic characters, they are formed by combining two or more words each with its own meaning to create a new word. It is an important word formation method. There are 1,167 such characters in *Shuo Wen Jie Zi*. Following are some examples:

"旦明也。从日。见一上一地下。" The characher "旦" means "dawn or daybreak", reminding people of the sun rising from the horizon ("日", sun; "一", the earth).

"林平土有丛木曰林。从二木。" The character "林" means "forest on the flat ground", symbolizing a forest full of trees ("木" means "tree" and there are two trees in "林").

"戍守边也。从人。持戈。" The character "戍" means "to garrison the frontiers." It is composed of two words "人" (man) and "戈" (spear), and thus gives a hint of men holding spears in garrison.

"王天下所归往也。董仲舒曰古之造文者三书而连其中谓之王。三者天地人也。而参通之者王也。孔子曰一贯三为王。" The character "王" means the king ruling the whole territory. The sage Dong Zhong Shu said "The ancient people formed the word "王" with one vertical line piercing through three horizontal lines. The later symbolize heaven, earth and human beings. It is only the king who is able to combine these three elements together." And Confucius also said: "The king is the man who can combine the three elements with one factor – himself." (this is one of the most complicated explanations about "huiyi" characters in this dictionary. See the Appendix Ⅲ)

(4) "Xing Sheng" (pictophonetic characters). It combines two elements, i. e., one radical indicating meaning and the other indicating sound (phonetic indicator) to create a new word. It is the most important and most commonly used word formation method. "Xing Sheng" characters account for 20% of the "jiaguwen script", and they account for 80% of the "xiao zhuan" characters in *Shuo Wen Jie Zi*, i. e., 7,697 words out of 9,353. In modern Chinese, "Xing Sheng" characters even account for 90% of the total and have become the main stream of Chinese writing system! Here are some examples:

"河河水出敦煌塞外昆仑山发原注海。从水。可声。" The character "河" means "the Yellow River" which originates in the Kunlun Mountain, runs through the frontier city Dunhuang, and empties itself into the sea. The radical means "water", and the other is a phonetic indicator giving the word a pronunciation "hou".

"晓明也。从日。尧声。" The character "晓" means "daybreak". This message is carried by the radical "日", and the phonetic indicator "尧" makes the word pronounced as "Yiao".

"姁母也。从女。区声。" This meaning originates from the radial "女" (woman), and the other radical gives the word a pronunciation "Xue".

(5) "Zhuan Zhu" (mutually explanatory characters). They are characters with same or similar radicals, pronunciations, or semantic meanings. They can be used to explain each other. Chinese characters of this category are very few.

(6) "Jia Jie" (borrowed characters). They are new words emerging in colloquialisms. Being unable to create a new character for them in a short span, people always borrow an existing word with same or similar sound to record them. The borrowed words are thus called the "Jia Jie" characters. In some cases, they gradually lost their original meanings and only carried the

new meanings. For example, the pronoun "我" (I) originally means "a spear-like weapon". Probably because men always held their weapons in hand, this word was borrowed to express the conception of "I myself". But the homophone gradually lost its old meaning and became a new word. There were many characters belonging to this category, and there were many scholars in the following ages who applied a method based upon this phenomenon to their philologic research.

From the above discussion, we can draw the conclusion that *"Shuo Wen Jie Zi"* is a genuine dictionary. It possesses all the elements of modern lexicography: having a scientific and orderly index system; making creative efforts in orthography as well as in orthoepy (though less successful); tracing the etymological source by means of an astonishingly advanced plilologic theory at that time; providing words with precise semantic meanings, encyclopaedic backgrounds, and illustrations from autoritative works; and finally giving statistics of the characters and words dealt with. *"Shuo Wen Jie Zi"* is a summing up of the textual criticisms of the pre-Qin (Dynasty) Classic Scriptures and philologic research on archaic Chinese by many great scholars throughout the West Han Dynasty (206—25B. C.). Therefore, it's no wonder that *"Shuo Wen Jie Zi"* became the most important reference book for Chinese intellectuls in the subsequent two thousand years, and its author Xu Shen was always worshipped as a sage comparable to Confucius.

The original text of *"Shuo Wen Jie Zi"* was probably written in "xiao zhuan" script, and there were many annotated editions among which the edition annotated by the Xu brothers (c. 986 A. D.) of the Song Dynasty is the earliest one extant.

The following two thousand years saw a score of dictionaries of the type of *"Shuo Wen Jie Zi"* compiled by diligent scholars. All of them improved *"Shuo Wen Jie Zi"* on this or that point. Among them we should perhaps mention the name of *Yu Pian* (Works as Precious as Jade) compiled by Gu Yewang (519—581 A. D.) of the Liang Dynasty. It is the first dictionary written in "kai shu" (the regular script which is the modern Chinese writing system still used by us today). The other two dictionaries worth mentioning will be discussed in the last section of this article.

"Rhyming Dictionaries" and Lexicographical Works of Other Types

The quantity and variety of dictionaries in ancient China are great. It needs a big book like "An History of Chinese Lexicography" to give all of them their proper places. Nevertheless, the name of *Dialects* by Yang Xiong shouldn't be omitted. Yang Xiong (53—18 B. C.) was a great poet, writer and philosopher of the West Han Dynasty. He made full use of the official archives which kept the government investigation records of public opinion in dialects spoken by common people, and at the same time he himself collected firsthand materials from soldiers, merchants and workmen living in the capital. His distinguished Dictionary of *Dialects* was thus compiled. It may be the earliest dialect dictionary in the lexicography history of the world. Dialects of almost every part of China at that time and even the languages of non-Han ethnic groups were put down in the dictionary. Furthermore, Yang Xiong also carried on a comparative research on these dialects. It was a linguistic work of high value. Subsequently, many dictionaries of dialects and colloquillisms imitating its pattern came out.

Other types of dictionaries include lexicons compiled by monks to help huddhists learn Buddhism, and handbooks compiled by scholars to help people learn the Confucian Classic Scriptures. These lexicons and handbooks comprise all the elements of a general dicitonary (such as definitons, semantic explainations and pronunciations), but the entry word arrangement is strictly corresponding to the order of books and volumes of texts annotated. Therefore, they can't be ranked as genuine dictionaries. In fact, all of them are reference books of annotations, somewhat similar to "A Companion to Shakespere". However, they possess some features of lexicography and some of them are important linguistic works such as "*Yi Qi Jin Yin Yi*" and "*Jin Dian Shi Wen*". The former is "a complete handbook of pronunciations and semantic meanings of the words used in Buddhist Scriptures"; and it was compiled by a monk scholar HuiLin and completed in 807 A. D. The latter is an "interpretation of the words in Confucian Classic Scriptures"; it was compiled by Lu De Ming (550—630?). The compilation of its derivative dictionaries reached their climax when "*Jin Ji Zhuan Gu*" (a dictionary of collations & textual criticisms of the Classical Scriptures), a large project of 108 vols., was completed in 1789 after six years of hard working by a strong team of fifty scholars under the guidance of the high ranking scholar-official, Run Yuan (1764—1849), once the prime minister of the Emperor.

And now we have come to the "rhyming dictionaries." These dictionaries are in fact works on phonology. However, since they adopt dictionary forms and are closely related with phonetic transcriptions and index system of general dictionaries, it's necessary to give them some space here.

As is well known, Chinese characters are monosyllabic and therefore very easy to be in rhyme. And as is said above, the "imperial examination" at various levels are important for intellectuals to enter into bureaucracy. Then it is understandable that rhyming dictionaries came out at a time when "poem writing" was listed as a subject in these examinations. Besides, China is a country with a long tradition of poem writing. One of the Confucian Classic Scriptures is "*The Book of Poems*" (*Shi Jin*). Poems are important mediums in diplomatic and social activities as well as in private cultural life. To get correct rhyming, one must know the correct pronunciation of words first, and the rhyming of one's poems should be corresponding to the ancient rather than to the contempory pronunciation. Aside from poem writing, learning to pronounce correctly the words in the Classic Scriptures is important too. Thus phonology research developed and became prosperous in ancient China, and so did the rhyming dictionaries.

It is said that the famous poet Shen Yu (441—513 A. D.) discovered the four tones in ancient Chinese (even, rising, departing and entering tones). However, the first rhyming dictionary is "*Qi Yun*" (a spelling method of quick enunciation) compiled by Lu Fa Yan and completed in 601 A. D. This dictionary consists of 5 volumes including 12,158 Chinese characters which are classified into 193 rhymes. These rhymes are in turn incorporated into four tones, the even tone having 54 rhymes, the rising tone having 51 rhymes, the departing tone having 56 rhymes, the entering tone having 32. Words of the same rhyme are all put into one group. This is the beginning of arranging index system of Chinese dictionaries by rhyme classification. Another contribution "*Qi Yun*" made to Chinese lexicography is that it used for the first time "quick enunciation" ("fan qi") method to indicate the pronunciation of a Chinese character. A few words to explain this method: Use two Chinese characters, the first having the same consonant as the given character and the second having the same vowel (with or without the final nasal), quickly enunciate them, and you will get the pronunciation of the given word. For example, "同。徒红切" means a combination of the consonant "t-" from character "徒" (tu) and the vowel plus nasal "-ong" from the character "红" (hong). Since then this method had been used by all Chinese dictionaries up to the end of the 19th century. Afterwards, scholars compiled a series of "rhyming dictionaries" on the principles established by *Qi Yun*. It is interesting to note that in the Tang Dynasty (618—907 A. D.) and especially in the Song (960—1279 A. D.)

Dynasty, as poems writing was included as an imperial examination subject, the central governments were tireless in compiling and revising new "rhyming dictionaries." Everyone participating in the imperial examination had to observe the rhyming rules as stated by the "authorized rhyming dictionary". Among these "dictionaries", "*Guang Yun*" (a comprehensive rhyming dictionary) was the most famous and important one. Its first edition was completed in 1007 A. D. and revised the next year. Later on, the "four tones" classification changed greatly as the "rhyme of the northern areas" replaced the old one. It involves very complicated phonological problems, and we shall not go into detail here.

By the way, under the reign of Emperor Kang Xi of the Qing Dynasty (1662—1723), two large rhyming dictionaries were complied by the imperial government. One is "*Pei Wen Shi Yun*" (an imperial rhyming dictionary) which is the summing-up, improvement and enlargement of all its predecessors. The other is "*Pei Wen Yun Fu*" (an imperial quotation dictionary of poems). Both of them are specialized dictionaries of a very large type.

Kang Xi Dictionary: An Agglomeration of Academic Achievements of Chinese Lexicogrphy

Judged in the light of lexicography, "*Shuo Wen Jie Zi*" represents the orthodoxy of Chinese lexicography. Among the dictionaries compiled in the same line, "*Zi Hui*" ranks first in the priority order. Its author Meiyin Zhu of the Ming Dynasty finished his compilation work around 1615 A. D. Included in "*Zi Hui*" were 33,170 characters, a rather astonishing number. Its creativeness lies in the improvement of its radical index system. It incorporates the 540 index groups of "*Shuo Wen Ji Zi*" into 214 radicals, cutting out almost half of the original numbers. Even more noteworthy is its new arrangement of these radicals. It uses the twelve "earthly branches" symbols (the twelve characters: zi, chou, yin, mao, chen, si, wu, wei, shen, you, xu, hai) as section titles, and organizes the 214 radicals into these twelve sections. Inside the word groups under the radicals, words are listed in an ascending order according to the number of strokes and given their page numbers. Besides, there is a table prescribing the writing order of strokes in a single character. Each word is given a pronunciation first by "fan qi" (quick enunciation) method and then transcribed with a homonym. It also pays attention to the inclusion of many imformal words and colloquillisms. Since its index system was much more improved, "Zi Hui" became a very convenient dictionary immediately after it was published.

Another similar dictionary is "Zheng Zi Tong" (a dictionary of orthography). It was compiled by ZiLi Zhang of the Qing Dynasty and published in 1670 or 1671 A. D. It is in fact an improved and revised version of Zi Hui.

On the basis of these two books, "Kang Xi Zi Dian" (Kang Xi Dictionary) was compiled. After its completion, throughout the Qing Dynasty, this "Emperor's dictionary" made itself the only authorized reference book used by everyman. It was an agglomeration of all the achievements so far acquired by Chinese lexicography.

In 1719 A. D. by the order of Emperor Kang Xi, a working committe was organized under the guidance of several high ranking officials to compile the dictionary. They worked for six years and finished the compilation in 1716 A. D. A total of 47,035 Chinese characters was included and they were all written in standard "kai shu" (regular script). It adopted the radical index system as well as other editorial arrangements used in "Zi Hui" and "Zheng Zi Tong" with little change, but the number of characters included in it surpassed all the other existing dictionaries (13,856 characters more than Zi

Hui). Besides, there were many improvements in its content. In a word, "*Kang Xi Zi Dian*" is an enlarged, revised and incorporated edition of "*Zi Hui*" and "*Zheng Zi Tong*". (See the Appendix Ⅳ)

Since *KXZD* is an Emperor's Dictionary, it couldn't tolerate any criticisms for nearly a hundred years. Not until many years after the Emperor's death did the scholars dare to start revising the dictionary in 1827, and it was done by the order of the Emperor's grandson's grandson!

Anyway, "*Kang Xi Zi Dian*" is a brilliant achievement of Chinese lexicography. Just as British scholars amused themselves with critizing *Oxford English Dictionary* and yet everyone of them depends upon *OED* in his work, so did the Chinese scholars!

Conclusion

Though this article is long enough, it is only a sketch of Chinese lexicography in ancient times. As an ancient civilized country, China has a very rich inheritage in lexicography as in many other academic fields. And Chinese lexicographers in ancient times learned a lot from the culture of the neighboring countries. For example, the translation of the Sanskrit Scriptures of Buddhism promotes to a certain degree the development of Chinese phonology and phonetic transcriptions applied in the dictionaries. Chinese dictionaries were once the important items of the cultural exchange between China and her neighboring countries. However, it must be admitted that China lagged behind in linguistic research during recent two centuries and Chinese lexicography lacked the modern colour of dictionary-making. Only after 1949 when the people's republic was founded did the Chinese lexicographers have enough chances and resources to modernize their work. They have been working hard and their efforts are not made in vain. Their brilliant achievements mentioned in the prologue of this article are the reward of their dedication. Now they are fully confident that by learning from and exchanging experiences with their colleagues all over the world, Chinese lexicographers will certainly be able to advance by giant strides toward their much-sought goal.

作者附记："由于本书系用电子计算机排版，徐文所引古籍中的繁体汉字均为简体；又由于造字上的技术限制，文中所引《说文解字》作为词目词的篆字亦改为楷体；出于同一原因，文中论述《康熙字典》部分所引词条实例一并删去。这是要向读者说明的，亦向作者致歉。"——这是《双语词典研究》一书的编者在收入该书的此文的末尾所加的注。现在，电脑扫描输入技术已比该书出版时（1993年）有很大的进步。为此，笔者在将此文收入本《论集》时，加收了《尔雅》、《说文解字》和《康熙字典》的4个样页，以显示这几部古代最重要字典的原貌。

另外，应该说此文算不上什么学术论文，而仅仅是具有"外宣"（对外宣传）性质的文稿，因为笔者于1992年夏从上级领导那里拿到邀请函时，产生了一种想法——由于从事词典编纂和研究词典的人在世界各国人数都极少，所以举行这类国际学术会议的次数也极少，这是一次弘扬中华文化、让国际辞书界了解一下我国古代辞书编纂之悠久历史与辉煌成就的大好机会。故而笔者斗胆"跨行"，用英语撰写了这样一篇介绍我国古代辞书的长文。实际上，从那次会议宣读的论文来看，也有五六位学者持有与笔者类似的想法，都以宣讲他们本国或本民族的辞书编纂史为题。

不言而喻，既然此文是"跨行"之作，不当之处想必不会少，但笔者考虑到，从事双语类辞书编纂或研究的人，稍许了解一点我国古代的辞书总会有些好处，故而还是将此文收入本《论集》了，并请刑三洲同志译成汉语，敬请读者和专家们指正。

Appendix Ⅰ
《尔雅》样页之一

Appendix II
《尔雅》样页之二

Appendix III
《说文解字》样页

Appendix IV
《康熙字典》样页

〔附〕汉语译文

中国古代的辞书编纂
（公元前800年—公元1840年）
（邢三洲　译）

前　言

在现代中国，特别是自1978年中国开始推行改革开放政策之后，辞书编纂空前繁荣。千余种各种类型、大小、单语和双语的词典和字典在1979至1991年短短的十几年中纷纷出版。其中一例是《汉语大字典》，全书计2000万字，分8卷出版，共收单字56,000个。与此同时，多卷本的《中文大辞典》也在中国台湾地区出版。另一本巨型词典，《汉语大词典》的编纂和出版现在正在进行中，全书计5000万字，计划分13卷出版，现在前9卷已经出版。众所周知，中国是个有56个民族的统一国家，尽管最大的汉族人口超过10亿，而且汉语也是中国的通用语言，但其他兄弟民族也有自己的语言，他们在辞书编纂上亦成就斐然。然而，受篇幅制约和作者学术能力所限，本文只讨论汉语辞书编纂。现今的中国学者自然已经从其他国家的辞书编纂理论和实践中学到很多，但他们还是主要将自己取得的成就归结为中国辞书编纂丰厚遗产的泽被。中国辞书编纂有一些突出特点，但它们并不总能见于世界辞书编纂史中。

语言背景：文言、方言和普通话

汉语属于汉藏语系。汉语是一种词根孤立语，缺少词形变化，使用方块字。在讨论之前，我们应清楚三点。第一，在古汉语中，"字"和

"词"的意思是一样的，因为多数汉语词是由一个单音节的方块汉字构成的。因此，在古代，"词典"、"字典"和"字书"三者意思一样，尽管中国现代的辞书编纂者将它们严格地划分为三个类别。第二，中国古代，即1840年之前所有的中文书都是用文言书写，只有少数例外。文言是从周朝（公元前1000年—公元前200年）延续下来的中国统一的书面语言。最初文言和口语是一致的，但文言逐渐脱离了口语，成为一种只能被文化精英理解和使用的古语。这是一种与现在迥然不同的书面文字，现在的书面文字是建立在全国通用的普通话之上，因此中国古时编纂的辞书几乎都是解决文言文的参考书。最后，中国有七类方言。尽管中国人现在通用的普通话（现代汉语）是从华北方言（即以前的"官话"或"北京话"，西方人对这两个叫法更为熟悉）发展而来的，但是很多汉族人都操着不同的方言，这些方言在外人听来十分难以理解。在中国漫长的历史中，不同时代汉语的发音也差别极大。也就是这个原因促使中国古时一代又一代的辞书编纂者穷毕生精力不辞劳苦地研究汉语的历史语音学。我们也不应忘记，在现代汉语中还留存着大量的文言词汇，如果不求助于词典，我们现在根本无法理解蕴藏在数百万卷古书典籍中的中国古代文化的丰厚遗产。

汉字书写系统背景：六书的演化

最早的汉字书写形式是"甲骨文"，甲骨文是商代（公元前16至11世纪）在龟甲兽骨上刻写的文字。至今，从这些甲骨上发现了5500个字（词），其中的三分之一，约2000个字已经被古文字学家破解。在词汇、语法和书写形式上，甲骨文已具备后续汉字的雏形。奇怪的是，这些刻着甲骨文的龟甲和兽骨直到1889年才出土。1949年之后，辞书编纂者和古文字学家完成了一部甲骨文大字典，有了这部字典，中国古代的辞书著作中的很多错误得以发现和改正。

另一种古代汉字的书写体是"金文"，即统治阶层使用的烹煮或贮藏食物和酒的青铜器上刻写的文字，这些青铜器尤其用于祭祀中。金文出现在商代早期（公元前14世纪之前），并一直存续到整个周代（公元前 11 至公元前 2 世纪）。已发现 3000 个金文，其中的 2000 个早在西汉时期即被破解。金文因其方块形的书写形式和竖着书写而变得愈加规范，这对"方块汉字"的最终成型起了很大作用。本世纪已有几本金文专科词典出版。

在金文的基础上，两类"古文"在战国时期（公元前 475 至公元前 220 年）通行。一种叫"六国文"，它在六个国家使用，因六国文随意简化和修改金文使其具有很多变体，因此混乱难懂。更加规范和统一的古文通用于六国的敌国秦国的疆域之内。"秦古文"和金文很像，书写形式更加方正和规整。两种古文的差异是中国古代辞书编纂者主要争论的话题，他们对此讨论了近 2000 年。

秦古文的正式名称是"籀文"，它的另一名称"大篆"更为人熟知。近年来也出版了一些大篆专科词典。

公元前 221 年，秦始皇征服了六国，统一了中国。在统一后不久颁布的诏书中，有一个著名的诏书要求"统一全国的文字"（书同文）。丞相李斯创建了一种叫作"小篆"的书写形式，小篆以大篆为基础，并且也是大篆的一种流行变体。小篆成了唯一一种官方确立的书写系统。小篆的字形向长方形发展，笔画更加匀称，字的主要构成部分的相对位置比以前更加固定。小篆是汉字书写系统最终确定的一步决定性的飞跃。此后，出现了过渡性的"隶书"，它进一步简化了小篆，并将弯曲的笔画变直，规范的汉字书写系统"楷书"赢得了中国正统书写形式的正式地位，直至今日这一书写系统都很少变化。

以上简述了"方块汉字"的演进过程，这与汉语辞书编纂存在密切的联系。

秦始皇统一汉字书写系统促进了汉语辞书编纂，其后是中国辞书编纂者靠自己的辛苦劳作使得汉字书写的统一更为深化，并因此为中国国家的统一作出巨大贡献。

意识形态和文化背景：儒学与汉语辞书编纂在古代的密切联系

与其他国家的词典相比，汉语词典在社会、教育、文化和政治生活中发挥过独特而且特别重要的作用，在全世界的辞书编纂史上很难见到这种现象。

众所周知，在跨度 800 年的周朝时期（公元前 11—2 世纪），儒学思想体系逐渐系统化。儒家的五部经典，即《易经》、《诗经》、《礼记》、《春秋》和《尚书》，渐渐构筑了儒家思想的核心。特别是在"百家争鸣"的战国时期，在哲学、政治、历史、诗歌等领域涌现出很多重要的著作，这些构筑了中国古代文化的基石。这些著作用当时的通用交际语言文言写成。以儒家为主的经典在全国各处被当成教材诵读。那些能够读懂和默记这些经典，并通过国家组织的考试的知识分子就会获得官阶和俸禄。特别是在汉武帝登基之后，儒家思想被拔升为国家唯一的政治理论，而儒家经典也被宣布为所有臣民的行为操守规范。从此这种做法持续了 2000 年。结果是，任何想进入统治阶层或至少想领取点政府补贴金的知识分子都将攻读儒家经典作为实现目标的先决条件。这样，中国古代的辞书编纂自然以解释和评注"古代经典"（主要是儒家著作）为己任，有时无可避免地卷入政治纠纷，本文接下来对此将有所叙述。因此，中国古代的辞书编纂发挥着其他国家所没有的作用。

《尔雅》：最早的义类词典和唯一被纳入"经典"的词典

和其他地方辞书编纂史的情况一样，最早的中国词典是作为儿童初级读本使用的字典。最早的一部出现在周宣王统治时期。很多同种性质的图书后来陆续出现。这些字典的代表是《急就篇》，它可能是用隶书写成，收录 2,016 个字词，分行排列，读起来押韵。后世的学者给这本书加上了注解，使之具备了词典的特征。然而，诸如此类的书还不能算是真正的词典。

第一本能被看成真正词典的书是《尔雅》。《尔雅》是一本集体创作的书，由春秋战国时期（公元前 770—220 年）的很多学者经过资料收集、编纂、修正和润色而成。这本书开始流行是在公元25年前后。《尔雅》收录2,000余个古词条目，这些词根据不同的概念共分19篇。所以，《尔雅》实际是一本义类词典。19篇可分为两组。第一组包括前三篇处理普通词汇。第二组包括其余各篇解决百科词。第一组中解释和定义的普通词汇包含名词、动词、形容词和副词，很多情况下还给出词的读音。

第一篇为"释诂"（即解释古词），总是先列举一组同义词，然后用当时的语言给出定义。例如："初　哉　首　基　肇　祖　元　胎　俶　落　权舆　始也。"从"初"到"权舆"共计11个词意思都是"始"（开始）。（参见附件Ⅰ）

第二篇是"释言"（即解释当时语言中的词汇），此篇解释了很多罕用词、难词或方言词，并使用常用词解释，或有时用易于理解的古词进行解释。例如：

"告　谒　请也。"中"告"和"谒"的意思都是"请求"。

"贸　贾　市也。"中"贸"和"贾"的意思都是"贸易"。

第三篇是"释训"（即解释具有修饰功能的词），例如：

"明明　斤斤　察也。"中叠词"明明"和"斤斤"都是"目光敏锐的"意思。

"穆穆　肃肃　敬也。"中叠词"穆穆"和"肃肃"都是"尊敬地"的意思。

本篇中的多数词条都是引自儒家经典《诗经》的叠词。

第二组（4到19篇）系统地枚举物质名词，包括天（有关天文和历法）、地、山、水（有关地理）、植物、动物、飞禽、水族、器物、宫室、马、食物和乐器等。有些解释极为简短，但也有一些更详细的解释。例如：

"荷芙蕖其茎茄其叶蕸其本密其华菡萏其实莲其根藕其中的中薏。"荷花被叫做"芙蕖"；茎叫做"茄"；叶叫"蕸"；泥中的那段茎叫"本"；花叫"菡萏"；果实叫"莲"；根叫"藕"；籽称作"的"；籽中

味苦的内核叫"薏"。（参见附件Ⅱ）

对词条的这些解释现在在我们看来过于简单，但是应该指出的是这些是两千多年前写出来的解释。

《尔雅》是满足历史需要的产物。在汉朝早期，儒学经典变得十分难于理解，因为汉字的字形、读音和语义发生了巨变，这些都不再容易理解了。另一方面，对知识分子来说，这时候理解和掌握儒家经典变得比以前更加重要。因此《尔雅》这样的词典在这时出现并被广泛传播就不足为奇了。另外，《尔雅》还是一部有很高学术价值的作品。它总结、收集和筛选了秦以前的古代典籍中的大量词汇和短语，提供正确的定义和相关的百科知识，还尽量明确区分同义词间的细微语义差别。早在西汉时期《尔雅》就开始流行，有不少学者开始通过注解来增补和改善这部词典。从那时起，对那些在太学、官办地方教育机构和私塾中学习的每个学生来说，《尔雅》成为一本必备的参考书。渐渐地，《尔雅》被列为儒家经典之一。在公元724年（唐代），《尔雅》被官定为科举考试科目。最终，《尔雅》被钦定为神圣的《十三经》之一，每个中国知识分子和官员必须研习和熟记于心。像《尔雅》这样的经典词典在世界辞书编纂史上可能也是绝无仅有的了。

后来出现的不少词典可以归属为《尔雅》一类。尽管这些词典的词条数目增加了，内容也增多了，但是没有一本能像《尔雅》一样在1300年的历史长河中享有如此尊崇的地位。

《说文解字》：中国第一本可能也是世界上第一本真正的词典

《说文解字》的编者是许慎（约公元58—148年），他是东汉时期的大学问家，他将自己生命的最后30年都投入到这本词典的编纂中。这本书是一本真正的词典，它具备现代辞书的所有基本构件。这本书还是汉语文字学的杰出著作。根据历史真实记载，许慎于公元121年将他编著的《说文解字》呈送给皇帝御览，这比约翰逊博士出版他的词典（公元1755年）早了1600多年。

在许慎生活的年代，儒学的两个竞争派别的关系剑拔弩张。其中一派叫"今文经学",即只读口头传递下来并用隶书记载的经典。(在秦始皇统治时期儒家经典曾遭到查禁和焚毁,剩余的一些在秦末的战乱中再遭浩劫。)另一派叫"古文经学",即只读用更早的文字籀文(主要是大篆)记录的经典,并将刚出土不久的文本奉为真正的儒家经典。上文已经提过,他们对文本考证的争论关乎自己的命运和学术尊严。许慎是古文经学的一位代表人物,这能帮助我们理解《说文解字》为什么是一本对中国古代知识分子异常重要的词典的原因。

《说文解字》全书共 15 篇,前 14 篇是词典的主体,第 15 篇是作者的"叙(文)"(阐释文字学理论)。全书收录 9,353 个小篆书写的汉字条目和 1,163 个大篆书写的汉字条目。词目词都是用标准小篆书写,其他书写变体作为非标准的书写法列于其下。这可能是世界辞书编纂史上第一次在正字法上做的尝试。然后,10,516 个字按照字形的相似性被归类为 540 部,相似字形的汉字被归入同一个部。每个部都有一个主要的首字,其他字列于其后,要么与首字形似,或由首字派生。尽管首字是一个独立的汉字,但是它实际上是一个词根(部首),总是表示一类概念,并且具有很强的构造新词的能力。"人"、"马"、"木"、"鸟"等汉字都属于这一类。540 个首字或词根(部首)被重新编排进 28 个更大的部,分类标准是字形的相似性和语义的相关性。28 个大部构成 14 篇,每篇两个部。此外,在每一个次级部首的结尾还给出首字后的从属汉字和变体的数目。这种条目词的安排为后世的汉语字典便捷的部首检索系统打下了基础,直到今日仍在使用。

《说文解字》的释义方法有很多种。它通常用一个字的其他同义词来阐释它的含义,或者用详细的释义来解释字。有时它从权威的儒家经典中援引例证,也引述著名学者的著作,甚至是抄引古代碑文。然而在大多数情况下,许慎使用"六种造字模式"理论("六书"说)来分析字的构造,追本溯源,以此弄清字的正确语义。许慎并不是"六书"说的首创者,但他却是第一个将这一理论系统化并用到辞书编纂中的人。根据这种理论,汉字可以被分为六类:

（1）"象形"（图画形式的汉字）。这类汉字从真实事物的形状演化而来。《说文解字》上罗列的象形字并不多，只有364个，但这却是汉字的基本构造模式。例如：

"丝。细丝也。象束丝之形。……读若奭。"汉字"丝"是蚕丝的意思，象形字，表现了一束丝的图画，读作"shi"（即汉字"奭"的音）。

"贝。海介虫也。象形。……古者货贝而宝龟。……至秦废贝行钱。"汉字"贝"意为海里的贝类，象形字。贝壳和龟甲在古代作钱用，直到秦代才被官定的硬币取代。

"束。缚也。从口木。"汉字"束"的意思是捆扎，由"口"和"木"构成，像捆在一起的木棍。

（2）"指事"（自我解释的符号性质的汉字）。这类汉字的构造是通过符号表达概念。《说文解字》中此类的汉字更少，只有125个。例如：

"二。高也。此古文上。指事也。"汉字"二"的意思是高。其"古文"（大篆）的变体写作"上"，这种构造称为"符号表现"（下面的长横表示地，短竖象征天，因此这个字的意思是"高"）。

"三。数名。天地人之道也。於文一耦二为三。成数也……"汉字"三"是一个数词，一加二等于三。

（3）"会意"（联想组合的字）。这类字比简单的指事汉字更为复杂，由两个以上并且保留自己本义的字构成。这是一种重要的汉字构造方法，《说文解字》中共有1,167个这样的汉字。例如：

"旦明也。从日。见一上一地下。"汉字"旦"的意思是"天亮"，提示人们太阳（日）是从地平线（一）上升起的。

"林平土有丛木曰林。从二木。"汉字"林"的意思是"平地上的许多树"，即为长满树木的树林（"木"的意思是树，"林"字中有两棵树）。

"戍守边也。从人。持戈。"汉字"戍"的是意思是"守卫边界"，是由"人"和"戈"构成，暗示着人手持戈矛守卫。

"王天下所归往也。董仲舒曰古之造文者三书而连其中谓之王。三者天地人也。而参通之者王也。孔子曰一贯三为王。"汉字"王"的意思是统治整个疆土的国王。董仲舒讲述的传说为："古人造'王'字的方法是用一条竖线刺穿三道横线，三道横线表示天、地和人，只有国王能将这三者连接一起。"孔子也说："自己一人能将三种因素联系起来的人就是王。"（这是本词典中有关会意汉字的最复杂的解释，参见附件Ⅲ）。

（4）"形声"（字形和读音结合的汉字）。形声字通过两个方面来构造新字，即表示意义的字根和代表读音的成分。这是最重要也是最常用的构字方式。甲骨文中的形声字占20%，《说文解字》中的形声字占到所有小篆汉字的80%，即9,353个汉字中的7,697个。在现代汉语中，形声字更是占据了90%的比重，称为最主要的汉语书写系统。形声字的例子如下：

"河河水出敦煌塞外昆仑山发原注海。从水。可声。"汉字"河"指的是黄河，它发源于昆仑山，流经边境城市敦煌，注入大海。字根的意思是"水"，另一半表音"hou"。

"晓明也。从日。尧声。"汉字"晓"意为"天亮"。这种意思通过字根"日"表现，音通过"尧"来表现，这个字的发音是"yiao"。

"姁母也。从女。区声。"这个字的意思来源于字根"女"，另一个字根给出这个字的读音"xue"。

（5）"转注"（互为解释的汉字）。这些汉字有相同或相似的字根、读音和语义。可以用来相互解释。这种类型的汉字数目很少。

（6）"假借"（借用来的汉字）。这些字是口语中出现的新字。因为无法在短时间内造出一个字来表示这些事物，人们就从已有词汇中选择一个发音相同或近似的字来记录这些字。被借用的字因此成为假借字。在某些情况下，这些字逐渐丧失了其原始意义，而只表示新意义。例如代词"我"最初表一种类似矛的兵器。可能是因为男人总是手里拿着兵器，这个词就被借用来表达"我自己"的概念。但是同音字逐渐丢失了其旧的意思，并且转变为一个新字。很多汉字都属于这一类，后世的学者将一种基于这种现象的方法运用到他们的文字学研究中。

从上文的讨论中我们可以总结《说文解字》是一本真正的词典，它有现代词典所有的构件：有一种科学有序的检索系统，在正字和正音上做了开创性的努力（尽管不是太成功）；使用当时先进得惊人的文字学理论来追溯词源。为字词提供精确的语义、百科背景知识和来自权威著作的引例，最后对所收录的字词进行统计。《说文解字》是对秦以前的典籍文本考证的总结，也是对西汉时期（公元前206—25年）很多学者对古汉语字体研究的总结。因此，毫不奇怪，《说文解字》在随后的2000年中成为中国知识分子最重要的参考书，而其编者许慎也一直被奉为与孔子相提并论的圣人。

《说文解字》的最初文本可能是用小篆写成，后来出现很多加注解的版本，其中由宋代徐氏兄弟（公元986年）注解的本子是最早的现存版本。

在随后的2000年中，勤奋的学者们编纂了几十本类似《说文解字》的词典。它们在某些方面完善了《说文解字》。其中我们可能要提到的是梁代的顾野王（公元519—581年）编纂的《玉篇》，这是第一本用楷书书写的字典。其他两本值得一提的词典在本文的最后一节再谈。

"韵书"和其他类型的词典

中国古代辞书的数量和种类之庞大可能需要一本像《中国辞书史》这样的大书才能理得清楚。不过扬雄的《方言》并不能忽略不提。扬雄（公元前53—18年）是西汉时期的大诗人、作家和哲学家。扬雄充分利用了官方档案，档案中记载了政府对普通民众使用方言表达出的舆论进行的调查记录。同时，他还从在都城中生活的士兵、商人和工匠那里收集第一手的资料。他与众不同的词典《方言》就这样编纂完成，这可能是世界辞书史上的第一本方言词典。这本词典几乎收录了当时中国各个地区的方言，甚至还记录了汉族之外的其他民族的语言。这本词典是一本价值很高的学术著作。后来仿照这本词典的模式出现了很多方言和口语词典。

其他类型的词典包括僧侣编写的为佛教徒修习佛教的字典和学究编写的帮助人学习儒家经典的手册。这些字典和手册包含了普通词典的所有要素（例如释义、语义解释和读音），但是条目的编排顺序严格按照所注解的图书或篇章的顺序编排。因此，它们还不算是真正的词典。他们实际上是注解参考书，有点像《莎士比亚指南》。然而，它们具有辞书的特征，有些是重要的语言学著作，例如《一切经音义》和《经典释文》。前者是一本"佛经用词读音和语义完全手册"，是一位名叫慧琳的僧侣学者在公元807年编成的。后者是一本"阐释儒家经典"的书，编者是陆德明（550—630?）。《经籍纂诂》（含有典籍文本考证和注释的词典）的出现使诠释经典的词典达到高峰，全书共分108卷，在曾任内阁首辅的学者型高官阮元的主持下由50位学者组成编写组，历时六年含辛茹苦于1789年编纂完成。

现在我们来谈一下"韵书"。这些词典实际是音韵学著作。因为它们采用了词典的形式，并且与标记发音有密切联系，而且具备普通词典的检索系统，所以有必要留点篇幅讨论它们。

我们知道，汉字都是单音节的，所以容易押韵。上文已经说过，不同层级的科举考试对知识分子进入官僚阶层非常重要。所以在"作诗"被列入科举考试的科目的时代出现了韵书就容易理解了。此外，中国有很长的诗歌创作传统。儒家经典中的一本就是《诗经》。诗歌是外交、社会活动和个人文化生活的重要媒介。要用韵正确，首先必须知道字词的发音，诗歌的用韵应该依照古音而不是今音。除了作诗之外，学会经典中字词的正确读法同样重要。因此音韵学研究和韵书在中国古代得到发展和繁荣。

据说是著名诗人沈约（441—513年）发现了古汉语的四声（平上去入）。然而第一本韵书是陆法言601年编纂的《切韵》。这本词典包括 5 卷，收录的 12,158 个汉字被编入 193 韵。这些韵进而被归入四声中，平声有 54 韵，上声有 51 韵，去声有 56 韵，入声有 32 韵。同韵的字词被编入一组。这是汉语词典按照韵来编制检索系统的发轫之作。《切韵》对汉语辞书的另一个贡献是第一次使用了"反切"法，以此来表示汉字的发音。简单介绍一下这种方法：使用两个汉字，第一个汉字与某个字的声母相同，第二个字与该字的韵母相同（无论有无后鼻音），快速而清晰地发出这些音，就能获知该字的发音。例如："同。徒红切"意思是将汉字"徒"（tu）中的辅音"t-"和汉字"红"（hong）中的元音和鼻音"-ong"组合在一起就能得到"同"的发音。从此反切法就被用于所有汉语词典中，直至 19 世纪末。后来学者根据《切韵》确立的原则编纂了一系列韵书。有趣的是在唐代（公元 618—907 年），特别是宋代（公元 960—1279 年），当作诗被列为科举考试科目时，中央政府不遗余力地编纂和更新韵书。任何参加科举考试的人都必须按照"权威韵书"的规矩用韵作诗。在这些词典中，《广韵》是最著名和最重要的一本。这本书的第一版完成于公元 1007 年，第二年即被修订。后来"四声"分类有了重大变化，因为"北方地区韵"取代了旧韵。这涉及很复杂的音韵问题，我们此处不再详述。

顺便提一下，在清代康熙年间（1622—1723），朝廷编纂了两部大型的韵书。一本叫《佩文诗韵》，它总结、改进和扩充了以前的韵书。另一本是《佩文韵府》（诗歌引语词典）。两本书都是大型的专科词典。

《康熙字典》：汉语辞书学术成就的集大成者

从辞书编纂方面看，《说文解字》代表了中国辞书的正统。按同种规则编纂的词典中，《字汇》排在首位。这本书的编者是明朝的梅膺祚，1615 年编成。《字汇》收录 33,170 个汉字，数量十分惊人。它的创新在于其对部首检字法的改进。它将《说文解字》用于检索的 540 个部归为 214 个部首，削减的数目超过原来的一半。更值得说的是它对这些部首的重新编排，它用 12 地支用字作为部首的集名（12 地支为：子、丑、寅、卯、辰、巳、午、未、申、酉、戌、亥），并将 214 个部首归入这 12 个部首集。每个部首下的汉字按照笔画由少到多排列，并给出它们出现的页码。另外在每个单字下有一个笔画书写顺序表。先用反切法给出字的读音，然后再用同音字标音。这本词典还注意收录非正式字词和口语字词。因其检索系统得到极大改善，《字汇》甫一出现就成为一本易查易用的词典。

另一本类似的词典是《正字通》，清代的张自烈编纂，成书于 1670 或 1671 年。它实则是《字汇》的一本改进和修订版。

在以上两本书的基础上，编纂了《康熙字典》。这本字典出现之后，在整个清代这本"（康熙）皇帝的字典"就成为人人使用的权威参考书。它是之前中国辞书编纂所取得成就的集大成者。

公元 1719 年，在康熙皇帝的敕令下，组织了一个以数位高官为首的词典编写组。他们耗时 6 年在 1716 年完成编纂。字典共收录了 47,035 个汉字，并且用标准的楷书书写。它采用了《字汇》和《正字通》的部首检索体系和其他编排方法，只是稍加改变。但是这本字典收录的字却超过了所有现存的字典（比《字汇》多出 13,856 个）。此外，字典的内容也有很多改进。简言之，《康熙字典》合并了《字汇》和《正字通》，并作了增补和改进。

因为《康熙字典》是"皇帝的字典"，所以在近百年的时间内不能容忍任何批评。直到康熙皇帝驾崩很多年以后的 1827 年，学者们才敢修订这本字典，而且是在这位皇帝孙子的孙子的御令下。

无论如何看，《康熙字典》都是中国辞书编纂的杰出成就。就像英国学者以挑剔《牛津英语词典》自娱自乐一样，尽管该字典始终是他们工作中的参考依据；其实我们中国的学者何尝不是如此。

结论

尽管本文相当长，但它只是中国古代汉语辞书编纂的一个概要。作为一个文明古国，中国在辞书编纂领域和在其他学术领域一样有着丰富的遗产。中国古代的辞书编纂者从邻国的文化中也学到了很多东西。例如，翻译梵文佛经在一定程度上促进了汉语音韵学的发展和标音法在词典中的应用。中国的辞书曾是中国及其邻国之间文化交流的重要内容。然而，必须要承认的是，在近两个世纪，中国在语言学研究方面已经落后，所以汉语辞书缺乏现代词典的色彩。只是在 1949 年中华人民共和国成立之后，中国的辞书编纂者才有机会和资源来使他们的工作现代化。他们努力工作，这也获得了回报，本论文的前言中已经提及过他们的杰出成就。他们充满信心，通过向全世界的同行学习，并与他们交流，中国的辞书编纂者定能朝着他们期冀的目标大踏步地前进。

徐式谷：要为学英语用英语的中国人提供更好的词典*

（霍勇）

不论是翻译、研究人员或英语教师，还是大学生、中学生或英语自学者，他们的手头都需要有一本好词典，而连任九、十两届全国政协委员的徐式谷先生就是一位为了给这些人提供更好的词典而呕心沥血的专家。

徐式谷，生于1935年，商务印书馆编审，前副总编辑，现为《英语世界》杂志社社长，中国辞书学会双语词典专业委员会副主任委员，九三学社中央教育文化委员会顾问，中国翻译工作者协会理事、副秘书长，重庆大学兼职教授。

徐式谷1957年毕业于北京大学西语系英语专业，毕业后长期从事英汉笔译工作，他从自己的翻译实践中深切体会到，词典往往是被人奉为圭臬的，外语工作者如果手上有一本好词典，就会像登山涉水者手上有了一支得力的拐杖，甚至可以说是插上了可以帮助飞翔的翅膀。反之，一本劣质词典则会让使用它的人上当受骗，读错、理解错和用错外语而不自知，乃至造成工作失误。因此，当他于1979年初调入商务印书馆时，便志愿选择了外语辞书编辑工作。商务印书馆成立于1897年，是我国历史最悠久的一家名牌出版社，一向以出版质量上乘的中外语文词典而知名于世。1979年初正值我国改革开放新时期的开始，人民群

---

* 此文是全国政协机关刊《中国政协》月刊的记者霍勇采访笔者以后撰写的，内容经笔者仔细审改过，重点放到了宣传商务印书馆而非宣传笔者个人上，故作为附录收入，该文刊载于《中国政协》2003年第9期，"全国政协委员访谈录"专栏，第80—81页。

众中一股学英语的大潮勃然兴起，商务馆领导为了满足时代需求作出修订《英华大词典》的决定，并指定徐式谷为该词典的主要修订者之一和责任编辑。《英华大词典》是我国上个世纪50、60年代全国唯一的一部中型英汉词典，其编者是第七届全国政协委员郑易里先生，其质量之佳远非解放前的那些老英汉词典可比。然而由于时代的变化，这部好词典这时已显老态，需要修订更新。当时，商务组织了馆内外数十名编辑和专家学者参加词典修订，但最后综合审核和补充定稿的全部工作却落到了徐式谷一人的肩上。馆里当时特批他在家工作，他在一家三口合住的一个狭窄房间里的一个小办公桌前工作，桌上堆满了各种英语原文词典和参考书，几乎是日以继夜，足不出户地埋头苦干了近4年之久。几万张卡片，几千页长条校样，总数达540万字的10万个词条都需要他一个字一个字地去审核，去修改，去润色，去补充，每每改一个词都要翻检查阅十几种英语书，都需要凭借自己的学力去作出判断或写出更改文字，由此可见其工作量之巨大、工作之辛苦和工作要求之高。功夫不负苦心人，在众多学者、编辑和徐式谷的共同努力下，一部装订精美、内容丰富和面貌崭新的《英华大词典》（修订第二版）终于在1984年秋问世。该词典出版后立即风行海内外，数年内印行60余万册，并在我国香港和台湾地区出版了繁体汉字版。当时恰逢英国首相撒切尔夫人访华，这部词典被作为国家礼品正式赠送给撒切尔夫人，并得到她的好评。由于工作成绩突出，徐式谷于1985年荣获"北京市统战系统为四化作出贡献的先进个人"称号。

1987年，徐式谷升任外语编辑室副主任，1988年秋又被国家新闻出版署任命为商务印书馆副总编辑。在新岗位上，他有了出访英、美和欧洲的机会，因此眼界和思路也更加宽广，更加致力于协助主要领导开拓引进世界名牌英语词典的业务，这方面的主要成果之一便是引进了《牛津现代高级英汉双解词典》（第三版）。在长达数年的谈判过程中，徐式谷多次参加或主持谈判，时常亲自做英语现场口译工作，来往的英语信函多由他亲自翻译和起草。他坚持对引进版有修改权，与其他编辑一同认真地审读把关,对其中不适合我国内地国情的内容作认真细致的修改,并使这类修改文字(包括中英文)在学术质量上得到外方认可,这方面的努力可以说要下番"绣花"的功夫。三版《牛津》引进后受到广泛欢迎,从 1988 年到 1997 年十年内印行 30 余次,总印数达到 300 万本以上。90 年代后期,商务印书馆又及时引进这部词典的第 4 版及其增补本,徐式谷仍主持其事,领导编辑室同志对其内容又进行了多达 600 余处上面所说的那种挖改。更名为《牛津现代高阶英汉双解词典》的第 4 版,1997 年问世,其增补本也于 2002 年出版,迄今已印行 40 余次,销量也已接近 200 万册。《牛津高阶》以及与之配套的《进阶》和《初阶》系列词典,现在已经成为我国读者最欢迎的英汉双语工具书。另一部由徐式谷组织商务外语室全体英语编辑集体翻译,并由他本人亲自审核定稿的著名英语词典,《朗文高级英语辞典·英英英汉双解》,也同样是一部适合中国人使用的高质量的英语词典,该词典从 1998 年初版至今也已印行了 10 余次,销量也达到了七八十万册。这些英语词典编法先进,质量可靠,对我国学英语、教英语、用英语的人有巨大帮助,它们的畅销从一个侧面反映了我国社会主义出版事业在改革开放新时期的繁荣和蓬勃生机。

　　徐式谷的工作内容当然不仅仅局限于这一个方面。他担任商务印书馆副总编辑长达 12 年有半,在此期间,他所主管的外语编辑室还出版了其他许多种高质量的英语辞书,以及法、德、日、俄、西等 10 余个语种的各类外汉和汉外词典,前文所谈的仅仅是徐式谷本人亲自动笔参加编写、审核和定稿的一部分词典而已。近年来,他还积极参加了国家图书奖外语辞书的评审工作和国家新闻出版总署组织实施的打击伪劣辞书的检查执法行动。于 2002 年问世的《英华大词典》(修订第三版)也是由他主持修订的;他还参加了最新的《牛津高阶英语词典》(第六版)部分译文的审校工作。

　　徐式谷还是一位资深翻译家,早在 1955 年于北大读书期间就有译作问世,以后陆续出版了《笛福文集》、《十九世纪文学主流(第四分册)》、《理解宇宙:宇宙的科学和哲学》等 10 余种社会科学译作或文学译品。他很注意从理论上去总结自己的英汉翻译和双语辞书编纂的工作实践，曾在国内外学术会议上宣读过或在国内外报刊上发表过多篇有关翻译研究和双语辞书编纂理论的学术论文。徐式谷于1986年被授予编审职称，1991年获国务院有突出贡献专家特殊津贴，并于1997年被光荣地评选为"全国百佳出版工作者"。

2001年春，由于年龄的关系，徐式谷从副总编辑的位置上退了下来，但又踏上了一个新岗位，担任《英语世界》杂志社社长。在这个新岗位上，他一如既往地勤奋工作，一心要让《英语世界》这本已有20年历史的著名英语刊物在面临激烈竞争的新环境里守住阵地并越办越好，因此，这位68岁高龄的老编审目前仍旧每天上班8小时，即使在2003年春京城闹非典期间也没有请过一天假。

徐式谷忠实履行了全国政协委员的职责，每年政协开会都有几个提案，有2个提案已被收入5卷本《为了人民的愿望》提案集。他也热心于民主党派工作，先后历任九三学社商务印书馆支委会委员、副主任委员和主任委员，担任过数届九三学社中央教文委委员，现为该委员会顾问。

附记：我曾荣幸地于2003年8月采访了第九、十两届全国政协委员徐式谷先生，撰写了上述《访谈录》，自那以后和徐先生还时有联系，但在徐先生于2008年春退休后便中断联系了（因徐先生不用手机，我仅知道他的办公室电话而不知道他家电话）。今年春天，我忽然接到他打来的电话，告知我：他将把我九年前撰写的"采访录"收入他的《论集》一书，我听了非常高兴。在全国政协新闻出版界别的多位委员中，我只采访过徐委员一人，他那谦虚和蔼、关心后辈的态度让我至今难忘，我谨在此祝徐老健康长寿。

霍勇

2012年7月23日

翻译实践篇

翻译作品应该符合最低限度的质量要求
——关于"翻译实践篇"的说明

笔者在这本《论集》的书末,以"翻译实践篇"的名义收录了个人6种体裁的"译文节选",主要有以下几点原因:

一、商务印书馆已故前副总编辑胡企林同志所著《书林拾叶》一书,也以"附录"的方式收录了他的译作节选,笔者无论是在学术造诣上或工作贡献上都无法与胡老相比,但胡老的这种做法却启发了笔者,让我懂得了胡老这样做的良苦用心——他希望以自己谨严的译作做个示范,希望今后的外国经济学著作的译作能够注意翻译质量。胡老生前主管商务印书馆的经济编辑室,曾不止一次地和笔者谈到投寄本馆的译稿经常存在诸多质量问题,特别是一些年轻的学者,他们多半有在国外留学的经历,在本专业领域的研究上颇有建树,然而他们交来的译稿在质量上有时却不太理想,需要编辑们(有时候甚至包括胡老本人)一句一句地作校核修改。胡老认为,这并非他们的学力问题,主要是他们对翻译工作不重视,没有像他们做研究工作那样全力以赴。事实上,不仅经济学译作存在这种情况,整个社会科学译作乃至文学翻译作品在当今市场经济大潮的影响下,赶译、抢译,萝卜快了不洗泥的现象时时可见,甚至闹出了把蒋介石的名字都译错的大笑话。有鉴于此,笔者也就步胡老后尘,选了6种体裁自以为尚可算得及格的译作节选,意在告知每一位想做翻译的人:翻译作品应该符合最低限度的质量要求。

二、就在去年年底本"论集"快要交稿的时候,笔者从报刊上看到了网上PK"乔布斯致妻书"译文的报道:IT业界奇才乔布斯在身患绝症,自知不久于人世时,给自己的爱妻写了一封表达夫妻深情的信,有的读者认为《乔布斯传》（中信出版社版）中的这封信"译得没有文采"，于是各自在互联网上大显神通亮出了多种译文。笔者看到了一篇据说是"网上最受推崇"的文言文译文，其中不少用语借鉴了苏轼的《江城子·乙卯正月二十日夜记梦》的悼亡词，还有另一篇被网上认为是"最玄"的译文借鉴《诗经》的体裁和"杨柳依依"、"雨雪霏霏"等用语翻译了乔布斯的信，这些译文当然都是这些译者们各"秀"自己满腹文章、锦绣才华的游戏笔墨，不能视为认真的译作。但这种现象也让笔者产生了杞忧，在"榜样"的示范下，实际从事翻译的人会不会犯"因辞害义"（为了追求译文的文采而增损原文语意）的毛病呢？这就涉及翻译标准的问题，不同的文体、不同的文献有不同的翻译要求。尽管目前翻译理论界在译文标准的问题上（多半是在文学作品——特别是诗歌——的翻译上）还存在着争论，但就最大宗的翻译作品（一般的科技文献、商业文献乃至一般的社会科学作品）而言，已经有了"国标"（国家标准）要求，因此笔者在本篇"译文节选"部分之前特意向读者们介绍两个涉及翻译质量要求的"国标"文件。

三、这里要介绍两个"国标"文件：一是中华人民共和国国家质量监督检验检疫总局于2003年11月27日发布（2004年6月1日实施）的"中华人民共和国国家标准GB/T 19363.1-2003翻译服务规范第1部分：笔译"，本书只转载了文件封面和其中一页，从该文件"4.4.3.3. 审核内容"一节可以看到对译文的要求。现引该条全文如下：

"审核工作应包括以下内容

——译文是否完整；

——内容和术语是否准确，文字表达是否符合需要；

——语法和辞法是否正确，语言用法是否恰当；

——是否遵守与顾客商定好有关译文质量的协议；

——译者的注释是否恰当；

——译文的格式、标点、符号是否正确。"

笔者要介绍的另一个"国标"文件是中华人民共和国国家质量监督检验检疫总局和中国国家标准化管理委员会于2005年3月24日发布（2005年9月1日实施）的"中华人民共和国国家标准 GB/T 19682 – 2005 翻译服务译文质量要求"，这里只转载了该文件的封面和文件第12、13页，其中第4款"基本要求"、第5款"具体要求"、第6款"其他要求"、第7款"译文质量评定"对"译文（target text）"，亦即由"原文（source text）"转换成的国标语言文本有了比前一个文件更具体、更详细的要求。*

由此可见，有关翻译的译文质量要求，已被纳入国家管理的范围，出版物按文件规定属于"1类文件"（作为正式文件、法律文件或出版文稿）（见 GB/T 19682 – 2005, 7.1.2."译文使用目的"条）。

四、关于"译作节选"的一些说明：

1. 笔者所以选录"《新牛津英语词典》的电子计算机工程"，一是因为此文系笔者于1985年夏赴香港参加"中英辞书编纂研讨会"时带回的与笔者同台宣读的一位英国同行的论文，颇有纪念意义，二是因为该文即使在今天对我国大型辞书的电子计算机编纂工作似乎仍有参考意义（尽管从技术水平上讲，现在已比那时先进得多），三是因为该文属于"科技文献"体。

2. 选录英汉对照短文《建立一个和谐的世界》，一是因为该文是"演讲辞"，在文体上另成一类；二是意在显示原文如出现中国人名、典籍以及典籍原文，译者必须按"名从主人"的原则作出准确的翻译，至于典籍中的汉语原文何时宜直接置于译文内，何时宜作注释处理，当视情况而定。

3. 选录《十九世纪文学主流第四分册：英国的自然主义》一书的部分章节，是因为这是一部写得颇有文采的文学史形式的文艺批评世界

---

* 这两个"国标"文件都是附有英语文本的完整的双语文件，由中国标准出版社（现已更名为"中国质检出版社"）出版发行。

名著，有点像上世纪50年代出版的李长之所著《中国文学史略》。勃兰兑斯结合作家、诗人当时所处的时代背景、个人际遇、性格特点以及他们自身的作品来对作家、诗人的作品作出评价，开创了文学史和文艺批评的一种新写法和一个新流派，笔者特意选取了该书评论英国诗人兰多的对话录、小说家司各特的历史小说和大诗人拜伦的长诗《唐璜》等章节，力图再现勃兰兑斯原作的文采，但究竟在多大程度上做到了这一点，笔者自己也不敢说，但意在显示：当原文写得文采斐然时，译者也应该努力再现原作风貌。

4. 选录《罗马帝国衰亡史》第十六章，用意大体同上节。因为爱德华·吉本这位18世纪的英国历史学家笔下的这部世界史学名著不仅材料丰富，观点深刻，而且文风沉郁雄浑，加之又卷帙浩繁，所以至今我国尚无全译本，但该书第十五、十六两章阐述基督教的起源、早期基督教徒何以会遭到迫害，是全书的精华。吉本把原可以写成两卷书的篇幅压缩成两章，在很长一段时期内，我国只有南京大学历史系蒋孟引与吴绳祖两位教授译出了第十五章，由商务印书馆作为单行本印行。后来，在上世纪80年代初，笔者与华侨大学外语系已故前主任，笔者当年的北京编译社同事李澍泖先生合译出第十六章在《世界历史译丛》分期发表后，蒋、吴二教授曾致函《译丛》编辑部，对我们的第十六章译文表示欣赏，并就个别字句的译法与我们切磋商榷。《衰亡史》原作长句子特别多，相当难译，笔者选录了个人译的一部分，也是意在提醒大家：翻译名著必须竭尽全力，慎之又慎，当时笔者与李君分译互校，几易其稿，也可谓竭尽全力了，现在选载部分章节，欢迎译界批评指正。

5. 选录《理解宇宙：宇宙哲学与科学》第七章，这是因为就在前不久（2011年秋），霍金的另一本谈宇宙学的作品《大设计》的中译本出版，当时的《英语世界》月刊还刊登了有关这部著作的书评，《理解宇宙》一书和霍金的《时间简史》、《大设计》属于同一类作品，是写给"非专业"（non-professional）读者亦即一般读者看的"高级科普"

作品。要翻译这类科学著作，必须具备一定的专业知识（笔者则是通过求教于当年北大物理系的老同学来弥补这一缺陷），而且本书说理性强，对一个命题——正如本《论集》第一篇文章《现代学术论著翻译的易和难》所说的那样——先肯定之，然后又否定之，最后通过各种论证又肯定之，翻译过程确实很艰苦，几乎可以说是"绞尽了脑汁"，因为译者首先必须吃透原文而后才能给出合格的译文。这类作品讲述的是一些抽象而又高深的宇宙学理论（真地就是司马迁所说的"究天人之际"），译者若是一头雾水，以其昏昏咋能使人昭昭？现所选录的这一部分是该书第十章"人的存在"中"人与宇宙的结合"，该节讲述的"人择原理"，虽然在宇宙学研究领域仅仅是一家之言，却耐人寻味，希望有兴趣的读者能够读懂。

6. 笔者最后选录了一个短篇小说，是刊登于《英语世界》月刊上的英汉对照文本，原文选译自新西兰的《妇女》月刊。故事简单、文笔纯朴，特别是题目的译法采用了"意译"，目的仅在于稍稍显示文学作品又需要有另一种译法而已，但这只是个英语文字浅显的短篇文学作品，译大部头经典文学作品远不是这样简单，这涉及许多翻译理论问题，就不在此多谈了。

最后要申明的是，笔者选录的这6种"译作节选"，只是显示翻译作品应符合最低限度的质量要求。它们都是已经出版或发表过的译作，勉强算是合格吧，至于译者在具体翻译实践中曾经犯过的错误（有时是荒唐的错译）远不止一次，说出来都让自己脸红。一句话，翻译是一项严肃的工作，需要译者时时抱着临渊履冰的心情全力以赴，任何的偷懒、自以为是或疏忽，都会在译作中暴露无遗，笔者愿以此语与读者、同行们共勉。

关于翻译质量要求的两个国标文件

（封面及部分条款辑录）*

（见以下第 393—400 页）

---

* 第一个国标文件中"4.4.3.2. 审核要求"条中的部分内容因技术原因未印全，可参见 388 页的最后 6 行。——作者

ICS 03.080.20
A 14

GB

中华人民共和国国家标准
GB/T 19363.1—2003

翻译服务规范 第1部分：笔译
Specification for Translation Service—
Part 1: Translation

2003-11-27 发布　　　　　　　　2004-06-01 实施

中华人民共和国
国家质量监督检验检疫总局　发布

GB/T 19363.1—2003

4.4.2.4 符号、量和单位、公式和等式
应按照译文的通常惯例或国家有关规定进行翻译或表达。

4.4.2.5 名称、自然人的姓名、头衔、职业称谓和官衔
——除艺术家、政治家、历史名人、机构、组织、动植物、建筑、产品、文学著作、艺术作品、科学作品、地理名称等已有约定俗成的译文名称外。一般情况下姓名可不翻译，如果需要翻译，为了便于理解，可在第一次出现时，用括号加原文表示。中文姓名译成外文时，采用标准汉语拼音；

——头衔、职业、官衔可译出，亦可不译出。如果需要翻译，为了便于理解，可在第一次出现时，用括号加原文表示。中文译成外文时，参照国家正式出版物的译名；

——通讯的地址及姓名外译中时应直接引用原文，中译外时参照有关国家的规定及标准。

4.4.2.6 日期
日期按译文语言。通常采用公历。

4.4.2.7 新词
对没有约定俗成译法的词汇，经与顾客讨论后进行翻译。新词应当被明确标示出来。

4.4.2.8 统一词汇
译文中专有词汇应当前后统一。

4.4.3 审核

4.4.3.1 审核人员资格
见4.4.2.1。

4.4.3.2 审核要求
审核应根据原文（复印件）和译稿进行逐字审核，并根据上下文统一专有词汇。

对名称、数据、公式、量和单位均需认真审核，审核后的译文应内

容准确,行文流畅。审核时,应使用与翻译有别的色笔,以示区别。

4.4.3.3 审核内容

审核工作应包括以下内容:

——译文是否完整;

——内容和术语是否准确,文字表述是否符合需要;

——语法和辞法是否正确,语言用法是否恰当;

——是否遵守与顾客商定的有关译文质量的协议;

——译者的注释是否恰当;

——译文的格式、标点、符号是否正确。

注:根据与顾客商定的译文用途决定审核的次数。

4.4.4 编辑

翻译编辑的工作主要是根据原文的格式进行再加工的过程,使译件的幅面、版面、格式、字体、拼音符合 GB/T 788-1999 的要求;译件版面美观、大方、紧凑,图表排列有序,与原文相对应,章节完整。编辑时,应使用与翻译、审核有别的色笔,以示区别。

4.4.5 校对

文稿校对应对审核后的译文,按打字稿逐字校对,不得有缺、漏、错。发现有错时,应认真填写勘误表,交相关人员更正,并验核。

4.4.6 检验

应根据原文、译件进行最终检验。按照顾客的要求,逐一进行检查。

4.4.7 印刷品及复印件

印刷品及复印件应符合顾客的要求。

ICS 03.080.01
A 14

GB

中华人民共和国国家标准

GB/T 19682-2005

翻译服务译文质量要求

Target text quality requirements for translation services

2005-03-24 发布　　　　　　　　　　2005-09-01 实施

中华人民共和国国家质量监督检验检疫总局
中国国家标准化管理委员会　发布

GB/T 19682-2005

3.7

原文 source text

源语言文本。

3.8

译文 target text

由原文转换成的目标语言文本。

4 基本要求

4.1 忠实原文

完整、准确地表达原文信息，无核心语义差错。

4.2 术语统一

术语符合目标语言的行业、专业通用标准或习惯，并前后一致。

4.3 行文通顺

符合目标语言文字规范和表达习惯，行文清晰易懂。

5 具体要求

5.1 数字表达

符合目标语言表达习惯；采用特定计数方式的，应符合相关规定或标准。

5.2 专用名词

5.2.1 人名、地名、团体名、机构名、商标名

使用惯用译名（有特殊要求的按双方约定）。无惯用译名的，可自行翻译，必要时附注原文。

中国人名、地名、团体、机构名译为拼音语言的，按汉语拼音法或采用历史沿袭译法译出。译为非拼音语言的，按目标语言既定译法和惯用译法译出，译出后可附注汉语拼音名称。

商标名应优先采用目标语言地区的注册名称。

5.2.2 职务、头衔、尊称

按惯用译法译出。

5.2.3 法规、文件、著作、文献名称

国家、政府和国际组织重要的法律、法令、文件等名称应采用官方或既定译法，无既定译法的译出后应附注原文（原文为中文的，附注汉语拼音名称）。

其他法规、文件、著作、文献名称采用既定译法，无既定译法的译出后应附注原文（原文为中文的，附注汉语拼音名称）。

原文中的参考文献名称可不译出（特殊约定除外），引述出处等具有检索意义的文字可以译出，并应附注原文。

5.2.4 通信地址

通信地址可直接引用原文，必须译出时应附注原文。

中国通信地址附注原文时一般按汉语拼音法译出。

5.2.5 专有名词原文附注方法

译文中专有名词原文的附注可采取两种方法：

——在第一次译出处，附注原文；

——在译文的适当地方统一附注。

5.3 计量单位

一般沿用原文计量单位，必要时可换算为国际标准计量单位，或按顾客和翻译服务方的约定。计量单位及其表达符号的使用应前后一致。

5.4 符号

时间、货币、计量单位等符号可直接引用原文符号，或符合目标语言相关标准和惯用译法，或按双方约定。

数学、物理、化学等基础学科符号和其他技术领域专业符号一般采用相关标准和学科通用表达符号。

标点符号应该符合目标语言相关标准或通用惯例。

5.5 缩写词

首次出现时，应全称译出并附注原文。经前文注释过或意义明确的缩写词，可以在译文中直接使用。译文篇幅过长或缩写词过多时，可附加统一缩写词表。

5.6 译文编排

译文章节及标号等，可以直接采用原编排，也可以在原文编排的基础上，遵照目标语言的文体及相关专业的表述习惯酌情处理。

6 其他要求

6.1 在目标语言中没有源语言中的某些词汇时，允许保留原文词汇或根据含义创造新词。译文新词的确定参照 GB/T 19363.1–2003 中 4.4.2.7 的规定。

6.2 当采用原文的句型结构或修辞方式不能使译文通顺时，可以在不影响原文语义的前提下，在译文中改变句型结构或修辞或增删某些词句，以使译文更符合目标语言的表达习惯。

6.3 诗词、歌赋、广告及其他特殊文体及采用特殊修辞的语句，允许在对原文核心语义或理念不做出重大改变的基础上，变通译出。

6.4 原文中夹杂有其他语种的文字且无法译出或不在约定翻译范围内，必须在相关位置注明，同时保留原文。

6.5 经双方约定，可略去原文中与顾客使用无关的文字。

6.6 如果原文存在错误，译者可按原文字面含义直接译出，并在译文中注明，也可予以修正并注明。

如果原文存在含混、文字缺失现象而顾客又不能给出必要的说明，译者可采取合理的变通办法译出，并在译文中注明。

7. 译文质量评定

7.1 译文质量评定的关联因素

a) 译文使用目的：

1 类——作为正式文件、法律文书或出版文稿使用；

2 类——作为一般文件和材料使用；

3 类——作为参考资料使用；

4 类——作为内容概要使用。

b) 原文文体、风格和质量；

c) 专业难度；

d) 翻译时限。

7.2 译文质量评定的基本原则

以译文使用目的为基础，综合考虑其他关联因素。

7.3 译文质量约定范围

a) 译文使用目的；
b) 译文使用专用名词和专业术语依据。
c) 译文质量具体要求（参照本标准第 4、5、6 章）；

GB/T 19682 – 2005

d) 综合难度系数［在综合考虑第 7.1 条 b)、c)、d) 的基础上确定］；
e) 合格标准（参照本标准 7.4 和附录 A）；
f) 质量检测方法。

7.4 译文质量要求

根据翻译服务的特点，译文综合差错率一般不超过 1.5‰（不足千字按千字计算）；

译文综合差错率的计算方法见附录 A。

8. 译文质量检测方法

万字以上（含万字）的批量译稿可采用抽检，抽检范围一般为 10%~30%；万字以下的译稿可采用全部检查；或按双方约定。

9. 一致性声明

翻译服务方可自愿履行本标准的各项条款，并自负责任地声明其译文质量符合本标准的要求。

［附记］以上仅为两个国标文件部分内容的节录，这两个文件都是附有英语文本的完整的双语文件，由中国标准出版社（现已更名为"中国质检出版社"）出版发行。本文作者建议，凡有志于从事或正在从事外汉（不限于英译汉）笔译的朋友们最好能将这两个文件常置于手边，或者至少要记住其中的主要质量要求。——作者

《新牛津英语词典》的电子计算机编纂工程
〔英〕蒂莫西·班玻*著（译文节选）

电子计算机编纂工程的目标　像《大牛津》**这样的工具书，必须经常更新和修订才能跟上语言、社会和科学技术的不断发展。就解决这一问题而言，继续出版更多《补编》的做法是不能满足需要的，也是不切实际和不经济的。以书本形式为基础出修订版的做法也同样不可取。看来，以电子计算机来处理它们才是唯一切实可行的解决办法。这种处理方式还会带来额外的好处，具体讲，就是能给文学界、语言学界、法律界和医学界专业人士以及科学家、作家和新闻记者提供一种强有力的新研究工具——一个英语词汇资料库。

工程的总目标是创建一个可供机器阅读的存贮了《大牛津》和《补编》全部内容的电脑资料库，利用这个资料库，可以生产出既能化为书本形式又能以电脑书籍形式出现的词典新版本。不过，像这样一项规模巨大的工程，必须分阶段进行才能有效地完成任务。首先，我们计划以书本形式出版一部把《补编》的全部条目都分别插入大词典相关部位的《大牛津》增订版。以后各个阶段的工作目标将是建立《新牛津英语词典》（以下简称《新牛津》——编者）的电脑资料库，不断扩大和补充这个资料库，并且以电脑资料存贮形式出版这部新词典。

第一阶段　主要活动　如上所述，第一阶段将利用一个电脑

---

* 蒂莫西·班玻是英国牛津大学出版社《新牛津英语词典》电子计算机编纂工程部经理，本文是他于1985年5月在香港"中英词典编纂研讨会"上所作的学术报告。本篇译文刊载于《辞书研究》1986年第1期。

**《牛津英语词典》的简称，共12卷。另有4卷《补编》。

资料存贮库，出版一部把目前版本的《大牛津》和它的《补编》内容加以合并的词典增订版。涉及的主要活动有以下各项：

·进行结构分析，以确保在打键输入过程中，内容十分庞杂的词典文本的逻辑结构能准确地转化为电子数据。

·把词典的全部文本以及外加的结构代码打键输入电子计算机。

·同时使用电子计算机软件和常规校对方法进行检查，以保证打键输入正确无误。

·先使用电子计算机，随后再通过随机工作的编辑干预（在工作内容过于复杂以致电子计算机无法自动处理的情况下），把《补编》内容并入《大牛津》的主体。

·把电子数据还原为印刷符号，转移到快速照排机上进行排版。

·印刷和装订。

结构分析 《大牛津》的文本既十分复杂，又卷帙浩繁。附录一的统计数字表明了它的篇幅之庞大，而它的内容之复杂却远非三言两语所能说明。有两个事实颇能说明《大牛津》内容的复杂性。一个是：词条的长短彼此间极其悬殊，一个词条短则短到不足5个字词，长则长达10万字词以上。另一个是附录二所举Ladder一词的示样，其主要结构都打了字符标记。[①]

必须花大量时间分析词典本文，以确保全部信息（不论是明显的或隐含的）在词典从印刷符号转化为电子数据形式的过程中不会被遗漏。早期对词典文本所作的一次检查表明，印刷符号并不能简单地和直接地转化为电子计算机字符结构；单纯为印刷符号编码是不够的，因为大多数印刷符号都会由于它们在词条中所处的不同位置而具有不同的结构职能。

资料输入 不仅《大牛津》的印刷符号十分复杂，而且铅字本

---

① 附录二略去未译，Ladder 的历史词形变化和词源衍变极其复杂，涉及古希腊语、亚利安语等多种文字符号。——译者

身的印迹现在也已经模糊不清。因此，出于这一点以及其他方面的考虑，不得不舍弃对字母的光学辨识法，而代之以把《大牛津》及其《补编》的文本全部打键输入磁带（这项工作由打键员根据略加少许标记的原文放大件来完成）。

词典文本的打键输入工作由国际电脑印刷公司（ICC）负责在美国进行，大约需费时 18 个月，预定到 1986 年 6 月完成。

国际电脑印刷公司将把校样和磁带分批寄给我们。校读小样这项工作本身就不是一件轻而易举的事；每月批件的平均篇幅相当于寄来 40 多篇每篇长达 200 页的学术专著！小样由社外自由职业校对员在我们的统一指导下进行校核，核完后划上校改符号退回国际电脑印刷公司改正。预计校改率不会高，因为国际电脑印刷公司已经同意争取把打键错误率限制在万分之七以下。磁带上的资料信息将被转录到我们自己的电子计算机系统上进行最后复核和加工处理。

电子计算机系统　这项工程需要有一套处理词典内容的复杂的电子计算机系统，该机器系统必须能：

· 接受和检核由国际电脑印刷公司输入磁带的电子数据。

· 安全可靠地存贮词典内容并使资料易于利用。

· 为改正、调集和增补词典文本提供一套电子计算机编辑设施。

· 进行结构分析并把结构标记输入词典正文。

· 把《大牛津》和《补编》的文本加以合并。

· 解决词条相互参见的问题。

· 在各类不同装置上以不同形式安排并输出电子数据。

目前建议采用的系统结构的全貌见附录三。①

就这一系统进行初步设计的工作目前仍在进行。机器设备所需要的最终设备构型须在这项工作结束后才能决定。与此同时，我们正在一台 IBM4341 主机上研究一种试验性构型；出于技术上更可取的考虑，随机

---

① 附录三内容过于专门化，因而略去未译。——译者

存取存贮器采用 16MB 型和 10GB 型磁盘存贮。作为工作站，我们正在试验色彩监控程序（3279 型）、大功率气体等离子体屏幕（3290 型）和 3270 型程序计数器。我们还正在试验用一台蚀刻印刷机（4250 型）作为印制校样的设备。这台设备以及附属的若干标准软件产品，是由国际商用机器公司联合王国分公司赠送的，以便利本工程这一阶段各项目标的实现。国际商用机器公司的三名专家借调牛津大学出版社工作两年，帮助操作和研制有关的电子计算机系统。

在工作中，尽可能使用标准软件产品，例如，我们正在使用 IBM 虚拟存储器操纵系统和 IBM 的 SQL 数据库系统来存储词典文本。不过，这一系统还有许多零件有待本工程的电子计算机工作小组来研制。需要为之研制特殊应用程序的各项主要任务是：

·词典文本的结构分析　在打键输入时，不可能把所有用来表示词典文本全部结构的必要标记全都插入。因此，正在研制一种结构分析器，它能给打键输入过程中那些没有配上说明标记的结构性成分补上标记。结构分析器还有另一种功能，即它能把打键输入过程中插入的标记转化为 SGML（标准化总标记语言）标记。这是因为，如果想在合并内容过程中实现很高程度的自动化，则必须具有这样的编码水平和标准。

·内容合并　《补编》中那些纯系新设的条目将按正确的顺序插入《大牛津》的相关条目之间。有新的内容但并非新设置的条目则需要作相当复杂的处理，每一个条目都附有关于如何把该条目内的新信息移入《大牛津》对应条目的指示，如"增补内容"、"更换释义"或"年代更早的书证"等指示语。

·互见条目的处理　在合并《大牛津》和《补编》时，势必要移动和更改词典文本的段落顺序，许多"互见条"也不免要作废。结构分析和合并的工作可以按词典文本逐段逐步进行，但处理互相参见条目的问题却必须在正文全部合并以后才能着手解决。

·编辑系统　词典文本以及像合并内容这类必须在工程本阶段内处理的程序之复杂性，要求提供复杂的联机编辑设施来帮助词典学家完成任务。我们考虑采用的这类设施的类型有：利用色彩（或其他视觉辨识手段）来区别标记和正文，利用范围很广的特殊种类标记的屏幕显示或窗口显示，以便利需要作联机编辑加工的合并工作。

新词 虽然第一阶段主要任务是合并《大牛津》和《补编》，我们在此阶段也想在合并版中增收一定数量的新词和旧词新义。

排版 《新牛津英语词典》不同于《大牛津》或《补编》，它将采取照相排版，从而需要作出详细的印刷设计。这样一来，又有可能要为该词典设计一整套全新的字样。对于一部全文超过6,000万字的词典来说，在这方面投入的时间和努力是会有收获的：会使排出的样张既清晰又节约成本。

第一阶段以后的工作 在工程的未来阶段，我们的主要目标将是：

·出版该词典的电脑资料版。

·把随着科学技术、社会和政治的变化而进入英语词汇的每年数以百计的新词新义增收进来，从而使该词典的内容跟上时代。

·修订该词典，特别注意修改已经过时的科技术语、业已废弃的音标系统、不平衡的词源说明、术语的百科分类以及与以上各项内容类似的其他成分（尚待决定）。

·增补门类各别的新材料以扩大资料库，收集其他使用英语的民族所出版的词典（如澳大利亚、加拿大和南非出的英语词典）、英语教学材料、若干外语词汇表、同义词汇编、新的例证、《大牛津》新词库中的材料等。

电脑资料库 正在为工程的第一阶段建立一座电脑资料库，这座资料库是编纂一部兼有《大牛津》和《补编》内容的大词典合并版工作手段的基础，它不是一种我们可指望提供给外界用户的形式，虽然我们深信有可能把材料从这种工作资料库的形式转化为专门为读者使用设计的形式。

加拿大滑铁卢大学已经允诺，愿意为我们设计这样一座资料库以及为维持它所必需的管理系统。作为第一步，牛津大学出版社和滑铁卢大学已共同作了一项用户调查，以确定查询资料库可能有哪些方式。《新牛津》电脑资料版的用户可能希望通过查询加以解决（也应该有可能解决）的问题的类型（如查询哪些词带有［或包含］/iːtist/这一语音系列？答案为 defeatest, … elitist, … neatest, … retreatest 等）。这样，迄今深深埋藏在《大牛津》印刷本内部而难以被利用的全部信息，一旦电脑资料版问世，就将变得很容易被人们利用。

被调查的用户答复问题的百分比是很高的，50%以上收到问题表的人都填写并寄回问题表。更令人满意的是，寄来答复的人当中有三分之二回答了第12项提问（请他们对没有被包括在"问题表"内的电脑资料版《新牛津》的其他用途提出建议）。滑铁卢大学正在分析这些材料，我们希望能很快得到分析的结果。

更新内容 毋庸置疑，更新该词典工作中最重要和最具体的方面就是增收新词新义。牛津词典新词资料库是在约30年之前设立的，从开始选取该词库早期搜集到的最重要的新条目来编纂《补编》到现在，也已经近20年。目前，这个新词库还在继续扩大，而近年来又有很大一批新词（如 database, day centre, disconstructionism 等）有待编入。1983年成立了一个新词处理小组来为这方面的条目作准备，它的工作成果被称为 NEWS，即《英语新词汇编》(*New English Words Series*)。该小组现有4名工作人员，它使《大牛津》和《补编》在编纂方法和组织基础结构（提供专家咨询等）方面保持了连续性。我们的意图是从《英语新词汇编》中选取若干条目插入目前正在编纂的词典合并版。因此，这份材料将为不断更新《新牛津英语词典》资料库提供主要手段；此外，这些条目还将为正在编纂的牛津系列的其他词典提供基本素材。

资料库的扩充 前面已经提到可以增补进《新牛津》资料库中的门类各异的一些新材料，但把这些资料增补进资料库，也存在着许多问题有待解决。两个主要的问题是：在《新牛津》和新材料之间将存在着什么样的结构关系（我们目前倾向于把这些待补入的材料作为《新牛津》的附属成分）？我们应该提供何种进入资料库的途径？

潜在产品　当《新牛津》以电脑资料形式存在时，潜在产品的范围将会大大扩展。可能出现的排列组合将以性质各异的三种成分为基础，它们是：

　　a. 信息：《词典》或其附属部分的内容。
　　b. 媒介：存贮信息的形式（例如印刷品、联机数据库、光学数字磁盘、电子计算机微晶片等）。
　　c. 软件：提供调集、存取和生成信息之种种手段的程序。

"附录五"显示了我们目前正在考虑的产品范围，这只是一种大致的设想，我们将随着第一阶段工作的开展而把它修改得日趋完善。"附录六"显示了将适应于各种不同媒介的信息的类型。

潜在市场　随着潜在产品的范围日益增加，潜在市场的范围也将日益扩大。印刷物形式的产品和电脑资料形式的产品将构成两大基本市场。目前的估计表明，电脑资料市场在全部信息市场中至少将占20%，它的比例在未来的年代中还将继续迅速增长。

目前还存在着许多技术问题有待解决，例如资料显示问题（《大牛津》的复杂内容如何在范围广泛的电子计算机终端显示出来？）和相互一致问题（如何保证数据和软件能在尽可能广泛的范围内彼此一致）。鉴于电子计算机技术正在飞跃进展的现状，很可能在这些技术问题还没有使我们感到头痛之前，它们就已经在这门工业中一一获得解决了。

附录一 《新牛津英语词典》的篇幅

卷数	页数	字数	字母数	击键数	数据库中的字节数（包括标记和索引）
《大牛津》(12卷)+《补编》(4卷) 16	2.1万	6,000万	35,000万	50,000万	250,000万

附录二~四（略）

附录五 《新牛津英语词典》产品一览表（甲）

成分	计划	有把握实现	有可能实现	设想
内容		更新《大牛津》 修订《大牛津》	增设同义词汇编 增收其他讲英语民族的词典 增收《大牛津》新词库资料	增设黑白插图 增设活动影像 增设外语词汇表
媒介		印刷物 联机 光学数字磁盘	按用户要求随时印刷 缩微印刷品 磁带	ROM(只读存贮器)微晶片
软件		标准化存取 标准化屏幕显示	部分内容组合 同义词汇编存取	附属成分①存取

附录六 《新牛津英语词典》产品一览表（乙）

媒介：	信息	《大牛津》全文	《大牛津》部分内容的组合	附属成分
印刷物形式	书籍	有	有	无
	按用户要求随时印刷	?	有	无
	缩微印刷品	有	有	无
电脑资料	联机	有	?	有
	磁盘	有	有	?
	软盘	无	有	无
	磁带	有	有	?
	ROM(只读存储器)微晶片	?	?	?

---

① 附属成分=《牛津英语词典》主体以外的所有信息，如同义词汇编、黑白插图、外语词汇表等。

To Build a Harmonious World: Ideal of Traditional Chinese Thinking[*]

建立一个和谐的世界：中国传统思想的最高追求

（译文节选）

By Zhao Baoxu[**]

〔1〕I am extremely honored to attend this meaningful International Nonkilling Forum. … Specialists and scholars from nearly 20 countries, including Nobel Prize laureates, have been invited to the beautiful Hawaii to discuss a theme that has been in the global spotlight

〔1〕有机会参加这个很有意义的"全球停止杀戮问题论坛"，我感到很荣幸。……来自近20个国家的专家学者，其中包括几位诺贝尔奖获得者，被邀请到美丽的夏威夷共聚一堂，讨论一个一段时间以来一直备受全球关注的话题：（在全球）停止杀戮的问

---

[*] 在2007年10月26日于美国夏威夷举行的"首届全球停止杀戮问题高层论坛"上的演说。〔英语原文转载自 *In Pursuit of Harmony—An Academic Anthology of Zhao Baoxu*（《和为贵——赵宝煦学术文集》），外语教学与研究出版社，2008年11月，北京〕

[**] 赵宝煦（1922~　），北京大学资深教授，北京大学现代中国研究中心名誉主任，中国政治学研究会顾问，是一位在政治学和国际问题研究领域蜚声中外的著名学者。他曾于1983~1984年和1993年两度在柏林自由大学担任客座教授；1995年秋至1996年春，以"E. L. 维根讲座杰出客座教授"的身份在美国罗摩纳大学讲学。此外，赵教授还曾对美、日、德、加、法、荷、埃及、印度、阿根廷、丹麦、蒙古、前苏联等多个国家进行过学术访问。有《政治学入门》等中文、英文、德文著作多种。

for some time: the theme of nonkilling. The specialists and scholars present today are of different nationalities, religions, political ideas, and ideologies. One may wonder what brings us together as a whole. I believe it is the common wish to free the people of the world from war and violence.

[2] I come from a country with one of the most ancient cultures in the world—China, a country that is, attracting global attention for its steady and peaceful development. During its successful process of reform and opening up to the outside world, China has been making great effort in integrating with the rest of the world. Meanwhile, it has been taking more and more responsibilities in the international community. As we all know, in the process of developing her economy and strengthening her national capacity, China has been striving to build a harmonious society internally and was the first country to bring up the lofty goal of " building a

题。今天在场的专家学者来自不同的民族，具有不同的宗教信仰、政治观点和意识形态，因此，人们或许会感到奇怪，是什么把我们大家带到这里来形成一个整体的呢？在我看来，这就是由于我们大家都怀着一个共同的愿望，希望全世界人民永远摆脱战争和暴力。

〔2〕我来自一个具有世界上最古老的文化之一的国家——中国，一个正在以其稳步而和平的发展受到全世界瞩目的国家。在其改革开放事业不断取得成功的进程中，中国一直在作出巨大的努力使其自身与世界的其余部分融为一体。与此同时，中国在国际社会中也一直坚持不懈地承担起了越来越多的责任。正如我们大家都知道的，中国在不断发展经济和加强自身国力的进程中，也始终致力于在国内建设和谐社会，并且是提出"建立一个和谐的世界"这一崇高目标的第一个国家。中国以努力争取实现这一目标的具体行动实践着自己的主张。中国一再表明：我们始终争取与其他国家及一切政治制度和

harmonious world". China practices what it preaches by working hard toward this goal. The country has made it clear time and again: we strive for peaceful coexistence with other nations and political systems, common prosperity in economic development, mutual complement in cultural exchanges, and cooperation in maintaining security.

〔3〕China raised the proposal for building a harmonious world at the General Assembly of the United Nations in 2005 not as an expedient measure. The idea originated from the nation's peace-loving tradition developed over thousands of years. In the one hundred years or so before 1949, the Chinese people suffered huge humiliation and pain inflicted by foreign powers. Such suffering has made the Chinese people cherish even more the value of harmony.

〔4〕Many traditional Chinese thoughts and theories are concerned about peace and harmony. Here I would like to share with you my

平共处，在经济发展方面共同繁荣，在文化交流方面互相取长补短，在维持安全方面共同合作。

〔3〕中国在2005年的联合国大会上提出建立一个和谐的世界的建议并非出于权宜之计。这个思想渊源于中国在其数千年历史中发展起来的爱好和平的传统。在1949年以前的一百来年中，中国人民曾经遭受过外国列强带来的巨大屈辱和痛苦。这段苦难经历使中国人民更加珍视和谐的价值。

〔4〕中国的许多传统思想和学说都关注和平与和谐。我在此愿意向诸位谈一谈我对中国古代三位哲学家相关思想的理解。

understanding of the relevant thoughts of three ancient philosophers:

1. "Valuing Harmony" and "the Doctrine of the Mean"

[5] These are two of the most prominent features of Chinese traditional thought. Confucius (551—479 B.C.) said,* "Application of the rites is to promote harmony."① He advocated the doctrine of the mean to avoid going to the extremes. He also said,* "Men of virtue are able to live in harmony while respecting individual differences."② Mencius (372—289 B.C.), a great Confucian scholar, emphasized* human harmony as far more important than natural conditions for the success of any undertaking③.

[6] The idea of "the doctrine

1. "和为贵"与"中庸之道"

〔5〕这是中国传统思想两个最突出的理论。孔子（公元前551～前479年）说过："礼之用，和为贵。"他并且倡导中庸之道以避免走极端。他还说过："君子和而不同。"孟子（公元前372～前289年，另一位伟大的儒家学者）则强调：对于任何事业的成功来说，人的和谐要比自然条件远为重要得多。

〔6〕"中庸之道"的思想源

---

① 此语意为"礼"的应用旨在促进"和"，语出《论语·学而第一》。参见朱熹编《四书章句集注》，中华书局，1983年北京版。

② 此语意为"有德性的人能够和谐相处而尊重各人的不同之处"，语出《中庸·第十章》，亦作"君子和而不流"。参见朱熹所编同上书。

③ 语出《孟子·公孙丑章句下》："天时不如地利，地利不如人和。"参见同上书。

建立一个和谐的世界：中国传统思想的最高追求   413

of the mean" dates back to the legendary emperors of Yao and Shun (before 2070 B. C.). When *Emperor Yao resigned the throne to Shun, he advised the latter to rule and behave according to the way of the mean①.* Shun followed Yao's words and thereby won praise from Confucius (*The Doctrine of the Mean*).②* Later when Shun transferred his authority to Yu, the first emperor of the Xia Dynasty (2070—1600 B. C.), in very much the same way as Yao did to him, he passed on the same caution as well.③ The same teaching was handed down as a political principle and as a moral norm from dynasty to dynasty.

〔7〕What Confucius did was to further promote the doctrine of the mean by advocating it as the highest moral principle. Up to the Warring

自传说中的尧和舜两个皇帝（公元前2070年之前）。当尧把帝位传给舜时，他告知舜要以中庸之道来进行统治和规范自身的行为。舜遵循了尧的教导，从而获得了孔子的赞扬（见《中庸》）。后来，当舜把权力转授给夏朝（公元前2070～前1600年）的第一个皇帝禹时，非常像尧当年传位给他时所做的那样，他也把尧对他的训诫传给了禹。于是，这个学说作为一项政治准则和道德规范，就这样一个朝代又一个朝代地传承了下来。

〔7〕孔子所做的就是通过把中庸之道树立为最高的道德准则，进一步发扬光大了这个学说。到了战国时期（公元前475～前221

---

① 见朱熹《中庸章句序》："……则允执厥中者，尧之所以授舜也。"参见同上书。
② 见《中庸》第十七章和第三十章等处。
③ 见朱熹《中庸章句序》："……舜之所以授禹也。"参见同上书。

States Period (475—221 B.C.), some disciples of Confucius compiled *The Doctrine of the Mean* (*Zhongyong*) by sifting and elaborating relevant ideas and teachings of Confucius. The book elucidates the central theme at the very beginning:*"Inclining to neither extreme is called *zhong* (the middle); lasting for long is called *yong*."① Thus *zhongyong* means "the doctrine of the mean should be applied forever". When talking about *zhonghe* (equilibrium and harmony), the book says, *"Equilibrium is the great root from which grow all human actions in the world and harmony is the universal path that all should pursue. Let the states of equilibrium and harmony exist in perfection, then a happy order will prevail throughout heaven and earth, and all things will be nourished and flourish."② (Chapter I, *Doctrine of the Mean*)

年），孔子的一些门徒编纂了《中庸》一书，筛选并详加阐释了与此有关的孔子的若干思想与论述。该书一开头便阐明了中心命题，即"不偏之谓中，不易之谓庸。"因此，"中庸"便成为应该"行之久远"的道。当谈及"中和"（平衡与和谐）时，该书说："平衡是世界上人类一切行动得以发生的伟大根源，和谐是一切人都应当遵循的具有普世性意义的道路。让平衡与和谐的状态完美地存在，天地之间就会有美好的秩序，一切生物就会繁育和茁壮生长。"（见《中庸》第一章）

---

① 见朱熹在《中庸章句》卷首注文中所引用的程颐的话："子程子曰，不偏之谓中，不易之谓庸，中者，天下之正道；庸者，天下之定理。"参见同上书。

② 语出《中庸·第一章》："中也者，天下之大本也；和也者，天下之达道也。致中和，天地位焉，万物育焉。"参见同上书。

[8] *The Doctrine of the Mean* has greatly influenced Chinese ethnics and ways of thinking, and the people's conduct. It has played a decisive role in casting the peace-loving and anti-violence national character of the Chinese people.

2. Anti-militarism (*feigong*)

[9] Mo. Zi (468 – 376 B. C.) was one of the best known ideologists in ancient China. His most famous proposition was: "To love each other (*jian'ai*)" and "anti-militarism". … (the following text is deleted for space's sake—editor)

3. *Art of War by Sun Zi* (*Sun Zi Bingfa*)

[10] *Sun Zi's Art of War* is believed to be the earliest book on the art of war in China. It is alleged that the book was written by Sun Wu, a strategist who lived in the late Warring States Period. In the same period lived another strategist named Sun Bin. *Sun Zi's Art of War* we read today is generally believed as a collection of writings on the art of war, started by Sun Wu and

〔8〕中庸之道极大地影响了中国人的伦理观与思维方式以及人们的行为规范，它对于培育中国人爱好和平与反对暴力的国民性格起了决定性的作用。

2. 反对军国主义（非攻）

〔9〕墨子（公元前468～前376年）是最为人所知的中国古代思想家之一。他提出的最出名的主张就是"人与人互相亲爱"（兼爱）和"反对军国主义"（非攻）。……（限于篇幅，本节下文删去——本刊编者）

3. 孙子的《战争艺术》（《孙子兵法》）

〔10〕《孙子兵法》被认为是中国最古老的兵书。据说该书是由孙武撰写的，他是战国时代末期的一位军事战略家。同一时期在世的还有另一位军事战略家名叫孙膑。一般认为，我们今天读到的《孙子兵法》就是由孙武开始撰写、后来由孙膑完成的一部兵书。

finished by Sun Bin.

[11] However what is really amazing is that the authors of a book summing up war experience had no favor for violence or war. Rather, the authors believed that war should be avoided as long as there is still room left for political or diplomatic maneuvers. … (the following text is deleted for space's sake — editor)

4. Concluding Remarks

[12] Peace and development are the two major themes of our time, and they are in the fundamental interest of all the peoples of the world. Today's world is far from harmonious, even though the Cold War has ended for quite some time. To work toward the goal of a harmonious world, the ideas on peace and harmony of ancient Chinese philosophers certainly provide us much food for thought.

〔11〕然而，真正令人惊讶的是，一部总结战争经验的兵书的作者竟然对战争或暴力毫无好感。恰恰相反，该书的作者认为，只要在政治或外交方面还有斡旋的余地，就应该避免战争。……（限于篇幅，本节下文删去——本刊编辑）

4. 结束语

〔12〕和平与发展是当今世界的两大主题，它们符合世界上一切民族的根本利益。尽管冷战已经结束了很久，今天的世界还远非和谐。为了实现建立一个和谐世界的目标，中国古代的哲学家们有关和平与和谐的种种理论肯定能为我们提供丰富的思想资源。

（此文刊载于《英语世界》月刊2009年第8期）

《十九世纪文学主流》(第四分册)
第十、十六、二十二章译文节选

司各特的历史小说[*]

  1814年2月匿名出版的《威弗莱》,是使得司各特和他的国家在整个文明世界中得享盛名的一系列长篇小说中的第一部。这些小说出版的时候,正当英国与法国缔结和约,整个国家呈现出一派欣欣向荣的景象,这就特别易于引起人们的民族自尊心。它们不像那些最伟大的作家例如歌德和雪莱的作品,并不能显示出作家的思想发展和文化素养的不同阶段;它们也不同于那些由于深深打动人心的个人悲欢经历的激发而写出的作品;它们是笔法老练的创作,表现了讲述故事的无穷天赋以及描写人与事物的超凡才能。它们标志着两个方面的明显进步——一是对于历史的理解,一是对中下层阶级的生活的描绘。

  十八世纪的那些看到了或是期待着自己时代的理想得到实现的历史学家,往往采取演说家而不是作家的立场;他们埋头于探讨关于政府与文明的种种理论问题,但却不去考虑气候和地理条件的作用,不去考虑一个国家往昔历史的影响——他们很少想到作为一个种族的国家的概念。与此相反,瓦尔特·司各特爵士作为一个历史小说家,则致力于生动地再现某些时代和国家的种种特征;他不太愿意赋予作品中的主人公以自己时代的特色,因为在他的内心深处,他更偏爱古代的那种绚丽多

---

[*] 此文原载于〔丹麦〕勃兰兑斯:《十九世纪文学主流·第四分册·英国的自然主义》,第十章,第127—129页,修订新版,人民文学出版社,2011年,北京。

彩和激动人心的生活，而不喜欢现代生活一切按常理办事的单调乏味。

几年以前，夏多布里昂在《殉道者——基督教的胜利》中第一次企图以每个时代自己的标准去衡量各个时代，并且力图在读者面前展现出往昔历史的生动图景。然而，司各特才是文学创作中地方色彩化手法的真正发现者和第一个运用者，这种创作手法后来成了法国浪漫主义全部作品的基础，立即为雨果、梅里美和戈蒂叶所采用。而司各特的历史感不仅使他成了整个一代诗派的先驱，而且使他那些毫无造作的小说对新世纪的全部历史写作都产生了巨大影响。举例说，正是他那部描写了诺曼人和撒克逊人之间紧张关系的小说《艾凡赫》，最先启发了奥古斯丁·梯埃里①的一种观点：即认为促成克洛维斯②、查理曼大帝③和于戈·加佩④建立了烜赫功业的原动力是高卢人和法兰克人之间的种族对立。司各特非常缺乏洞察现代个人内心世界的才能，同时，在一个个人发展具有特殊独立地位的时代，他又受到了爱国主义、忠君观念和正统的宗教虔诚这类偏见的限制和蒙蔽——但是这个人由于有他那种强有力的自然主义的帮助，当他把这样一些个人当做一个氏族、一个国家或者一个种族来观察的时候，他却能够完全理解这些个人作为群体的性格。因为他总是在考虑着苏格兰人和英格兰人之间的不同点，所以他突然会想到盎格鲁-撒克逊人和诺曼人之间存在着种族敌对情绪，好像是产生了灵感似的，便是很自然的了；而他在这类问题上的理解力使他的描写对于种族学的研究者具有的价值，就如同拜伦的诗歌对于个人心理学的研究者具有的价值一样。

---

① 奥·梯埃里（1795—1856），法国历史学家，著有《诺曼人征服英国史》。——译注

② 克洛维斯（466?—511），法兰克王国墨洛温王朝（481—511）的创立者。——译注

③ 查理曼大帝（742—814），法国加洛林王朝最有名的君主。——译注

④ 于·加佩（938—996），中世纪法国加佩王朝的创立者。——译注

除去这种长处而外，还必须提到司各特的小说的另一项巨大优点：他的小说描写了一切社会阶层的典型代表。在十八世纪的小说中，举费尔丁来说，故事背景总是从一个小酒馆转移到另一个小酒馆；而在司各特的小说中，我们则看到了详尽描写一切家庭细节的私人生活。这种描写之所以特别生动，要归因于那种刻画了每一个个别人物的有力的写实主义。英国人一向特别重视作家的这样一种才能，即要求作品有非常鲜明和具体的细节描写，要使被描写的对象能够如同浮雕一样凸现在读者眼前，因为他们那强健的理性特别欣赏像雕刻一样栩栩如生的描写。他们喜欢色彩强烈、就像绘在盾牌上的纹徽那样鲜明的诗的图画。司各特作为一个小说家使这种嗜好得到了满足。他的读者愉快地原谅了他的描写和对话冗长得可怕的缺点，因为无论是不厌其烦地一一列举出形形色色的事物属性，还是不厌其烦地专门强调某一种独有的特征，最后总是会收到惟妙惟肖的表现效果。所以毫无疑问，尽管他的行文有时候长得令人生厌，他仍然是古今各国文坛上最伟大的性格肖像画家之一。浪漫主义文学从没有产生过比《罗布·罗伊》中的黛安娜·弗侬更加光彩照人的女主角，或是像《昆丁·达沃德》中的路易十一那样形象逼真的历史人物。

兰多的对话录[*]

要想充分认识兰多作品的力量和光彩,就必须读一读他那篇以书信体形式写就的故事《佩里克列斯与阿斯帕西娅》。这是一部和威朗德的《阿里斯狄帕斯》属于同一类型的作品,但二者的写作精神和风格却迥然不同。威朗德的文体华丽而轻佻,兰多的特点则是具有男性的潇洒风度;在威朗德写得凄然伤感的地方,兰多则表现出高贵和骄傲。这部通信集与其说是写出来的,不如说是一字一字雕凿出来的;它把佩里克列斯描绘成一位具有高贵人性和政治智慧的共和派类型的人;作品中的阿斯帕西娅也不是希腊的娼妓,而是古典希腊美和细腻的感情、异教徒女性的温柔以及解放了的古代智慧与文化的化身。因此,在这些通信里没有一丝一毫轻佻的东西;一切渺小的和不庄重的东西似乎都不在这部作品及其作者的视野之内。但是,老式的书翰体形式以及信件内容之冗长,使这部作品读起来极其乏味,读者要是没有足够的耐心去啃它,倒不如掉头他顾,转而去读一读兰多的真正杰作,《伊壁鸠鲁、莉恩蒂昂、特尼莎三人对话录》。

这部《三人对话录》仅仅在思想的深度上稍次于柏拉图的《对话录》,但是就文风的优雅、对人物性格的描绘以及崇尚自然而不是矫揉造作这些方面来讲,它并不比柏拉图的作品逊色。那位已接近中年的和蔼的哲学家,正在他自己美丽的花园里和两个年轻的希腊姑娘漫步。他们一面散步,一面谈论着那个时代的一些日常琐事和生活中各种严肃的

---

[*] 原载于[丹麦]勃兰兑斯:《十九世纪文学主流·第四分册·英国的自然主义》,修订新版,第十六章,第222—226页,人民文学出版社,2011年,北京。

课题。一种古色古香的气氛，一种端庄的美感，一种纯洁而令人心醉的优雅风度，形成了整个场景的特色；也许最吸引我们注意的就是描写那两个少女的细致笔触，特别是那个年纪小的，她刚刚十六岁，于欲语还羞之中带着一种迷人的天真率直的憨态。兰多在这里创造了堪与柏拉图《对话录》中的青年相媲美的女性形象；他发现了那为柏拉图所忽略的、只在希腊悲剧严肃悲壮的场景里才偶尔露面的、美丽的浮雕仅仅为我们保存了其外部形貌的希腊少女。

人们如果耐着性子，循着这部对话录迂回曲折的思路一页页读下去，将会大有收获。作品一开始先对周围的景色作一番生动的描写，然后是赞美孤独——一个希望潜心思考并把自己的思想写出来的人所必需的孤独。在这里，在伊壁鸠鲁这个人物的背后，我们瞥见了兰多的影子，他同样喜欢过这种远隔尘嚣的隐居生活（参见《骚塞与兰多的对话》）。接着，伊壁鸠鲁和特尼莎妙趣横生地谈论起关于玻里阿斯、泽蒂斯和喀雷斯①的神话是否可以照着字面来理解的问题，在谈论中，年纪较大的姑娘针对特尼莎的轻信把她嘲笑了一番。这以后，谈话稍稍触及葡萄叶的幽香和青翠欲滴的橄榄树丛，便转到了关于对死亡之恐惧的话题上，展开了一段动人而深刻的讨论。伊壁鸠鲁在这一问题上所持的平静而庄严的态度，使两个少女大为赞赏，并激起她们把那些视伊壁鸠鲁为无神论者而对他横加指责和迫害的人大骂了一顿。后来发现，为了驳斥蒂奥弗那斯图斯对伊壁鸠鲁的攻击，莉恩蒂昂已经写了整整一本书。伊壁鸠鲁温和而庄严地向她证明了答复这类攻击是如何无益，并向她解释了他何以不愿意同任何人争辩的原因。"就连那些有资格和我争论的人，我都不愿意和他们争辩。……我应该和谁争辩呢？和那不如我的人吗？那是不光彩的。和那比我伟大的人吗？那是徒劳无益的。"在这里，我们又一次瞥见了兰多本人的身影。这正是那个在去世前几年以

---

① 玻里阿斯是希腊神话中的司北风之神，泽蒂斯和喀雷斯是他的两个长有翼翅的儿子。——译注

下述箴言作为自己最后一本书的题词的人所持的论点：

> 我不与任何人争斗，因为没有人值得我与之争斗，
> 我爱自然，我也爱艺术——次序在自然之后；
> 在生命之火的面前，我温暖着自己的双手；
> 火焰逐渐熄灭，于是我准备离去，悄然远走。

这四行诗句的第一行，既包含着对于他那似乎显得傲慢的处世态度的承认，也包含着为这种态度所作的辩解——这是渺小的心灵极难理解和予以原谅的。第二行说明了什么是他悉心研究的主要对象，并说明作为一种补充，他其次又爱好什么。第三行所表现的是那支持着和滋养着他的精神，使之在一片误解与反对之下仍然坚定不移的高贵的哲学。最后一行则显示出他已经以那种和他的性格颇为一致的沉静与尊严做好了准备，等他的时辰一到，他就裹好外套与世长辞。①

莉恩蒂昂把对话继续下去。"老年人全都反对你，"她说，"因为快乐这个名字对于他们来说是一种侮辱。除去那已经开花和结籽的，那枯茎残枝显得满目凄凉的一切而外，他们不知道还有任何别的快乐。我们所说的枯燥乏味，在他们却叫做稳健；一切果实都不允许保留任何浆汁；他们的快乐就在于啃嚼那坚硬的秕壳，而不在于品尝美味。"由此可见，由于作品内容的放荡而无法避免被人指责，就连拜伦也对他不无微词（参见《审判的幻景》一诗的序言）的兰多，显然是从异教徒伊壁鸠鲁这里汲取他自己的哲学观点的，正如约翰·斯图亚特·米尔的伦理学说也是渊源于伊壁鸠鲁一样。

然后，对话轻松地从一个题目转向另一个题目，时而是特尼莎由于记起森林之神和羊身女神同入浴池的雕像而羞得面泛红云，时而是莉恩

---

① 参见《纪念兰多百年诞辰》一文，载《考察报》，1875年1月30日，该文作者埃德蒙·戈斯是一位才华横溢的诗人兼批评家，对我们丹麦人来说，他作为研究丹麦—挪威文学的最有鉴赏力和知识最丰富的外国批评家之一，尤其值得称道。（原注）

蒂昂娇嗔地发表反对亚里士多德和蒂奥弗那斯图斯的见解。整篇对话最后以一种真正希腊式的、享乐主义的和沉溺于男女之情的方式宣告收场；伊壁鸠鲁和特尼莎演出了那以接吻告终的佩列乌斯和泰蒂斯两人曾经演出的一幕。[①]

在这部《三人对话录》中，兰多的艺术以及他那心平气和的人道主义观点得到了最好的发挥。但是，当我们转向他那些描写现代题材的对话录作品时，我们经常见到的便是他性格中作为斗士的一面了；我们见到作家总是剑拔弩张，时刻准备着投入战斗；我们见到他化妆出成百上千种不同的脸谱，揭露着和打击着他作为一个不信奉基督教者、共和主义者和博爱主义者决不能加以容忍的一切形式的虚伪和压迫。在他的一百二十五篇《幻想的谈话》中，内容海阔天空，笔触所至，天南地北无所不包，上下古今无所不论，其知识与见闻之广博使人叹为观止——他从伦敦写到中国，从巴黎写到南海诸岛，从西塞罗[②]写到波绥[③]，从克伦威尔写到佩脱拉克[④]，从塔索写到塔列兰[⑤]；无论触及哪一个国家或哪一个时代，他都对暴政提出最强烈的抗议，他都为自由的事业做出词锋无比锐利的申辩。我们偷听到了卡萨琳皇后和她的心腹女侍

---

① 佩列乌斯是希腊神话中的一位英雄，追求女神泰蒂斯，最后竟获得成功，结为夫妇，其子即为荷马史诗《伊利亚特》中最有名的英雄阿基里斯。此处可能指古希腊诗人卡图卢斯所写《佩列乌斯与泰蒂斯之婚礼》一剧中的结尾。——译注

② 西塞罗（公元前 106—前 43 年），罗马政治家，演说家，作家。——译注

③ 维克·布·波绥（Bussuet, 1627—1704），法国主教，有辩才，曾为争取法国教会的自主权与罗马教廷抗争。——译注

④ 法朗西斯科·佩脱拉克（1304—1374），意大利学者，诗人，文艺复兴的先驱。——译注

⑤ 塔列兰（Talle yrand, 1754—1838），法国外交大臣，以权变多诈闻名，是 19 世纪资产阶级外交家的代表人物之一。——译注

正在干着谋杀皇帝的勾当时彼此之间的密谈；这篇对话并不比维泰①笔下那些无可比拟的、已成为此种风格之典范的历史场景的描写逊色多少。我们听到了路易十八和那位外表温文尔雅而实际上目空一切的塔列兰在商议政事，注意到了一心想猎获大量野鸡和野鸡蛋这一种抑制不住的欲望如何像一根红线，始终贯串于国王陛下前前后后的一切政治计划之中。我们听到了克列布将军②在埃及和他的部属谈心，从中听出了对于拿破仑暴虐政策的不满，这种不满就像是压低了声音的窃窃私语，从头至尾都存在于他们的谈话里。我们看到了暗杀柯泽布③的场面，听到了桑特如何竭力使柯泽布离开他正在走的道路，并在这样做的过程中宣判了自己的无罪。

　　压迫者应当死在剑下，这是兰多的政治信条之一。终其一生，兰多都主张让暴君死亡；他不惮于公开表示他希望拿破仑三世被暗杀。以马志尼为首的、宣布与各民族的压迫者有不共戴天之仇的那些伟大的欧洲革命家们在精神上和他一脉相通，他是他们的朋友。

---

　　① 维泰（Vitet，1802—1873），法国作家，政治家。——译注
　　② 克列布（Kleber，1753—1800），法国革命战争时期的将军，在拿破仑发动的征伐埃及战争（1798—1800）中起有重要作用。——译注
　　③ 柯泽布（Kotzebue，1787—1846），德国作家，擅长写诗剧，后充任俄国沙皇特使，被一个激进的学生团体的成员桑特（Sandt）刺杀。——译注

拜伦的长诗《唐璜》[*]

在 1818 至 1823 年期间，拜伦写了《唐璜》。原稿的第一部一送到英国，被允许看到这部手稿的朋友和批评家们的信件便立即如雪片般飞来；有的表示惊愕，有的恳求他删去这段或那段，有的指责这篇诗不道德。"不道德"！——这是拜伦在一生的每一个阶段都要听到而且在死后也不被放过的指责；在"不道德"的借口下，他的回忆录被付诸一炬；在"不道德"的借口下，他死后被排斥于威斯敏斯特大教堂的诗人纪念区之外而不得在那里竖像立碑。对此，拜伦在写给默里的一封信里做了回答："假如他们告诉我这篇诗写得不好，我或许会默认；但他们却先说我的诗写得如何如何好，然后便和我谈论起道德——我还是第一次从一些好人而非别有用心的坏蛋嘴里听到这两个字。我坚持认为这是一篇最道德的诗；可是，如果人们发现不了诗中的道德，那是他们的过错而不能怪我。……我绝不允许你搞那种该死的删节。如果你愿意，你可以把这部诗匿名出版，这或许会更好一些，但是我决心要和他们所有的人都较量一番，打出一条路来，就像一只满身是刺的豪猪一样。"

这部在卷首献词中大骂了骚塞的长诗，不仅不得不匿名出版，而且在扉页上也没有任何出版商的名字。当时，它要想进入英国人的客厅，正如拜伦所说，恐怕比骆驼穿过针眼还要困难。然而，它却是 19 世纪堪与歌德的《浮士德》相媲美的唯一诗篇，因为在这部长诗——而不是在比较不重要的《曼弗雷德》——里，拜伦写出了宇宙间的普遍人

---

[*] 原载于〔丹麦〕勃兰兑斯：《十九世纪文学主流·第四分册·英国的自然主义》，修订新版，第二十二章，第 384—395 页，人民文学出版社，2011 年，北京。

性，它所奉行的挑战性的座右铭便是《第十二夜》里那几句有名的话："你以为，由于你是个有德性的正派人，世上便不会再有大吃大喝的纵酒闹宴了吗？——是呀，圣安尼在上，生姜放进嘴里总还会是那热辣辣的味道吧！"这是一个只会带来对清规戒律的触犯和讽刺性的幽默的座右铭。但纵使如此，拜伦对梅德文讲以下这几句话的时候表现出的自豪感依然是有理由的和具有预见性的，他的话是："如果你一定要一部史诗，那么《唐璜》就是你所要的东西；这是一部正像《伊利亚特》之体现了荷马时代的精神一样体现了当代精神的史诗。"正是拜伦写出了夏多布里昂幻想他在《殉教者》中已经写出了的东西，即现代的史诗。像夏多布里昂曾经企图做过的那样，以一种基督教的浪漫主义为基础，或者像司各特以为能够做到的那样，以民族的历史和风俗习惯为基础，都是不可能写出现代史诗来的。拜伦之所以成功，正由于他用来作为他的长诗之基础的不是任何别的东西，而是那个世纪最先进的文明。

唐璜不是一个浪漫主义的英雄；不论是心灵还是性格，他都不见得怎样超出于普通人之上；但他是命运的宠儿，是一个极美貌、很骄傲、大胆而又运气好的人，一生的际遇多半是听天由命而很少出于自己有目的有计划的安排。因此，对于一部想包罗万象地反映人生的长诗来说，他是最合适不过的主人公。让唐璜的生活局限于一个特殊的领域是绝对办不到的，因为从一开始起，就没有给这部作品涉及的范围和生活面规定下任何界限。

就像那沐浴着灿烂的阳光而又颠簸于狂风恶浪之中的船只一样，长诗有起有落，忽升忽降，时常从一个极端跳到另一个极端。紧接着唐璜和朱利亚之间那些热烈的恋爱场面之后而来的，是充满了饥饿的恐怖和死亡的痛苦的沉船惨景；而在可怕的沉船之后，却又是青春的爱情那彩色缤纷的和令人心醉的一片和谐——人生中至高无上的、最自由和最甜蜜的幸福。唐璜和海蒂是一幅裸体人像的速写，犹如一对活的男女恋神那样的美丽，他们的头顶是挂着一轮明月的希腊的夜空；他们的眼前是一片像葡萄酒般赤红的大海——汩汩作响的海浪那悦耳的声音便是他们絮絮情话的伴奏；他们的周围弥漫着希腊风光迷人的气氛；他们的脚下展示着东方富丽堂皇的全部色彩——深沉的紫红色和灿烂的金黄色，水晶般的透明和大理石般的晶莹白洁。但是，在所有这一切之后，继之而来的又是毁灭和苦难；先是海蒂在府邸中大摆欢乐的盛筵，接着却是海蒂在心碎肠断的痛苦中香消玉殒，唐璜则落得个额头上留一道刀伤、脚上系一副磨断筋骨的铁镣被当作奴隶卖掉。然而，唐璜被卖掉的去处是一所土耳其的后宫，于是长诗又别开生面，向我们展现了他被装扮成少女晋见苏丹宠后那古怪离奇的插曲，还有那恶作剧的与众宫女同屋夜宿的场景，以及洋溢于这些场景之中那如火的热情、那芳香的气息、那欢快的和带点色情的玩笑。此后，长诗又直接从这里一下子转向围攻伊斯迈尔城的战场——描绘了使成千上万人血肉横飞的大屠杀，揭示了由一批野蛮的士兵进行的玉石俱焚的战争的一切残忍——而对于所有这一切的描写比以往任何国家的诗歌中类似的插曲都更加使人惊心动魄和更加栩栩如生。接着，唐璜来到俄国喀萨琳女皇的宫廷，置身于被一个天资聪颖的梅萨林纳①统治着的"一群有教养的熊"之中；最后，我们随着他回到英国，那个宣讲道德、崇拜门第和财富、看重婚姻和操守而又像强盗一样杀人越货的伪善的国度。

　　以上勾画的简单轮廓只能够使读者对这部长诗的内容之博大精深稍许有一点印象。它的内容不仅极其丰富多彩地展示了人类生活中各种奇异的矛盾，而且让每一种矛盾都发展到最极端的地步。在每一个场合，不论描写的是不可见的内心世界还是有形的外部环境，诗人都凭借他的想象力做了穷根究底的探索。歌德身上的古雅气质使他在一切可能情况下都倾向于温良敦厚，就连在《浮士德》这部作品里，当他非常认真地揭开人生的虚伪面纱的时候，他也都做得很慎重而留有余地。但是，持这种温和态度的后果却往往是不能充分发掘出生活的最大潜力。在歌

---

① 瓦莱里亚·梅萨林纳（？—公元前48年），罗马皇帝克劳狄一世的第三位皇后，以淫乱著称，后被杀。——译注

德的作品中，很少允许生命与死亡的守护神有无限的空间去舒展开它们那硕大无朋的羽翼。但是拜伦却从来不打算让读者的心灵平静，从来想不到要宽饶读者的神经。不把一切要说的话全说出来，他自己就不能平静；他是那种以舍此取彼的方法来美化事物的理想主义的死敌；他的艺术就在于一边指着世界和人性的本来面目，一边对着读者大喊：见识一下这些东西吧！

我们可以举出他作品中的任何一个人物来做例子，就以朱利亚来说吧。她23岁，长得很娇媚；几乎是不知不觉地，她有点爱上唐璜了；她对自己那位50岁的丈夫并不感到不满意，但也几乎是不知不觉地，她有点希望他能够被一分为二，变成两个25岁的男子。经过一番想保持贞洁的痛苦的内心挣扎之后，她终于屈服了；不过，在一段时间内，这对情侣之间的关系并不包含任何卑劣的或者滑稽可笑的成分。然后，拜伦让我们看到她陷入了困境；这对情侣突然遇到丈夫来捉奸，于是，我们立即发现了她性格中新的一面：她说谎，她欺骗，她以惊人的老练态度扮演着她的角色。那么，她难道就不像她最初显现的那样善良可爱了吗？我们是不是弄错了？根本不是。在堪称长诗中最精彩的篇章之一、通篇洋溢着真挚的女性感情的那封写给唐璜的有名的告别信里，拜伦向我们展示了她灵魂中的更深一层：精神上的痛苦不能使深挚的爱情消失；爱情并不排除欺骗；而欺骗在一定的时刻也并不排斥感情的那种美和极度的凄楚动人。至于那封信——那封信怎么样了？唐璜在船上读着它，一边读，一边不停地叹息和啜泣；接着，正当长诗以感人的笔触把男性的爱在表现方式上和女性的爱加以比较之际，唐璜被打断了——被晕船打断了。可怜的情书，可怜的朱利亚，可怜的唐璜，可怜的人类！——因为这难道不就是人生吗？再往下看，我们不得不又要感叹一声：那封可怜的信呀！在沉船以后，当救生艇上的水手早就吃完最后一份干粮、饿得发狂地互相打量着各人饿瘦了的身躯的时候，他们一致同意用抽签来决定先杀掉他们当中的一个人供别人充饥。大家找纸做签条，可是救生艇里一片纸头也没有，只有朱利亚那封缠绵悱恻的情书。

于是信被人立即从唐璜手上抢走，裁成了一片片小方块，并写上号码。一块写着这种号码的小纸头使彼得里洛送了命。那么，在无边的苍穹中难道真的有这样一个星球，在那里，理想主义的爱情竟会和同类相食的本能同时并存，不，简直是在一小块纸片的方寸之地上相遇吗？拜伦回答说：有这样一个星球——它就是地球。

离开沉船的场景，我们一下子就被带到海蒂身边。和她相比，拜伦早期诗歌中一切希腊少女的形象都黯然失色，只能算是不成熟的试笔。在现代诗歌的整个领域，还从来不曾有一处地方对一个大自然的孩子的爱情作过如此美丽动人的描写。歌德所创造的最动人的少女形象葛莱心和甘泪卿虽然妩媚可爱，却是小布尔乔亚；我们感到，她们的创造者——一个法兰克福市民——他是站在中产阶级之一员的地位上来观察人性的，他心目中的文化也是在一个德国的小宫廷中展现出来的。但是，在拜伦所创造的美丽的女性形象当中，大多数人的身上都没有布尔乔亚的味道，也就是说，都没有那些改变了她们的自由地位和自然状态的中产阶级的习气。当我们读到唐璜和海蒂相恋的那些章节时，我们感到拜伦是卢梭的后裔，同时我们也感到，拜伦所处的独立的高等社会地位和他所遭遇的独特的命运结合起来，使得他对人类本性持有一种比卢梭还要开明得多的见解。

    于是他们就这样手挽着手漫步前行，
    脚下的贝壳和卵石闪烁着彩色的光影，
    步履轻盈地，他们走过平坦、坚硬的沙地，
    来到一处古老的岩洞，景色荒凉凄清，
    经过风雨的多年剥蚀而形成，但却是鬼斧神工的奇境。
    有宽敞的大厅，还有一间间居室覆盖着缀满晶石的屋顶，
    他们在这里小憩，偎依着，用一只手臂互相搂紧。
    呵，那紫红色的晚霞已经使他们陶醉于一片柔情。

他们举目看天，天空那流动着的彩云
像一片玫瑰红的海洋，灿烂而广阔无垠；
他们低头看海，下面的海水波光粼粼，
一轮明月正冉冉从那里升起，渐渐地更圆，更近；
他们谛听着浪花的泼溅和微风的低吟，
两双黑黑的眼睛对视着，闪现出的目光是如此
脉脉含情——这视线的交换使他们心心相印，
他们的嘴唇渐渐靠近了，紧紧地接了一个吻，很紧，很紧。

呵，一个长长的吻，一个体现出青春、爱情
和美的吻，它们的力量全部溶注于这一吻间的相爱相亲，
像阳光被集中于一个焦点，使爱之火来自于天庭；
这样的吻只能属于年轻人，只有在那时，
灵魂、心和感官才能如此和谐地共鸣，
血液是奔腾的溶浆，脉搏是熊熊的烈火，
每一个吻都是地震，猛烈地震撼着心灵。
……
海蒂没有谈任何疑虑，不要求山盟海誓。
自己也不提及，因为她还从没有听过
做一个新娘要立下种种约许，
或者是一个钟情的少女会被人遗弃。

　　这股火热的青春之爱的汹涌激流，这种诗意洋溢的对于大自然之美的热烈倾慕，以及诗人对世俗道德的假作正经所持的无比轻蔑的态度，有哪一个读者不会为之深深地感动呢？如果读者在此以前所接触的全是法国反动时期文学的那套假道学的话，他们更会觉得耳目一新。那么，是不是真的有这样一个世界，一个二加二确实等于四的客观法则统治着的世界，一个既容许所有最低级和最令人厌恶的本能随时都可以浮上表

面，而同时又显示了人生中真正的美——不论是一瞬间昙花一现，或是持续了一天、一月、一年，或是永世长存——的动物世界呢？拜伦的回答是：有的，确实有这样一个世界，而且就是我们大家生活着的这个世界。现在，我们就从以上这些场景转向奴隶市场，转向土耳其苏丹的后宫，转向战场，转向有计划的杀人、强奸、用刺刀戳死婴儿的另一类场景上去吧！

长诗就是由这样一些强烈的对比和矛盾构成的。但它并不是阿里奥斯托①所写的那种肉感的、出于游戏笔墨的讽刺叙事诗；它是一部怀有强烈的政治目的，充满了愤怒、蔑视、威胁和呼吁，并且不时地吹出革命战争的号角那一阵阵响亮的长音的慷慨悲歌之作。②拜伦并不仅限于描写人间惨剧，他还给予这些人间惨剧以解释。在抄录了"屠夫"苏沃洛夫用韵文向女皇卡萨琳报告伊斯迈尔已被攻陷的捷书以后，他接着写道：

　　他写了这首冷冰冰的诗并给它谱了曲，
　　凄厉的尖叫和呻吟正好为它伴奏，
　　我想很少有人愿意去唱它，但谁也不会把它忘却——
　　因为，如果有可能，我定要教导石头
　　去反抗世上的暴君。绝不让人说：
　　我们依旧在谄媚王座！而要让
　　后世的子孙去想一想，我们是怎样
　　暴露了世界在获得自由之前的真实面目。

---

　　① 阿里奥斯托（Ariosto，1474—1553），意大利抒情诗人，拜伦很喜欢读他的作品。——译注
　　② "我已经喋喋不休地谈得太多，
　　但是渐渐地，我将要像罗兰的号角
　　在隆萨斯维尔战役里那样地怒吼！"（原注）

如果我们完全从这个角度来看问题，当我们拿《唐璜》和19世纪初期最伟大的诗篇《浮士德》加以比较的时候，我们就会感到，《唐璜》的那种强劲而讲求实际的历史精神，似乎要比激励着《浮士德》的那种哲学精神更有分量。而且，假如我们在想象中暂时把《唐璜》和它的俄国后裔——普希金的《叶夫盖尼·奥涅金》，以及它的丹麦后裔——帕卢丹-缪勒的《亚当·霍摩》并列在一起的话，我们就会进一步感到，俄国长诗文字上精雕细琢但政治上却软弱无力，丹麦长诗写得巧妙机智但却为狭隘的道德观念所禁锢，对比之下，英国长诗中返璞归真的天性与事实比那清凉的海风更加沁人心脾。在《唐璜》里，我们看到的是天性与事实；在《浮士德》里则是天性和深刻的沉思。《唐璜》从广阔的背景上向我们毫发毕露地展示了被《浮士德》浓缩进一个人格化形象之中的人生，而且整个诗篇都是一种愤怒的产品，这种愤怒包含着对一切时代的权势人物的警告，他们在长诗里可以明白无误地看到那怪手指一字一字地在巴比伦王宫的墙上写出的"弥尼，弥尼，提克勒，乌法珥新！"①

直到拜伦写出了这部作品，他才完全表现出了他的自我。这时，他已饱经沧桑，对人情世故的洞察已经消除了他青年时代的一切轻信。现在，他已确切地懂得是哪些东西组成了一个普通人的秉性，是哪些东西制约着一个普通人的生活。由于他对这种生活竭尽冷嘲热讽之能事，他曾被说成是"厌恶人类"。他自己对这种指责作了中肯的答复（第19章第21节）：

为什么人们要说我是厌恶人类？原因是

---

① 此处所用的《圣经》典故出自《但以理书》第5章第25、26节。古代巴比伦的末代国王伯尔沙撒举行宴会时，忽有怪手指在墙上写出上述怪字，意为"你的国家气数已尽，将为别族占领；你自己将被放在天平里称量，受到清算"等等。——译注

《十九世纪文学主流》 433

他们厌恶我，而不是我厌恶他们。

毫无疑问，他间或也表现出了看透人生的冷酷态度，但那只是在人性本身就颇为丑恶的场合。

他曾经说过（第5章第48、49节）：

有人谈到要打动人心须投合其某种情欲，
有的诉诸于人们的感情，
有的诉诸于人们的理性；
…………
其实，有时候要想激起人类最美好的天性
（它已经变得愈来愈温和可亲，
这是我们每天都亲眼见到的事情），
最有把握的办法莫过于响起那
能使一切人心软的万能的声音，
敲响那呼唤人们去吃饭的餐钟——那是对灵魂的报警。

难道他这番话是荒谬不经的么？

他又说过，爱情是空虚而自私的（第9章第73节），难道他这句话说错了么？他在描写家庭幸福的时候还说过（第3章第60节）：

一个美满的家庭确实非常好
（只要别让孩子们晚餐后跑进来吵闹）；
看到母亲抚养孩子真不坏
（只要别累瘦了我的太太）。

难道他这样说是过于刻薄，过于放纵他那喜欢冷嘲热讽的脾气了么？啊！只要世上最美的事物还存在着丑的一面，要禁止诗人把它提示给我们看就是徒劳无益的，让道德家们爱怎样埋怨就去怎样埋怨吧！这些引文是长诗里最玩世不恭的一部分章节。还有一点要注意的是，对于文明进行的那种辛辣的、卢梭式的抨击（作为文明带来的"欢乐"，诗人列举了"战争、瘟疫、暴君造成的灾难，国王的皮鞭"），往往伴随着对自然之爱的热烈表白（可特别参看第8章第61—68节）：

拜伦大声宣称（第3章第104节）：

某些比较客气的诡辩家喜欢指责
——在匿名文章里——我没有对神的信仰；
……
而我的祭坛是山岳、海洋、大地、天空和星光，
是一个灵魂由它而生并以它为归宿的
伟大的"整体"所生成的宇宙万象。

但不幸的是，这种崇拜自然的宗教并不符合神学的典章。好像是在和《恰尔德·哈洛尔德游记》一唱一和似的，诗里反复出现对于思想自由的讴歌（第11章第90节）：

我宁愿永远孤独，
也不愿用我的自由思想去换一个国王的宝座。

长诗里还有对神学所鼓吹的原罪论的猛烈抨击，对正统教义以及它那套疾病和灾难使我们受惠匪浅的高论的讽刺。关于原罪问题，我们读到了以下的诗行（第9章第19节）：

可是，老天爷在上，正如凯西奥所说，
"算了，别再扯这些了，我们该做的是祈祷！"
我们还得拯救灵魂，因为自从亚当和夏娃堕落，

全人类就跌进了坟墓，与鸟兽虫鱼为伍。
据说就连一只麻雀的坠落也是在劫难逃的天数，
虽然它究竟犯了什么罪，我们并不清楚；
或许是因为它曾经在那棵被夏娃
苦苦找寻过的树上歇宿？

我们观察到，自从写出《该隐》以后，诗人的调子是如何变得更加自由和更加大胆了。拜伦认为，只有在缠绵于病榻的时候，人们才会信仰正统的教义；关于这一点，他是这样写的：

也许是因为空气混浊吧——反正我不知道是什么原因，
当我生病卧床的时候，我对
正统教义的信仰才变得比平日更加坚定。

第一次发病，立即使神的存在得到证明
（虽然我从没有怀疑过这一点以及魔鬼）；
第二次，我相信了圣母那神秘的处女受孕；
第三次发病中，我认识了原罪的源远流长，难以赎尽；
三位一体的得到确证是在第四次出现病情，
而且是那样地不容置疑，以致使我
虔诚地祝愿那三位变成四位，
好让我的信仰更加高出于一般的水平。

现在，拜伦在自己的文学生涯中已经达到了他的作品难以出版的地步。默里害怕得躲开了。即使是由作者自己承担风险，连一个愿意出售《唐璜》开头几章的书商都找不到，拜伦在把自己的命运和拿破仑的命运加以比较的时候说（《唐璜》第11章第56节）：

但《唐璜》就是我的莫斯科大溃散，
《法里奥》是我的莱比锡会战，
《该隐》似乎是我的圣让山①；
现在，雄狮已经倒下，那蠢才们的"美妙同盟"②
又可以从一蹶不振中重登霸坛。

---

① 滑铁卢战场上的农舍名，拿破仑在滑铁卢之战中曾在此逗留。——译注
② "美妙同盟"是英普联军统帅在滑铁卢之战结束后会面的农舍名。——译注

《罗马帝国衰亡史》第十六章译文节选

第十六章　从尼禄到君士坦丁历朝罗马政府对待基督教徒的政策[①]

基督教徒遭受历代罗马皇帝的迫害

我们如果认真地想一想基督教教义的纯洁、其道德戒律的严肃以及大多数早期基督教徒纯真而简朴的生活，我们便会情不自禁地认为：对于如此仁慈的一种教义，即使是不信基督教的平民俗众也会相当地尊重；至于那些有教养的文人学士，不管他们可能怎样嘲笑关于教会奇迹的种种传说，也会对这个新教派的美德肃然起敬；对于这样一批虽然不热心于战争和公务但是能够奉公守法的教徒，政府地方官也决不会施加迫害而只会予以保护。另一方面，我们如果再回想一下，在由于民众的信仰习惯、哲学家们的怀疑风气以及罗马元老院和历代皇帝奉行的政策而得以始终保持的对多神教的普遍容忍，我们就会茫然不解：基督教徒究竟犯下了什么新的罪过，有什么新的挑衅行为会触犯那种沿袭已久的温和宽容的政策，有什么新的动机会促使那些一直听任形形色色的宗教在他们的温和统治下安然并存的罗马帝王们竟然改弦更张，要严惩那些选择了一种独特的但并不伤害别人的宗教信仰的臣民。

为了压制基督教的发展，古代世界的宗教政策似乎变得严峻了，它已经一反过去的宽容胸怀。大约在基督死后八十年，一位素来禀性温和

---

① 〔英〕爱德华·吉本《罗马帝国衰亡史》第十六章译文节选（原载于《世界历史译丛》1980年第3—5期，后被收入吴于廑主编的《史学名著选读》，商务印书馆，1985）。

并深明事理的总督竟然作出判决，一位一向以治国有方和施政公允见称于世的皇帝竟然颁布法令，悍然把善良无辜的基督教徒处死。那些一次次向图拉真的继承者们呈递的申诉状上充满了悲怆的呼吁，哀叹在罗马帝国的全体臣民当中，唯独基督教徒不能分沾太平盛世的德政普遍赐与民众的恩泽，而基督教徒是遵守帝国一切法令的，他们仅仅是恳求获得信仰自由而已。若干知名的殉教者死难的情景业已详细地记载于典籍；但是，从基督教执掌国政大权之日起，教会的统治人士又反过来仿效昔日异教徒仇敌的所作所为，同样费尽心机地去压制异端，并且显示出同样的残酷无情。因此，本章的宗旨就是要从那浩如烟海而又未经整理、谬误百出而又充满虚构的史料当中，尽可能地（如果说有这种可能的话）去伪存真，考证出一些既翔实可信又饶有兴味的事实，并且以一种清晰合理的笔法来阐明早期基督教徒遭受迫害的原因、范围、持续时间和最重要的环境背景。

> 探讨迫害的动机

一种受迫害的宗教的信徒，由于恐惧而郁郁寡欢、由于怨恨而愤愤不平，或许更由于信仰的热忱而变得激昂慷慨，自然很难做到心平气和地来研究或者不偏不倚地来分析自己的敌人行为的动机；事实上，即使是那些平安地置身于被迫害范围之外的人们，即使他们见解公正而明辨是非，也往往弄不清迫害基督教徒的原因。人们为罗马皇帝对基督教徒的迫害设想了一个理由；由于这是根据公认的容忍多神教的风气作出的推论，所以往往更显得能自圆其说，似乎颇有道理。人们是这样推论的：世界上的各种宗教之所以能并行不悖，主要有赖于古代各民族对各自的宗教传统和敬神礼仪彼此表示默认和尊重；因此不难设想，如果有哪个教派或民族竟然自绝于全人类的宗教和睦，宣称唯有它自己独知天意，并且把本教派以外的一切宗教仪式都斥之为渎神和偶像崇拜，它就势必要触犯众怒，陷入群起而攻之的惨境；信仰上得到容忍的权利是靠彼此宽容来维持的，如果拒绝履行这种已成习惯的义务，被容忍的权利也就理所当然地要被剥夺。因为犹太人——而且只有犹太人——顽固地拒绝履行此种义务，所以看一看罗马政府地方官治下犹太人的遭遇，将有助于了解以上的推论在多大程度上能为史实所佐证，从而能引导我们探明迫害基督教徒的真实原因。

> 犹太人的叛逆精神

我们毋须重述前文业已提及的罗马的君主和总督对耶路撒冷圣殿的尊重，这里只需要指出一点：耶路撒冷的城市和圣殿每一次遭到破坏的同时和紧接着不久，都要发生种种事件使征服者极为恼怒，并使他们能够以维护政治正义和公共治安这类最冠冕堂皇的理由进行宗教迫害。从尼禄到安敦尼·庇护诸朝，犹太人对罗马的统治一直切齿痛恨，结果多次爆发为最疯狂的屠杀和叛乱。犹太人居住在埃及、塞浦路斯和赛勒尼的若干城市里，假装和当地人和睦相处，当地人也对他们深信不疑，但是他们却一次次发动了可怕的暴乱。他们的残酷暴行令人发指；① 因此，我们也就往往对罗马军团严惩这样一个宗教狂的民族拍手称快，因为他们那种可怕的愚昧和迷信似乎已经使他们成了不仅是罗马政府的而且是全人类的死敌。犹太人所以如此狂热的根源有二：一是他们认为，向一个崇拜偶像的统治者进贡纳税是违背犹太教规的；二是古代流传下来的预言使他们产生了一种自命不凡的奢望，相信有一位威力无边的救世主很快就要降临人间，注定要来解脱他们的桎梏，并将地上的王国赐给他们这些上天的选民。著名的巴尔·科克巴②正是借此起事的：他宣称自己就是犹太人盼望已久的救世主，号召全体亚伯拉罕的子

---

① 在赛勒尼，他们屠杀了二十二万希腊人，在塞浦路斯屠杀了二十四万人，在埃及也屠杀了为数众多的居民。许多受害者被他们活活地锯成两段，这是仿照大卫王树立的榜样。成为战胜者的犹太人吞食人肉，吮吸人血，把人的肚肠绕在腰上做裤带。参见第昂·卡苏斯（Dion Cassius）所著书〔指他的八十卷本《史书》，下同。——译者〕第 LXVIII 卷，第 1145 页。

② 巴尔·科克巴是犹太人西门的绰号，意为"星辰之子"，他领导一支起义军抗击罗马军队近三年（公元 132—135 年）。——译者

孙起来维护以色列的希望，拉起了一支声势浩大的队伍，和哈德良皇帝浴血奋战达两年之久。

犹太教的宽容　尽管犹太人一再发动这类叛乱，罗马皇帝们的愤怒总是会随着胜利的到来而平息；战争和危险时期一旦结束，他们的疑虑也就不复存在。对多神教的普遍宽容和安敦尼·庇护的温和性格，使犹太人很快又恢复了各种古老的特权，再次获准对他们的婴儿施行割礼，而只需接受一项很宽大的约束，即不得把他们这个希伯来种族的特殊标志授与任何皈依犹太教的外族人。劫后幸存的犹太人数量仍很庞大，他们虽然不得再进入耶路撒冷境内，却被允许在意大利和各行省建立和保存为数相当可观的定居地，并且获得罗马的特许，享有市民的种种体面，同时却豁免了担任那些既辛苦又赔钱的社会公职的义务。出于罗马人的温和政策或是对他们不屑过问，这个被征服的教派建立的教会统治制度获得了法律的认可。驻在本巴列的大教长有权委任下属执事和祭司，管辖内部事务，并从分散在各地的信徒手中收取每年的捐赠。新的犹太教会堂在帝国的各个主要城市纷纷建立；那些或是按摩西诫律的规定，或是按犹太教教士口头传说的惯例必须遵循的安息日、戒斋日以及其他种种节日的庆祝活动都公开举行。这样一种温和的政策终于使犹太人执拗的秉性潜移默化，逐渐缓和。他们从古代预言和征服世界的幻梦中醒悟，开始做起了驯良而勤劳的顺民。他们那种愤世嫉俗的仇恨情绪不再以流血和暴乱的形式爆发出来，而是逐渐消融为种种危险性较小的发泄方法，诸如在经商贸易中不放过一切机会来欺诈偶像崇拜者，诵念一些神秘难解的咒文去诅咒那个傲慢的"伊多姆"王朝①等等。

---

① 按照约瑟福斯伪作〔指约瑟福斯著作中经过后人窜改和掺假的部分——译者〕的说法，以扫的长孙洗玻把迦太基国王伊涅阿斯的军队引进了意大利。另一处移民定居地"伊多美"的居民为了躲避大卫王的剑锋，逃入罗慕洛〔罗马人的始祖——译者〕统治的地域避难。出于这些或者其他同样可靠的理由，犹太人使用"伊多姆"一词来称呼罗马帝国。

《罗马帝国衰亡史》 441

> 犹太人是一个世代信奉祖先宗教的民族，而基督教徒则是一个离宗叛祖的教派

犹太人虽然深恶痛绝地拒绝礼拜罗马皇帝和帝国其他臣民信奉的诸神，却能够自由地信仰他们本族的那种与世寡合的宗教，而基督教徒则不能逃脱亚伯拉罕的子孙们幸免于遭受的严惩，两相对比，其中势必存在着某种别的缘由。他们之间的区别是简单的和显而易见的。但是从古人的情感来说，这种区别却有着极重要的意义。归根到底，犹太人是一个民族，基督教徒却是一个异端教派。如果说每一个宗教集团都理当尊重邻人的神圣习俗，那么，维护自己祖先的宗教制度也就成了他们义不容辞的责任。古代神谕的训导、哲学家的教诲和法律的权威都一致要求坚守这项民族义务。犹太人由于自命不凡地宣扬自己最为圣洁，也许会招致多神教信徒的反感，在人们的心目中成为一个令人憎恶的下贱的种族。因为不屑与其他民族交往，犹太人也许理当遭到其他民族的蔑视。摩西诫律的大部分内容也许都是些琐细小节和无稽之谈，然而，既然它们许多世代以来一直为一个人数众多的民族所接受，摩西的信徒们按照世道常情就有理由继承祖业。举世公认他们有权信奉这种宗教，而他们如果不去信奉倒会是一种犯罪。但是，保护了犹太教会堂的这一原则并没有使早期的基督教会获得任何恩惠。由于信仰福音，基督教徒被认为是犯下了不可饶恕的逆天大罪。他们破坏了风俗习惯和传统教育的神圣纽带，触犯了国家的宗教制度，并且胆敢把他们自家祖祖辈辈信仰和崇拜的一切神圣事物都视若草芥。而且，这种"叛教"行为（如果可以这样说的话）并不局限于一部分人和局部地区，因为这些顽梗的叛教者既然能摒弃埃及或叙利亚的神庙，将同样不屑于在雅典或迦太基的圣殿中寻求保佑。每一个基督教徒都对他们的家族、他所在的城市和行省的迷信行为嗤之以鼻，所有的基督教徒都一无例外地拒绝和罗马的、帝国的乃至全人类所崇拜的一切神祇发生任何瓜葛。所以，尽管这些受压制的信徒不断大声疾呼，要求获得不应该被剥夺的选择个人信仰的权利，他们却总是徒劳无益，处处碰壁。

虽然他们的处境遭人怜悯，他们的申辩却始终不能被人领会。就异教世界对他们的态度而言，不论是贤哲通达之士还是信神的芸芸众生都是如此。在这些人看来，任何个人如果竟然对已成习惯的信仰方式产生怀疑而不肯随俗从众，此种行为之荒唐就如同一个人竟会突然厌恶起故乡本土的风尚、衣着或语言一般。

> 基督教徒被加上"无神论"的恶名，遭到一般民众和哲学家的误解

异教徒的惊愕很快便转为憎恨，于是，尽管基督教徒对神的信仰最为虔诚，却被加上了"无神论"这样一种不公正的和包藏杀机的恶名。恶意和偏见双管齐下，硬把基督教徒说成是一群"无神论者"，认为他们遭到罗马政府地方官的严惩是罪有应得，因为他们竟敢胆大包天地攻击帝国的宗教制度。人们都看到，基督教徒和世界各地形形色色的多神教所奉行的一切迷信形式都一刀两断（他们也自豪地承认这一点），但是他们究竟以什么神祇以及何种宗教礼仪来代替古代的各种神灵和神庙，人们对此却并不十分了然。他们对"上帝"所怀有的那种纯洁而崇高的观念，绝非异教徒芸芸众生粗俗的头脑所能理解；一个存在于信徒心灵之中的独一无二的上帝，既不具体表现为任何有形的肉身或可见的象征之物，也不以人们见惯了的那些设置祭坛、供奉牺牲、节日欢庆和献酒祝贺等等豪华的场面来礼拜，使异教徒们感到莫名其妙。希腊和罗马的古贤先哲曾经超然物外地苦思冥想过"第一原因"的存在和属性，但他们或是怕泄露天机或是自命清高，往往只容许他们自己和他们的少数得意门生具有这种探究天人之奥秘的特权。他们绝不承认人类的各种偏见是探索真理的标准，但他们认为这些偏见是人类本性原始意向的流露；而且在他们看来，一种敢于宣称不需要借助耳目感官为媒介的民众信仰，摆脱迷信形式的程度愈大，就愈加无力防止其信徒在狂热之中生成种种荒诞不经的臆想和幻觉。这种饱学的才士以不屑一顾的态度对基督教徒所说的"上帝启示"仅仅作了一点浮光掠影的观察，其结果只能是惑于表面现象，反倒更加相信他们草率得出的结

论，认为"神性统一"的原理虽然本来会得到他们的尊重，现在却被这个新教派粗野狂暴的激情和虚无缥缈的臆想歪曲得面目全非了。例如，一篇据称是出自琉细安手笔的著名对话录的作者，当他装腔作势地以嬉笑怒骂的笔调讨论"三位一体"这个神秘的题目时，反而暴露出他自己对于人类理性的软弱无力和神性完美的奥秘本质一无所知。

基督教的创始人不仅被他的弟子们尊奉为圣哲和先知，而且被当作神来崇拜，这件事似乎并不怎样令人惊奇。因为就多神教信徒本身来说，任何凡人只要看上去和民间流传的神话稍有相似之处，就会被他们当作崇拜的对象，而不管这种相似之点是如何牵强附会；关于巴卡斯、赫格立斯和爱斯库拉庇阿士[①]的传说已经启迪了他们的想象力，使他们在一定程度上相信上帝之子会以普通人的面目出现[②]。但是，多神教信徒们感到惊愕的是：基督教徒竟然摒弃了那些曾经在世界的童年时代发明了各种工艺、制订了法律典章、征服了许多作恶多端的暴君和妖怪的古代英雄的庙堂，宁愿去选择一个默默无闻的传道者作为他们顶礼膜拜的唯一对象，而那个传道者不过是一个生活的蛮族当中、最后死于本族同胞的憎恶或罗马政府的嫉恨之下的近代人而已。千百万异教徒民众只醉心于追逐世俗的功名利禄，并不接受拿撒勒的耶稣赐与他们的珍贵的永生和不朽。在这些俗人眼里，基督那种于时乖命蹇之中泰然自若，当多灾多难之际自愿舍身的精神，他那悲天悯人的博爱胸怀，他那人品举止的崇高和朴实纯真，并不足以弥补他没有建立巍巍帝国和赫赫功业的缺陷。他们冥顽不灵，不相信基督有战胜黑暗和死亡的神奇力量，反而对基督教神圣创始人可疑的身世、颠沛流离的生涯和屈辱的死亡肆意曲

[①] 巴卡斯是希腊神话中的酒神，赫格立斯是罗马神话中的大力士，爱斯库拉庇阿士是罗马神话中的医神。——译者

[②] 按照殉教者查士丁（Justin Martyr）的说法（《护教首篇》第76—85章），魔鬼对天机神意略知一二，它故意施展了这种人神不分的花招，以便换一种手法来迷惑一般俗众和贤人哲士，阻挠他们信仰基督。

解甚至横加侮辱。①

> 基督教徒的结社和集会被视为危险的谋叛

基督教徒因为摒弃国家的宗教而坚守个人的信仰，本来已经使他们每一个人都成了罪人，而这些罪人人数的众多和彼此之间的联合更使得他们罪上加罪。一个众所周知的并且已经被人们指出的事实是：罗马当局对其臣民中的任何结社都视为大忌和极端猜疑；即便是为了最无害乃至有益的目的而结成团体，也很难获得政府的认可。② 基督教徒因为不参加公共的拜神活动，他们的宗教集会便显得更加可疑得多：这类集会遵奉的原则被认为是不合法的，并且被认为可能造成危险的后果，而罗马皇帝在以维护社会治安为由禁止这些秘密的、并且时常是夜间举行的集会时，也并不认为自己践踏了正义和法律。③ 基督教徒的坚强不屈更给他们的行为以至意图涂上了一层更加严重的和心怀叵测的色彩；同时，罗马皇帝或许不会加害俯首听命的顺民，但却认为他们的命令能否贯彻执行关系到自身的尊严，因此经常以严刑峻法来压制这种竟敢承认有一个凌驾于政府长官之上的权力的独立精神。这种精神反抗的范围之广和持续时间之久，似乎使政府一天比一天更有理由要把它扑灭。我们已经看到，基督

---

① 在奥列根前引书的一、二两卷中，赛尔苏斯以极端轻蔑的口吻揶揄过基督的身世和品格。演说家利布里乌斯（Libanius）对玻菲里和朱里安称誉备至，赞扬他们曾经痛斥了把一个巴勒斯坦的死人尊奉为上帝和上帝之子的教派，见苏格拉底（Socrates）：《教会史》第Ⅲ卷，第23页〔此一苏格拉底系生于公元329年的一位教会史家，并非古希腊哲学家苏格拉底——译者〕。

② 图拉真皇帝曾经拒绝批准尼科美底亚城建立一个有一百五十人的消防队组织。他厌恶民间的一切团体。见小普林尼：《书翰集》，第Ⅹ卷，第42、43页。

③ 小普林尼任总督期间曾经发布过一道禁止非法集会的通令。基督教徒出于谨慎，暂时停止了他们的秘密爱餐会，但是对他们来讲，不举行公开的礼拜仪式是绝对做不到的。

教徒十分活跃的和卓有成效的宗教热情业已不知不觉地传遍了帝国的每一个行省以至几乎是每一个城市。新的皈依者为了参加一个其性质迥然不同于人类其余部分的牢不可破的社团，看来甘愿把家庭和国家都统统弃之于不顾。他们那种阴沉的神态和苦行的生活，那种对公共事务和各种人生乐趣的厌恶，加上他们经常散布的大难即将临头的预言，[①] 使异教徒不由得忧心忡忡，担心这个新的教派会带来某种危险，而这种危险愈是不可捉摸，就愈加使人胆战心惊。正如小普林尼所说，"不论他们的行为出于何种宗旨，他们的桀骜不驯看来就理当使他们受到惩罚。"

> 基督教徒的活动招致谣言蜂起

基督教徒举行他们的宗教礼拜时尽量避人耳目，这在最初是出于恐惧和为环境所迫，但到后来却是故意如此。基督教徒模仿古希腊厄琉息斯秘教那套极端诡秘的做法，本意是想让他们的神圣仪式在异教徒的心目中得到较大的尊敬，可是用心良苦的算计时常适得其反，后来出现的情况显示出他们恰恰是事与愿违。人们竟认为，他们所以遮遮掩掩，必定是由于有不可告人的丑行。他们的小心谨慎遭到曲解，结果，那些敌视他们的人趁机造出许多可怕的谣言，并使那些怀疑他们的人信以为真。这些任意捏造的荒诞不经的谣言把基督教徒描画成人类当中最邪恶的鬼魅，大肆渲染他们如何藏在阴森可怖的角落里干着种种骇人听闻的罪行，以灭绝人性的罪恶手段向他们那个无人知晓的上帝祈恩求福。有许多人装做是悔过自新的基督教徒或者以目击者的身份出现，讲述着这个被人憎恨的团体举行拜神仪式的恐怖情景。据说基督教徒往往"把一个刚刚生下来的婴儿浑身裹满面粉，当作表示'新生'的某种神秘象征，捧到一个手持匕首的新入教者的面

[①] 关于反基督者必将有大火等劫难临头的预言，因为会激怒那些还没有改宗来归的异教徒，所以基督教徒提到这些预言时往往持谨慎的态度。"蒙特鲁派"就曾因为过分随便地泄露这个危险的秘密而遭受指责。见莫希埃姆（Mosheim）前引书。第413页。

前，然后，新入教者就进入迷惘状态，举起匕首在这个替他赎罪的牺牲品身上胡割乱戳，刺下许多道带有神秘色彩的致命的伤口。等这项罪恶的仪式一做完，教徒们便大口大口地喝那婴儿的血，把那还在颤动的肢体一块块地撕下来吞食，并且由于内心都明白这是犯罪行为而发誓永守秘密。人们还煞有介事地证明：举行过这种惨绝人寰的献祭仪式以后，接着就大摆酒宴，狂欢闹饮，以酗酒来刺激兽欲，直到某个预定的时刻，灯光会突然熄灭，于是羞耻之心丧失干净，天理伦常全然抛开，在黑暗的遮盖之下，姊妹和兄弟、儿子和母亲杂交乱配，恣意行淫。"

> 基督教徒有欠明智的申辩

然而，只要仔细地读一读古代基督教徒的那些申辩书，便足以使一个正直的反基督教者对事实真相不再会有一丝一毫的怀疑。问心无愧的基督教徒理直气壮地向罗马政府地方官呼吁，要求进行辟谣。他们宣布，只要有人能够为谣传他们所犯的罪行提出任何真凭实据，他们甘愿领受最严厉的惩罚。他们不怕惩罚，他们要求证据。另外，他们同样令人信服地指出，加在他们头上的罪名不仅毫无证据，从情理上来推断也是无稽之谈。他们问道：人们难道真地会相信，福音书上一条条圣洁的戒律对于教徒各种最合法的享乐尚且要时常加以禁止，难道还会去唆使教徒犯那些最骇人听闻的罪行吗？一个庞大的宗教团体难道竟会在自己信徒的心目中有意败坏自身的声誉吗？人数众多和品格各异的男男女女、老老少少，他们面临着死亡和身败名裂的威胁尚且毫无惧色，难道竟会同意去违背那些已被天性和教养深深铭刻在他们心中的做人准则吗？① 看来，没有任何东西能削弱或驳倒这样一种无懈可击的申辩，除非是基督教辩护士本身不够明智，他们只顾发泄

---

① 里昂的基督教徒遭受大迫害时期，一些异教徒奴隶害怕酷刑折磨，往往被迫诬陷他们的基督徒主人。里昂教会在写给亚洲教友的信中，对这类用心险恶的诬陷表示了应有的愤慨和蔑视。见犹希比乌斯所著书〔指他写的《教会史》——译者〕第 V 卷，第 1 章。

对教会内部仇敌的切齿痛恨，却往往给共同的宗教事业造成了损害。他们有时于字里行间暗示，有时则直截了当地断言：强加在正统基督教徒身上的那些血腥的献祭和淫乱的宴会，其实是马西昂派、卡勃克拉特派以及另外几个诺斯替小教派异端分子们的劣迹。可是，这些异端教派尽管有可能误入迷途，却仍然遵循着基督教的戒律，也仍然摆脱不了常人的亲仇爱憎之情。其结果是，那些脱离正宗的分裂派也就往往用类似的罪名反过来指控基督教徒；各方面都一致公认，正是在许许多多自命为基督教徒的人们当中，肆无忌惮地诽谤他人的恶习最为流行，同时，正统信仰和异端教派之间的分界线又是如此细微难辨，一个外教的政府地方官既没有闲空也没有能力来区别清楚，所以很有可能会认定，这是不同的教派因为门户之争而在彼此揭发共同的罪恶。不过，对于早期基督教徒的安宁或者至少是他们的名誉来说很幸运的是，政府地方官并不总是这样想当然，倒是时常能摆脱宗教狂热而比较温和、比较冷静地处事，往往能经过慎重的调查得出公正的结论，认为这些抛弃了世俗宗教信仰的基督教徒的表白是真诚的，他们的行为是清白无辜的，而不管他们那种荒唐的和过火的迷信如何会招致法律的惩罚。

罗马皇帝迫害基督教徒的动机

历史学的责任是要直录过去的史实以供后世的借鉴，它如果奴颜婢膝地为暴君的行为设法开脱或者为滥施迫害的政策寻找理由，它就不配担当这项光荣的任务。然而必须承认，那些看来最憎恶早期基督教的罗马皇帝们以其罪恶而论，也绝对比不上动用暴力和恐怖手段镇压其臣民的宗教信仰的近代君主。一个像查理五世或者路易十四那样的君王，从他们的内心思想乃至于个人感情来说，原本完全能够公正地理解选择宗教的权利、坚持信仰的义务以及误入歧途者的无辜，但是古代罗马的皇帝和各地政府长官却体会不到那些激励着基督教徒有理由不屈不挠地为真理献身的原则，加之他们又一贯认为，信奉本国神圣的宗教制度既合乎国法而又似乎顺应人情，因此在他们的头脑里也就无法理解拒绝接受这种制度的任何动机。这一点有助于减轻他们施行迫害的罪责，同样也必定会有助于缓和他们施行迫害的激烈程度。由于他们的行动不是出于抱有偏见者的狂热嫉恨，而是出于立法者的温和政策，因此他们针对卑微的基督教徒制订的那些法律，在实际执行当中必定时常会由于对基督教徒不屑过问而有所缓和，或者是出于慈悲的考虑而暂时中止。综观历代皇帝的性格和动机，我们不难得出以下的结论：一、只是经过相当长一段时间以后，他们才认为这个新教派是值得政府注意的对象。二、在给任何被指控犯有这种奇特罪行的臣民定罪的时候，往往都谨慎行事，而且毫不热心。三、他们施加的惩罚并不重。四、被迫害的基督教徒有过许多次安居乐业的间隔时期。尽管那些长于撰述鸿篇巨著和记事详尽备至的异教徒作家竟然笔下疏忽，对有关基督教徒的史实未加注意，我们仍旧有可能根据翔实可信的史料来证明以上这四点假说。

> 他们误以为基督教徒不过是一个犹太人的宗派

一、出于上天的巧妙安排，在基督教徒的信仰已臻成熟和人数大为增多以前，基督教在成长初期始终披着一层神秘的外衣，因而不仅保护了他们免遭恶意的危害，甚至使他们根本不为异教徒世界所知晓。只是经过一个缓慢的过程，摩西诫律规定的种种礼拜仪式才被基督教徒逐步抛弃，这就为较早时期的皈依福音者提供了一个表明并非异端的安全伪装。由于他们大部分都是亚伯拉罕的后裔，有着施行过割礼这一区别于其他人的特殊标志，他们就在耶路撒冷的圣殿里举行礼拜仪式，直到这座圣殿最后被夷为平地；他们也承认摩西律法和预言书都反映了真正的神意。那些出于信仰而改宗基督教的非犹太人，往往都有意于企求进入以色列的天国，因此也经常模仿犹太人的衣着装束和外观，使人难辨真伪。由于多神教徒重视外表上的敬神仪式更甚于重视信仰的内容，又由于这个新教派小心翼翼地掩饰了或者说不去大吹大擂他们未来的雄心壮志，所以他们能依靠给予罗马境内一个著名的古老民族的普遍宽容来保护自己。但是时隔不久，犹太人或许是因为宗教情绪特别狂热和特别嫉恨异端，他们本身就觉察出他们的拿撒勒兄弟正在背弃犹太会堂，逐步离经叛道，因此按照他们的心意，真是恨不得把这些异端分子统统淹没在血泊之中，把这个危险的异端教派连根铲除，可是冥冥天意已经注定他们这个恶毒的念头必成泡影：虽然他们还时常能行使任意造谣惑众的特权，他们已不再拥有审判罪犯的司法大权，也不容易在一个罗马政府地方官平静的心中煽起像他们自己那样狂热的偏见和仇恨。诚然，各省总督曾宣布乐于审理人们对任何可能破坏公共治安的行为提出的指控，但是一当他们得知这不是一个关于具体事实而只是关于玄谈空论的问题，是一场只涉及如何解释犹太教的律法和预言的争论，他们便会觉得，认真地去研讨一个野蛮迷信的民族当中可能产生的种种玄之又玄的宗教分歧，实在有损于罗马帝国的尊严。这样，早期基督教徒的清白无辜就由于政府的不明真相和不屑过问而得到保护，异教徒地方官的法庭也就时常变成了他们躲避犹太会堂疯狂迫害的最安全的庇护所。确实，我们如果愿意采录过于轻信的古人遗留下的传说，我们就会大谈十二使徒远游异邦的行程，他们的种种神奇业迹和各自不同的死难情景，但是经过一番更仔细的研究，我们便不免怀疑，在那些目睹过基督创造各种奇迹的人们当中，是否有任何人会被允许在巴勒斯坦境外以自己的鲜血来起誓作证。[①] 从一般人的寿命长短可以非常自然地推断：在犹太人的不满爆发为那场仅仅以耶路撒冷的毁灭告终的激烈的战争以前，十二使徒大多数都已经去世了。从基督死后直到那场令人难忘的暴动爆发为止，在这两大事件之间的一段长时期内，我们没有发现罗马政府改变宽容政策的任何迹象，只是在基督死后三十五年即大暴动快爆发前两年，尼禄才突然对帝国首都

---

① 在特尔图陵和亚历山大的克勒门斯时代，光荣的殉教者仅有圣彼得、圣保罗雅各。只是到后来，希腊人才逐步把其余的使徒捧上殉教者的席位，并且谨慎地把罗马帝国疆域以外某个遥远的国家作为这些使徒传道和受难的场所。参见莫希埃姆前引书第81页和特尔图陵所著《传教记实》(Memoires Ecclésiastiques)，第3部。

的基督教徒发动了短暂而残酷的迫害。使我们得以知悉这一独特事件的史料主要来自一位具有哲学家风度的历史学家,单凭他的人品就足以使我们有理由对这段史料作一番最仔细的研究。

> 尼禄当朝时的罗马大火

尼禄当朝第十年,帝国首都发生了一场史无前例的大火灾。一座座体现了希腊优美艺术和罗马英勇气概的纪念碑,一件件对迦太基和高卢历次作战虏获的战利品,一幢幢最庄严神圣的庙宇和最辉煌壮丽的宫殿,统统被火海吞没化为灰烬。罗马城划分成的十四个区只有四个区侥幸保持完好,三个区完全成了一片废墟,其余七个区经过熊熊烈火的摧残也呈现出一派断垣残壁的凄惨景象。为了缓和这场如此可怕的大灾难可能引起的强烈反响,政府看来是不遗余力地采取了一切挽救措施,绝没有掉以轻心。所有的御园禁苑都敞开大门收容受灾的民众,搭起了大批临时住房供灾民栖身,以非常低廉的价格向灾民提供了大量粮食和生活必需品。关于重整市容和修筑民房的敕令似乎体现了最慷慨的政策,而且正如在太平盛世通常会发生的那样,罗马大火反而造成了一座比从前更加整齐和更加美丽的新城市。但是,尼禄在这次事件中表现出的一切谨慎小心和乐善好施,都不足以消除民众对他的怀疑。一个杀妻弑母的凶手还有什么犯罪的事不敢去做?一个自甘下流、不惜玷污皇帝的至尊身份而到剧场去登台献艺的国君,也不会被认为没有可能干出最疯狂的蠢事。因此当时谣言蜂起,纷纷传说皇帝本人就是烧毁自己都城的纵火犯。由于最荒诞不经的故事往往最能迎合满腔怒火的民众当时的心情,所以有这样一个谣言被人们郑重其事地相互传播并且被信以为真:据说尼禄曾经一面欣赏着他亲手点燃的满城大火,一面弹着七弦琴高歌古代特洛伊城的毁灭。

> 基督教徒被当作焚烧罗马城的纵火犯受到极残酷的惩罚

为了转移用专制权力无法压制下去的这种疑心，皇帝决定把纵火犯的罪名加到一批人的头上来洗刷自己。"怀着这种用心——塔西陀继续写道——他对那些俗称'基督教徒'的人们用尽了酷刑。这些人早就声名狼藉，他们因信仰提比略在位时被巡抚庞提厄斯·彼拉多下令处死的基督而得名。这个有害的迷信教派曾短期遭到压制，但它后来又东山再起，不仅传遍这个邪恶教派的发源地犹地阿全境，而且传进了藏污纳垢的罪恶渊薮罗马城。被捕者在刑讯逼供之下又乱招出大批大批的同谋，结果这些人全部被定罪处死，其罪名并不是火烧罗马城而是憎恨人类。他们在各种酷刑折磨中死去，侮辱和嘲笑更加重了他们所受的痛苦。有的人被钉上十字架，有的人被全身缝上兽皮扔给狂怒的猎犬去噬咬，还有一些人全身被涂满容易引火的油脂药物，当作照亮黑夜的火炬点起来活活烧死。这些惨无人道的判决指定在尼禄的各座御花园里执行，同时还举行赛马，皇帝本人则往往打扮成赛马人模样亲临现场，混杂于人群之中为之助兴。基督教徒固属罪不容诛，理应杀一儆百，但是民众对他们的憎恶很快便转为怜悯，因为人们觉得，这些可怜的人主要并不是因为危害了公共利益被惩罚，而是由于一个暴君的多疑善忌和凶残成性而成了牺牲品。"喜欢以好奇的眼光观察人类进化沿革的人或许会注意到，那些曾经被早期基督教徒的鲜血染污了的坐落在梵蒂冈的尼禄的御花园和竞技场，如今已经由于这个被迫害过的宗教的高奏凯歌和赫赫权势而变得更加知名。在这同一块地方，一座比古代的卡庇托尔会堂要辉煌壮丽得多的宫殿已经由历代罗马教皇修建起来，这些教皇已经从一个加黎利卑贱的渔夫①一跃而握有统治全世界的权柄，业已继承了罗马皇帝的宝座并为征服了罗马的蛮族制定法律，他们的宗教统治业已广及寰宇，从波罗的海沿岸一直扩展到大西洋之滨。

---

① 指基督的大弟子彼得。——译者

452　翻译实践篇

但是，在结束有关尼禄大迫害的这段记述以前，我们还必须作以下几点说明，这些说明将有助于解开其中的几个疑团，并为此后的教会演变史提供一些来龙去脉。①

---

① 苏厄托尼乌斯：《尼禄传》第 16 章。某些有见地的注释家把 malefica（"作恶的"）这个形容词译为 magical（"魔法的"），但是，治学态度更为谨严的莫希埃姆却认为，该词只是塔西陀使用的 exitiabilis（"有害的"）一词的同义语。

《理解宇宙：宇宙哲学与科学》
第七章译文节选

人 的 存 在[①]

人与宇宙的结合

现代宇宙论使人们对宇宙中人类存在的起因、本源和条件有一些了解了吗？现代宇宙论提出了哪些新颖而重要的见解，对其他各门科学——例如星球天文学、地质学、化学和生物学——对我们理解生命业已作出的贡献又在多大程度上提供了新的补充呢？宇宙论可能提供这样一种新的视角与最近对人择原理的讨论有关。有一派鼓吹人择原理的理论提醒人们注意生命存在必不可缺的某些具有宇宙论属性的特殊环境。从这一角度进行研究，人择原理便有义务讲明白：为什么没有这些特殊的宇宙论条件，生命就根本不会存在。然而，正是这同一种人择原理也已被人们倒转来用以证明：人类的存在恰恰表明了现实存在的宇宙不同于其他可能存在的宇宙的一些独有的特点。不仅仅是宇宙的某些属性表明了为什么人类会存在，反过来说也同样能够成立。因此，宇宙和人类生命是结合在一起的。如果我们想对二者都有所了解，那么我们就有必要从两个方向入手，即从宇宙到人，又从人到宇宙，因为人和宇宙是以一种非常特殊的方式相互联系在一起的。

布兰登·卡特（Brandon Carter）是首先对这个问题做出重大贡献的人之一。他首先提出了"人择原理"（the anthropic principle）这一术

---

① 此文原载于〔美〕米尔顿·穆里茨：《理解宇宙：宇宙哲学与科学》，第七章，第 225—247 页，中国对外翻译出版公司，1997。

语,并且言简意赅地对这一原理作了如下说明:"我们指望能观察到的一切都要受到那些使我们得以作为观察者存在的必要条件的限制。"

从一个方面来说,这句话乍一看来有可能被视为一种纯粹的同义反复。难道它的意思不过是说"如果要去观察某物就需要有观察者存在"吗?在这种情况下,它根本就未给出一个有事实内容的论述,因而也就不可能对我们认识宇宙、人类或其他任何事物有任何助益。看来它远远不是什么富于启迪性的见解,我们很可能认为它不值得再作进一步的探讨而把它弃置一旁。不言而喻,卡特自然无意提出这样一种几乎毫无价值的同义反复式的命题。恰恰相反,卡特在这里是想提出一个有丰富事实内容的命题,一个在信息上真实的(而不仅仅在语法意义上是先验地不可或缺的)陈述。因此,它也有可能是错误的。人择原理得以从同义反复的境地中被解脱出来,是因为卡特等人认为这个原理容许人们对它作各式各样的解释,可以包含各式各样的内容。如果这些解释获得证实,便会增加我们对某些实际事物的了解(不管这些认识多么不可靠)。而一种同义反复式的命题依靠它本身是绝对不可能做到这一点的。

卡特之所以从这种角度来考虑问题,原因在于卡特像其他大多数宇宙论学家一样,也可以被看作是信奉一种唯实论哲学的。换言之,他相信确实存在着——独立于并且先于人类的观察或是其他任何认识反应的方式而存在——一个已经具有一系列明确属性的宇宙。他建议运用人择原理来揭示与解释有关这个独立存在的实体的若干特性的某些事实。他建议采用的思路是:对有关人类观察者的存在的某些事实进行研究,然后再运用这些事实去推导其他事实的特性——也就是那些涉及独立存在着的宇宙自身某些特性的方面——或者叫做"我们可以指望看到"的那些特性。

在下面的讨论中,我们将对某些借助于人择原理作出的重要解释和举出的重要例证进行研究。由布兰登·卡特提出的一种具有根本性意义的分类方法就是对弱人择原理和强人择原理加以区分。阐明这种区分则是我们的第一任务。

当我们从自然现象具有多种类型的物理结构这一角度来探讨问题，我们就会发现自然现象在尺度上从大到小有着范围极其广泛的变化。这个变化范围在大尺度的一端是作为一个无所不包的物理系统的宇宙，然后则逐步缩小尺度，其典型的例子则是从星系团、个别星系、恒星、行星下降到活的有机体、细胞、分子、原子直到最后的亚原子微粒。除了它们的内在结构特性以外，这些各种类型的实体在大小和质量上彼此都不相同。例如，星系一般都长达 10^{21} 米，而与之相比，行星一般为 10^7 米，原子则只有 10^{-10} 米，核粒子才有 10^{-15} 米那么一点点长度。与此类似，质量的变化范围也同样十分广泛。例如，星系团一般重达 10^{43} 千克，而一个核粒子的质量才有 10^{-27} 千克左右，在这两个极端之间还有多种物体的中间值。科学的每一个专业学科都分别致力于发现能描述和解释某一组被它选来作深入研究的物体的规律。而这些实体都具有不同的质量和大小。

尽管不同的物质结构种类繁多，其大小尺度的变化范围也十分广泛，一个人们熟悉的事实却是：大多数不同类型的自然现象在许多方面都是彼此有关联的。例如，要了解宇宙的总体结构和演化，有一个要求就是必须运用基本粒子物理学的若干定律。恒星之所以会发光可以用原子物理和核物理学的某些定律来解释。为生命存在所必需的各种化合物是超新星爆炸的产物，细胞的功能依靠分子的化学作用。电、磁和光引起的种种宏观现象都与量子力学中所描述的原子的内部构造有关系。人类生命的起源与延续依赖各种天文的、物理的、化学的、气象的、生物的和社会的条件，这也是人所共知的。

然而，较少为人所知的一点是：作为所有这些构成了使生命得以存在的多样化条件的基础，而且事实上——更一般地说——是一切物理的、化学的和天文的现象之基础的，却是小小一组起根本性作用的物理常数；如果没有这些常数，自然界的整个上层结构和网络本身就不可能存在。因此，除了若干门学科所研究的各种现象之间的多重相互关系以外，基础物理学也为自然界由于到处存在着某些普遍适用的物理常数而有一种系统化的一致性作为其基础提供了强有力的佐证。这些常数包括：G（引力常数）；c（光速）；$\hbar[\hbar = h/2\pi]$（普朗克常数）；以及 e（质子和电子的电荷）。这些常数决定了宇宙中多种多样的物体各自具有的不同质量和大小的总体特征。这些宇宙物理常数决定了星系、恒星、行星、原子和原子核——在一个由大到小的范围内——何以会具有它们现在具有的这种独特的质量和大小。[1]

例如，物理学的各种具体定律对恒星发光的原因作了解释，认为这是由于核燃料的燃烧，而使这样的燃烧得以发生的恒星的质量和大小规模却是由几个基本常数决定的。假如这些宇宙常数和现在的不同，或者常数 G，$\hbar$，c 和 e 的数值发生了重大变化，从而和目前在宇宙中实际获得的那些数值不一样了，那就会产生各种各样的巨大影响。举例来说，这种变化就会影响各个恒星的构造和演变，从而也就会直接影响生物现象本身的存在。简言之，宇宙常数的值把宇宙的、生物学的、人类的和微观物理的领域都联结在一个相互依存的紧密的网络之中了。

为了看一看宇宙常数对宇宙中生命的存在本身是怎样发生影响的，我们在这里将对宇宙常数这种作用的某些方面作一个简略的回顾。让我们先从上文提到过的那少数几个基本常数以及它们彼此之间的一些相互关系开始。首先，我们应该记住：基本常数与其他类型的常数是有所不同的。例如，在地球的表面，重力加速度 g 的值为 9.81 米/秒^2。g 的值在月球、木星等星体上则是不同的。简言之，这类常数在宇宙的不同处所并不具有一个相同的值。因此，这样的常数就不是一个基本常数。基

---

[1] 一个数量的大小级别用符号 ~ 表示。它代表 10 或 100 之内的某个数的特性；而此数最近似地表示了上述数量的值。例如，表示质子质量（m_p）和电子质量（m_e）之比的数，是 1836；它和表示 hc/e^2 比的数 137 属于同一个大小级别。另一方面，10^{20}、10^{40} 或 10^{-35} 之类的数，则属于完全不同的级别。符号 $\simeq$ 表示两个数量大致相等（大致在 2 的一个因子之内）。

本常数在宇宙的各个角落都具有相同的值。例如，牛顿力学的基本引力常数 G 就是这种情况。这个常数出现在牛顿力学的倒平方定律中：

$$F = -Gm_1m_2/r^2$$

式中的 F 是 m_1 和 m_2 两个质量之间的引力，而 r 则是把质点 m_1 和 m_2 分开的距离。负号表示 m_1 和 m_2 之间存在着一种吸引力。G 的值是由经验所确定的。常数的数值取决于衡量质量、长度和时间的基本单位。在一个被广泛认同的这类计量体系中（用厘米、克、秒制），G 的值为：

$$G = 6.7 \times 10^{-8} 厘米^3/克秒^2$$

除了宇宙引力常数以外，另外还有几个有助于决定不同大小级别上各个物体独特的物理性质的基本常数。这些常数中的一个就是涉及一切电磁现象和原子现象的常数 e，它代表电子和质子所带的电荷。按照常理，质子所带的是正电荷，电子所带的是负电荷。其他几个基本常数是：代表光速的常数 c；普朗克常数 $\hbar$，它在量子物理学的一切公式中都会出现；m_p 表示质子的静止质量；m_e 代表电子的静止质量。

有了这么几个基本常数之后，通过各式各样的组合就可以推导其他各种常数。正如我们在下文中就会看到的那样，事实证明这些推导出的常数及其相互关系对于解释不同大小级别上各个物体和各种的性质具有极为重要的意义。这些推导出的常数之一便是用 α 来表示的电磁精细结构常数。在研究与电子和核子之间的相互作用有关的亚原子的种种物理过程时，量子物理学的一个主要兴趣就在于详细地描述原子内部的能量变化与光子的吸收和释放联系在一起的各种方式。既然物理学具有了量子的性质，普朗克常数 $\hbar$ 就起到了作为量子物理学基础的作用。与此类似，光粒子（光子）的运作也是由代表光速的基本常数 c 所制约的。而且，既然物理学涉及的一切都与电子和质子所带的电荷有关，常数 e 也起着极为重要的作用。这 3 个基本常数——$\hbar$、c 和 e——结合在一个表明了它们彼此之间比率的单一公式之中。以符号 α 代表的该公式如下所示：

$$\alpha \equiv e^2/\hbar c \sim 1/137$$

这个比率值 1/137 是一个纯粹的、自然数的或者说是没有维或度的数，这是因为它独立于一切任意规定的或常规的计量单位之外。正如一个质子（核子）的质量和一个电子的质量彼此之间的比率永远是 m_p/m_e = 1836～1800 一样（不论是从克还是从千克的角度去计量质量，都不会影响这个比率值），表示电磁精细结构常数的比率 $e^2/\hbar c$ 也是一个自然数或没有维或度的数值。不论用什么计量单位来表示 c、$\hbar$ 和 e，这个数值都不受影响。表示这个比率的 1/137 的数值就是这样一个自然数。

万有引力耦合常数是另一个重要的推导出来的常量。正如这个名称所暗示的，它涉及对引力常数 G 的应用。就原子现象而言，电子力要比万有引力大得多。一个氢原子内部的万有引力要比电磁力弱，小约 10^{40} 倍。一个氢原子中的电子力和万有引力之比为

$$e^2（电子力）/Gm_p m_e（引力）$$

它的值约为 $\sim 0.2 \times 10^{40}$，这表明电子力要比万有引力强得多。万有引力只是在质量很大的情况下才起作用。由于宇宙包含着同等数量的正电荷和负电荷，所以只要物理系统在量度上大于原子或分子，这些正负电荷便会彼此抵消。因此，电子力容易互相中和，而万有引力则是积累性的，不能被中和。随着某一系统内部粒子数量的增加，由吸引产生的万有引力也就变得越来越重要，而电子力却只能起一种相对来说是微不足道的作用。在恒星或星系系统中，万有引力起主导作用，而在把宇宙视作一个单一星系系统这种尺度上，万有引力更是一种最强大的力。

有一个公式表明了引力常数 G、质子的质量 m_p、普朗克常数 $\hbar$ 以及光速 c 这四者之间的关系，该公式就是各个质子之间的引力与电磁力的比率。这个比率用 α_G 来表示，称为引力耦合精细结构常数。表示 α_G 的公式为：

$$\alpha_G \equiv Gm_p^2/\hbar c \approx 5 \times 10^{-39}$$

在这里，代表 α_G 的数值同样也是一个没有维或度的数或者叫纯粹的数。它的数值约为 5×10^{-39}。

前面谈到的有关各个基本物理常数的数据极为重要，其重要意义就

在于：这些数据可以被用来确定一个量值系列的实体，例如核子、原子、行星和恒星等等的大小和质量。譬如说以原子为例。在原子内部，由于电子被电磁力束缚在核子上，因此在这里起作用的是常数 e、c、$\hbar$、m_p 和 m_e 的结合。为了能对原子的大小作出某种近似的估计，人们需要一个长度单位来计量。这可以通过用某种适当的方式——一种可以给出长度的方式——把某些基本常数结合起来的途径获得实现。这是通过把常数 $\hbar$，m_e 和 e 结合起来给出长度（大小）单位而获得实现的。在这样做时，人们获得了代表玻尔半径的一个数值。这是一个氢原子中最小的电子轨道。它用 α_o 来表示，其数量大小的级别如以下公式所示：

$$\alpha_o \sim \frac{4\pi\varepsilon\hbar^2}{m_e e^2} \sim 10^{-8} 厘米$$

对于那些原子序数大于氢原子的原子来说，电子壳层外部的半径也具有和 α_o 相同的大小级别。因此，所有的原子都差不多同等大小。根据上文中仅仅利用了几个已被指明的宇宙常数进行计算而得出的表示原子大小的数值在实验上已获得了证实。

还有另一个例子可以说明基本常数对决定宇宙间各个物体的质量与大小级别上所起的作用，这就是它们在这方面对恒星起作用的情况。因为生命，正如我们所知，是附属于行星之上的，而这颗行星又属于像太阳这样一个典型的处于主星序阶段的恒星系统，所以我们下面的分析就要解释清楚这些常数在狭小的范围内是如何制约着为人类生命的存在本身所不可缺少的那些基本物理条件的。恒星是一个巨大的物理系统，在这个系统中，除去那些决定了原子结构特征的基本物理常数之外，万有引力常数也起着主导性的作用。决定恒星与其他巨大物体——例如引力在其中也起着极其重要作用的行星——不同的地方就在于，恒星中的物质是以具有极高温度的气体状态存在着的。这一点由恒星发射强光的事实所证明。物质的收缩（由于自身引力的作用）使恒星内部的温度升高。一旦四处扩散的氢原子云团在引力作用下不断坍缩而形成恒星，它最终就会使热压力以及其他形式的内部压力和它自身的引力这二者之间达到一种平衡状态。恒星内部是否具备发生热核反应所必需的条件,取决于恒星本身是否已达到了一定的温度。当温度达到足够高时,就导致了恒星内部的热核燃烧,并且通过辐射而释放出大量的能量。恒星在温度达到几百万度时所以能辐射出巨大能量,是以其自身的核燃料作为能量来源的。这种燃料是通过束缚于构成恒星的各种微粒子的质子因内部的能量的聚变和转化过程来提供的。一颗恒星所能达到的温度取决于构成恒星质量的质子的数量。在运用前文提到的各个基本常数的基础上,通过计算就可以大体上指明恒星要达到能使热核反应得以发生的温度所必需具有的质子数。这个数目可以通过运用一道完全由几个相关的基本物理常数组合成的公式推算出来。一颗典型的恒星的质子数为 $\sim 10^{57}$。如果我们设 M_0 代表一颗典型恒星的质量,则它的大小级别将由该恒星所含质子团的个数 N_0 来决定,而这个数值 N 又与 $\alpha_G^{-3/2}$ 有关。于是一颗典型恒星的质量可以由下面的公式计算出来:

$$M_0 \sim N_0 m_p \sim \alpha_G^{3/2} m_p$$

各个恒星具有不同的质量。而只有那些质量处于微粒子数在 10^{56} 到 10^{58} 这个界限之内的恒星才可以转化成稳定的主星序阶段的恒星。恒星的视亮度与其质量的四次方成正比。一颗恒星的质量越小,其氢转化为氦的速度就越慢;反之,恒星的质量越大,氢燃烧的速度也就越快。一颗一般的主星序阶段的恒星要经历以下一段典型的生灭循环:恒星是通过星际云团的一个引力收缩过程而开始其演化生涯的,此后便逐渐进入一个其内部的氢稳定燃烧的过程。当恒星内部所能提供的氢含量消耗殆尽时,这颗主星序阶段的恒星便会首先膨胀成一个巨大的红巨星(一个膨胀扩大的气态球体,其表面温度相对较冷而亮度较高)。然而,当核反应不能再维持其正常的热核燃烧时,它最终便会演化成一颗白矮星(密度极大而光度不强的一类恒星)。我们的太阳作为一颗典型的和正规的正处于主星序阶段的恒星,有充足的核燃料可以使其内部的热核燃烧再持续大约 50 亿年;而在此以前,它以一种比较缓慢和稳定的速度消耗其燃料供给已经长达(大约)40 亿年。

从以上所述可以清楚地看到，恒星的演变过程是恒星结构的一个重要方面，它对生命在一颗可能附属于该恒星并且适合于生命存在的行星上出现与演化的可能性很有影响。这颗恒星的存在时间必须长到能容许生命演化得以发生。就太阳而言，其内部的热核燃烧已经平稳地维持了至少 40 亿年。我们的太阳消耗其核燃料并从而产生为生命存在所必需的辐射的速度，在很大程度上要取决于万有引力常数 G 的数值以及星际物质的暗度。而星际物质的暗度又影响着质子所能够穿越恒星内部物质并在恒星表面上作为辐射而出现的速度。这又取决于质子与自由电子或离子相互反应的程度。反过来，这种质子与自由电子或离子的相互反应又十分容易受到电荷即电磁常数 e 的影响。举例来说，假如引力常数的值和现在的数值有 1/10 的差异，它就会对恒星演化时消耗核燃料的速度产生重大影响。在这样一种发生了重大改变的情况下，像我们的太阳这样典型的恒星就会在比现在短得多的时间内完成其演化发展过程。它将会以大大加快了的速度消耗其内部的氢燃料供应。结果，地球便不能成为生命出现与演化的适宜环境，这是因为太阳会在大大缩短了的时间内进入演化为红巨星的阶段。如果真的如此，地球（还有其他的行星）就会在生命还没有机会得到发展之前便被消耗得无影无踪了。一颗典型的恒星从产生到灭亡的时间长度的数量级，可以通过研究它是如何与引力耦合常数以及核时间尺度（t_N）结合的方法计算出来。而核时间尺度（t_N）则是由光越过核子（质子）长度所需的时间决定的。这可以用公式 $t_N \sim h/m_p c^2$ 来表述。由这些数量可计算出，一颗典型恒星的生命周期 t_0 与 $\alpha_G^{-1} t_N$ 具有相同的数量级，并即 10^{40}。因此，

$$t_0 \sim \alpha^{-1} t_N \sim 10^{40} t_N$$

这一事实在我们以后讨论人择原理时，将具有很重要的作用。这是因为，正如我们将会看到的那样，一颗典型恒星的生命长度与宇宙的年龄具有极为一致的量级，而宇宙的年龄则是根据哈勃参数 H 计算出来的。

至此，我们的分析已经集中在几个相互关联的问题上。第一个问题涉及对少数几个基本物理常数（c、$\hbar$、G、m_p、m_e、e）的识别；第二

个问题则涉及可以从这些基本常数的各种联立式推导出来的若干个数量值——例如电磁精细结构常数（α），引力耦合常数（α_G），玻尔半径（α_o）；第三个问题是要指明这些数量值和比率对决定自然界不同级别的物质系统之物理特性所起的作用。在进行这一讨论的过程中，我们曾经接触过两组主要的自然数或无维数的数字。一组数字——例如组内的 1/137（$e^2/\hbar c$）和 1836（m_p/m_e）等等——可被看成是一个统一体内的数量级。另一组则围绕着数量级为 10^{40} 的若干数值：例如引力耦合常数的值、一个氢原子内的一个质子和电子所含的电力和引力强度的比率等等。这两组无维数主要涉及在亚原子水平上运行的各个粒子之间的关系。

现在让我们从亚原子的层次转到宇宙的层次上来。在这么做时，先让我们回忆一下演化宇宙论曾利用哈勃参数 H（宇宙的膨胀率）计算出宇宙目前年龄的数量级 t_H。经计算，宇宙目前的年龄已达到 10^{10} 年。需要记住的是，从演化宇宙论的观点出发，宇宙的年龄（t）是可变的：即宇宙的年龄随时间变化而变化。因此，在遥远过去的某一时间点上——譬如说，距大爆炸十分接近时——宇宙的年龄是可以用分或秒来计算的，而与此相反的是，在遥远的未来，宇宙的年龄将是一个要比目前的 10^{10} 年还要大的数值。再重复一遍：宇宙的年龄 t 是可变的。它现在的数值 t_H 是这个变数处于现在时间点之上的数值。

现在我们就可以得到一个十分有趣的发现了！让我们来计算一下宇宙目前的年龄（$t_H \sim 10^{10}$ 年）和代表质子康普顿时间的数量 $t_N \sim 10^{-24}$ 秒这两者之间的比率。（康普顿时间是越过质子的光所特有的时间，其数值是由 $h/m_p c^2$ 这一数量公式推导出来的。）如此计算出来的宇宙目前的年龄和康普顿质子时间之间的比率 t_H/t_N 具有这样一个值：$t_H/t_N \sim 10^{40}$。而且，引力耦合常数 α_G^{-1} 的倒数——该数字表明了亚原子粒子所含电力和引力之比——也同样具有 10^{40} 这样一个数量级。换句话说，t_H/t_N 与 α_G^{-1} 这两者都具有相同的数量级 10^{40}：

$$t_H/t_N \sim \alpha_G^{-1} \sim 10^{40}$$

这种巧合是多么令人吃惊啊！在我们把宇宙的一个特性——宇宙的目前年龄——作为诸因素之一来计算上述比率时，我们竟得到了这样一个巨大的数值，这个大数与我们先前在计算仅仅涉及亚原子粒子领域的几个常数时所得到的数值竟然具有完全相同的数量级！换句话说，当人们将宇宙目前的年龄 10^{10} 年这个值与光越过一个像质子这样的亚原子粒子所需的时间（常数 10^{-24} 秒，亦即质子康普顿时间）相比较时，比率是一个大数 10^{40}。而用以描述亚原子现象的引力耦合常数的倒数也竟然得出了一个同样极为巨大的数值 10^{40}！

从先验的观点来看，这种数字上的巧合是完全出乎预料的。宇宙的年龄值 t，根据演化宇宙论的观点来说，是一个真正的可变量而不是一个基本常数；从理论上讲，这个可变量可以是无限大系列可能性中的任何一个。而宇宙目前的年龄（$\sim 10^{10}$ 年）则是一个这样的数值，这个数值按照以它为基础构建出的比率来推算，竟然得出了一个和亚原子领域中的物质的数量级相同的 10^{40} 数量级，这一事实是令人十分惊奇的。从两个完全独立与分离的领域——亚原子的和宇宙的领域——有可能得出无数个数字比率关系，然而，所有这一切有可能体现出的这种巧合有什么可以解释的理由吗？

在试图为我们提到的这个大数（10^{40}）巧合现象作出解释的第一批科学家当中，有一位是普林斯顿的物理学家罗伯特·迪克。迪克先生所作的解释是借助于后来被称为"弱人择原理"的理论来展开的。简要地说，迪克认为我们这颗行星上生命的存在是唯一能够解释从亚原子领域和宇宙领域竟然分别得出了相同的 10^{40} 大数比率关系这一从其他任何方面来讲都无法解释的现象的环节。正是这一生物学上的事实为我们理解这两个不同领域比率的数字巧合之谜提供了线索。

为了使生命得以在地球（一颗属于像我们的太阳这类处于正常主星序阶段的恒星的行星）上演化发展成现在这个样子，必须有另外的某些质量巨大的处于主星序阶段的恒星完成它们自己的生命周期。这类恒星是作为一颗超新星结束其恒星生涯的。在地球自身形成之前，至少必须有一代这类恒星完成了其生命循环，并且产生出我们所知道的那些为生命存在所必需的化学元素（例如碳）。既然我们人类已经存在于地球之上了，那么也就说明必定有一颗超新星已经完成了其生命循环。超新星的出现标志着巨大的能量爆炸，这种现象每一百年才会在一个星系内平均发生3次。在能量爆炸这一极为短暂的时间内，那颗新星会变得光亮无比，它即便距离我们远达4光年（这是距我们地球最近的一颗恒星半人马座的主星到地球的大致距离），它也会以同太阳一样的亮度出现在我们的视野之中。在这种能量爆发过程中，超新星会喷发出像太阳这类处于正常主星序阶段的恒星所无法产生的化学元素。与太阳不同，最初，这类恒星——具有越来越增高的温度和越来越大的密度——内部的氢会燃烧聚化成氦，随后氦又会转化为碳和氧，然后碳和氧再结合成氖、镁、硅、磷、硫等元素直至镍和铁，最后，铁镍再合成比铁更重的化学元素。正是从这种产生于超新星爆炸过程的四处飞散的碎片内，由这些更重的化学元素组成的"污染性"物质被驱散到整个银河系其他正在形成星球的气状环境之中。这些飞散的物质碎片成了将形成其他恒星的气状星云的一部分。而正是从这样一种被污染的气态星星云中形成了我们的太阳，并且伴随着它也形成了我们的行星地球，从而以其复杂的化学结构提供了一个适合于生命存在的处所。

假如有一个人能记录下宇宙年龄的话，那么宇宙目前的年龄所达到的10^{10}年这个数量级不可能少于曾经存在过的超新星最短的生命年限。这一点是上述所有情况中最为重要的一条。如果宇宙目前的年龄要比完成一颗超新星生灭循环周期所需的时间短，那么生命便不会有机会出现并得到发展。我们人类存在的事实本身，便说明了生命有可能在其中出现的宇宙的发展过程的时间长短必然有一个最低的限制。从另一方面来说，宇宙目前的哈勃年龄也不可能比一颗典型的处于主星序阶段的恒星为完成其整个生命周期并且仍然维持着"观察者"存在所需要的时间长得太多。这是因为一颗恒星所能供给的氢——其他所有的元素都是由它合成出来的——是有限的，而且氢消耗的过程又是不可逆转的。这就意味着，在一个能够支持生命存在的星系内，只可能有不多几代的恒星。因此，如果宇宙哈勃年龄的数量级比一颗主星序恒星的典型寿命大得多的话，那么大多数恒星——包括那些带有能够支持生命存在的行星的恒星——都会耗尽了它们的氢燃料供应而消亡。因此，宇宙目前年龄具有的数量级是介于像超新星这样的中等规模的恒星的平均寿命和——譬如说——大约十倍于那个数值之间。正是在这个时间值范围之内，生命才能够存在下来。正由于我们是在这个时间夹缝内生存的，我们才可以把宇宙目前的年龄记录为具有 10^{10} 年这个哈勃值，正是生命的存在起到了在 t（演化宇宙论中包括了宇宙一切可能有的寿命值的变量）的一切可能的数值当中进行选择的根据，而且"选中"了宇宙目前年龄为 10^{10} 年这个特殊值。

既然生命确实存在，并且要求宇宙目前的年龄至少具有和一颗超新星的寿命相同的数量级，这样看来，我们先前提出的比值和此处要求的数值是相当接近的。在我们先前对一颗中等大小主星序恒星体的平均寿命 t_0 所作的讨论中，我们发现这个寿命值具有的数量级如果用核时间单位（质子康普顿裂变时间 t_N）来表示时是 10^{40}，而这同一个数量级也适用于引力精细结构常数的倒数：
$$t_0 \sim \alpha_G^{-1} t_N \sim 10^{40} t_N$$
因此便可以认为，既然宇宙目前的年龄与一颗超新星的寿命具有相同的数量级 $t_H \sim t_0$，所以，宇宙目前年龄的各个数量级彼此之间的相同的比例关系用核时间尺度来表示时，也将和超新星的寿命 t_0 可能有的各个数量级之间的比例关系是相同的。这意味着当我们用 t_H 代替 t_0 时，我们会得到同样的比率和数量级——而且事实上这也就是我们所发现的结果。因此，这就解释了涉及宇宙目前年龄和亚原子现象时出现的数值巧合，而这种巧合从其他任何角度来看都是令人困惑难解和不大可能出现的。有助于解释这个数字巧合和解开这个神秘之谜的是生命在地球上的存在这一生物学的事实。生命存在本身——正如能够注意到此处讨论的数字巧合现象的物理学家们的存在所显示的那样——便对决定宇宙目前年龄的数值施加了限制。那个数值是含有生物学的约束因素的。

这里重要的是不要被以上的论述所误导。上文所解释的一切只是一个数字上的巧合——在两个不同的物理学领域（宇宙领域和亚原子世界）内竟然都出现了同一个 10^{40} 这个非常巨大的数值。人类观察者的存在为这种巧合提供了一个解释，为在这种巧合中使用宇宙目前的年龄值提供了一个理由。然而，在迪克所运用的这种人择原理中，丝毫也不否认此外还有许多经过科学上充分证实了的事实，表明生命的存在还需要有物理的、化学的以及多种其他的因果条件。实际上，迪克所运用的那种人择原理恰恰支持和说明了这种观点。迪克运用的人择原理表明，一颗超新星的产生为生命的存在提供了因果性链条上所必需的某种化学条件。生命的存在不能在因果关系上解释宇宙目前的年龄，当然更不能说明宇宙存在的原因。与此相反，正是宇宙中一连串物理的和其他方面的条件的结合在因果关系上解释了生命出现的原因。这一点绝对没有受到迪克提出的观点的攻击或者是被他的观点所推翻。迪克之所以要把人类存在的事实引入论据，仅仅是要在那些把宇宙目前的年龄和一颗超新星的寿命联系起来的一系列逻辑链环中以它作为一个生物学的出发点，并且通过这个出发点来解释一个数字巧合现象。实际上，不论是宇宙的存在，还是那些基本物理常数或其衍生数值，都不能由此而得到解释。在目前这种对（弱）人择原理的应用中，这些数值都被看作是设定的和没有获得解释的。这一理论不是要人们去相信宇宙中冥冥地存在着某种形式的目的论设计。人择原理的唯一目的只是解释何以会出现某个令人大惑不解的数字巧合而已。它并无任何形而上学的理论野心，而人们如果从这一角度去理解其微言深义，那就会绝大地超出了迪克理论的本意。

不过，另外有一些物理学家却相信可以利用另一种类型的人择原理得出比上文所得出的结论更为强有力的论断。无论取何种形式，人择原理的基本思想无非就是：我们人类的存在对我们可能期望得到的观察宇宙的结果具有一种选择作用。在我们讨论过的形式（弱人择原理）中，

《理解宇宙：宇宙哲学与科学》 467

应用这一理论为一个令人困惑的数字巧合现象提供了解释。通过证明作为一种生命形式的人类的存在是与一颗主序星的整个演化过程有关系的，并证明这段时间的数量级与宇宙目前年龄的数量级是相同的，我们解释了在构建一个比例关系时对宇宙目前年龄的选择，这一选择所产生的一个比率值与亚原子领域内根据一些基本物理常数得出的数字比具有相同的数量级（10^{40}）。由于人类观察者的存在而产生的选择作用，能够说明宇宙的一个特性——它目前的年龄——何以会造成令人大感不解的数字巧合。宇宙目前年龄的数值 t_H 只是变量 t 所包含的无数个可能有的数值中的一个，只是包含了宇宙的过去和未来的无限大数量的年龄系列中的一个。

强人择原理和弱人择原理的区别之一就在于：弱人择原理只涉及一个变量的特殊数值——宇宙目前的年龄，而强人择原理则不依赖宇宙目前的年龄，并不用它来作为一个变量的特殊数值。强人择原理所涉及的完全是那些基本常数。它力图表明"宇宙"[①]中生命的存在是以一种具有解释作用的方式和这些常数相联系的。它力图参照"宇宙"中的生命存在来解释这些常数。让我们来研究一下卡特对这一原理的描述。[②]他写道：

[①] 我把"宇宙"一词"大写"，是沿用了卡特的做法；正如下面我们会看到的那样，卡特在其强人择原理中使用了"众世界的全体"或"众宇宙"的概念。根据这种观点，在这套术语中，"大写"的宇宙不同于其它众宇宙。

[②] 在下文中，我将用卡特自己的实在论术语详细阐述他的观点，而无意用我认为更合适的哲学术语，即本书上文曾简单描述的实用主义哲学术语，去诠释他的论点。我之所以这样做，是因为我想从卡特自己的叙述中提炼出他有关强人择原理的核心论点，即智能生物的存在是一种特例。这一结论和他根据强人择原理提出的论据，也许可以花点工夫予以重述，纳入研究宇宙论的实用主义方法之中，同时也是它解释可观测的宇宙、可认知的宇宙和已知宇宙之间数处区别的方式。不过，我目前无意做此转述工作。

"……'强'人择原理（说明）'宇宙'（从而也说明与之相关的基本参数）必须是这样的，它一定要使它的观察者在某个阶段于它的内部产生。用笛卡尔的话说，这就是'宇宙自身即有思想'"。在他自己对各种"人择界说"所作的小结中，J. D. 巴罗（Barrow）是这样来阐述他认为是卡特提出的那种强人择原理的："'宇宙'必包含生命。与此意思等同的说法是：宇宙常数和大自然的法则必定使生命得以存在。"

如果我们以前面卡特所做的这番简短论述作为我们的出发点，显而易见的是，需要作进一步分析的关键一点即是我们准备如何去理解"必定"这个词。说人类观察者（或生命）必定会产生，这句话到底意味着什么？在这一语境中使用"必定"一词是否就等于以另一种方式宣布接受了各种神学哲学所鼓吹的"有目的之设计论"（Design Argument）？这是否也就意味着我们通过说一句"是上帝的安排要求人类存在的"就可以同时解释清楚"宇宙"和人类生命存在的原因？对卡特的立场有一种理解，这就是认为他所说的"必定"这个词表达了一种信念，即"宇宙"是被设计得包含生命的。我们可以求助于宗教信仰来解释这一切可以认为基本物理常数之所以会有那些使生命得以产生的数值，乃是因为上帝作为具有威力无穷的、仁慈的、无所不知的、富有创造力的存在，有目的地和故意地选择了这个世界，使世界成了现在这个样子而不是别的可能有的形式，以便让人类有可能成为这个世界的一部分。在莱布尼茨的哲学中，可以见到这种传统的"有目的之设计论"的一种说法。按照莱布尼茨的分析，这个实际存在的、被创造出来的"宇宙"，只是上帝可以创造出的多种多样世界中的一个。为了创造出我们目前的这个现实"宇宙"，并为了把人类和其他生命包含在这个世界之中，上帝选择了一个尽可能完美的——譬如说，包含着尽可能多的善和尽可能少的恶的——世界。

尽管某些评论家是从这个角度来解释卡特对强人择原理所作的论述的，但这样做是错误的。在卡特的论述中，既没有莱布尼茨的目的论，也没有其他任何一种"有目的之设计论"（甚至连一点暗示都没有）；在卡特的论述中，根本没有提到有一种超验的"设计宇宙之智慧"。与此相反，卡特的论述称得上是完全科学性的。关于使用"必定"这个词还有另外一种更为适当的解释。在卡特的论述中，"必定"一词把人的存在与某些基本物理常数联系了起来。通过各种"宇宙"物理常数之间的相互关系所起的作用，"宇宙"被如此精巧地调谐成现在这个样子，以至任何一个常数的些许变化都会对该常数与其他常数之间的关系产生巨大影响，并从而会影响到由这些常数共同起作用而形成的各种宇宙结构和演化过程。特别要指出的是，假使目前的这些基本物理常数以及它们相互之间的关系是另外一个样子的话，那么，我们现在所知道的生命就不会出现，能够观察和逐渐理解"宇宙"的人类也就不会成为"宇宙"的一部分内容和产物了。于是，人在"宇宙"中的存在本身便为某些基本物理常数之固定在一组特殊的数值上提供了一个明显的根据。人的存在使得预言"宇宙"中的某些物理常数必定会具有什么数值成为可能。导致人们可作出这种预言的同样的逻辑也使作出一种解释成为可能。卡特从人的存在这一事实出发，解释了这个世界的某些特征，例如宇宙会具有一个弱引力耦合常数等等。

　　因此，现在需要弄清楚的是，这里提供的到底是一种什么解释。从卡特运用强人择原理的方式来看，他根本就没有把它作为解释人的存在的依据。按照他的观点，恰恰是人的存在这一事实"解释"了何以会出现上文所谈论的那些物理常数。研究问题的出发点是存在着有智慧的观察者和认知者这个事实；他们的存在是一种选择因素，这个因素为基本物理常数"选择"了某些特定的数值组合而排除了其他的数值组合。换言之，卡特是在说，假如"宇宙"是可认知的，亦即可以被观察和了解的话，那么"宇宙"就"必定"包含生命。然而，只有当这些基本物理常数的值是处于某个有限的范围之内时，生命才有可能存在。而我们目前所处的这个"宇宙"确实具有局限在这一范围之内的基本物理常数。我们作为观察者而存在这一事实，就是上述结论的一个证明。因此，智慧生命的存在便解释了以下的推论何以能成立，也就是说容许以下的推论得以成立：从人的存在推论出基本物理常数的某个数值必定会在"宇宙"中被发现。

强人择原理和弱人择原理更进一步的区别在于，弱人择原理所考虑的只是这个现实的宇宙及其可能具有的年龄数值，而强人择原理却引入了多个世界或多个宇宙的集合体概念，而我们这个"宇宙"只是该集合体中的一个成员而已。

卡特写道：

> 任何可以被称作观察者的有机体的存在，只有在基本参数的某些限定的组合情况下才是可能的，这些参数组合从世界的集合体内部使一个特例性的可以认知的子世界群与其他世界区别了开来。我们所讨论的种种特性是可认知的子世界群的所有成员都共同具有的，而根据强人择原理作出的预言则被看成是对这一点的证明。如果再加上一个条件，即假如有可能给这个子世界集合体再界定某种起根本作用的先验的或然率尺度的话，我们就有可能作出一种甚至更带有普遍性的预言，即我们所讨论的任何一种特性都会为可认知的子世界群的"大部分"成员所具有。

在上文中，卡特要求我们去想象一个多宇宙的集合体。这个集合体中的每一个宇宙都是真实的或实际存在的，但是从确定基本物理常数的各种参数来看，这些宇宙彼此又是各不相同的。在该集合体的任何一个宇宙中，每一个基本常数都会有一个区别于其他宇宙中之参数值的特殊数值。举例来说，在我们这个"宇宙"中，引力耦合常数只是有一个很小的数值，而在其他许多个宇宙中，每一个基本的物理耦合常数则可能具有多个彼此迥异的数值，其范围从很弱到极强各不相等——尽管在每一个宇宙中这个值都是该宇宙所特有的常数。任何一个特定宇宙的常数组合都与宇宙集合体中其他宇宙所具有的常数组合有所不同。然而卡特认为，在所有这些可能存在的、有若干替代体的宇宙之中（包括我们自己的"宇宙"在内），只有一个子宇宙集合体是可认知的。只有那些其基本常数的组合证明是能够支持生命存在的宇宙，才会包含智能观察者。并非所有想象的或是可能存在的宇宙都允许其中有观察者存在，这是因为某些参数的组合与观察者的存在是不相容的。① 如果人们接受了这种强人择原理的解释，那么我们就有必要指出：我们这个"宇宙"的存在——它具有所要求的能够支持生命存在的基本物理常数的组合——除了其他各种考虑以外，还使得人类的存在成了一个非常特殊的例外。

因此，总起来说，从强人择原理和弱人择原理两个方面（强人择原理可能借助于多个世界集合体的学说，也可能不借助于这种理论）都可以推论出一点，即生命——特别是人类生命——的存在是各种物理的和宇宙的条件如此独一无二地巧妙联系的产物，以至人们可以恰当地将生命状态描述成为一种得到特殊照顾的现象，虽然在哥白尼之前时代的宇宙论中生命并不占据中心地位。即便人们放弃传统的信仰，并不认为生命在宇宙中占据着一个独一无二的中心空间位置，或是在上帝规定

---

① 但是，无论如何，其它宇宙也能为居住在我们自己"宇宙"中的我们所认识，我们能说这就是卡特的观点吗？卡特对这一问题的回答可能是什么样的，不清楚。他写道："可能有许多宇宙存在，而其中只有一个能为我们所认识［着重点系笔者所加］，这种观点，从哲学上讲，乍看起来似乎可能使人感到不快，实际上比根据量子理论的内在逻辑必然推出的埃弗雷特理论（见 B. S. De Witt：1967，*Phys*，*Rev*. 160，113）所走的并没远多少。根据埃弗雷特理论，"宇宙"，或者更确切地讲是"宇宙"的矢量状态，有许多分支；虽然所有的分支都是同样'真实的'，但其中只有一个分支能为确定的观察者所认识。这种理论与我上文已尝试描述的世界全体哲学自然会非常吻合。"（见 Carter，"Large Number Coincidences，" 298.）

的造物等级次序中处于主导性的地位,这也不能阻止人们重新恢复这样一种评价,即从纯粹物理学和宇宙论的角度来考察时,人们不禁会感到生命的存在的的确确是一个极为特殊的大自然的"礼物"。

(接上页)任何宇宙,是否只有能为生活在所论宇宙中的智能生物所认识,才能存在?其他宇宙,即使不能哺育生命,却能为一如我们自己、生活在一个类似我们自己宇宙的能哺育生命的真实宇宙中的智能生物所认识,亦即能根据理论推理加以认识的,它们是真实的吗?这里出现的问题,类似于理解埃弗雷特理论时所遇到的问题;埃弗雷特对量子物理学中的粒子行为提出了"众多世界"的解释(争议很大),试图解释几率波振幅在量子物理学中的重要意义。(下引参考书名略去——译者)。

其它有关众世界全体理论的问题,包括:这个全体有多"大";要使其子集的每个成员都能容纳观察者,子集该"小"到何种程度;如何估算一个可认知的子集的出现"概率";目前有关这些问题的答案尚不清楚。

And a Little Child Shall Lead Them
天使引路*

By *James Lincoln*

The little girl had* won her way into his bachelor heart①, and he decided to buy the cottage and stay. The agent was regretful. "We already have a client negotiating for the cottage," he said. "A woman." Sam's dream faded. Then …

小女孩打动了这个单身汉的心，于是他决定买下这所海滨小屋，在此地长期居住下去，但房地产经纪人却向他表示了歉意。经纪人说："这所海滨小屋已经有了买家，正在和我们谈着呢。买家是位女士。"萨姆的美梦破灭了。这以后……

〔1〕He plodded up the final steep stretch of the headland overlooking the ocean. He was slightly out of breath and leaned a little on his stick as he surveyed the scene beneath him. He was a solidly-built man in his middle fifties, slightly balding and rather florid of complexion. For all that, his eyes were clear and alert and the expression of his mouth, which in

〔1〕他脚步沉重地走完了最后一段陡峭的小路，终于登上了俯瞰着大海的这个海岬。他稍稍有点儿喘不过气，略微斜靠着手杖稍事休息，一边仔细观看脚下的海景。他大约五十四五岁，身板儿结实，稍微有点儿秃顶，肤色相当红润。尽管如此，他的目光却清澈而警觉，嘴角的表情在他年轻时肯定会被认为盛气

---

* 该短篇小说原载于《英语世界》月刊 2009 年第 8 期。

① win one's way into sb.'s heart 博得某人的好感，逐渐讨得某人的喜欢。

his youth could have been described as arrogant, was softened by the mellow passage of time. The jaw, it is true, had an obstinate jut to it, but all in all, it could have been called a kindly face.

〔2〕Lost in reflection, he looked out over the white-capped sea and half leaned into the wind which was piping the note of a half gale. White, scuddy clouds chased each other crazily across the sky. The stunted scrub on the headland protested audibly at the everlasting bullying of the wind. Occasionally the sea gleamed bright blue as a shaft of summer sunlight burst upon it. What a wonderful spot to spend his retirement in, thought Sam. Wild and remote, with the ageless, surging ocean, the complaining cries of the gulls and ceaseless sighing of the wind-harassed scrub and grass, …

〔3〕There was no doubt in his mind that he must find the owner of the little white cottage which nestled so snugly in a protecting fold of the land.

凌人，如今却因岁月的打磨而变得柔和了。诚然，突出的下巴还透着那么一股倔劲儿，但总的来看，这张面孔还可以说是和蔼可亲的。

〔2〕沉思冥想着，他极目眺望白浪翻滚的大海，半倾着身子迎向那呼啸着的四五级强风。飞驰而过的一朵朵白云在天空中相互追逐。海岬上发育不良的低矮灌木丛向这似乎永不停歇的海风的侵扰发出了沙沙声的抗议。偶然间，当一束太阳的光柱穿破云层射向海面时，大海就会闪现出一片明亮的蓝色光辉。在这么美的一个地方养老该有多好啊，萨姆想道。荒凉而远隔尘嚣，这永远翻滚着浪花的大海，这海鸥一声声幽怨的鸣叫，这些在海风侵扰下的灌木和野草永不停息地发出沙沙声的叹息。……

〔3〕毫无疑问，这时他心里想的是，他必须找到那所白色小屋的产权人，那所小屋是如此舒适地躲藏在一处可以挡风的凹地里面。一方面，它有挡住那

Sheltered from the prevailing wind, it yet* commanded a magnificent view of①miles of rock-girt coastline. The locals seemed to think it was for sale. He would waste no more time. The sooner he was installed as owner of the cottage the better. He had been looking for just such a place for years.

〔4〕Sam turned to retrace his steps. He had gone only a few yards when he was startled to see a little figure clad boy-like in blue jeans and tartan shirt diving in and out amongst the scrub. However, long corncoloured hair proved the owner of the boy's clothes to be a girl. And as Sam drew closer he saw that she was a very pretty little girl with bright blue eyes to match the golden hair.

〔5〕"Hullo," she said, when she saw Sam, "I'm playing hide and seek with the wind."

"I'm sure," answered Sam kindly.

---

① command a view of 俯视，俯瞰。

一阵阵海风的屏障，同时从那里却又能俯视处处点缀着岩石的那十几英里长的海岸线壮丽的景色。当地人似乎认为这所小屋正在找买主。他不能再浪费时间了。他要赶快成为这所小屋的新业主，越快越好。多少年来他一直在寻找的不正是这样一处地方吗？

〔4〕萨姆转过身往回走。他还没有走出十几英尺远，便吃惊地看到一个小小的身影在灌木丛里钻进钻出。这个小家伙一身男孩子的打扮，穿着格子花呢衬衫和蓝色牛仔裤，可是那一头金黄色的长发却表明这套男孩子衣服的主人是个小姑娘。当萨姆走得更靠近一些时，他看到了一个很漂亮的小姑娘，那一对明亮的蓝眼睛恰好和那一头金黄色的长发相匹配。

〔5〕"你好，"她看到了萨姆，打了声招呼。她说："我正

"It is too. You get behind the bushes and wait till the wind stops a little bit and then you rush out again. And then you try to hide behind the bushes again before the wind blows hard. Have you ever played it?"

"Why, no, not for years. I used to when I was a little boy, but I'm too slow for the wind nowadays. He beats me every time, so I don't play any more."

"Yes, I suppose that's what happens when you get old," said the little girl wisely. "The last time my mummy played it with me she said she was getting too slow for the wind."

"Do you live here, little girl?" Asked Sam.

"Oh no, leastways①, not yet. Mummy thinks we might later on. We are staying at McNab's farm, but mummy has gone to Winderlea for a few days so I'm here by myself. And my

"在和海风藏猫猫玩儿呢。"

"肯定是这样。"萨姆和气地说。

"风也在跟我玩呢，风一来，你就躲到灌木丛后面去，等风稍稍一停，你就再冲出去。等到风又刮大了之前，你再一次鼓起劲儿跑到灌木丛后面躲起来。你玩过藏猫猫吗？"

"啊，没有，多少年没玩了。我还是个小男孩的时候常常玩藏猫猫，可我现在和海风比起来跑得太慢了。我每次都败在他手下，所以我再也不玩了。"

"是的，我看人老了就会是这样子的。"小女孩挺聪敏地说，"上次妈咪跟我一块儿玩的时候，她也说她步子太慢，跑不过海风了。"

"你住在这儿吗，小姑娘？"萨姆问。

"哦，不，我不住这儿，至少现在不。妈咪觉得我们以后或许会住这儿。我们现在住在麦克纳布家的农场里，可是妈咪到温德列厄去了，要去好几天，所以

---

① 〔口〕= leastwise 至少，无论如何。

name is Jill. What's yours?"

〔6〕 Having delivered herself of all this information she looked up at him with wide open eyes. The ingenuous, trusting eyes of the very young, thought Sam. He felt he had seen those eyes somewhere before. His ruminations were abruptly cut short by Jill repeating her question.

"Why, Jill, I'm sorry, I wasn't listening very hard. My name is Mr Jennings."

"Mummy does that sometimes, too. Sometimes when I ask her a question she's ages before she answers me. Do old people get like that, Mr Jennings? You know, I think you are nice."

〔7〕 Sam was finding it difficult to keep up with the little girl's prattle, and her habit of jumping from one subject to another left him bewildered, unused as he was to the peculiarities of children. Jill, with the unerring instinct of the very young, had decided to repose her trust in Sam and had slipped her small hand into his, the

我现在就一个人过。我的名字叫吉尔。你叫什么名字？"

〔6〕 讲了她自己的这番情况之后，她睁大眼睛看着他。这是一个非常幼小的孩子，聪敏而又充满信任的一双眼睛，萨姆这样想。他感到自己从前似乎在什么地方看到过这双眼睛。这时，吉尔又在重复她的问题，他的思绪一下子被打断了。

"噢，吉尔，对不起，我没有十分专心地听。你可以叫我詹宁斯先生。"

"妈咪也时常这样。有时候，我问她一个问题，她要过好长好长时间才回答我。上了年纪的人是不是都这样，詹宁斯先生？告诉你，我觉得你这个人挺好的。"

〔7〕 萨姆发现自己的耳朵很难跟得上小姑娘叽叽喳喳的快速语句，而她时时从这个话题跳到另一个话题的习惯搞得他很狼狈，因为他还不适应小孩子的这些特点。而吉尔呢，以她那幼小儿童准确无误的本能，这时已经决定完全信任萨姆，所以当她在萨姆身边跳跳蹦蹦地向前

while she skipped along beside him.

"I'm ten and I go to school at Winderlea. I suppose if mummy decides to live here I'll go to the village school. McNab's farm. Are you going for a walk tomorrow, Mr Jennings?"

"Why yes, I think so," replied Sam. "I might even play hide and seek with the wind."

Jill clapped her hands together in ecstasy. "You mean you'll play with me?"

"Well yes, if I feel strong enough." Sam felt cornered now that he had made such a rash statement.

"Oh goodie. G'bye Mr Jennings. I'll see you tomorrow."

〔8〕He watched her run up to the farmhouse, a reflective, wistful smile on his face. Deep in thought, but feeling years younger than he had an hour before, Sam completed his journey to the inn.

〔9〕Next day, true to his promise, Sam was on the headland and experienced what he afterwards told

走的时候,她把自己的小手伸进了萨姆的手里。

"我今年10岁,在温德列厄上学。我想,要是妈咪决定住在这里,我就要到乡村学校去上学了。麦克纳布的农场。你明天也来散步吗,詹宁斯先生?""噢,是的,我会的。"萨姆回答说,"我甚至也可能和海风玩一回藏猫猫呢。"

吉尔心花怒放地拍起了巴掌。"你的意思是说,你会和我一块儿玩吗?"

"不错,假如我觉得精气神儿足够好的话。"萨姆觉得自己说话一时欠考虑,现在可没有退路了。

"啊,太好啦!再见,詹宁斯先生,明儿见。"

〔8〕他目送她跑向农场,一丝若有所思和意味深长的笑容浮现在他的脸上。他陷入了沉思,但是感觉到自己比一个小时以前年轻了好多岁,萨姆就这样回到了住宿的小旅店。

〔9〕第二天,信守自己的诺言,萨姆又到了那个海岬,当他看到那个欢天喜地的小鬼头

himself was a ridiculous feeling of pleasure when he saw the joyous little sprite scampering towards him. She kept him to his word, too, and for several minutes Sam found himself ducking and diving amongst the low-growing scrub in a vain effort to dodge the wind. * At length[4] he declared he could go on no longer, and laughing and panting sat down on the sward to rest.

〔10〕"You know Mr Jennings, that was the loveliest fun. It's much more fun when you have someone to play with, isn't it?" Jill sat down beside Sam and he sheltered her from the wind with his coat. He told her to put her hand in his pocket and when she discovered the bar of chocolate he had brought with him her eyes sparkled with joy. They sat together, the man and the child, and contentedly devoured the chocolate.

〔11〕It was then that Sam learned that Jill had no father, had never known one in fact. "Mummy said he was killed—why do people have to get killed, Mr Jennings?"

跳跳蹦蹦地跑过来的时候，他体验到了一种后来他自认为未免有些可笑的非常愉快的感觉。小姑娘要他说话算话，于是萨姆有好几分钟俯下身子想钻进低矮的灌木丛里避风，结果却是白忙活了一阵子。最后他不得不宣布自己再也玩不动了，一面哈哈大笑，一面坐到草丛上大口大口喘着气休息。

〔10〕"我跟你说，詹宁斯先生，今儿可真是太好玩了。有个伴儿陪着你玩，要有趣得多了，你说是不是？"吉尔在萨姆身边坐下来，萨姆用外衣给她挡风。萨姆让她把手伸进自己的口袋，当她摸到了萨姆给她带来的那条巧克力，她高兴得两眼发亮。他们俩坐在一起，一个大人，一个小孩，心满意足地一道大嚼着巧克力。

〔11〕就是在这个时候，萨姆知道了吉尔没有父亲，事实上吉尔从来没见过父亲。"妈咪说他出车祸死了——人为什么非得出车祸死掉呢，詹宁斯先

And so Sam had found himself trying to answer this and half a dozen other questions, the like of which he had never heard before.

〔12〕At length they returned down the track to the farm and it wasn't till they had reached the gate that Jill announced that her mother would be back next day and she might not be able to meet Mr Jennings on the cliff.

"We were having such good fun I forgot to tell you before, Mr Jennings. You will play with me again, won't you?"

"Why, of course, Jill, I'll be here a long time yet." Sam gave her windblown hair a kindly pat and left her. Although he was feeling a little stiff from his unwonted exercise, there was a spring in his step.

〔13〕It was the following morning when Sam decided it was high time to go to Winderlea to investigate the possibility of buying the cottage on the hill. A couple of hours drive took him to the town and without very much

生？"于是萨姆就得费脑子回答这个问题，以及五六个他从来也没听人提出过的其他这类问题。

〔12〕最后，他们又沿着小路返回农场。直到他们走到农场大门口，吉尔才宣布说她母亲明天就回来了，因此她明天多半不可能到崖上见詹宁斯先生了。

"我们玩得太开心了，所以我当时忘了告诉你这件事，詹宁斯先生。你以后还能再和我一块儿玩儿吗，能不能？"

"当然能，吉尔，我还要在这里待很长时间呢。"萨姆慈祥地拍了拍她那被风吹乱了的头发，离开了她。虽然由于不习惯激烈运动，萨姆觉得身体有点发僵，但他这时候走路的步伐却十分轻盈。

〔13〕第二天早上萨姆拿定了主意，认为该是去温德列厄走一趟的时候了，他要去那里调查一下，看看能不能买下那所山间小屋。他开了两个来小时的车到了镇上，没费多大事就找到了那

effort he located the offices of the solicitors① whom he had been informed were responsible for the sale of the cottage in the absence of the owner. He stated his business at the outer office and was ushered into the presence of the senior partner.

〔14〕"Mr Beere?"

"That is correct. Mr Jennings, I presume?"

"That is so. I came to see if I could buy a cottage belonging to a Mr Jepson—out at Craggyhead."

"You* come to the point② very quickly, Mr Jennings. Take a seat, and we can discuss the matter. As a matter of fact, the cottage is for sale but I fear you may be a shade late. I have a client negotiating for it. Of course, these things often *fall through③, in which case we would be only too happy to do business with you." Mr. Beere said.

〔14〕"您是比尔先生吗?"

"我就是,您大概是詹宁斯先生吧?"

"是的,我来看看我能不能买下一位叫吉普森先生的户主名下的一所小屋——就在'崖首'那边。"

"您真是快人快语,开门见山,詹宁斯先生。请坐下,我们可以讨论讨论。那所小屋确实是要出售,不过您恐怕来晚了一点儿。已经有一位买家正在和我商谈。当然啦,这类事情时常会谈不成,要是谈不成,我们会很乐意和您做这笔交易的。"比尔先

---

① solicitor [sə'lisitə]〔美〕掮客,推销员。
② 说到要点,一语中的。
③ 落空,失败。

[15] "You can tell the owner that I'm willing to pay a couple of hundred more than he is asking. You have my address, I think." Sam rose abruptly. He was intensely disappointed at the way things had turned out.

Sam drove back to the village in a despondent state of mind brought about by the uncertainty of the affair. His thoughts turned to Jill. Amazing how a little elf like her could pluck out a middle-aged man's heart and turn it inside out all in the space of a couple of days. If he had married he might have had a daughter of his own just like her. He thought of the beach ball he had bought her in town. He hoped her mother wouldn't mind. What sort of a person would her mother be anyway? Sam's mind was filled with conjectures of this nature as he drove his car down the solitary village road to the inn.

[16] He lost no time in parking the car and setting off on his evening walk to the headland. He loved that headland with its lofty view of tumbled,

生说道。

[15]"你可以告诉房产主，我愿意加价，比他的要价多付几百块钱都行。我想你知道我的住址。"萨姆说完话一下子就站了起来。想不到事情会变成这样，他感到极其失望。

萨姆开车回到村子里时，由于难以肯定能不能把小屋买到手，一路上心情沮丧。他想到了吉尔。让他惊讶的是，也就是一两天的工夫，像她这么一个小鬼怎么就能把一个中年汉子的心掏出来，从里到外翻了个个儿。假如他已经结婚，他或许自己也会有一个像她这样的女儿了。他想到了他给她在镇上买的沙滩皮球。他希望她母亲不会介意。她的母亲到底会是什么样子的一种人呢？萨姆一边驾车沿着荒寂无人的乡村小路朝小旅馆开去，一边心里充满了种种这样的猜想。

[16]他抓紧时间把车停好，便急忙开始他走向海岬的傍晚散步。他喜欢那个地方，那里景色壮丽，俯瞰岬下只见波涛翻滚、

broken water and the distant, spray-enshrouded cape. Secretly too, he hoped that Jill would be there. Her childish, infectious chatter smoothed the edges of ragged nerves. In some way too, her impish blue eyes and sweet little face vaguely reminded him of a past—a long dead past that had in it both sadness and sweetness and youthful hope.

〔17〕Towards the top of the slope he spied her. She seemed intent on something. He then noticed that she had a companion. Her mother, probably, thought Sam. The woman appeared to be painting and as Sam approached, Jill looked up with a little squeal of delight.

"Mummy, here's Mr Jennings. Here's the nice man who plays with me!"

Sam's face lit up with the spontaneous welcome and he quickened his step. As he did so the girl's mother turned. Sam faltered in his stride and stopped. He was oblivious to everything but a pair of blue eyes, a cloud of golden hair, a familiar, quizzical expression.

浪花飞溅，极目远眺则是掩映于水雾之中的岬角。在内心深处，他还暗暗希望吉尔会在那儿。她那稚气的、有感染力的叽叽喳喳安抚了他那久经磨砺的神经。在某种程度上，她那鬼精灵的蓝眼睛和可爱的小脸蛋儿也让他模模糊糊地回忆起了过去的岁月——一段久已逝去的、既悲哀又甜蜜并且蕴含着青春之希望的往昔岁月。

〔17〕快走到斜坡顶端时，他看到了她。她似乎在专心关注什么事情。他然后又注意到她身边还有另外一个人。多半是她母亲吧，萨姆想到。那位妇女看来正在作画。萨姆走近了时，吉尔抬起头，轻轻地发出了一声欢快的尖叫。

"妈咪，这就是詹宁斯先生。这就是那个陪我玩儿的大好人。"

萨姆因为受到她这种发自内心的欢迎而满面生辉，加快了脚步。在他这样做时，小女孩的母亲转过了身子。萨姆突然脚步踉跄，停了下来。他此刻什么都看不到了，他眼里唯有这一对蓝色的眼睛、这一簇金黄色的头发、这一种熟悉的总像是带着疑问的表情。

[18] "Why, Sam Jennings!" Jill's mother scrambled to her feet, a pleasantly confused expression on her face; a face which still retained, in its maturity, much of the fresh beauty of former years. She advanced towards him.

"To think that you, of all people, are the nice old man Jill told me about." She took both his hands in hers, unashamedly, in the manner of a very old friend, which indeed she was. At the touch of her fingers Sam felt the years slipping away. Ten, fifteen, twenty years dropped from his shoulders and he was once again looking into the wistful blue eyes of a young woman. A woman for whom the enchanted gates of success were beginning to open.

Jill was jumping up and down excitedly. Her clear, high-pitched voice abruptly tumbled Sam back into the present.

[19] "Do you know Mr Jennings, mummy?"

"Why, yes, dear, Mr Jennings and I have known each other for ages. But we haven't seen each other for a long time, have we Sam?" She glanced sideways at Sam, smiling slightly.

Sam, who by now had nearly

[18]"啊，萨姆·詹宁斯！"吉尔的母亲腾地一下子站了起来，脸上呈现出了一种困惑而又愉快的表情。这张脸尽管已变得成熟世故，却依然保持着许多从前那些年月里的朝气和美丽。她向萨姆走去。

"真没想到，吉尔和我谈的那个好老头居然是你。"她握住了他的两只手，毫无羞怯之意，完全就像是一个很熟的老朋友，事实上她就是。一触碰到她的手指，萨姆感觉到过去那么多年的时光好像一下子就不存在了。10年，15年，20年一下子就从他的肩上卸下来了，他又一次凝视着一个年轻女人若有所思的蓝眼睛了。一道道被施了魔法的成功之门正开始为她打开。

吉尔激动得跳来跳去。她那清澈的尖叫声猛地把萨姆拉回了现实。

[19]"妈咪，你认识詹宁斯先生吗？"

"是的，亲爱的，我认识。詹宁斯先生和我老早就认识了。可我们已经好久没见过面了，是这样的吧，萨姆？"她微微一笑，斜着眼睛看了看萨姆。

萨姆这时候几乎已经完全

《天使引路》

recovered his composure, spoke for the first time since their meeting.

"It's a good many years, Olive. You haven't changed much. It's nice to see you again," he finished lamely.

She smiled at him softly. "It's nice to see you, Sam. Look, there she goes, off to tell Mrs McNab that mummy and Mr Jennings know each other."

Sam looked back down the track to see Jill ★making record time[①] to the farmhouse.

〔20〕Olive laughed quietly. "Come and sit down where I was painting, Sam, and tell me all about yourself."

"Still painting then, Olive?"

"Yes, Sam. It didn't take me very long to realise that I wasn't going to ★set the Thames on fire[②]. Oh — I sold a picture now and then — just enough to keep me poor but honest. By the time I ★came to my senses[③] and realised that it is better to be an admired amateur than a criticised professional, you had gone,

恢复平静,从他们俩相遇到现在,这是他第一次开口说话。

"已经有好多年了吧,奥利芙。你的样子没怎么变。再次见到你真是太高兴了。"他不太自然地说了这么两句。

她温柔地向他微笑,"见到你确实很高兴,萨姆。看,她朝那边跑过去了,跑去告诉麦克纳布太太,妈咪和詹宁斯先生认识。"

萨姆回过头来朝路那边望去,看到吉尔正飞也似地跑向农场。

〔20〕奥利芙无声地一笑。"过来,坐到我作画的这边来,萨姆,把你这些年的一切情况都告诉我。"

"还在画画儿吗,奥利芙?"

"是的,萨姆。没有过多长时间我就明白了:我是不会一举成名变成大画家的。哦——我时不时地卖出一两张画——收入不多,只要能维持温饱、老老实实过穷日子就够了。那时候,等到我头脑清醒过来,终于明白自己最好是当一个被人称赞的业余画家,而不要去做一个遭人抨

---

① make record time 以创记录的速度。
② set…on fire 因作出惊人之举而出名,因某项突出成绩而一举成名。
③ come to one's senses 恢复理智,头脑恢复正常。

heaven knows where."

"You married eventually, though, Olive."

"Yes. Spur of the moment. We hardly had time to get to know each other. Jill has probably told you he was killed in a car accident."

Sam was silent for a long moment. "I'm sorry," he said at last. "But you have got Jill, and she is a great compensation."

[21] She smiled her agreement. Sam was intensely aware of her as they sat side by side. He covertly studied her profile. Still the same classical lines; still the same independent set to her sensitive mouth; but the lips were softer now. In a sense she was more beautiful than she had been in her youth. She turned suddenly and smiled at him gently with unashamed affection.

"You still haven't told me what you have been doing with yourself, Sam."

"I never married, Olive. When you told me that marriage and an artistic career wouldn't work for you, I just cleared out. You know, knocked around the world. I managed to *give

击的职业画家的时候,你已经不知道跑到什么地方去了。"

"不过,你最后还是结婚了,奥利芙。"

"是的,出于一时冲动。我们几乎还没来得及彼此了解。吉尔大概已经告诉过你,他出车祸死了。"

萨姆沉默了很长一段时间。"真遗憾,"他终于开口说,"不过你有了吉尔,她可是个很大的补偿。"

[21]她用微笑表示同意。他俩这样肩并肩地坐在一起,萨姆强烈地感觉到了她的存在。他偷偷地打量她的侧影。身体的线条还是那么具有古典美,那敏感的嘴还是显得那么有独立的个性,只是嘴唇现在变得比较柔和了。从某种意义上说,她现在比她年轻时更美了。她突然半转过身来,以一种毫不掩饰的爱意向他轻轻地一笑。

"你还是没有告诉我你个人这些年的情况,萨姆。"

"我一直没有结婚,奥利芙。当你告诉我结婚和艺术家的事业在你身上不能并存的时候,

the lie to① the idea that *a rolling stone gathers no moss②. I always *carried a torch for③ you. I came here for a holiday and decided I would like to spend the rest of my life here. Jill says you might be living here, so if you don't mind, I think I'd like to stay here more than ever."

〔22〕She gave him a warm look and squeezed his arm in a manner that brought the youth surging back into him.

"See that little white cottage over the other side of the bay, Sam? I'm trying to buy it."

"What? I have been trying to do the same thing myself today."

They looked at each other and burst out laughing at the turn events had taken after so many years. When at length they had regained their composure, Sam took Olive's hand gently in his.

我干脆走人了。你知道的，就是满世界跑。这些年，我总算是戳穿了一句谎话，那就是，'滚石不生苔'的说法全是胡扯。我一直都在想着你。我是到这里来度假的，已经拿定主意，想在这里度过余生。吉尔说你可能会在这里常住，所以，如果你不介意的话，我就打算一直在这里待下去了。"

〔22〕她亲热地看了他一眼，身子紧紧地靠上他的手臂，这让他的体内重新燃起了青春的激情。

"看到海湾那一边的那所小白屋了吗，萨姆。我正打算把它买下来。"

"你说什么？我今天一直在忙乎着同一件事呢。"

他们互相看着对方，不禁爆发出一阵哈哈大笑，过了这么多年，想不到事情的变化竟然会有这样一个结果。当他们俩终于恢复平静时，萨姆把奥利芙的手轻轻地放到自己手里。

① 证明……为谎言，证实……为虚伪。
② 滚石不生苔，转业不聚财。
③ carry a torch for（sb.）迷恋（某人）。

[23] "Do you think we might be joint owners of the house, Olive? It's twenty years since I last *proposed to a woman① and I don't want to waste any more time."

"Dear, precious, constant old Sam," Olive murmured half to herself. She smiled tremulously, suddenly loving him more than she had dreamt possible so many years before. She was seeing him at last through the wise, discerning eyes of maturity. "I think, Sam dear, that matrimony and amateur painting would be a very agreeable mixture, don't you?" She lifted her face to his.

The wind whispered its everlasting secrets to the tussock, and in the distance could be heard the joyous cry of a little girl.

[23]"你看我们可不可以做这所小屋共同的主人,奥利芙?自从我上次向一位女士求婚以来,已经过去20年了,我不想再浪费时间了。"、

"亲爱的,叫人心疼的、始终不变心的老萨姆。"奥利芙一半是在向她自己嘟囔着。她颤抖地笑着,突然觉得自己是这样深爱着萨姆,她多年以前连做梦也不会想到她爱萨姆会爱得如此之深。最后,她以她那双成熟的、聪慧的、能洞察一切的眼睛看着他,对他说:"亲爱的萨姆,我觉得婚姻和业余绘画会是一种很融洽的混合物,是不是?"她把脸仰起来凑向他的脸。

风儿窃窃私语地向草丛倾诉着它那些永恒的秘密,而在隔着一段距离的地方可以听到一个小姑娘欢快的叫喊声。

---

① propose to (a woman) 向(女士)求婚。

附 录

作者翻译、校订的译著和参与修订、审订或译校的英汉、汉英双语类辞书主要书目

译著：

《最远的北方》（〔苏〕莫罗卓夫，时代出版社，1955）。

《笛福文选》（〔英〕丹尼尔·笛福，1960年12月初版，商务印书馆，1981，1984，1997，列入该馆"汉译世界学术名著丛书"）。

《维蒂拉玛辛格短篇小说集》（〔锡兰〕同名作家，人民文学出版社，1961）。

《论降低利息和提高货币价值的后果》（〔英〕约翰·洛克，商务印书馆，1962年7月初版，以后多次重印，列入该馆"汉译世界学术名著丛书"，2011版列入该馆"汉译世界学术名著丛书"珍藏版）。

《价值的尺度》（〔英〕马尔萨斯，商务印书馆，1962，1981，1997）。

《美国历史学家协会主席就职演说集》（商务印书馆，1963）。

《法国大革命中的群众》（〔英〕乔治·鲁德，三联书店，1965）。

《十九世纪文学主流第四分册：英国的自然主义》（〔丹麦〕勃兰兑斯，主译全书2/3并统一定稿，合译者为江枫等，人民文学出版社，1984，1998，2011）。

《罗马帝国衰亡史》（第十六章）（〔英〕爱德华·吉本，与人合译，最初连载于《世界历史译丛》1980年3~5期，后被收入吴于廑主编的《史学名著选读》，商务印书馆，1985）。

《山沟里的妇女》（〔美〕凯西·卡恩，英汉对照，商务印书馆，1981）。

《东方专制主义》（〔美〕卡尔·魏特夫，与人合译，主译全书约

3/5，中国社会科学出版社，1989，后改为内部发行）。

《理解宇宙——宇宙哲学与科学》（〔美〕米尔顿·穆尼茨，与人合译，主译全书3/5，中国对外翻译出版公司，1997）。

《约婚夫妇》（〔英〕瓦尔特·司各脱，4人合译，译林出版社，1997）。

另曾参与翻译多卷本《剑桥世界史》中的若干章，并为《剑桥百科全书》、《简明不列颠百科全书》、《不列颠百科全书》等大型工具书的主要署名译者之一；另外还曾主持引进美国《康普顿百科全书》的编译工作，并为该书《文化与体育卷》副主编（商务印书馆，2005）。

校订的译作有：《美国历史地理》（上、下册）（〔美〕拉尔夫·布朗，秦士勉译，徐式谷校，商务印书馆，1973，1990）。

《桥牌皇后杨小燕》（〔美〕杨小燕，T·奎宁，杨枕旦译，徐式谷校，人民体育出版社，1988）。

此外，并曾翻译或校订过大量短篇译作，发表于多种报刊，或参与三人以上合译的多种译著译作，均未在此列出。

英汉、汉英双语类辞书

《英华大词典》(修订第二版)（原编者郑易里等），徐为该书责任编辑兼主要修订者之一，商务印书馆，1984，以后多次重印，并在我国香港和台湾地区出了繁体汉字本，此书曾作为国家礼品于1984年赠送给来华访问的英国首相撒切尔夫人。

《牛津当代英语动词习语词典》（〔英〕AP Cowie 等，杨枕旦等编译，徐式谷等审校，知识出版社，1992）。

《朗文当代高级辞典　英英、英汉双解》(艾迪生·维斯理·朗文出版公司，繁体汉字本，香港版，1997；台北版，1998) 朱原等译，徐式谷、杨枕旦定稿，该词典的简化汉字本于1998年底由商务印书馆出版，以后多次重印，并有大、小两种开本。

《朗文当代高级英语词典》(英汉双解本)，商务印书馆，2011，徐为该词典文化条目审订人。

作者翻译、校订的译著和参与修订、审订或译校的英汉、汉英双语类辞书主要书目

《牛津高阶英汉双解词典》，简体汉字本，商务印书馆，1997；繁体汉字本，1996，香港牛津大学出版社（中国）有限公司，徐为该词典4位审订者之一。

《名家妙用英语成语词典》庄以淳编译，徐式谷等审校，商务印书馆国际有限公司，1996。

《英华大词典》(修订第三版)，繁体汉字本，徐为主要修订者之一，繁体汉字本由商务印书馆（香港）有限公司和台湾商务印书馆于2005年出版，简体汉字本由商务印书馆出版，北京，2006。

《CoBuild英汉双解词典》，上海译文出版社，1996，徐为该词典主要译者之一；

《英汉小词典》（修订本），商务印书馆，2000年，徐为主要修订者之一。

《汉英联想搭配词典》，商务印书馆国际有限公司，2007，徐为该词典总审定。

《新编高级汉英学习词典》，黑龙江朝鲜民族出版社，2005，徐为该词典主审。

《新汉英商业贸易词典》，外文出版社，1998，刘宝卿主编，徐式谷、高峰审校。

后 记

这本《论集》得以出版，首先要感谢商务印书馆于殿利总经理和其他各位馆领导，这更让我怀念曾经和他们一道工作时的美好岁月。本书从申报选题起到编辑、审读、封面与版式设计、校对，直至印制的各个出版环节，分别得到了商务印书馆总编室刘祚臣主任、总经办刘禹主任、出版部王齐主任、《英语世界》杂志社魏令查副社长以及各有关部门一线同志们的大力协助，在此谨表谢意。陈丽娟同志在本职工作之外兼做本书的责任编辑，增加了工作负担，很令我过意不去。由于本书中收有六七篇我用英语写的文章，另有一些文章中许多地方是中英文混排，加之所收"译作节选"中的一篇科学论著译文中，还列有不少高等物理学的公式，印厂在排录过程中难免出现若干错讹，但商务印书馆校对科的同志保持了老商务校对科的优良传统——业务水平高而又极其细心和非常负责，经过他们的校对不仅消灭了印厂的排录错讹，甚至还发现了我原稿中的几处错讹，令我十分感动，也很高兴商务的名牌校对后继有人。另外，人民文学出版社、中国对外翻译出版公司和中国质检出版社（原中国标准出版社）的领导，惠允我在本《论集》中使用已载入他们本社出版物中的我所写的文章和译作片段，在此一并致谢。

作者
2012 年 11 月